DAS ERBE DER WELT

Die faszinierendsten Kultur- und Naturmonumente der Erde

Nach der Konvention der UNESCO

Bechtermünz Verlag

DAS ERBE DER WELT

Die faszinierendsten Kultur- und Naturmonumente der Erde

Nach der Konvention der UNESCO

Inhalt

Wegweiser	6
Liste des Welterbes	8

EUROPA
Europa	14–83
Monumente der Frühzeit	26
Frühes Christentum in Europa	30
Romanik und Gotik	42
Renaissance und Barock	54
Das Imperium Romanum	60
Die Welt der Griechen	74
Byzanz	80

ASIEN
Asien	84–125
Der Alte Orient	88
Der Islam	96
Der Hinduismus	102
Der Buddhismus	108
Die Kaiser von China	114
Südostasiatische Regenwälder	120

AUSTRALIEN/OZEANIEN
Australien/Ozeanien 126–133
Korallenriffe 130

AFRIKA
Afrika 134–161
Ägypten 144
Afrikanische Kulturen 152
Die Savannen Ostafrikas 158

AMERIKA
Amerika 162–199
Rocky Mountains 168
Indianische Kulturen Mittelamerikas 178
Die Entdeckung Amerikas 182
Das Reich der Inka 190
Die Anden 196

Atlas 201–216
Register 217–223

Wegweiser

Alle aktuellen Stätten und Monumente des Welterbes werden in diesem Buch in Einzelartikeln beschrieben. Die Reihenfolge wird dabei im Wesentlichen von deren geographischer Lage bestimmt. Eine detaillierte Auflistung des Welterbes findet sich auf den folgenden Seiten.

Die Artikel werden durch einen Atlas am Ende des Buches sowie durch eigene Themenseiten ergänzt, die über das einzelne Monument hinausreichende Zusammenhänge darstellen.

Die nebenstehend aufgeführten Piktogramme versuchen den besonderen Charakter eines Kultur- oder Naturmonuments »auf den ersten Blick« erkennbar zu machen. Die Farbe Rot signalisiert, dass es sich um eine Stätte des Kulturerbes handelt, Grün kennzeichnet ein Naturmonument.

- Archäologisch bedeutende Stätten der Vor- und Frühgeschichte
- Stätten der griechischen und der römischen Antike
- Burg, Festungsbau oder sonstige Wehranlage
- Palast, Mausoleum oder herausragendes Architekturmonument
- Historisches Stadtbild oder geschlossenes Architekturensemble
- Bau- oder Ingenieurleistung des Industriezeitalters
- Mahn- oder Gedenkstätte von historischer Bedeutung
- Kultur und Geschichte des Christentums
- Orte und Stätten des islamischen Kulturkreises
- Völker und Kulturen des Alten Orients
- Ägypten der Pharaonenzeit
- Stätten altafrikanischer Kulturen
- Kultur und Geschichte des Buddhismus
- Stätten des Hinduismus und anderer indischer Religionen
- Tempel und Kultstätten asiatischer Religionen
- Monumente und Stätten der Maya-Kultur
- Stätten der indianischen Kulturen Amerikas
- Bedeutende Kulturlandschaften
- Naturlandschaften und Naturschutzgebiete
- Naturmonumente und -phänomene
- Vorwiegend zum Schutz einer Tierart eingerichtete Reservate
- Vorwiegend zum Erhalt der Flora eingerichtete Schutzgebiete

Liste des Welterbes
Kultur- und Naturschätze unter dem Schutz der UNESCO-Konvention

Von der Generalkonferenz der UNESCO wurde 1972 die Konvention zum Schutz des Kultur- und Naturerbes der Welt verabschiedet. Diese haben mittlerweile 149 Länder unterzeichnet; bis heute werden über 500 Stätten durch dieses Abkommen geschützt. In diesem Buch folgt die Beschreibung des Welterbes weitgehend einer geografischen Ordnung, wie sie die nachstehende Liste zeigt.

Land	Welterbe	Seite	Land	Welterbe	Seite
EUROPA				Schloss von Versailles	28
Norwegen	Alta	16		Paris, Seine-Ufer	28
	Røros	16		Schloss Fontainebleau	28
	Stabkirche von Urnes	16		Kathedrale von Chartres	28
	Bryggen	16		Nancy	28
Schweden	Lappland	16		Fontenay	28
	Gammelstad	16		Schloss Chambord	29
	Eisenhütte Engelsberg	17		Strasbourg	32
	Tanum	17		Vézelay	32
	Schloss Drottningholm	18		Kathedrale von Bourges	32
	Birka und Hovgården	18		Arc-et-Senans	32
	Skogskyrkogården	18		Saint-Savin-sur-Gartempe	32
	Visby	18		Höhlen im Vézère-Tal	32
	Petäjävesi	18		Orange	32
	Rauma	18		Pont du Gard	33
	Verla	19		Arles	33
	Suomenlinna	19		Papstpalast in Avignon	34
	Kathedrale von Roskilde	19		Canal du Midi	34
	Jelling	20		Naturschutzgebiet La Scandola	34
Irland	Bend of the Boyne	20	**Spanien**	Santiago de Compostela	34
	Skellig Michael	20		Jakobsweg	34
Großbritannien	Inselgruppe St. Kilda	20		Kirchen in Asturien	34
	Giant's Causeway	20		Höhle von Altamira	35
	Edinburgh	20		Kathedrale von Burgos	35
	Hadrianswall	21		Poblet	36
	Durham	21		Palacio Güell und Casa Milá	36
	Gwynedd	22		Salamanca	36
	Ironbridge	22		Ávila	36
	Studley	22		Segovia	36
	Blenheim Palace	22		El Escorial	36
	Stonehenge und Avebury	22		Teruel	37
	Tower of London	22		Toledo	37
	Westminster	23		Cáceres	38
	Bath	23		Cuenca	38
	Canterbury	24		Kloster Santa María de Guadalupe	38
	Gough Island	24		Seidenbörse in Valencia	38
	Henderson Island	24		Mérida	38
Niederlande	Schokland	24		Sevilla	38
	Amsterdam	24		Córdoba	39
Luxemburg	Luxemburg	24		Nationalpark Doñana	39
Frankreich	Kathedrale von Amiens	24		Granada	40
	Reims	25		Nationalpark Garajonay	40
	Mont-Saint-Michel	25	**Portugal**	Porto	40

Land	Welterbe	Seite	Land	Welterbe	Seite
	Kloster Batalha	40		Vicenza	52
	Kloster Tomar	40		Venedig	53
	Kloster Alcobaça	40		Ferrara	53
	Sintra	41		Crespi d'Adda	56
	Hieronymitenkloster von Belém	41		Leonardo da Vincis »Abendmahl«	56
	Évora	44		Ravenna	56
	Angra do Heroismo	44		Pisa	56
Deutschland	Hansestadt Lübeck	44		Florenz	56
	Hildesheim	44		San Gimignano	56
	Goslar	44		Siena	57
	Quedlinburg	44		Pienza	57
	Berlin und Potsdam	45		Castel de Monte	58
	Luther-Gedenkstätten	46		Rom	58
	Das Bauhaus und seine Stätten	46		Neapel	58
	Aachener Münster	46		I Sassi di Matera	58
	Kölner Dom	46		Trulli in Alberobello	58
	Brühler Schlösser	46	**Vatikanstadt**	Vatikanstadt	59
	Trier	46	**Malta**	Gigantija	59
	Völklinger Hütte	47		Valletta	62
	Grube Messel	47		Hal Saflieni	62
	Würzburger Residenz	47	**Litauen**	Vilnius	62
	Bamberg	48	**Russland**	Solowezki-Inseln	62
	Lorsch	48		Kishi Pogost	62
	Dom zu Speyer	48		Komi-Forst	62
	Kloster Maulbronn	48		St. Petersburg	62
	Steingadener Wieskirche	48		Nowgorod und Umgebung	63
Polen	Warschau	49		Kreml und Roter Platz in Moskau	64
	Konzentrationslager Auschwitz	49		Kloster Sergjew Posad	64
	Zamość	50		Kolomenskoje	64
	Krakau	50		Wladimir, Susdal, Kidekscha	64
	Salzbergwerk Wieliczka	50		Baikalsee	64
Tschechien	Prag	50		Vulkane von Kamtschatka	64
	Kutná Hora	50	**Weißrussland**	Beloweshskaja Puschtscha	65
	Žďár nad Sázavou	50	**Ukraine**	Kiew	65
	Český Krumlov	51	**Slowakei**	Vlkolínec	66
	Telč	51		Spišský hrad	66
	Lednice-Valtice	51		Banská Štiavnica	66
Schweiz	Kloster St. Gallen	52	**Ungarn**	Aggtelek-Karsthöhlen	66
	Bern	52		Hollókö	66
	Kloster Müstair	52		Kloster von Pannonhalma	66
Österreich	Salzburg	52		Budapest	66
	Schloss Schönbrunn	52	**Rumänien**	Biertan	67
Italien	Val Camonica	52		Kirchen in der Moldau	67

Land	Welterbe	Seite	Land	Welterbe	Seite
	Kloster von Horezu	68		Nemrut Dag	83
	Donaudelta	68		Xanthos	83
Slowenien	Höhlen von Škocjan	68	**ASIEN**		
Kroatien	Nationalpark Plitvicer Seen	68	**Georgien**	Swanetien	86
	Split	68		Bagrati und Gelati	86
	Dubrovnik	68		Mzcheta	86
Republik Jugoslawien	Kloster Studenica	69	**Armenien**	Haghpat	86
	Nationalpark Durmitor	69	**Syrien**	Aleppo	86
	Stari Ras	69		Palmyra	86
	Kotor	70		Damaskus	87
Bulgarien	Srebarna Nationalpark	70		Bosra	87
	Felsenkirchen von Ivanovo	70	**Libanon**	Anjar	87
	Thrakergrab von Sweschtari	70		Byblos	90
	Der Reiter von Madara	70		Baalbek	90
	Kirche von Bojana	70		Tyros	90
	Thrakergrab von Kasanlâk	70	Auf Vorschl. v. Jordanien	Jerusalem	90
	Nessebâr	71	**Jordanien**	Qusair Amra	91
	Kloster Rila	71		Petra	91
	Nationalpark Pirin	72	**Jemen**	Sana	92
Makedonien	Ohrid	72		Shibam	92
Albanien	Butrinti	72		Zabid	92
Griechenland	Vergina	72	**Oman**	Bat	92
	Saloniki	72		Bahla	92
	Athos	72		Oryx-Nationalpark	92
	Meteora	73	**Irak**	Hatra	92
	Rhodos	73	**Iran**	Isfahan	93
	Mystras	76		Tschoga Zanbil	94
	Delphi	76		Persepolis	94
	Akropolis von Athen	76	**Usbekistan**	Chiwa	94
	Olympia	76		Buchara	94
	Bassai	77	**Pakistan**	Takht-i-Bahi	94
	Epidauros	77		Taxila	94
	Delos	78		Lahore	95
	Samos	78		Mohendjo-daro	95
	Daphni, Hosios Lukas, Nea Moni	78		Thatta	98
Zypern	Paphos	78	**Indien**	Nationalpark Nanda Devi	98
	Kirchen im Tróodos-Gebirge	79		Grabmal des Humayun	98
Türkei	Safranbolu	79		Qutub-Minar	98
	Istanbul	82		Fatehpur Sikri	98
	Hattusa	82		Rotes Fort	98
	Divrigi	82		Taj Mahal	99
	Nationalpark Göreme	82		Nationalpark Keoladeo	99
	Pamukkale	82		Wildschutzgebiet Manas	100

Land	Welterbe	Seite	Land	Welterbe	Seite
	Nationalpark Kaziranga	100		Kyoto	116
	Sundarbans	100		Horyu-ji	117
	Elephanta	100		Himeji-jo	117
	Khajuraho	100		Hiroshima	118
	Sanchi	100		Itsukushima	118
	Ajanta	101		Yakushima	118
	Ellora	101	**Republik Korea**	Chongmyo-Schrein	118
	Pattadakal	104		Haein-Kloster	118
	Goa	104		Pulguk-Tempel	119
	Hampi	104	**Thailand**	Sukhothai	119
	Sonnentempel von Konarak	104		Ban Chiang	122
	Mahabalipuram	104		Thung Yai und Huai Kha Khaeng	122
	Brihadishvara-Tempel	104		Ayutthaya	122
Sri Lanka	Sigiriya	105	**Laos**	Luang Prabang	122
	Anuradhapura	105	**Vietnam**	Bucht von Halong	122
	Dambulla	106		Hue	123
	Polonnaruva	106	**Kambodscha**	Angkor	123
	Kandy	106	**Philippinen**	Reisterrassen	124
	Waldschutzgebiet Sinharaja	106		Philippinische Barockkirchen	124
	Galle	106		Tubbataha-Park	124
Nepal	Katmandu-Tal	107	**Indonesien**	Nationalpark Ujung Kulon	124
	Nationalpark Sagarmatha	107		Borobudur	124
	Nationalpark Chitwan	110		Prambanan	124
Bangladesh	Bagerhat	110		Sangiran	125
	Paharpur	110		Nationalpark Komodo	125
China	Potala	110			

AUSTRALIEN/OZEANIEN

Land	Welterbe	Seite
Australien	Nationalpark Kakadu	128
	Shark Bay	128
	Nationalpark Uluru-Kata Tjuta	128
	Wet Tropics	128
	Regenwälder der Ostküste	128
	Fraser Island	129
	Großes Barriere-Riff	129
	Willandra-Seen	132
	Riversleigh/Naracoorte	132
	Lord-Howe-Inseln	132
	Naturschutzgebiete Tasmaniens	132
Neuseeland	Nationalpark Tongariro	132
	Te Wahipounamu	133

(China continued:)

Land	Welterbe	Seite
	Mogao-Grotten	110
	Große Mauer	111
	Kaiserpalast	111
	Zhoukoudian	111
	Chengde	112
	Taishan	112
	Qufu	112
	Terrakotta-Armee	112
	Wudangshan	112
	Emeishan	112
	Naturpark Jiuzhaigou	113
	Naturpark Huanglong	113
	Huangshan	116
	Nationalpark Wulingyuan	116
	Nationalpark Lushan	116
Japan	Bergland von Shirakami	116
	Shirakawa-go und Gokayama	116

AFRIKA

Land	Welterbe	Seite
Marokko	Fès	136
	Meknès	136
	Marrakesch	136

Land	Welterbe	Seite	Land	Welterbe	Seite
	Aït-Ben-Haddou	136	**Äthiopien**	Nationalpark Simen	149
Mauretanien	Nationalpark Banc d'Arguin	136		Aksum	150
	Ouadane, Chinguetti,			Fasil Ghebbi	150
	Tichitt, Oualata	136		Lalibela	150
Algerien	Algier	137		Unteres Tal des Awash	150
	Kala'a des Beni Hammad	137		Unteres Tal des Omo	150
	Tipasa	138		Tiya	150
	Djemila	138	**Zentralafrikan. Rep.**	Manovo-Gounda-St. Floris	151
	Timgad	138	**Demokrat. Rep. Kongo**	Nationalpark Garamba	151
	M'zab	138		Okapi-Tierreservat	154
	Tassili N'Ajjer	138		Nationalpark Virunga	154
Mali	Timbuktu	138		Nationalpark Salonga	154
	Bandiagara	138		Nationalpark Kahuzi-Biega	154
	Djenné	139	**Uganda**	Nationalpark Bwindi	154
Niger	Nationalpark Aïr und Ténéré	140		Nationalpark Ruwenzori	155
	Nationalpark »W«	140	**Tansania**	Nationalpark Serengeti	156
Tunesien	Nationalpark Ichkeul	140		Naturschutzgebiet Ngorongoro	156
	Karthago	140		Nationalpark Kilimandscharo	156
	Tunis	140		Wildschutzgebiet Selous	156
	Sousse	141		Kilwa Kisiwani, Songo Mnara	156
	Kairouan	141	**Seychellen**	Aldabra-Atoll	157
	Kerkouane	142		Naturreservat Vallée de Mai	157
	El Djem	142	**Sambia**	Victoriafälle	160
Libyen	Sabratha	142	**Simbabwe**	Nationalpark Mana Pools	160
	Leptis Magna	142		Khami	160
	Kyrene	142		Ruinen von Groß-Simbabwe	160
	Ghadames	142	**Malawi**	Nationalpark Malawi-See	160
	Tadrart Acacus	143	**Mosambik**	Insel Mosambik	161
Ägypten	Abu Mena	143	**Madagaskar**	Tsingy de Bemaraha	161
	Kairo	146			
	Nekropolen um Memphis	146	**AMERIKA**		
	Theben	146	**Kanada**	Nationalpark Nahanni	164
	Abu Simbel	146		Nationalparks Kluane	
Senegal	Nationalpark Djoudj	147		und Wrangell-Saint Elias	164
	Nationalpark Niokolo-Koba	147		Nationalpark Wood Buffalo	164
	Gorée	148		Anthony Island	164
Guinea	Nationalpark Nimba-Berge	148		Kanadische Rocky Mountains	164
Côte d'Ivoire	Comoé-Nationalpark	148		Head-Smashed-In Buffalo Jump	165
	Nationalpark Tai	148		Dinosaurierpark	165
Ghana	Bauwerke der Aschanti	148		L'Anse aux Meadows	166
	Forts und Burgen Ghanas	148		Nationalpark Gros Morne	166
Benin	Abomey	148		Québec	166
Kamerun	Tierreservat Dja	149		Lunenburg	166

Land	Welterbe	Seite	Land	Welterbe	Seite
	International Peace Park			Antigua Guatemala	184
	Waterton-Glacier	166	**Belize**	Barriere-Riff von Belize	184
USA	Nationalpark Olympic	167	**Honduras**	Nationalpark Rio Plátano	184
	Nationalpark Yellowstone	167		Copán	184
	Nationalpark Redwood	170	**El Salvador**	Joya de Cerén	184
	Nationalpark Yosemite	170	**Costa Rica**	Schutzgebiete Talamanca	
	Nationalpark Grand Canyon	170		und La Amistad	184
	Chaco	170	**Panama**	Portobelo	185
	Mesa Verde	170		Nationalpark Darién	185
	Taos-Pueblo	171	**Kolumbien**	Cartagena	186
	Carlsbad-Höhlen	171		Nationalpark Los Katios	186
	Freiheitsstatue	172		Santa Cruz de Mompox	186
	Independence Hall	172		San Agustín	186
	Cahokia Mounds	172		Tierradentro	186
	Monticello und Charlottesville	172	**Venezuela**	Coro	186
	Mammoth Cave	172		Nationalpark Canaima	187
	Nationalpark		**Ecuador**	Galapágos-Inseln	188
	Great Smoky Mountains	172		Quito	188
	Nationalpark Everglades	173		Nationalpark Sangay	188
	San Juan	174	**Peru**	Nationalpark Río Abiseo	188
	Vulkane auf Hawaii	174		Chanchán	188
Mexiko	El Vizcaíno	174		Nationalpark Huascarán	189
	Sierra de San Francisco	174		Lima	189
	Zacatecas	174		Chavín	192
	Guanajuato	174		Nationalpark Manú	192
	Querétaro	175		Machu Picchu	192
	El Tajín	175		Cuzco	192
	Morelia	176		Nazca	192
	Teotihuacán	176	**Brasilien**	Olinda	193
	Mexiko-Stadt, Xochimilco	176		Salvador de Bahia	193
	Puebla	176		Nationalpark Serra da Capivara	194
	Klöster am Popocatépetl	176		Brasília	194
	Monte Albán, Oaxaca	177		Ouro Prêto	194
	Palenque	177		Bom Jesus do Congonhas	194
	Uxmal	180		Nationalpark Iguaçu	194
	Chichén-Itzá	180	**Bolivien**	Jesuitenmissionen der Chiquitos	195
	Sian Ka'an	180		Sucre	198
Kuba	Havanna	180		Potosí	198
	Trinidad	180	**Paraguay**	Trinidad de Paraná	198
Haiti	Historischer Nationalpark	180	**Chile**	Nationalpark Rapa Nui	198
Dominikanische Rep.	Santo Domingo	180	**Argentinien**	Guaraní-Missionen	198
Guatemala	Tikal	181		Nationalpark Los Glaciares	199
	Quiriguá	181	**Urugay**	Colonia del Sacramento	199

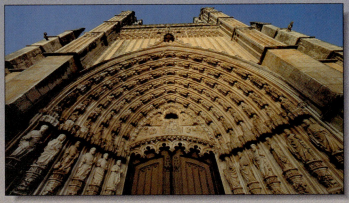

Europa

Das Erbe der Alten Welt umfasst die Monumente der Antike ebenso wie die Kunst des byzantinischen Reiches, die Bauwerke des Mittelalters und der Neuzeit sowie die ersten Zeugnisse des Industriezeitalters.

Norwegen
Alta

Norwegen

Alta

Die Felszeichnungen von Alta gelten als wichtiger Beleg für die frühe Besiedlung Nordeuropas.

Lage: N-Norwegen
Alter: 2000–5000 Jahre

Im Alta-Fjord, nahe dem Polarkreis, entdeckte man im Jahr 1973 durch Zufall mehr als 3000 Felszeichnungen, die sich auf über 40 Fundstätten verteilen. Sie sind mehrere Zentimeter tief in den Stein getrieben und zeigen neben Szenen aus dem Alltagsleben, Booten und Gerätschaften auffallend viele Tierdarstellungen, vorwiegend Elche und Rentiere.
In der Umgebung der Fundorte entdeckte man bei neueren Grabungen Siedlungsplätze, die etwa zur gleichen Zeit bewohnt waren, als die Felsbilder entstanden, und die somit Auskunft über das Alltagsleben der Menschen dieser Zeit geben können.
Die Felszeichnungen, deren älteste Exemplare vermutlich bereits vor rund 6000 Jahren angefertigt wurden, sind ein Beleg für die erstaunliche Anpassungsfähigkeit der frühen Bewohner der unwirtlichen arktischen Regionen, die vor mehr als 10 000 Jahren über die Beringstraße einwanderten und als deren Nachfahren die Lappen gelten. Alta ist der Ort mit den meisten Felszeichnungen in Nordeuropa.

Røros

Der am besten erhaltene Bergwerksort Norwegens verdankt seine Existenz den hier im 17. Jh. entdeckten Kupfervorkommen.

Lage: O-Norwegen
Erste Kupferhütte: 1644

333 Jahre lang wurde in dem 628 m hoch gelegenen Ort in den Bergen Norwegens Kupfer verhüttet.
Der erhaltene historische Teil der Stadt, die nach der Zerstörung durch schwedische Truppen 1679 wieder aufgebaut wurde, wird von charakteristischen Holzhäusern geprägt, deren dunkle Fassaden sich um Innenhöfe herum gruppieren. Die Gruben und Schmelzhütten, die erst im Jahr 1977 endgültig stillgelegt wurden, stehen wie die Wohngebäude der Bergmannschaft unter Denkmalschutz und sind heute Teile eines Freilichtmuseums, in dem die Geschichte des norwegischen Kupferbergbaus anschaulich dargestellt wird.
Die 1784 fertig gestellte Barockkirche ist ebenfalls sehenswert; stellt sie doch den einzigen Steinbau im Stadtzentrum dar. Mit ihrem quadratischen Turm und dem achteckigen Langhaus hebt sie sich deutlich vom übrigen Stadtbild ab.

Stabkirche von Urnes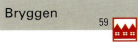

Die wohl älteste der rund 30 erhaltenen Stabkirchen Norwegens gilt als ein Musterbeispiel für die skandinavische Holzbaukunst am Ende der Wikinger-Zeit.

Lage: Lusterfjord, Zentral-Norwegen
Bauzeit: 11. Jh.

Unter den christlichen Sakralbauten sind die Stabkirchen Norwegens wirklich einzigartig: Das Gerüst der frühmittelalterlichen Holzbauten besteht aus Ständern, die an Schiffsmasten erinnern und daher auch Mastenkirchen genannt werden.
Der Innenraum der Stabkirchen ist meist sehr knapp bemessen; der Hauptraum, dem in nur ganz wenigen Fällen Seitenschiffe beigegeben wurden, gilt als baulicher Nachfolger der altnorwegischen Königshalle.
Typische Eigenarten sind die steilen, ineinander geschichteten Dächer, die offenen Laubengänge sowie die Vorhalle. Unter den etwa 30 noch erhaltenen norwegischen Stabkirchen gilt diejenige von Urnes auf einer Landzunge am Lusterfjord als die bei weitem älteste.
Herausragend sind die Schnitzornamente im Wikinger-Stil, die Fabelwesen, Drachenköpfe und weitere Tiere zeigen.

Die Barockkirche, einziges Steingebäude im Zentrum von Røros, wurde in den Jahren 1779–1784 erbaut.

Die Darstellungen befinden sich auf den Würfelkapitellen im Innenraum sowie an den kraftvoll gestalteten Reliefs der Portale.

Bryggen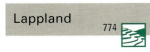

Das einstige Kaufmannsviertel Bergens zeugt vom Glanz der Hansestadt als Zentrum des nordischen Fischhandels.

Lage: Bergen, Südwestküste Norwegens
Gründung: um 1070

Vom 14.–16. Jh. wurden die Geschäfte in der Handels- und Hafenstadt Bergen größtenteils von den deutschen Kaufleuten der Hanse kontrolliert, die über das Salz verfügten, mit dem die skandinavischen Fischanlandungen haltbar gemacht und weiter nach Süden bis ans Mittelmeer verschifft wurden.
Auf diese Weise wurde Bergen zu einem der wichtigsten Handelsplätze des Hansebundes. Die Giebelfronten der Lagerhäuser entlang dem Kai, dessen Name »Tyskebryggen« (Deutsche Brücke) auf die Nutzung durch die hanseatischen Kaufleute zurückgeht, zeugen noch heute vom Wohlstand des Städtebundes.
Die 58 erhaltenen Häuser des historischen Viertels stammen allerdings nicht mehr aus dem Mittelalter, sie wurden nach dem Stadtbrand von 1702 in der charakteristischen Holzbauweise wieder aufgebaut.

Schweden

Lappland

Die Gestalt der Kulturlandschaft der weiten, dünn besiedelten Hochflächen im Norden Schwedens wurde durch die hier seit rund 2000 Jahren nomadisch lebenden Lappen geprägt.

Lage: N-Schweden
Ausdehnung: 110 000 km²

Seit mehr als 2000 Jahren bewohnen die Sámi (»Sumpfleute«), wie sich die Lappen selbst nennen, die nördlichen Regionen Skandinaviens.
Ihre traditionelle Lebensweise haben sie sich größtenteils erhalten können, auch wenn sie heute ihren Lebensunterhalt nicht mehr allein durch Fischfang und Rentierzucht bestreiten. Die Samen ziehen mit ihren riesigen Rentierherden über die kaum bewohnten Weiten und legen dabei alljährlich Entfernungen von bis zu 400 km zurück.
In den landwirtschaftlich ungenutzten, von Tundra- und Bergvegetation beherrschten Weideregionen der Samen, die sich von den tiefer gelegenen Waldrandgebieten bis zur Nordmeerküste erstrecken, finden sich vereinzelte Braunbärpopulationen.
Die Siedlungsgebiete der Samen erstrecken sich von Norwegen bis zur russischen Halbinsel Kola. Der auf schwedischem Staatsgebiet befindliche Teil wurde mittlerweile unter Schutz gestellt. In der Zukunft soll diese Zone auf Gebiete in den Nachbarländern ausgeweitet werden.

Gammelstad

Die einzige erhaltene Kirchenstadt Schwedens dient noch heute den Gläubigen, die aus der ferneren Umgebung kommen, als zeitweilige Unterkunft.

Lage: Luleå
Gründung: 15. Jh.

10 km nördlich des Stadtzentrums von Luleå am Bottnischen Meerbusen befindet sich Gammelstad, die einzige noch erhaltene Kirchenstadt Schwedens.

Sie selbst bezeichnen sich als Sámi und empfinden die Bezeichnung »Lappen« als diskriminierend. Insgesamt gibt es heute etwa 60 000 Sámi, deren Siedlungsgebiete im Norden Norwegens, Schwedens, Finnlands und Russlands liegen. Ihre Sprache gehört zum finnougrischen Zweig der uralischen Sprachfamilie. Zwischen den einzelnen Dialekten, die sich in eine ost- und eine westsamische Gruppe trennen, existieren jedoch enorme Unterschiede, so dass eine Verständigung nur schwer möglich ist.

Schweden
Tanum

Die 424 Holzhütten, die die eigentliche Kirchenstadt bilden, dienen immer noch dem gleichen Zweck wie zur Zeit ihrer Errichtung: Hier werden die Besucher aus dem dünn besiedelten Norden des Landes, die oftmals eine weite Anreise in Kauf nehmen, bei mehrtägigen hohen kirchlichen Festen, Konfirmationen oder Hochzeiten untergebracht.

Die Kirche im Stadtzentrum wurde zu Beginn des 15. Jh.s aus rotem und weißem Granit errichtet. Den Altarraum im Innern schmücken der Antwerpener Altar von 1520 sowie prächtige Wandmalereien aus der Zeit um 1480. Um die Kirche herum gruppieren sich noch rund 30 erhaltene Wohnhäuser aus dem Mittelalter.

Eisenhütte Engelsberg 556

Im Erzgebiet von Norberg befindet sich einer der ehemals bedeutendsten schwedischen Bergwerksorte, in dem schon zur Wikinger-Zeit Eisen verarbeitet wurde.

Lage: Zentral-Schweden
Erste Erwähnung: 1399

Nahe der Stadt Fagersta im Bergwerksgebiet Högbyn befindet sich Engelsberg, einst der wichtigste Abbauort des Landes.
Seit dem 6. Jh. wurde hier Eisenerz gefördert und verhüttet. Die hohe Qualität des schwedischen Eisens bildete die Basis für den Aufstieg des Landes zu einer Großmacht. Die Blütezeit der Hochöfen und Schmiedehämmer lag im 16.–19. Jh.
Zahlreiche der alten Gebäude wurden originalgetreu restauriert und können in dem heutigen Freilichtmuseum besichtigt werden, darunter auch ein Hochofen aus dem Jahre 1778. Das alte Grubennetz wurde zum Teil wieder zugänglich gemacht und steht für geführte Rundgänge zur Verfügung.

Tanum 557

Felszeichnungen und Grabfunde machen Tanum in der historischen Provinz Bohuslän zu einem der wichtigsten vorgeschichtlichen Orte Skandinaviens.

Lage: SW-Schweden, am Skagerrak
Blütezeit: 1500–800 v. Chr.

Die jahrtausendealten Felszeichnungen bei Tanum, die als die reichhaltigsten Funde in ganz Skandinavien gelten, gestatten auf eindrucksvolle Weise Einblicke in die Welt der nordeuropäischen Vorzeit. Die in überragender künstlerischer Qualität dargestellten Gegenstände und Szenen aus dem alltäglichen und dem religiösen Leben dokumentieren die Welt der bronzezeitlichen Skandinavier. Dennoch bleibt die tiefere Bedeutung der teilweise geometrisch abstrakten Felszeichnungen, die scheinbar ohne Bezug nebeneinander angebracht worden sind, ein Rätsel.
Auffallend sind allerdings die in großer Zahl vorhandenen Schiffsdarstellungen. Bei weiteren Grabungen im Umkreis der Fundstätten entdeckte man neben zahlreichen Runensteinen großräumig angelegte Felsengräber, die bis ins Neolithikum zurückdatiert werden können.

1 Viele Lappen leben von der Rentierhaltung. Für die Bergsámi ist sie praktisch der einzige Erwerbszweig.

2 In Urnes steht die wahrscheinlich älteste Stabkirche Norwegens, ein faszinierendes Beispiel für die skandinavische Ständerbauweise.

3 Zahlreiche Felszeichnungen aus der Bronzezeit wurden bei Tanum entdeckt. Die Bilder dokumentieren das Leben der Skandinavier in der Vorzeit.

Auffällig sind die vielen Schiffsdarstellungen.

4 1343 gründete die Hanse ihre erste Handelsniederlassung in der Hafenstadt Bergen, die auch heute noch der wichtigste Hafen Norwegens ist.

Schweden
Drottningholm

Schloss Drottningholm 559

Das Schloss ist noch heute der Wohnsitz der schwedischen Königsfamilie.

Lage: westl. v. Stockholm
Erbaut: 1662 (Neubau)

Auf der Insel Lovö im Mälarsee steht an der Stelle eines Vorgängerbaus aus dem 16. Jh. das erst gegen 1700 vollendete Schloss Drottningholm, die gewaltigste barocke Schlossanlage Schwedens.
Der Bau wurde 1662 von der Königinwitwe Hedvig Eleonora in Auftrag gegeben und gilt als das Hauptwerk des Architekten Nicodemus Tessin. Ab 1750 wurden der rechteckige Bau mit der dem Wasser zugewandten Schauseite nochmals erweitert und zahlreiche Innenräume nach dem Geschmack des Rokoko eingerichtet.
Als das Schloss nach 1777 zunehmend auch für staatliche Repräsentationszwecke genutzt wurde, hatte dies eine Umgestaltung einiger Räume im klassizistischen Stil zur Folge. Neben den prachtvollen Räumen aus allen Epochen und einem von Tessin nach französischem Vorbild gestalteten Barockgarten zieht heute das China-Schlösschen des im 18. Jh. angelegten Rokokogärtchens zahlreiche Besucher an.
Das von Carl Fredrik Adelcrantz gebaute Theater aus dem Jahre 1766, dessen Ausstattung und Bühnentechnik erhalten sind, ist eines der wenigen noch bespielbaren Rokokotheater.

Birka und Hovgarden 555

In der Stadt auf einer Insel im Mälarsee befand sich im Mittelalter das Zentrum des Handels zwischen Ost- und Westeuropa.

Lage: westl. v. Stockholm
Blütezeit: 8.–10. Jh.

Die Berichte, die der bremische Bischof Ansgar von seinen Missionsreisen, die er 830 und 853 nach Birka unternahm, gegeben hatte, wurden seit 1871 durch reiche Funde immer wieder bestätigt: Rund 3000 Gräber sowie die Überreste der gewaltigen Befestigungsanlagen auf der Insel Björkö zeugen von der Bedeutung Birkas und des benachbarten Hovgården auf der Insel Adelsö.
Handelsgüter aus dem westlichen Europa, aus Russland, Byzanz und Arabien wurden hier umgeschlagen. Doch bereits 975 verlagerten sich die lukrativen Handelsrouten, wovon die Insel Gotland und die Stadt Sigtuna profitierten. Damit verschwand Birka, die Stadt, in der Ansgar einst die erste Kirche Schwedens geweiht hatte, wieder von der Landkarte.

Skogskyrkogården 558

Die Friedhofsanlage im Süden Stockholms ist eine gelungene Verbindung von Architektur, Skulptur und Landschaftsgestaltung.

Lage: südl. v. Stockholm
Bauzeit: 1917–1940

Der 1920 eingeweihte Waldfriedhof wurde von den Architekten Erik Gunnar Asplund und Sigurd Lewerentz angelegt, die im Jahr 1914 einen international ausgeschriebenen Architekturwettbewerb gewonnen hatten.
In die gestaltete Landschaft setzten sie zahlreiche Gebäude: Asplund errichtete 1920 eine quadratische Holzkapelle mit einer offenen Vorhalle. Die klassizistische Kapelle von Lewerentz wurde 1925 erbaut.
Von Asplund stammen auch das Krematorium mit seinen drei Kapellen (1937–1940) und das große, frei stehende Kreuz.

Visby 731

Von einer der bedeutendsten skandinavischen Hansestädte

Lage: Insel Gotland
Blütezeit: 12.–13. Jh.

Für den Ort an der Nordwestküste der Insel Gotland lässt sich bereits eine steinzeitliche Besiedlung nachweisen.
Deutschen Kaufleuten diente Visby im 12. Jh. zunächst als Zwischenstation für den äußerst lukrativen Handel mit Nowgorod und schon bald darauf als Ausgangspunkt für die Erweiterung des hanseatischen Städtebunds nach Osten: Von hier aus wurden die Städte Riga, Reval, Danzig und Dorpat eingenommen.
Im 13. Jh. galt Visby neben Lübeck als wohl wichtigste Handelsstadt im Norden Europas: Eigene Münzen wurden geprägt und man einigte sich hier auf ein internationales Seerecht, das für den gesamten Ostseeraum bindende Wirkung hatte.
Mit der Eroberung Gotlands durch den dänischen König Waldemar IV. kam bereits im Jahr 1361 das Ende dieser kurzen Blütezeit.
Heute zeugen noch die gewaltigen Wallanlagen mit einer Höhe von bis zu 9 m und einer Länge von 3,4 km vom einstigen Reichtum und Einfluss der Stadt; insgesamt 38 historische Wehrtürme sind erhalten geblieben. Die zahlreichen Kaufmannshäuser aus dem 12.–13. Jh. in den engen mittelalterlichen Straßen verdanken ihre Erhaltung einem Gesetz aus dem 19. Jh.

Finnland

Petäjävesi 584

Die rote Holzkirche gilt als eines der schönsten Gotteshäuser Finnlands.

Lage: S-Finnland
Erbaut: 1763–1764

Bei Keuruu liegt die Holzkirche des Dorfes Petäjävesi. Der Baumeister Jakob Klemensson errichtete den Blockbau wie im 17. Jh. üblich auf dem Grundriss eines gleicharmigen Kreuzes.
Mit den Möglichkeiten der Holzarchitektur wurde bei dem schlichten, aber wohl proportionierten Gebäude versucht sich der äußeren Erscheinung eines Steinbaus anzunähern.
Einfachheit und Klarheit bestimmen insgesamt das Bild: Der Innenraum gibt den Blick auf unbehandeltes Holz frei und das schindelgedeckte Walmdach weist lediglich im oberen Bereich des 1821 hinzugefügten Glockenturms zurückhaltende Renaissanceornamentik auf.
Aus der Zeit des ersten Baus stammt die gesamte Ausstattung des Innenraums.

Rauma 582

Rauma, bis 1550 einer der bedeutendsten finnischen Orte, besitzt eine historische Altstadt mit charakteristischen niedrigen Holzhäusern.

Lage: SW-Finnland
Erste Erwähnung: 1442

An einem vermutlich schon länger bestehenden Handelsplatz ließen sich um 1400 Franziskanermönche nieder. Von ihrer bis 1538 bestehenden Klostergründung ist nur die 1449 erbaute Heilig-Kreuz-Kirche erhalten, die reiche Deckenmalereien birgt.
Das Kloster bildete wahrscheinlich das Zentrum der ältesten Siedlung aus der die Stadt Rauma entstand, eine der wenigen mittelalterlichen Gründungen Finnlands. Obgleich die Stadt 1682 vollständig niederbrannte und ihre Bebauung daher nicht älter sein kann, ist sie noch heute durch eine mittelalterliche Anlage gekennzeichnet.
Die Häuser in der Altstadt weisen teilweise reich ornamentierte Paneelfassaden aus dem 18.–19. Jh. auf, als Rauma für kurze Zeit die größte Handelsflotte Finnlands besaß, und bilden eines der lebendigsten und größten Holzbauensembles Skandinaviens. Das zweistöckige Alte Rathaus wurde 1776–1777 errichtet

Rauma: Das Stadtbild wird von Holzarchitektur geprägt.

Die Seefestung Suomenlinna wurde Mitte des 18. Jh.s nach dem schwedisch-russischen Krieg angelegt. Die weitgehend aus Granitblöcken bestehende Anlage, die einen künstlerischen Anspruch in ihrer Architektur erkennen lässt, erstreckt sich über insgesamt sechs Inseln im Südosten von Helsinki, die so ein zusammenhängendes Verteidigungssystem bilden. Erst 1918 wurde die Festung aufgegeben.

Dänemark
Roskilde

und beherbergt heute ein Museum, das die von den Franziskanermönchen eingeführte Klöppeltechnik dokumentiert, für die Rauma seit dem Mittelalter bekannt ist.

Verla 751

Der Mühlenkomplex gehört zu den bedeutendsten Denkmälern der finnischen Forstindustrie.

Lage: nördl. v. Helsinki
Gründung: 1872

Die reichen Waldbestände Skandinaviens und Nordrusslands bildeten die Basis für die in der zweiten Hälfte des 19. Jh.s begründete Papierindustrie. Nur sehr wenige dieser Industriekomplexe sind allerdings noch erhalten.
Die Papiermühle in Verla mitsamt einer angeschlossenen Kartonfabrik verdankt ihre Erhaltung der Tatsache, dass sie erst 1964 ihren Betrieb endgültig einstellte. Heute ist auf dem Gelände ein Museum zur Geschichte der Forstindustrie untergebracht.

Suomenlinna 583

Eine imposante Festungsanlage, die sich über sechs Inseln erstreckt, sollte den Hafen Helsinkis vor russischen Angriffen sichern.

Lage: Finnischer Meerbusen
Gründung: 1747

Die Schweden, die Finnland seit dem 13. Jh. beherrschten, errichteten Mitte des 18. Jh.s die Festung Sveaborg vor der Hafeneinfahrt der Stadt. Die Seefestung war ein wichtiges Element in der Verteidigung gegen russische Angriffe und diente der schwedischen Flotte als Stützpunkt.
Als 1808 die Wehranlage kampflos von den Russen eingenommen werden konnte, begann der Rückzug der Schweden aus Finnland. Zar Alexander I. machte Helsingfors zur Hauptstadt eines Großherzogtums. Eine orthodoxe Kirche, Holzhäuser und eine Kommandantur sind aus der Zeit der russischen Herrschaft auf dem Gelände der Festung erhalten geblieben. Suomenlinna, wie die Festung jetzt heißt, wurde durch ein Bombardement während des Krimkrieges 1853–1856 teilweise schwer beschädigt, nicht alle Gebäude sind erhalten. Ein Museum zur Festungsgeschichte kann besichtigt werden. Suomenlinna gilt als bedeutendes Beispiel europäischer Militärarchitektur.

Dänemark

Kathedrale von Roskilde 695

Die älteste romanisch-gotische Backsteinkirche Skandinaviens birgt die Grablege der dänischen Könige.

Lage: Insel Seeland
Baubeginn: um 1170

Bis zur Reformation befand sich das kirchliche Zentrum Dänemarks in Roskilde: Bauherr der ersten romanisch-gotischen Backsteinkirche Skandinaviens war der Gründer

1 Visby ist die einzige Stadt auf der Insel Gotland, der größten Ostseeinsel. Der Ort zählte zu den bedeutendsten Hansestädten im skandinavischen Raum. Die Marienkirche, 1802 zum Dom erhoben, stammt noch aus dieser Zeit.

2 Schloss Drottningholm wurde Anfang des 20. Jh.s vollständig restauriert. Heute ist es der Wohnsitz der schwedischen Königsfamilie.

3 Vom 11.–15. Jh. diente die Stadt Roskilde auf der Insel Seeland den dänischen Königen als Residenz. Abseits der großen Zentren kirchlicher Kunst in Frankreich und Deutschland entstand hier seit dem 12. Jh. ein beeindruckendes Gotteshaus am Übergang von der Romanik zur Gotik.

Dänemark
Jelling

von Kopenhagen, Bischof Absalon. Er ließ sie über den Grundmauern von zwei älteren, kleineren Kirchen ab 1170 errichten, um der Stadt, die von etwa 1020–1416 königliche Residenzstadt war, ein entsprechend würdiges Gotteshaus zu geben.
Im Dom, der bis ins 19. Jh. hinein durch Vorgebäude und Seitenkapellen erweitert wurde und als bedeutendes Zeugnis dänischer Kirchenarchitektur gilt, befinden sich die reich ausgestatteten Grabmäler von insgesamt 38 dänischen Königinnen und Königen, die hier ab dem 15. Jh. bestattet wurden.

Jelling

Ein Königsgrab mit Runensteinen erzählt von der Christianisierung Dänemarks.

Lage: O-Jütland
Errichtung: 10. Jh.

Vor der Kirche von Jelling befindet sich das beeindruckendste Königsgrab Dänemarks. Die hier gefundenen reichen Beigaben dokumentieren die Machtfülle der Wikinger, die seit dem 8. Jh. sämtliche Seewege des Nordens beherrschten.
Darüber hinaus ist die Grabanlage ein historisches Dokument der Christianisierung Dänemarks, mit der das Land in die Staatengeschichte Europas eintritt: Im nördlichen der beiden Grabhügel wurden ursprünglich der noch heidnische König Gorm (vermutlich 860–940) und seine Gattin Tyra beigesetzt. Die Gebeine der beiden ließ ihr Sohn, der erste christliche Dänenkönig Harald Blåtand (reg. um 940–986, 960 getauft), später in die neu erbaute Kirche umbetten.
Die Inschrift des älteren der beiden Runensteine war eine Widmung des Königs Gorm für seine Gattin Tyra. Der größere Runenstein aus der Zeit um 980 zeigt die älteste Christusdarstellung Skandinaviens.

Irland

Bend of the Boyne

Eine der größten und bedeutendsten prähistorischen Anlagen Europas ist noch nicht vollständig erschlossen und birgt wohl noch lange einige Rätsel.

Lage: O-Irland
Alter: über 4000 Jahre

Eingespannt in einen Bogen, den der Fluss Boyne etwa 40 km nördlich von Dublin bildet, ist ein Areal, auf dem sich Irlands bemerkenswerteste vorchristliche Kult- und Begräbnisstätte befindet: In der

Zeugen der Christianisierung: die Runensteine in Jelling

Nähe der Ortschaften Knowth, Dowth und Newgrange erstrecken sich über eine Fläche von 780 ha unter Hügeln verborgene Fürstenmausoleen und Sakralanlagen.
Der 100 m hohe Grabhügel in Knowth birgt ein Fürstengrab aus dem 4. Jahrtsd. v. Chr. In seiner Nähe vermutet man noch etwa 15 kleinere Tumuli, die weitere Ganggräber enthüllen könnten. Zu den beiden Gräbern bei Dowth gehören außerdem Kult- oder Ritualplätze. Das berühmteste der Boyne-Gräber ist das bereits 1699 erstmals geöffnete Königsgrab von Newgrange, an dessen runde Halle sich kleeblattförmig angeordnete Nebenkammern anschließen.
Ein Rätsel wird die Bedeutung der Symbole auf den Steinkreisen bleiben, mit denen Gräber und Sakralanlagen eingefriedet wurden.

Skellig Michael

Die Klostersiedlung aus dem Mittelalter auf einer kleinen Felseinsel im Atlantik illustriert mit ihren gut erhaltenen Bauten das Leben der frühen irischen Christen.

Lage: vor d. Südwestküste Irlands
Gründung: vermutl. 7. Jh.

Etwa 12 km vor der irischen Küste ragt im Atlantischen Ozean eine Felsklippe aus dem Meer, auf der sich einer der bedeutendsten archäologischen Plätze der Britischen Inseln befindet: Die dem Erzengel Michael gewidmete Klosteranlage wurde möglicherweise bereits im 7. Jh. gegründet, im 12. Jh. jedoch aus unbekannten Gründen wieder aufgegeben.
Die Mauern der eigentümlichen Bet- und Mönchszellen, die sich an den felsigen Untergrund anzuschmiegen scheinen, sind in der für die irische Früharchitektur typischen Weise ohne Mörtel zu bienenkorbartigen Strukturen gefügt worden. Als christliche Bauten sind die ansonsten schmucklosen Gebäude nur durch eingelassene Kreuze zu erkennen. Neben den Resten einer Kirche, die in das 12. Jh. datiert wird, ist noch eine Treppe mit etwa 500 Stufen erhalten, die Pilgern den Weg zu den höchsten Gipfel der Insel erleichtern sollte.

Großbritannien

Inselgruppe St. Kilda

Die kleinen Inseln am Westrand der Hebriden dienen als Nistplätze für die größte Tölpelpopulation der Erde.

Lage: 180 km vor d. Nordwestküste Schottlands

Die Inseln vulkanischen Ursprungs blieben während der letzten Eiszeit von Vergletscherung verschont und bewahrten so eine eigentümliche Landschaft.
Zum Archipel gehören Dun, Soay, Boreray sowie die Insel Hirta, deren Bewohner 1930 umgesiedelt wurden. Seitdem ist jede Spur menschlichen Lebens verschwunden.
Die beeindruckenden Steilfelsen, die bis zu 400 m aus dem Meer ragen und zu den höchsten Steilküsten Europas zählen, bieten optimale Nistplätze für selten gewordene Vogelarten. So fanden im Naturschutzgebiet gewaltige Tölpelbestände ein Refugium.

Giant's Causeway

Zahlreiche Legenden ranken sich um das Naturwunder an der Küste Nordirlands.

Lage: Distrikt Moyle, Nordirland
Länge: 5 km

Nahe des Fischerortes Ballycastle ragen rund 40 000, zumeist sechseckige Basaltsäulen aus dem Meer. Sie bilden zusammen eine 5 km lange vorspringende Landzunge und entstanden durch Kristallisierung, als ausströmende Lava im Meer erkaltete. Die größten Säulen ragen bis zu 6 m hoch auf.
Das Naturwunder trägt seinen Namen »Straße des Riesen« nach einer der zahlreichen Legenden, die sich um diesen Ort ranken. Sie erzählt davon, dass der irische Riese Finn, als er von seinem schottischen Gegenspieler herausgefordert wurde, einen Weg aus Feldsteinen über die Irische See errichtet habe.

Edinburgh

Die schottische Hauptstadt erlangte ihr besonderes Gepräge durch den architektonischen Kontrast zwischen der mittelalterlichen Altstadt und der umsichtig geplanten Neustadt im georgianischen Stil.

Lage: S-Schottland, am Firth of Forth
Gründung: 5. Jh.

Die gewaltige Festung Edinburgh Castle geht in ihren ältesten Teilen auf das 11. Jh. zurück, St. Margaret's Chapel, die sich ebenfalls auf dem Schlossberg erhebt, wurde 1090 geweiht. Den Castle Rock

Großbritannien
Durham

Auf einem 130 m aufragenden Felsen über der Altstadt von Edinburgh thront das weitläufige Castle. Ältestes Gebäude innerhalb der Festung und vermutlich auch der ganzen Stadt ist die St. Margaret's Chapel aus der Zeit um 1090. Die Festung gehört zu den bedeutendsten Baudenkmälern der Stadt und eröffnet dem Besucher einen grandiosen Blick über die schottische Kapitale, deren Altstadt weitgehend mittelalterlich geprägt ist. Im architektonischen Kontrast dazu steht die Ende des 18. Jh.s erbaute Neustadt.

hinab bilden die Straßenzüge Lawnmarket, High Street und Canongate die Royal Mile, die Hauptader der mit Durchgängen und Hinterhöfen durchsetzten Altstadt. Hier reihen sich Adelshäuser wie Gladstone's Land an Gotteshäuser wie die spätgotische Kathedrale von St. Giles.
Am Ostende der Royal Mile steht der geschichtsträchtige Palace of Holyroodhouse, 1128 als Augustinerabtei errichtet und später Residenz der schottischen Könige.
Trotz sinkender politischer Bedeutung nach der Union mit England (1707) blieb Edinburgh weiterhin ein wichtiges kulturelles Zentrum. Zu Ende des 18. Jh.s wurde die georgianische Neustadt errichtet. Sie setzt mit ihren breiten Straßenzügen und weiten Plätzen einen reizvollen architektonischen Kontrast zur mittelalterlichen Altstadt.

Hadrianswall 430

Anfang des 2. Jh.s ließ der römische Kaiser Hadrian den Steinwall im Norden Englands als Schutz vor den unberechenbaren schottischen Stämmen errichten.

Lage: N-England
Länge: 117 km

Bei der Einfahrt in den Hafen von Newcastle erblickt man das östliche Ende des Hadrianswalls, der nach gut 80 Meilen im Westen an der Irischen See endet.
Kaiser Hadrian ließ die 5 m hohe und fast 3 m breite Steinmauer 122–132 n. Chr. von Küste zu Küste errichten, um der Bedrohung durch die Stämme Schottlands zu begegnen, die immer wieder in die römische Provinz einfielen.
Die erhaltenen und ausgegrabenen Verteidigungsanlagen sind heute zu besichtigen. Die Festungen, Kastelle und Wachtürme entlang dem Wall sind beredte Zeugnisse der militärischen und politischen Strategien, mit denen das Imperium Romanum seine gewaltigen Grenzen verteidigte.

Durham 370

Burg und Kathedrale Durhams zeugen von der Macht der hier ansässigen Bischöfe.

Lage: N-England
Blütezeit: 10.–11. Jahrhundert

Über dem Fluss Wear thronen die festungsgleichen Anlagen der Bischöfe von Durham: Ab 1072 wurde auf den Resten einer normannischen Festung das Schloss erbaut, das als Bollwerk gegen die Schotten gedacht war und zum Zentrum einer Klostersiedlung der Benediktiner wurde.
Mit dem Bau der Kathedrale begann man 1093, um die Reliquien des hl. Cuthbert und des Beda Venerabilis aufzunehmen. Die Kirche ist eines der schönsten Bauwerke am Übergang von der Romanik zur Gotik, das die normannischen Eroberer errichten ließen. Ihr lang gestrecktes Schiff bei im Verhältnis dazu geringer Höhe ist eine Eigenart der englischen Gotik.
Große Bedeutung für die Architekturgeschichte haben die Kreuzrippengewölbe über den Chorschiffen; es sind die ersten ihrer Art, die bis heute erhalten sind.

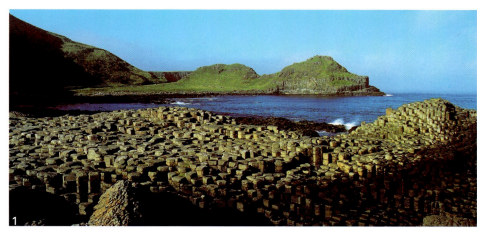

1 Die Basaltsäulen des Giant's Causeway reihen sich über eine Gesamtlänge von 5 km entlang der Küste Nordirlands aneinander.

2 In den Jahren 122–132 n. Chr. ließ der römische Kaiser Hadrian einen 117 km langen Steinwall erbauen – als Schutz vor den schottischen Stämmen im Norden.

3 Die eindrucksvolle Kathedrale von Durham wurde im 11. Jh., zur Blütezeit der nordenglischen Stadt, im normannisch-romanischen Stil errichtet.

4 Gotische und neugotische Türme prägen das Bild der Altstadt von Edinburgh. Einen schönen Blick hat man vom »Princes Street Garden« aus.

Großbritannien
Gwynedd

Gwynedd

Die Burgen, die Edward I. in Wales errichten ließ, sind bedeutende Zeugnisse mittelalterlicher Militärarchitektur und der Kolonisierung des kleinen Landes.

Lage: N-Wales
Bauzeit: 13.–14. Jh.

König Edward I. (1239–1307) sicherte seine Position in dem 1284 endgültig von ihm unterworfenen Wales durch den Bau von drei Zwingburgen in der Nähe zur englischen Grenze.
Conwy wurde ab 1283 in der unglaublich kurzen Zeit von nur viereinhalb Jahren errichtet und gilt als Meisterwerk mittelalterlicher Militärarchitektur. Der Baumeister James of St. George überwachte auch die Arbeiten der im gleichen Jahr begonnenen Burgen von Caernarfon und Harlech, die zusammen mit den späteren Bauten von Flint, Beaumaris und Aberystwith eine Kette entlang der nordwalisischen Küste bilden.
Conwy Castle, das auf unzähligen Gemälden englischer Künstler verewigt wurde, sollte ein Denkmal der englischen Herrschaft werden und diente als Ausgangsbasis für die planmäßige Besiedlung von Wales durch die Engländer.

Ironbridge

In der Nähe der Stadt Shrewsbury steht eine ganze Ortschaft als Wahrzeichen der Industrialisierung.

Lage: W-England, Severn-Tal
Epoche: Beginn des Industriezeitalters

Der Ort verdankt seinen Namen der Brücke, die der Eisenwerkbesitzer Abraham Darby 1778 bauen ließ. Hier befindet sich das so genannte »Stonehenge der industriellen Revolution«: Über das Tal des Severn bei Coalbrookdale führt die erste Eisenbrücke der Geschichte, die noch heute von Fußgängern benutzt werden kann.
Beim Ort sind die Minen sowie die 1708 errichtete Kokerei, in der bereits früh die Verhüttung von Eisenerz im großen Maßstab erfolgte, ebenso zu besichtigen wie die später hinzugekommenen Eisenbahnanlagen, die den landesweiten Transport ermöglichten.
Die gut erhaltenen Anlagen bilden eine Museumslandschaft, die den Beginn des industriellen Zeitalters in England dokumentiert.

Studley

In den königlichen Gärten von Studley befinden sich die beeindruckenden Ruinen von Fountains Abbey, einer wohlhabenden Zisterzienserabtei.

Lage: N-England, Yorkshire
Gründung: 1132 (Abtei)

Mönche aus York gründeten die Zisterzienserabtei Fountains Abbey. Bis zur Auflösung 1539, die eine Folge der Trennung der englischen Kirche von Rom war, erlebte die Abtei einen gewaltigen Aufschwung und war durch Schafzucht und Wollhandel eine der größten und reichsten Klosteranlagen des Landes.
Weitgehend erhalten, wenn auch ohne Dach, sind heute die 123 m lange Kirche, der 55 m hohe Turm über dem nördlichen Querschiff und die sich direkt anschließenden Klostergebäude. Der Kreuzgang mit normannisch-romanischen Bögen, Dormitorium, Refektorium sowie das etwa 100 m lange Cellarium und die Wirtschaftsräume vermitteln einen Eindruck von der gewaltigen Anlage. Spuren des 1611 abgerissenen Hospitals sind nur noch vereinzelt zu finden.
1727 wurde ein weitläufiger Park unter Einbeziehung der Ruinen angelegt. Die königlichen Gärten von Studley gehören zu den prächtigsten georgianischen Parkanlagen des Landes.

Blenheim Palace

Großbritanniens größtes Privathaus ist gleichzeitig das schönste und kraftvollste Beispiel barocker Baukunst in England.

Lage: Oxfordshire
Bauzeit: 1705–1722

Zum Dank für seinen erfolgreichen Feldzug gegen französische und bayerische Truppen bei Blindheim an der Donau im Jahre 1704 schenkte die englische Nation John Churchill, dem ersten Duke of Marlborough, diese prächtige Residenz in Oxfordshire, die 1722 unter der Aufsicht des Architekten Sir John Vanbrugh fertig gestellt wurde.
Der barocke, zweistöckige Palast, dessen drei Flügel um einen großen Hof herum angelegt wurden, weist eine Innenausstattung auf, an der die wichtigsten englischen Künstler der damaligen Zeit beteiligt waren. Bemerkenswert sind neben den prächtigen Stuckarbeiten die Wandmalereien in einigen Räumen.
Die weitläufigen Gartenanlagen wurden im Laufe der Zeit mehrfach umgestaltet: Vom ursprünglichen Park, den Henry Wise nach dem Vorbild von Versailles schuf, ist nichts mehr erhalten; im 18. Jh. gestaltete Lancelot Brown die Anlage vollständig um.

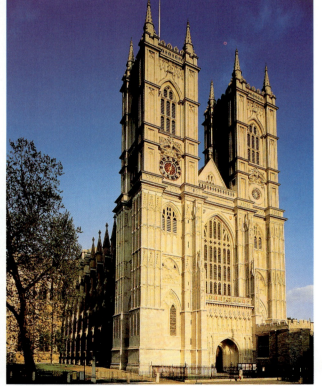

Westminster Abbey: ein Meisterwerk der Gotik aus dem 13. Jh.

Stonehenge und Avebury

Die Bedeutung der jungsteinzeitlichen Monumente von Stonehenge und dem benachbarten Avebury ist noch weitgehend unklar, wahrscheinlich haben sie auch zur Beobachtung der Gestirne gedient.

Lage: Wiltshire, nördl. v. Salisbury
Alter: 5000–6000 Jahre

Ein 114 m weiter Ringgraben umgibt den heiligen Bezirk der berühmten Steinkreise von Stonehenge. Die bis zu 7 m hohen Monolithe, die in der letzten Bauphase um 1500 v. Chr. über hunderte von Kilometern an diesen Platz gebracht wurden, scheinen auf bestimmte Gestirne hin ausgerichtet zu sein. Man vermutet darum, dass die Anlage im Laufe der Jahrtausende sowohl kultischen als auch astronomischen Zwecken gedient haben könnte.
Die Stadt Avebury selbst steht auf dem Boden eines kaum noch erhaltenen Heiligtums, das einst ein Gelände von fast 12 ha umfasst haben muss. Der 40 m hohe Silbury Hill in der Umgebung wurde etwa 2800 v. Chr. mit unvorstellbarem Aufwand errichtet. Er ist mit einem Durchmesser von 180 m der größte Tumulus der europäischen Vorgeschichte; über Zweck oder Bedeutung ist jedoch nichts bekannt.
Unweit von hier befindet sich die vielräumige Anlage des 113 m langen West Kenneth Barrow. Ausgrabungen ergaben, dass dieser Komplex sowohl als Grablege als auch Heiligtum gedient hat. Zahlreiche Legenden ranken sich um diese Plätze, die noch Generationen von Archäologen beschäftigen werden.

Tower of London

Wilhelm der Eroberer errichtete die Feste an der Themse, die zu einem der geschichtsträchtigsten Orte Großbritanniens wurde.

Lage: London
Erbaut: ab 1066

Großbritannien
Bath

London: Das Ufer der Themse wird von der Fassade des Palace of Westminster dominiert, in dem heute das Parlament des Königreichs tagt. Das Gebäude wurde 1840–1852 in Anlehnung an die Krönungskirche, die Westminster Abbey, im neugotischen Stil errichtet. Ein weiteres Wahrzeichen der britischen Hauptstadt ist der Tower, das älteste Bauwerk Londons. In dem einstigen Staatsgefängnis werden heute die Kronjuwelen aufbewahrt, außerdem befindet sich in dem Gebäude ein Waffenmuseum.

Als befestigte Wohnstätte und zugleich als Beobachtungsposten für den Schiffsverkehr auf der Themse ließ Wilhelm der Eroberer den White Tower errichten.

Ihr heutiges Gesicht erhielt die Wehranlage im 13. Jh. Der Tower blieb Wohnsitz der englischen Monarchen, bis die Festung 1509 in ein Staatsgefängnis umgewandelt wurde: Viele berühmte Gefangene wie etwa Thomas More, zwei Gemahlinnen Heinrichs VIII. und die spätere englische Königin Elisabeth I. wurden hier festgehalten.

Gegenwärtig ist der historische Bau vorwiegend Museum, das umfangreiche Sammlungen zur europäischen Militärgeschichte besitzt. Das Jewel House beherbergt die Kronjuwelen der englischen Monarchen.

Auf dem Gelände des Towers befindet sich mit der normannischen Chapel of St. John aus dem Jahre 1080 die älteste Kirche Londons. In der 1512 nach einem Brand restaurierten Royal Chapel St. Peter wurden die im Tower Hingerichteten beigesetzt.

Westminster 426

Westminster Abbey, St. Stephen's Chapel und der Palace of Westminster, besser bekannt als Houses of Parliament, dominieren das Themseufer der Londoner Innenstadt.

Lage: London
Gründung: 11. Jh.

Bereits unter Edward dem Bekenner begann die Errichtung des Westminsterpalastes und der Westminsterabtei, deren Kirche im 13. Jh. durch eine gotische Kathedrale ersetzt wurde, ihm und den folgenden Herrschern bis 1760 als Grabeskirche dienen sollte. Noch heute ist sie die Krönungskirche der Monarchen; auch die königlichen Hochzeits- und Trauerfeiern werden hier abgehalten.

1097 ließ Wilhelm der Eroberer Westminster Hall bauen, ab 1567 Sitz des englischen Parlaments. Der heute bestehende Komplex wurde nach dem Brand von 1834, der große Teile zerstörte, 1840–1888 von Sir Charles Barry im neugotischen Stil errichtet, um den Bau an die Fassade der Westminster Abbey anzugleichen.

Die mit Türmchen, Zinnen und detailreichen Ornamenten geschmückte Fassade am Ufer der Themse wird im Norden vom berühmten Glockenturm Big Ben überragt. Die Innenräume des Westminsterpalastes wurden zum Teil bereits im 19. Jh. restauriert und sind mit wertvollen Mosaiken, Fußböden, Glasfenstern und Skulpturen ausgestaltet.

Die im 11. oder 12. Jh. gegründete St. Margaret's Church wurde im 19. Jh. restauriert. Die kleine Kirche birgt sehenswerte flämische Glasmalereien und wichtige historische Grabdokumente.

Bath 428

Die Stadt mit den elegantesten Bauten Südenglands wirkt auf den Besucher wie ein riesiges Freilichttheater.

Lage: S-England
Gründung: 1. Jh. v. Chr.

Bereits die Römer errichteten nahe den heißen Thermalquellen Bäder und Kuranlagen, die heute unter dem Stadtzentrum liegen und teilweise besichtigt werden können.

Im 17. Jh. wurde die Stadt, die seit dem 10. Jh. Bischofssitz und ein Zentrum des mittelalterlichen Tuchhandels war, der beliebteste Badeort Englands und das bedeutendste gesellschaftliche Zentrum außerhalb Londons.

Im ausgehenden 18. Jh. waren es vor allem der Architekt John Wood und dessen Sohn, deren monumentalen Bauvorhaben der Ort sein geschlossenes georgianisches Stadtbild verdankt: Die Straßenzüge, die innerhalb von fünfzig Jahren einheitlich im palladianischen Stil umgestaltet wurden, führen den Besucher zu klassizistischen Meisterwerken wie der Royal Crescent, dem Kurhaus oder der 1770 entworfenen Pulteney Bridge.

1 Conwy Castle in der Grafschaft Gwynedd gehört zu den bedeutendsten Zwingburgen der Engländer in Wales.

2 In der georgianischen Häuserlandschaft von Bath steht die Abteikirche aus dem 16. Jh. Die heißen Quellen wurden seit der Römerzeit genutzt.

3 Blenheim Palace: Auf dem Schloss der Herzöge von Marlborough erblickte Sir Winston Churchill am 30. November 1874 das Licht der Welt.

Großbritannien
Canterbury

Canterbury 496

In einer der ältesten Städte Englands steht die Hauptkirche der anglikanischen Glaubensgemeinschaft.

Lage: SO-England
Bau der Kathedrale: 11. Jh.

Die Stadt in der Grafschaft Kent stand von Anfang an im Zentrum der englischen Kirchengeschichte. Schon 597 gründete der hl. Augustinus, der die Briten zum Christentum bekehrte, hier eine Benediktinerabtei, die zum Zentrum des neu geschaffenen Bistums Canterbury wurde.
In der Kathedrale, 1070 als normannischer Bau begonnen, wurde im Jahre 1170 der Erzbischof Thomas Becket von königstreuen Rittern ermordet. Er wurde in der Kathedrale bestattet und drei Jahre später heilig gesprochen. Nun war die Kirche Ziel eines starken Pilgerstroms geworden und wurde ab 1174 im Stil der englischen Spätgotik neu errichtet. Aus normannischer Zeit stammt die Krypta.

Gough Island 740

Die weitgehend unberührte Insel in der kühl-gemäßigten Zone ist der Lebensraum einer der weltweit größten Seevogelkolonien.

Lage: S-Atlantik
Ausdehnung: 55 km²

Im 16. Jh. von portugiesischen Seefahrern entdeckt, gehört die Insel heute zum Tristan-da-Cunha-Archipel. Bis auf eine Wetterstation ist das vulkanische Eiland unbewohnt.
Die besondere Bedeutung von Gough Island liegt in der unberührten Flora und Fauna: Die steilen Klippen sind Nistplätze für gewaltige Seevogelkolonien. Zwei nur auf dieser Insel anzutreffende Vogelspezies und zwölf endemische Pflanzenarten haben Biologen hier entdeckt.

Henderson Island 487

Die größte Insel des zu Großbritannien gehörenden Pitcairn-Archipels in der Südsee ist weitgehend unberührt geblieben.

Lage: Pazifik, am südl. Wendekreis
Ausdehnung: 37 km²

Als 1606 der spanische Entdecker de Quirós die Koralleninsel als erster Europäer betrat, fand er nur undurchdringliche Wildnis und keine nennenswerten Schätze vor.
Bis ins 18. Jh. blieb die abgelegene Insel in Vergessenheit und auch danach von menschlicher Einflussnahme weitgehend verschont. So haben sich Flora und Fauna auf dem hoch gelegenen Atoll mit seinen steil abfallenden Küsten erhalten können: Im dichten Buschwald fand man bisher elf Pflanzenarten, die nur auf Henderson Island vorkommen; über 20 See- und Landvogelarten sowie viele Insekten- und Schneckenarten sind ebenfalls nur hier anzutreffen.

Niederlande

Schokland 739

Die Kulturlandschaft am Ijsselmeer ist ein einzigartiges

Ein Juwel der Hochgotik: die Kathedrale Notre-Dame in Reims

Zeugnis des jahrhundertelangen Kampfs der Niederländer gegen die Naturgewalten.

Lage: Nordostpolder, östliches Ijsselmeer
Ausdehnung: 1,4 km²

Bereits die Friesen, die seit dem 4. Jh. im tief gelegenen Gebiet der Zuidersee siedelten, erbauten Ringdeiche, um das flache Land vor den Nordseefluten zu schützen.
Doch das Meer drang weiter landeinwärts vor, bis im 13. Jh. die Bucht der Zuidersee entstanden war. Die eingedeichten Marschgebiete, Polder genannt, waren zwar vor Hochwasser geschützt, mussten jedoch regelmäßig entwässert werden.
Der schon früh gefasste Plan der Landgewinnung wurde zwischen 1927 und 1932 umgesetzt: Der Abschlussdeich durch die Zuidersee trennt das heute zur Hälfte entwässerte Ijsselmeer vom niederländischen Wattenmeer.
Symbolisch für die Rückgewinnung des Landes steht die ehemalige Insel Schokland. Umfangreiche Ausgrabungen in der Umgebung zeigen, wie entwickelt und durchdacht die Methoden zur Landgewinnung bereits in früheren Jahrhunderten waren.

Verteidigungsanlagen von Amsterdam 759

Im 15. Jh. wurden die Erdwälle, die Amsterdam bis dahin Schutz gewährt hatten, durch eine Mauer ersetzt, deren Turm- und Toranlagen größtenteils erhalten sind.

Lage: Zentral-Niederlande
Gründung: 1481

Die Verteidigungsanlagen, die vormals aus einfachen Erdwällen bestanden und Stadttore und Türme miteinander verbanden, wurden ab 1481 durch eine neue Ummauerung ersetzt. Aus dieser Zeit stammt auch der Backsteinturm Schreierstoren.
Die laut einer Inschrift 1488 fertig gestellte St.-Anthonispoort weist mächtige Türme und Toranlagen auf. Der Munttoren, 1490 erbaut, wurde im 17. Jh. erweitert und erhielt ein Glockenspiel. Der Montelbaanstoren, zu Beginn des 16. Jh.s errichtet, diente zur Verteidigung der Schiffszimmerplätze. Die Tore des 18.–19. Jh.s wie die klassizistische Muiderpoort aus der zweiten Hälfte des 18. Jh.s und die Haarlemerpoort von 1840 sind besonders gut erhalten.

Luxemburg

Luxemburg 699

Die Hauptstadt des Großherzogtums ist von architektonischer Vielfalt geprägt.

Lage: Dreiländereck Deutschland, Frankreich, Belgien
Gründung: 10. Jh.

Auf dem steilen und strategisch günstig gelegenen Bockfelsen gründete Siegfried von Luxemburg nach 963 die Festung Lützelburg, zu deren Füßen sich im Mittelalter die Stadt bildete.
Bis ins 14. Jh., als Heinrich VII. von Luxemburg die Königswürde erlangte, wurde die Festung ständig erweitert. Angefangen bei den Spaniern, die Luxemburg 1555 eroberten, trugen die wechselnden Herrscher ihren jeweiligen Teil zum heutigen Stadtbild bei.
Die Befestigungsanlagen, die sich durch die ganze Stadt ziehen, bestehen größtenteils aus unterirdischen, in den Felsen gesprengten Galerien und Kasematten. Weitere bemerkenswerte Bauten sind der großherzogliche Palast, die Kirche St.-Michel und die Kathedrale Notre-Dame.

Frankreich

Kathedrale von Amiens 162

Mit einer überbauten Fläche von 7700 m² ist die Kathedrale Notre-Dame das größte Gotteshaus Frankreichs.

Luxemburg-Stadt: Die Zitadelle Saint-Esprit gehört zu den Befestigungsanlagen, die einen Überblick über die Militärarchitektur verschiedener Epochen ermöglichen. Die vorhandenen Reste dieser Wehranlagen ziehen sich durch die gesamte Hauptstadt des Großherzogtums. So bestimmen auch heute noch Pulvertürme, Galerien und Kasematten weite Teile des historischen Stadtbilds.

Frankreich
Mont-Saint-Michel

Lage: N-Frankreich
Baubeginn: 1220

In der Hauptstadt der Picardie steht die Kathedrale, die zu den Musterbauten der französischen Hochgotik gezählt wird: Das nach Plänen von Robert de Luzarches innerhalb von 50 Jahren errichtete Gotteshaus besteht aus einem dreischiffigen Langhaus. Die Westfassade, unterbrochen von drei Portalen und gekrönt von zwei breiten Türmen, weist eine große Fensterrose auf und gilt als besonders kunstvoll gestaltet.
Die drei mit Szenen aus dem Alten und dem Neuen Testament verzierten Portale sind ein Höhepunkt mittelalterlicher Bildhauerkunst. Unter den zahlreichen Figuren sind zwei besonders bemerkenswert: die »Vierge Dorée« und der »Beau Dieu«.

Reims  601

In der Stadt, von der aus die Christianisierung Galliens ihren Anfang nahm, ließen sich 988–1825 die Herrscher Frankreichs krönen.

Lage: N-Frankreich
Blütezeit: 9.–15. Jh.

Chlodwig wurde um 500 in Reims vom hl. Remigius zum König der Franken gesalbt. Die Gebeine des Erzbischofs ruhen noch heute in der im 11. Jh. errichteten Abtei von Reims. Trotz der schweren Beschädigungen im Ersten Weltkrieg ist das Innere der Stiftskirche eindrucksvoll. An das schmale Mittelschiff aus dem 9. Jh. schließt sich ein frühgotischer Chor an, die Fenster stammen aus dem 12. Jh.
Die Kathedrale Notre-Dame, die Krönungskirche der französischen Könige, wurde ab 1211 über einem abgebrannten Vorgängerbau neu errichtet. Sie ist trotz der langen Bauzeit von rund 100 Jahren ein Meisterwerk der Hochgotik. Ausdrucksstarke Steinskulpturen schmücken den Bau, die restaurierten Glasfenster sind ein lebendiges Kunstwerk aus Licht und Farbe.
Das Palais du Tau, ehemaliger Sitz der Bischöfe von Reims, stammt zum größten Teil aus dem 17. Jh.

Mont-Saint-Michel  80

Auf einer Insel vor der Küste der Normandie erhebt sich die ehemalige Abtei, die »La Merveille«, »das Wunder«, genannt wird.

Lage: Golf von St. Malo
Gründung: 708 (Abtei)

Der hl. Aubert hatte auf der Felseninsel im 8. Jh. eine Vision des Erzengels Michael und ließ eine kleine Bethalle für Pilger errichten, der 966 eine Benediktinerabtei folgte.
Die heutige Klosteranlage geht auf das 13. Jh. zurück und weist sowohl romanische als auch gotische Stilelemente auf. Von außergewöhnlicher Schönheit zeigt sich das Refektorium mit seinen hohen Fenstern. Unterhalb der Abtei bildete sich schon bald eine Ansiedlung; einige der Häuser aus dem 14. Jh. sind noch erhalten.
Das Kloster Mont-Saint-Michel, das auch bei Ebbe wegen des Treibsandes und starker Strömungen nur schwer erreichbar war, wurde nie erobert. Die Abtei verlor im 18. Jh. zunehmend an Bedeutung und war 1811–1863 Staatsgefängnis. Die Abtei wurde restauriert und ist nun über eine Brücke zu erreichen.

1 Reiterstandbild auf der Place Guillaume II. in Luxemburg-Stadt

2 Die Abteikirche thront über der Inselfestung Mont-Saint-Michel, die bei Ebbe umwandert werden kann.

3 Prächtiges Gotteshaus: Die Kathedrale von Canterbury, Hauptkirche der Anglikaner, gilt in ihrer heutigen Form als erstes frühgotisches Bauwerk in England. Besonders beeindruckend ist die lange Krypta aus dem 12. Jh.

Der Beginn der Kunst
Monumente der Frühzeit

Rund 30 000 Jahre bevor Leonardo da Vinci geboren wurde, begann der Mensch der Eiszeit seine erlebte Welt mit Farbe auf Felswände zu bannen.

Die meisten Höhlenbilder Europas hat man in Nordspanien und Südfrankreich entdeckt; berühmt sind die Fundstätten von Altamira oder Lascaux im Tal des Vézère. Dort herrschten während der letzten Eiszeit klimatisch günstige Bedingungen, wogegen der Norden Europas unter einer Eisdecke lag. Die erstaunlich realistischen Zeichnungen und Gravuren an den Felswänden zeigen vor allem Jagdtiere. Die Darstellungen zeugen von genauer und kenntnisreicher Beobachtung; die Tiere gehörten zur unmittelbaren Erlebenswelt der steinzeitlichen Künstler.

Die Gründe, aus denen diese Tierbilder geschaffen wurden, erscheinen vielfältig. Wollte man die Tiere magisch bannen, sie für die Jagd verzaubern? Sind zu kurz dargestellte Beine der Bild gewordene Wunsch nach lahmer Beute? Konnten die Malereien dazu dienen die Angst vor den Tieren zu überwinden? Wollte der Mensch Eigenschaften bestimmter Tiere wie Schnelligkeit, Kraft oder Ausdauer auf sich selbst übertragen?

Als reine Dekoration kommen höchstens die im Eingangsbereich einer Höhle liegenden Bilder in Frage, die vom Tageslicht erhellt werden. Die tief im labyrinthischen Höhleninneren versteckten Darstellungen scheinen für Kultstätten oder Heiligtümer bestimmt gewesen zu sein, denn erst mit nicht rußenden Talglampen war es möglich diese Bilder aus der Finsternis zu holen.

Die steinzeitlichen Maler haben sich unterschiedlicher Techniken bedient. Mit Fett gebundene Erdfarbe oder Kohle wurde mit Felllappen, den Fingern oder Federn aufgetragen oder mit dem Blasrohr versprüht. So entstanden beispielsweise die weichen Flecken auf dem Fell eines Wildpferds. Oft bezogen die Künstler auch Felsvorsprünge und andere Unebenheiten im Gestein bewusst mit in ihre Bilder ein um sie auf die Wei-

se noch plastischer zu machen. Ein Rätsel geben Handmarken auf, die wie eine Schablone auf dem Fels erscheinen. Wahrscheinlich hat man so nach dem Vorbild einer Tierspur sein Dasein dokumentiert.
In Nordamerika, Eurasien und vor allem in Nordaustralien hat man Bilder im so genannten Röntgenstil gefunden. Die Figuren werden dabei so dargestellt, dass der Eindruck entsteht, als sähe man Organe, Muskulatur und Skelett. In Afrika fehlen Felsbilder dieses Typs bislang.
Etwa zeitgleich mit den Höhlenbildern entstehen erste Bildwerke aus Bein, Ton oder Stein.
Nach dem Ende der Eiszeit bildeten sich sesshafte Gemeinschaften und im 5.–4. Jahrtsd. v. Chr. entstanden die ersten Bauernkulturen Mitteleuropas. Eine ihrer Neuerungen war die Töpferei. Die Gebrauchsgegenstände wurden hauptsächlich mit abstrakten Mustern verziert, teilweise aber auch mit figürlichen Ornamenten, deren Motive zumeist der bäuerlichen Welt entstammen.
Einige der Kulturen der ausgehenden Jungsteinzeit werden nach ihren aus großen Steinblöcken zusammengefügten Bauten unter dem Begriff Megalithkulturen zusammengefasst. Eines der beeindruckendsten Beispiele hierfür ist Stonehenge, eine gewaltige Anlage aus sorgfältig gesetzten Steinen, deren Zweck nie ganz entschlüsselt wurde. Wie andere, ähnliche Monumente diente sie vermutlich auch für astronomische Berechnungen. Als sicher gilt, dass Kultstätten dieser Art immer in Verbindung mit der sie umgebenden Landschaft gedeutet werden müssen.
Die mächtigen Großsteingräber waren Herrschern und ihren Sippen vorbehalten gewesen. Einzeln stehende Menhire oder Hünensteine, die unvermittelt in der Landschaft auftauchen, lassen sich als Denkmäler wie auch als Wegweiser deuten.
Unabhängig von der Entwicklung in Europa entstanden auf den Inseln Maltas im 4.–3. Jahrtsd. v. Chr. eigenständige Bauten einer Megalithkultur wie die Begräbnisstätten von Hal Saflieni oder die Gigantija genannte Tempelanlage auf der Insel Gozo.
Die Monumente der Frühzeit werfen zahlreiche Fragen auf, die nie endgültig zu beantworten sein werden, denn unsere Vorfahren kannten noch keine Schrift, mit der sie uns eine Antwort hätten hinterlassen können.

1 Gr. Bild: Jedes Jahr zur Sommersonnenwende, am 21. Juni, fallen die Strahlen der aufgehenden Sonne aus der Richtung der Kultstraße im Nordosten ins Zentrum des Steinkreises von Stonehenge bei Salisbury.

2 Kl. Bild: Die Felsbilder bei Tanum zeigen das für die nordeuropäische Bronzezeit typische, ungeordnete Nebeneinander von Symbolen, Tieren, Menschen und Geräten.

3 Der fast in Lebensgröße dargestellte Wisent ist eines von mehr als 150 Bildern in der Höhle von Altamira.

4 Die Darstellungen im Tassili N'Ajjer zeigen vor allem Rinder, Menschen und Gerätschaften – Zeugnisse der Ackerbaukultur.

Frankreich
Versailles

Schloss von Versailles
83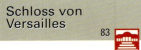

Der Palast des Sonnenkönigs wurde das Vorbild zahlreicher Residenzen in aller Welt.

Lage: westl. v. Paris
Bauzeit: 1661–1715
Epoche: Barock

König Ludwig XIV. von Frankreich ließ das ehemalige Jagdschloss seines Vaters zu einer Residenz erweitern, die bald als ständiger Regierungssitz diente. Die Architekten Le Vau und später Hardouin-Mansart schufen eine rund 700 Zimmer umfassende Palastanlage, die vom Schlosspark, einem Gesamtkunstwerk aus Pflanzen, Brunnen und Skulpturen, gekrönt wird.
Über 100 Jahre lang war Versailles das politische Zentrum Frankreichs. Zu dieser Zeit lebten bis zu 5000 Menschen im Palast sowie 14 000 Soldaten in Nebengebäuden und in der Stadt Versailles. Unter den zahllosen Prunk- und Repräsentationsräumen ist der Spiegelsaal der historisch bedeutendste. Er gehört zu einer 1686 geschaffenen Raumfolge über die gesamte Gartenfassade und stellt einen Höhepunkt der Dekorationskunst dar: Auf einer Länge von 73 m und einer Breite von fast 11 m werfen insgesamt 17 halbrund schließende Spiegel das Licht aus den gegenüberliegenden Fenstern zurück.

Paris, Seine-Ufer
600

Zwischen Pont de Sully und Pont d'Iéna befinden sich am Ufer der Seine zahlreiche historisch und kunstgeschichtlich bemerkenswerte Bauten.

Lage: N-Frankreich

Die Stadt an der Seine, die seit über 1000 Jahren die Hauptstadt Frankreichs ist, wurde unter dem Sonnenkönig Ludwig XIV. zum geistigen und kulturellen Zentrum Europas.
Paris machte im Laufe der Geschichte einige Wandlungen durch, deren Abfolge während eines Spaziergangs am Seine-Ufer betrachtet werden kann – so die berühmte Kathedrale Notre-Dame, die 1163–1330 errichtet wurde und ein Meisterwerk der französischen Gotik ist.
Der Louvre geht in seiner heutigen Gestalt auf einen Neubau aus dem 16. Jh. zurück und war lange die Residenz der französischen Monarchen. 1793 wurde das Gebäude, ein Hauptwerk der französischen Spätrenaissance, in ein Museum umgewandelt, das heute die größten Meisterwerke der abendländischen Kunst beherbergt.
Die breiten Boulevards, Avenuen und die typischen Sternplätze, deren Bau von Napoleon III. veranlasst wurden, übten im 19. und 20. Jh. großen Einfluss auf die Stadtplaner in ganz Europa aus. Diese weitläufigen Stadterneuerungen, unter denen die Anlage der Place de la Concorde beeindruckt, wurden vom Präfekten Georges Eugène Haussmann (1809–1891) geplant und ausgeführt.

Schloss Fontainebleau
160

Zahlreiche Baumeister und Künstler bauten im Auftrag der französischen Herrscher das Schloss immer wieder um. Von besonderer Schönheit sind die umliegenden Gärten.

Lage: südöstl. v. Paris
Baubeginn: 1137

Im Wald von Fontainebleau ließ sich König Ludwig VII. im 12. Jh. ein Jagdschlösschen errichten. 1528 wurde es, da in der Zwischenzeit aufgegeben, auf Geheiß von Franz I. durch bedeutende Baumeister komplett neu errichtet, nur ein Turm des ursprünglichen Gebäudes blieb erhalten.
Die Gestaltung der Innenräume vereint heute herausragende Werke des italienischen und des französischen Barock, des Rokoko und des Klassizismus. Zu den schönsten Räumen des Schlosses, das sich im Laufe der Zeit über fünf verschieden gestaltete Innenhöfe erstreckte, gehören das hufeisenförmige Treppenhaus und der Ballsaal.
Die weitläufigen Gärten, die die Schlossanlage umgeben, wurden im 17. Jh. durch den berühmten Gartenbaumeister André Le Nôtre, dem auch die Landschaftsgestaltung in Versailles oblag, vollkommen neu angelegt.

Kathedrale von Chartres
81

Die Kathedrale verkörpert in ihrer Eleganz und Schlichtheit den Triumph gotischer Kunst.

Lage: südwestl. v. Paris
Bauzeit: 12.–13. Jh.

Anfang des 13. Jh.s waren die Arbeiten an der Kathedrale, die 1145 unter der Leitung von Bischof Fulbert begonnen wurden, endgültig beendet.
Das Gotteshaus – ein Musterbeispiel gotischer Baukunst und Vorbild für die Kathedralen von Reims und Amiens – beeindruckt durch das mächtige Schiff, die reinen Gewölbe und die wunderbar ausgeführten Rundbögen. Die farbigen Fenster mit Glasmalereien des 12.–13. Jh.s verleihen dem Innenraum ein einzigartiges sakrales Licht.
Wie durch ein Wunder überstand die 1140 errichtete frühgotische Westfassade den großen Brand von 1194. Ihr Königsportal blieb für Jahrhunderte ein Vorbild für die Einheit von Bildhauerkunst und Architektur.

Nancy
229

Stanislas Lesczinski, der entthronte polnische König, wurde 1737 nomineller Herrscher Lothringens. Ihm sind die einzigartigen Platzanlagen von Nancy zu verdanken.

Lage: NO-Frankreich
Stilepoche: Rokoko

Die Place Stanislas sollte eine architektonische Brücke zwischen Altstadt und südlicher Neustadt bilden und als Place Royale das neue Zentrum der Stadt werden. 1752–1755 wurde der Platz unter der Leitung des Architekten Emmanuel Héré de Corny angelegt und bebaut.
Das dominierende Gebäude ist das Hôtel de Ville an der Südseite. Von den verschwenderisch ornamentierten Innenräumen besticht besonders das Treppenhaus, das durch illusionistische Malereien auf der Rückwand noch größer wirkt.
In ähnlicher Architektur sind die Pavillons an West- und Ostseite des Platzes geschaffen. Gekrönt wird der Platz von einem Triumphbogen, durch den man den lang gestreckten Place de la Carrière, im 16. Jh. angelegt und unter Stanislas vollendet, erreicht. Der Justizpalast und die Bourse des Marchands gegenüber sind Werke Hérés.
An der Place d'Alliance wurde ab 1753 gearbeitet. Hier beeindrucken die einheitlich gestalteten Hausfassaden, die sich in den benachbarten Straßenzügen fortsetzen.

Versailles: Hinter dem teilvergoldeten Gitterportal verbirgt sich die gewaltige Schlossanlage.

Fontenay
165

1119 von Bernhard von Clairvaux begründet, vermittelt die

Frankreich
Chambord

Statuen, Wasserbecken und Blumenarrangements bestimmen den in klassischer Strenge angelegten Schlosspark von Versailles – französische Gartenbaukunst des 17. Jh.s in Perfektion. Gestaltet wurde die Parkanlage vom Architekten André Le Nôtre, dessen Werk im 18. Jh. durch Gärten nach englischer Mode erweitert wurde. Ein besonders schönes Bild bietet sich, wenn die Wasserspiele in Betrieb sind und den Glanz vergangener Zeiten beschwören.

Abtei durch ihre gut erhaltenen Bauten ein lebendiges Bild des mittelalterlichen Klosterlebes.

Lage: nordwestl. v. Dijon
Gründung: 1118

Der Zisterzienserorden, der auf eine Reformbewegung der Benediktinergemeinschaft zurückgeht, zielte auf eine strengere Befolgung der Regeln des hl. Benedikt.
Einem ersten Kloster, das die Zisterzienser 1098 in den Sümpfen von Cîteaux gegründet hatten, folgten weitere, die allesamt in ländlicher Abgeschiedenheit erbaut wurden. Der Orden lehnte jede Art von Überfluss ab, die Mönchsgemeinschaft lebte von den Ernteerträgen, die sie selbst erbringen konnte.
Die vom Papst 1147 geweihte Abtei von Fontenay wurde im 18. Jh. zwar zu einem Teil durch Neubauten ersetzt, der Idealplan eines Zisterzienserklosters ist jedoch noch erkennbar: Der einfache und harmonische Grundriss der Anlage wird von einer hohen Mauer umgeben. Kirche und Kloster bilden einen streng geschlossenen und schmucklosen Block.
Die Stiftskirche war ursprünglich nur für die Andacht der Klostergemeinschaft bestimmt gewesen, vom Dormitorium aus führte eine Treppe direkt dorthin. Um das Doppelgebäude herum wurden verschiedene Wirtschaftsgebäude zwischen Grünanlagen und Bäumen frei gruppiert. Erhalten sind eine Schmiede und eine Mühle aus dem 12. Jh. Sie dokumentieren den wirtschaftlichen Einfluss der Ordensgemeinschaft, in deren Klöster die ersten mittelalterlichen Fabrikanlagen entstanden.

Schloss Chambord 161

König Franz I. (reg. 1515–1547) scheute weder Kosten noch Mühen um dieses Schloss mit seinem prächtigen Park am Cosson, einem Nebenfluss der Loire, errichten zu lassen. Molière schrieb hier mehrere seiner Komödien.

Lage: Zentral-Frankreich
Baubeginn: 1519

Mit 156 m Länge, einer Breite von 117 m und 440 Zimmern ist das Jagd- und Lustschloss von Chambord das größte der Schlösser, die sich in der Region an der Loire aneinander reihen, und darf als Vorläufer von Versailles gelten. Große Anstrengungen waren notwendig um die weitläufige Anlage mit ihrem 55 km² großen Park, der von einer insgesamt 32 km langen Mauer umgeben wird, in den morastigen Boden zu setzen.
Die verwirrende Anordnung und Vielfalt von Türmchen, Kaminen, Schmuckaufbauten, Giebeln und Vorbauten ändert nichts an der architektonischen Einheit und der unvergleichlichen Schönheit der Renaissancedekorationen. Von der ursprünglichen, prächtigen Einrichtung des labyrinthgleichen Palastinneren ist nach den Plünderungen der französischen Revolution nur wenig erhalten geblieben. Einige wenige Räume sind nach Originalvorlagen restauriert worden, so etwa der Sonnensaal oder das Paradezimmer. Das Gelände des Parks dient heute als staatliches Jagdrevier.

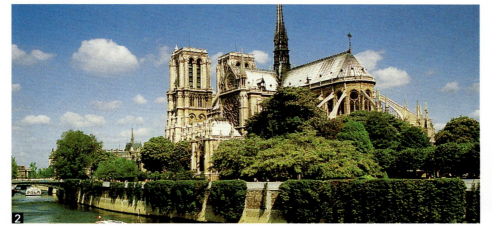

1 Französische Renaissance: Ins Hauptgebäude von Schloss Fontainebleau gelangt man über eine hufeisenförmige Doppelfreitreppe.

2 Die Kathedrale Notre-Dame auf der Ile de la Cité ist nur eines von zahlreichen historisch bedeutsamen Bauwerken am Ufer der Seine.

3 Die dreischiffige Kathedrale Notre-Dame, auf einer Anhöhe im Zentrum von Chartres gelegen, zählt zu den schönsten Baudenkmälern der französischen Gotik.

4 Inmitten eines 5500 ha großen Parks liegt das eindrucksvolle Schloss Chambord, das bekannteste und größte der Loire-Schlösser.

Die Geburt des Abendlandes
Frühes Christentum in Europa

Als das Christentum sein Schattendasein in den Katakomben Roms hinter sich lässt, entsteht eine neue Weltreligion, deren Bildwerke Zeugen einer neuen Kultur sind.

Nachdem Kaiser Konstantin das Christentum 313 anerkannte und ihm den Weg zur Staatsreligion bereitete, stand die neue Religion vor der Aufgabe einen Versammlungsraum für die Gläubigen zu schaffen, in dem man Gottesdienste abhalten konnte. Die frühen Christen orientierten sich dabei an den Markt- und Gerichtshallen, den Basiliken. Ein lang gestrecktes Mittelschiff wird von einer oder mehreren Säulenreihen und von Seitenschiffen flankiert.

Das sich dem Christentum zuwendende Römische Reich wurde seit dem ausgehenden 4. Jh. zunehmend von Barbaren bedroht: In Italien herrschten die Ostgoten, in Gallien die Franken und in Spanien die Westgoten.

Wie das Christentum übernahmen die germanischen Herren auch die römische Kultur. So ließ sich der Ostgotenkönig Theoderich (471–526) in Ravenna ein Grabmal bauen, das an das eines römischen Kaisers erinnern sollte.

Für das frühe Christentum stellte sich die Frage nach der Darstellung des Göttlichen: Einerseits galt das Bilderverbot des Alten Testaments, andererseits waren Bilder bei der Vermittlung der christlichen Botschaft hilfreich. Es kam zu einem Kompromiss: Auf plastische Kultbilder wurde verzichtet. Wandfresken und Mosaiken sollten die Heilswahrheiten verkünden.

Die Beschränkung auf das Wesentliche war das Credo der frühen Kirche; ihre Darstellungen sind sinnbildhaft, klar und feierlich. Als Hintergrund dient zum ersten Mal der Goldgrund, der die Kirchenräume in einen überirdischen Glanz taucht.

Die Hauptstadt des Imperiums war mittlerweile nach Konstantinopel verlegt worden, wo Kaiser Justinian 537 die Hagia Sophia, die damals größte Kirche der Christenheit, errichten ließ. Der Kirchenbau erfährt hier einen Wandel: eine Verschmelzung der Basilika mit dem Kuppelbau, wie er im römischen Pantheon vorgebildet war.

1 Gr. Bild: die Kuppel des Baptisteriums der Orthodoxen in Ravenna, das für seine herrlichen Mosaiken bekannt ist

2 Kl. Bild: das Grabmahl Theoderichs in Ravenna

3 Ravenna: Sant' Apollinare in Classe ist eines der bedeutendsten Zeugnisse altchristlicher Baukunst.

Frankreich
Strasbourg

Strasbourg 495

Die mittelalterliche Altstadt auf einer Insel in der Ill vereint auf engem Raum bedeutende historische Monumente. Strasbourg war im 15.–16. Jh. das Zentrum des Humanismus.

Lage: NO-Frankreich, Elsass
Gründung: 16 n. Chr.

Die Hauptkirche im Zentrum der Altstadt zählt zu den bedeutendsten Sakralbauten des Mittelalters. Das Münster erhebt sich am Ort mehrerer Vorgängerkirchen, deren letzte 1176 bei einem Brand zerstört wurde. Von besonderer Bedeutung ist die wegen ihrer vollkommenen Proportionen gepriesene Hauptfassade, mit der sich die Bürgerschaft, die ab 1286 die Finanzierung dieses Mammutbaues übernahm, ein Denkmal setzte.

Zum mittelalterlichen Stadtbild gehören darüber hinaus vier weitere Kirchen und das groß angelegte Palais Rohan aus dem 11. Jh., bis ins 13. Jh. Residenz der herrschenden Bischöfe.

Vézelay 84

Über der von Wehrmauern umschlossenen Altstadt thront die Basilika St. Madeleine. Die größte Klosterkirche Frankreichs, im 11.–13. Jh. errichtet, ist einer der Höhepunkte der französischen Romanik.

Lage: Zentral-Frankreich
Gründung: 864 (Abtei)

Die aus dem 9. Jh. stammende Kirche der Abtei, in der die Reliquien der heiligen Magdalena aufbewahrt wurden, konnte dem Pilgerstrom schon bald nicht mehr standhalten; 1096 begann man einen Neubau. Vézelay wurde bald zu einem der wichtigsten Orte mittelalterlicher Heiligenverehrung und war zur Zeit der Kreuzzüge ein geistiges Zentrum.

Die Abteikirche wurde der Sammelplatz für die Wallfahrer nach Santiago de Compostela. Als jedoch 1279 die vermeintlich echten Gebeine der heiligen Büßerin in der Provence aufgefunden wurden, bedeutete das den Niedergang der Abtei.

Das 18 m hohe und 62 m lange Tonnengewölbe ist für die Architektur der Romanik einmalig. Die schlichte Ausgestaltung des hellen Innenraums wurde durch die Auswahl farbiger Steinquader belebt.

Die Statuen über dem Hauptportal, die im 19. Jh. restauriert wurden, gelten als die anspruchsvollsten des Mittelalters; die Skulpturenensembles auf den Kapitellen illustrieren neben biblischen Szenen und Heiligenlegenden auch antike Mythen.

Strasbourg: Blick durch die Krämergasse auf das Münster

Kathedrale von Bourges 635

Die Kathedrale St. Etienne ist eines der schönsten Gotteshäuser des Mittelalters. Die farbigen Fenster sind einer ihrer größten Schätze.

Lage: Zentral-Frankreich
Bauzeit: 12.–13. Jh.

Die Kathedrale wurde in zwei Bauabschnitten über den Fundamenten eines Vorgängerbaus errichtet. 1195–1215 entstanden Chor und Apsis, 1225–1260 das Schiff und die Hauptfassade.

Über dem Gotteshaus erheben sich zwei asymmetrische Türme, da der Nordturm 1506 einstürzte und bis 1542 wieder aufgebaut wurde. Teile des insgesamt gotischen Baus wie das südliche Seitenportal stammen noch aus romanischer Zeit. Der Skulpturenschmuck der Westfassade, die durch fünf den Schiffen entsprechende Portale gegliedert ist, gilt als besonders eindrucksvoll. Biblische Themen wie das Jüngste Gericht und Legenden aus dem Leben des hl. Etienne sind hier lebendig und ausdrucksvoll dargestellt. Der hohe Innenraum wird durch »sakrales« Licht erhellt, das durch die farbigen Glasfenster in den fünfschiffigen Bau fällt. Die Krypta unter dem Chor stammt aus dem 12. Jh.

Arc-et-Senans 203

Rund um die königlichen Salinen nahe Besançon ist im Auftrag Ludwig XVI. eine ideale Industriestadt entstanden.

Lage: O-Frankreich
Gründung: 1775

Der Architekt Claude-Nicolas Ledoux (1736–1806) konzipierte im Stil des frühen Klassizismus eine Industrieansiedlung vom Reißbrett, in deren Zentrum das Wohngebäude des Direktors stand. Um den Bau herum ordnete er die Werkhallen in einem Halbkreis an. Die großen Werkstätten, in denen die Sole verarbeitet wurde, stellte Ledoux an beide Seiten des Wohnhauses. Eine Wohnstadt für die Arbeiter, die nach den Plänen des Architekten vorgesehen war, wurde nicht mehr gebaut.

Saint-Savin-sur-Gartempe 230

Die »Sixtinische Kapelle der Romanik« birgt mit ihren wertvollen Fresken aus dem 12. Jh. den größten Bilderzyklus aus romanischer Zeit in Frankreich.

Lage: östl. v. Poitiers
Bauzeit: 11. Jh.

Wie durch ein Wunder blieben die Gebäude über die Jahrhunderte von Zerstörungen und Plünderungen verschont, verfielen aber nach der Revolution. 1836 entdeckte Prosper Merimée, der 1831 Inspektor der historischen Denkmäler Frankreichs wurde, die Kirche und ließ sie umgehend unter Denkmalschutz stellen. Dank einer erneuten Restaurierung in den 70er-Jahren sind die Fresken, die ins frühe 12. Jh. datiert werden, heute durch modernste Technik gesichert. Die im Gewölbe des Mittelschiffes erhaltenen Bilder stellen einen geschlossenen alttestamentarischen Zyklus von der Genesis bis zum Exodus dar. Die Malereien auf Empore und Vorhalle behandeln die Apokalypse und das Leben Christi. Die Heiligendarstellungen in der dunkleren Krypta sind einfacher ausgeführt.

Neben diesen unschätzbaren Kunstwerken birgt die Abteikirche seltene Altäre aus der Zeit der Romanik.

Höhlen im Vézère-Tal 85

An 16 Orten in der Nähe der Stadt Les Eyzies-de-Tayac wurden mehrere hundert Höhlenmalereien aus unterschiedlichen prähistorischen Epochen entdeckt.

Lage: S-Frankreich, Dordogne
Epoche: Steinzeit

Zu der Gruppe von Höhlen, die sich an einem Talabhang über dem Fluss Vézère aneinander reihen, gehören Lascaux, Le Moustier, La Madeleine und auch Cro-Magnon, wo 1868 fünf Skelette aus der späten Altsteinzeit entdeckt wurden. Die Jäger und Sammler, die Südfrankreich während der Eiszeit besiedelten, brachten die frühesten Kunstwerke Europas hervor. Die Malereien und Gravierungen dokumentieren die auf das Jagdtier bezogene religiöse Grundeinstellung der Menschen der Jungsteinzeit.

Orange 163

Auf dem Gebiet einer eroberten keltischen Siedlung im Rhône-Tal gründeten die Römer die Stadt Arausio. Aus der Zeit der römischen Besiedlung sind zahlreiche Gebäudereste zu sehen, darunter einer der am besten erhaltenen antiken Theaterbauten.

Lage: SO-Frankreich
Gründung: 121 v. Chr.

Das alte Handwerkerviertel »Petite France« in Strasbourg entzückt mit seinen schmalen Gassen und den kleinen, malerischen Fachwerkhäusern. In diesem Viertel befinden sich auch die »Ponts Couverts«, die ihren Namen Holzdachkonstruktionen verdanken, die aber bereits im 18. Jh. ersetzt wurden. Noch erhalten sind die vier Türme der mittelalterlichen Befestigungsanlage. Einen schönen Blick über die Stadt hat man von der »Grande Ecluse« aus, einem vom Festungsarchitekten Vauban errichteten Wehr.

Frankreich
Arles

Der Triumphbogen im Norden der Stadt, der um 25 n. Chr. vollendet wurde, gilt als das vollständigste römische Bogentor auf dem Gebiet Galliens: Mit seinen beeindruckenden Abmessungen, fast 20 m breit, 18 m hoch und 8,5 m tief, war er auf der alten Via Agrippa der Eingang zur Stadt.
Die drei unterschiedlich großen Durchgänge sind mit geschmückten Kassettendecken verziert. Auf einem zusätzlichen Geschoss umläuft den Bau ein eindrucksvolles Relief, das die Errichtung der »Pax Romana« unter Kaiser Augustus verherrlicht.
Das antike Theater, eines der größten der römischen Welt, konnte durch seine 103 m lange und 37 m hohe Fassadenfront sogar Ludwig XIV. beeindrucken. 10 000 Zuschauer fanden hier Platz und blickten auf eine Bühne, deren Rückwand prächtig dekoriert war. Das Theater wird heute für Festspielaufführungen genutzt.

Pont du Gard

Der römische Aquädukt gehörte zu einer 50 km langen Wasserleitung vom Quellteich der Eure nach Nîmes. Das dreistöckige Bauwerk über dem Tal des Gard ist 49 m hoch und 275 m lang und wurde ohne Mörtel und Klammern errichtet.
Bögen, die etwa 5 m breit sind, tragen die Wasserleitung. Im 5. Jh. schwer beschädigt, wurde der Aquädukt im 18. Jh. wiederhergestellt.

Arles

Arles wurde wegen seiner strategischen Lage am Rhône-Kanal gegründet. Die Stadt kann neben bemerkenswerten Bauten aus römischer Zeit auch Monumente aus dem 4. Jh. vorweisen. Von der Blü-

Lage: nordöstl. v. Nîmes
Erbaut: 19 v. Chr.

Marcus Vipsanius Agrippa, der Schwiegersohn des Kaisers Augustus, gab kurz vor der Zeitenwende den Auftrag für diesen Brücken-Aquädukt, der das Felsental des Gard überspannt.
Die Arkadenreihen der drei Stockwerke, deren längstes eine Länge von 275 m erreicht, wurden leicht versetzt angelegt. Die unterste besteht aus sechs, zwischen 15 und 24 m breiten Bögen. Im mittleren Stockwerk befinden sich insgesamt elf Bögen. 35 kleinere

tezeit im frühen Mittelalter zeugt die romanische Kirche.

Lage: SO-Frankreich
Gründung: um 46 v. Chr.

Zu den ältesten römischen Bauten in Arles zählen die unterirdischen Gänge des Kryptoportikus unter dem Forum. Die riesigen Gänge, 106 m lang und 72 m breit, dienten wahrscheinlich als Getreidespeicher. Im 1.–2. Jh. n. Chr. errichteten die Römer zwei Amphitheater. Eines davon ist mit 136 m Breite und 107 m Länge die größte erhaltene antike Freilichtbühne, deren Arena etwa 2200 m² maß. Aus spätrömischer Zeit stammen die Thermen am rechten Rhône-Ufer, die zu einer 200 m langen Palastanlage gehörten.
Der bereits zur Zeit der Römer großflächig angelegte Friedhof von Alyscamps wurde im 4. Jh. von den Christen übernommen und bald Gegenstand von Heiligenlegenden.
Die Kathedrale St. Trophime, deren Langhaus im 11.–12. Jh. entstand, ist einer der interessantesten Bauten der französischen Romanik.

 Die Abteikirche St. Madeleine überragt die von Wehrmauern umgebene Altstadt von Vézelay.

 Größtes der römischen Bauwerke in Arles ist das Amphitheater.

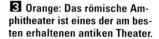 Orange: Das römische Amphitheater ist eines der am besten erhaltenen antiken Theater.

 Römisches Aquädukt: Der Pont du Gard war Teil einer knapp 50 km langen Frischwasserleitung.

Frankreich
Avignon

Papstpalast in Avignon 228

Noch heute ist der festungsartige Palast der Päpste, die während ihres Exils im 14. Jh. ihre Residenz von Rom nach Avignon verlegen mussten, das Zentrum der Stadt, die in der Folge zu einem Anziehungspunkt für Künstler und Gelehrte wurde.

Lage: SO-Frankreich
Blütezeit: 14.–15. Jh.

Die römische Kurie fand 1309–1377 in der südfranzösischen Stadt Schutz vor den politischen Wirren in Rom. Während der Regierungszeit von sieben Päpsten war Avignon für kurze Zeit das Zentrum der Christenheit.
Die Stadt wurde mit einer gewaltigen, fast 5 km langen Mauer umgeben und durch Wehranlagen und zahlreiche Türme verstärkt. Der Palast selbst besteht aus zwei Gebäudeteilen: Der Alte Palast, eine grimmige Festung mit vergleichsweise bescheidenen Innenräumen, wurde 1334–1338 erbaut. Der im Anschluss daran 1342–1352 errichtete Neue Palast ist umso reicher ausgestattet.
Die drei größten der zahlreichen Kapellen bergen wertvolle Wandmalereien aus dem 14. Jh. Zum Palast gehört auch die romanische Kathedrale Notre-Dame aus dem 12. Jh.

Canal du Midi 770

Die meisterhafte Ingenieursleistung aus der Zeit des Absolutismus schuf eine Verbindung zwischen Atlantik und Mittelmeer.

Lage: S-Frankreich, nördl. d. Pyrenäen
Länge: 239 km
Bauzeit: 1666–1681

Der Canal du Languedoc, wie die künstliche Wasserstraße auch heißt, wird aus insgesamt 328 Schleusen, Aquädukten, Tunnels, Brücken und anderen Konstruktionen gebildet, die in rund 20 Jahren errichtet wurden. Der Kanal musste auf der 52 km langen Strecke von Toulouse zum Atlantik einen Höhenunterschied von 63 m bewältigen, was durch 26 Schleusen bewerkstelligt wurde. 74 weitere Schleusen halfen, den Abstieg über ein Gefälle von 190 m zu überwinden. Das gewagteste Unternehmen des Ingenieurs Pierre-Paul Riquet war jedoch der Bau des 157 m langen Malpastunnels. Dabei verwendete man erstmals Schießpulver, um den 7 m breiten und 8 m hohen Tunnel aus einem Fels nahe Béziers zu sprengen.

Naturschutzgebiet La Scandola 258

Das Reservat umfasst die durch das Cinto-Massiv voneinander getrennten Buchten bei Girolata und Porto sowie die Halbinsel La Girolata. Die kleinen Inseln Elbo und Gargallo gehören ebenso zu dem Gebiet, das Refugium zahlreicher Tierarten ist.

Lage: S-Korsika
Ausdehnung: 300 km²

In dem Naturschutzgebiet, das sich über weite Teile der Insel Korsika erstreckt, finden viele Seevögel wie Möwen, Kormorane und der selten gewordene Seeadler ein ideales Nist- und Brutgebiet.
Große Teile der felsigen Halbinsel La Girolata werden von naturbelassenen Wäldern bedeckt. Eukalyptuswälder säumen die Strände. Rund um die Buchten und Höhlen der zerklüfteten Küsten hat sich eine reiche und anderswo kaum noch anzutreffende Unterwassertierwelt erhalten.

Spanien

Santiago de Compostela 347

Die ehemalige Hauptstadt des Königreiches Galicien ist der drittwichtigste Wallfahrtsort des Christentums. Über dem Fundort der Gebeine des Apostels Jakobus d. Ä. wurde die Kathedrale errichtet.

Lage: NW-Spanien
Gründung: 813

Die Wiederentdeckung des Grabes des Apostels Jakobus, auf den die Christianisierung Spaniens zurückgeführt wird, hatte im 9. Jh. die Errichtung einer karolingischen Kirche über den Reliquien zur Folge. Nach der Eroberung und vollständigen Zerstörung der Stadt durch die Araber im Jahre 997 wurde Compostela im 11. Jh. wieder aufgebaut. Die Kathedrale aus dem 11.–12. Jh. über dem Apostelgrab ist romanisch, wurde jedoch bis ins 18. Jh. immer wieder erweitert und verändert.
So wird der Bau heute von einer verschwenderischen Barockfassade bekleidet. Ein besonderer Schatz ist der 1188 fertig gestellte »Pórtico de la Gloria« mit seinem romanischen Skulpturensemble, der sich hinter dem Portal der barocken Hauptfassade verbirgt. Das Grab des Apostels ist seit über einem Jahrtausend das Ziel zahlreicher Wallfahrer. Zwei Plätze umgeben die Kathedrale, auf denen neben zahlreichen weiteren Sakralbauten und Konventen aus verschiedenen Epochen mit dem Palacio de Gelmírez ein seltenes Beispiel für ein romanisches Profangebäude erhalten geblieben ist.

Jakobsweg 669

Im 12.–18. Jh. führte diese Route ungezählte Wallfahrer vom Fuß der Pyrenäen nach Santiago de Compostela. Die

Die spätbarocke Fassade der romanischen Kathedrale von Santiago de Compostela

bedeutende Rolle, die diesem Pilgerweg im kulturellen Austausch zukam, lässt sich an den zahlreichen Gebäuden entlang des Jakobsweges erkennen.

Lage: N-Spanien
Länge: über 800 km

Der Jakobsweg, dessen Anfänge auf erste Pilgerstraßen des 9. Jh.s, also die Zeit kurz nach der Wiederentdeckung der Jakobusreliquie, zurückgehen, hatte seine Blütezeit im 11. und 12. Jh., als die Pilgerstätten Jerusalems nicht erreichbar waren. Der Weg besteht eigentlich aus einem Geflecht mehrerer Routen, das sich die galicische Küste entlangzieht.
Königliche Protektion und die Unterstützung reicher Abteien des Mittelalters, etwa Cluny und St. Augustine, sorgten für einen sicheren Weg, der durch das Baskenland, Kantabrien und Asturien nach Santiago führte.
Dieser Weg, der sich auf zwei Hauptrouten aufteilte, fungierte darüber hinaus als kulturelle Verbindung zwischen der relativ abgeschlossenen Iberischen Halbinsel und dem Rest Europas. Von hier aus gelangte die romanische Kunst nach Spanien; auf diesem Weg fanden den Legenden von tapferen Rittern Einzug in die Nationalliteratur Frankreichs.
Insgesamt rund 1800 weltliche und geistliche Gebäude, darunter zahlreiche Kirchen und Hospitäler zur Versorgung der Pilger, gehören zu diesem Monument.

Vorromanische Kirchen von Asturien 312

Im Norden Spaniens blieb das kleine Königreich Asturien nach der arabischen Eroberung der Iberischen Halbinsel unabhängig und ein Vorposten des Christentums. Aus dieser Zeit sind drei vorromanische Kirchen im einzigartigen asturischen Stil erhalten.

Lage: Provinz Oviedo
Blütezeit: 8.–9. Jh.

Die Architektur Asturiens während der Regierungszeit Ramiros I. knüpft mit hoch aufstrebenden Rundbögen an römische Bautraditionen an.

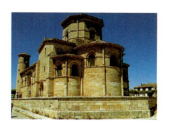

Spanien
Burgos

Auf dem Jakobsweg gelangten im Mittelalter die Wallfahrer aus Mitteleuropa zum Grab des Apostels in Santiago de Compostela. Entlang des Pilgerweges befinden sich zahlreiche eindrucksvolle Gotteshäuser und andere Bauwerke, so die Kathedrale von León, der Bischofspalast und die Kathedrale von Astorga, das Castillo de los Polvazares in Margateria, die Kirche San Isidoro in León und die Kirche San Martín in Fromista (von links nach rechts).

Santa María de Naranco, Anfang des 9. Jh.s fertig gestellt, war ursprünglich ein Palast. Zwischen 905 und 1065 wurde das Gebäude zu einer Kirche umgestaltet. Beide Stockwerke, die durch zahlreiche Anbauten und Balkone erweitert wurden, weisen Gewölbe auf. Seit 1930 ist das Gotteshaus restauriert.

Die zum Komplex gehörende nahe Kirche San Miguel de Lillo ist nur zu einem Teil erhalten: Der Grundriss zeigt ein Hauptschiff sowie ein schmales Querhaus mit Anbauten; die drei Chorkapellen sind nicht mehr vorhanden. Interessant sind hier die steinernen Ornamente und Reliefs auf den Portalen, Pfeilern und Kapitellen, die orientalische Einflüsse vermuten lassen.

Santa Cristina de Lena erhielt durch Anbauten an den 10 m langen rechteckigen Kernbau die Form eines Kreuzes. Sie ist der krönende Abschluss der Bautätigkeiten der asturischen Könige im 9. Jh.

Höhle von Altamira 310

Die erst im letzten Jahrhundert entdeckten Höhlenmalereien dokumentieren die genaue Beobachtungsgabe und künstlerische Meisterschaft der Menschen im steinzeitlichen Europa.

Lage: N-Spanien
Alter: 15 000 Jahre

Nahe der Stadt Santillana del Mar befinden sich die Höhlen von Altamira, die sich über eine Länge von 280 m erstrecken. Erst zehn Jahre nach ihrer zufälligen Entdeckung 1879 drang man zu den ersten in völliger Dunkelheit liegenden Malereien vor.

Der Erhaltungszustand und die hohe künstlerische Qualität ließen die Archäologen zunächst an der Echtheit der Funde zweifeln; erst 1902 wurden die Darstellungen, die über das gesamte Höhlensystem verteilt sind, als authentische Kunstwerke der Eiszeit anerkannt. Gegenstand der Felsbilder sind sowohl Jagdtiere wie Wisente und Hirsche als auch menschenähnliche Gestalten.

Berühmt ist das Deckengemälde in einer Nebenhöhle, das auf einer Fläche von 18 m Länge und 9 m Breite eine lebensgroße Bisonherde zeigt. Die Einbeziehung des natürlichen Reliefs im Gestein in die Darstellung lässt die Tierbilder nahezu dreidimensional erscheinen. Die Höhlen von Altamira sind ein wichtiges Denkmal der paläolithischen Kultur Europas.

Kathedrale von Burgos 316

Am Pilgerweg nach Santiago de Compostela gelegen, gehört die Kathedrale Santa María zu den wichtigsten Bauwerken der spanischen Gotik.

Lage: N-Spanien
Baubeginn: 1221

Trotz Anbauten und Erweiterungen im 15.–16. Jh. hat sich der Charakter des Gotteshauses am Ufer des Río Arlanzón erhalten. Die Formensprache der französischen Gotik ist im Bau der Kathedrale von Burgos ausgesprochen früh und gelungen umgesetzt worden. Dabei sind die architektonische Geschlossenheit und Kühnheit des Baus herausragend.

An das 84 m lange Hauptschiff, dessen Kuppelgewölbe von zwei Reihen von je sechs Pfeilern getragen werden, schließt sich der außergewöhnlich tiefe Chorraum an. Die mit Skulpturen reich geschmückte Hauptfassade wird von zwei mit großen Fenstern bestückten Türmen flankiert und wurde im 15. Jh. erweitert. Die Nordfassade und der Eingang El Sarmental stammen noch aus dem 13. Jh.

Ein bauliches Juwel ist die spätgotische Kapelle der Condestables. Die Kuppel des Grabmals für den Statthalter Pedro Hernández de Velasco ist in Form eines achtstrahligen Sterns gestaltet. Die goldene Treppe im Norden des Kreuzgangs stammt aus dem frühen 16. Jh.

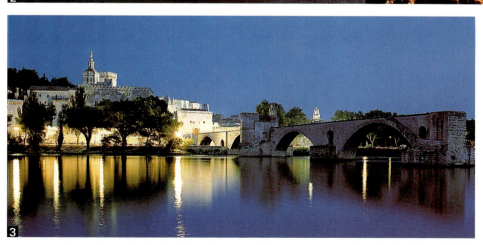

1 Der Canal du Midi, hier bei Le Somail, wurde in der zweiten Hälfte des 17. Jh.s erbaut und verbindet das Mittelmeer mit dem Atlantik.

2 Die felsige Halbinsel La Scandola, auf der zahlreiche Seevögel nisten, gehört zum Naturschutzgebiet im Süden Korsikas. Sie ist nur auf dem Seeweg zu erreichen.

3 Avignon: Der festungsartige Papstpalast aus dem 14. Jh. überragt die Stadt.

Spanien
Poblet

Poblet 518

Das romanische Zisterzienserkloster Santa María de Poblet besitzt wertvolle Kunstschätze aus dem Mittelalter.

Lage: NO-Spanien, westl. v. Barcelona
Gründung: 1153

Die durch den Herzog von Barcelona gegründete Abtei diente ebenso wie das nahe gelegene Kloster Santas Creus über Jahrhunderte den Herrschern von Aragón als Rückzugsort. Auch wenn der Ort Poblet ab dem 16. Jh. an politischer Bedeutung verlor, blieb die Klosteranlage bis ins 19. Jh. von Zisterziensermönchen bewohnt.
Drei Mauerringe umschließen die Abtei. Den Übergang vom ersten in den zweiten Ring markiert die Puerta Daurada, das »Goldene Tor«, aus dem 15. Jh. Durch die Puerta Real, einem bedeutenden Beispiel der Militärarchitektur des 14. Jh.s, gelangt man in den eigentlichen Klosterbereich.
Ebenso wie das Klostergebäude stammt die Klosterkirche Santa Catalina aus dem 12. Jh.; die ursprünglich romanischen Gebäude wurden jedoch im 13. und 14. Jh. im gotischen Stil erweitert.
In den beiden enormen Sarkophagen aus dem 14. Jh., die im Innern der Klosterkirche dominieren, ruhen die Gebeine der Monarchen von Aragón. Die reich ornamentierten Steinsärge wurden im 19. Jh. restauriert.

Palacio Güell und Casa Milá 320

Der Architekt Antoni Gaudí y Cornet (1852–1926) schuf vor allem in Barcelona bedeutende Bauwerke, die er in seinem eigenen, neuen Stil gestaltete.

Lage: Barcelona
Bauzeit: 1885–1914

Für den Mäzen Eusebi Güell errichtete Gaudí ein eigenwillig gestaltetes Domizil, das nach vier Jahren Bauzeit 1889 fertig gestellt wurde. Hier wie in allen anderen Werken des katalanischen Architekten dominieren organische Formen und Ornamentierungen.
Der Park Güell, 1900 begonnen und im Wesentlichen 1914 fertig gestellt, war als Wohnareal mit zahlreichen Gebäuden konzipiert. Obwohl alles bis hin zu den kleinsten Mosaiken detailliert durchgeplant wurde, wirkt der Park wie natürlich gewachsen.
Die 1905–1910 erbaute Casa Milá ist ein mehrstöckiges Wohnhaus, in dessen bizarrer Gestaltung Architektur und Skulptur kaum mehr zu unterscheiden sind.

Salamanca 381

Mittelpunkt Salamancas ist die Plaza Mayor aus dem 18. Jh.

Barcelona: Die Casa Milá des Architekten Antoni Gaudí

Eine Vielzahl gut erhaltener Baudenkmäler aus verschiedenen Stilepochen fügt sich in das geschlossene Stadtbild ein.

Lage: Zentral-Spanien
Blütezeit: 12.–18. Jh.

Iberischen Ursprungs, wurde Salamanca im 3. Jh. v. Chr. von den Römern eingenommen. In späterer Zeit mehrfach von den Arabern zerstört, erlangte die Stadt nach der Rückeroberung Spaniens durch Alfonso VI. ab 1085 große Bedeutung. Im 12. und 13. Jh. entstanden hier zwei Universitäten; die 1218 gegründete weltliche Universität gehörte zu den wichtigsten Geisteszentren der christlichen Welt.
Die Fassade des Universitätsgebäudes gilt als ein unübertroffenes Meisterwerk des etwa zeitgleich mit der Renaissance aufkommenden Plateresken stils, in dem auch die überreich ornamentierten Fassaden der Konvente von Las Dueñas und San Esteban ausgeführt sind.
Salamanca ist aber auch reich an Bauten der Romanik und Gotik; so hat sich mit der Alten Kathedrale aus dem 12. Jh. einer der wenigen romanisch-byzantinisch beeinflussten Kirchenbauten erhalten können. Die Kirche wurde in den Baukomplex der 1513 begonnenen Neuen Kathedrale miteinbezogen, der sowohl spätgotische, platereske wie auch barocke Formen aufweist.
Die Plaza Mayor ist wohl der schönste Platz ganz Spaniens. Das in den Jahren 1729–1755 angelegte Ensemble wird von der prächtig gestalteten Barockfassade des Rathauses beherrscht.

Ávila 348

Über den Zinnen der ausgezeichnet erhaltenen Stadtmauer erhebt sich wie eine Bastion die Kathedrale. Ávila ist das vielleicht schönste Beispiel einer mittelalterlichen Stadt in Spanien.

Lage: Zentral-Spanien
Blütezeit: 11.–16. Jh.

Der Bau der 2557 m langen Stadtmauer begann um 1090; ihre endgültige Gestalt, ein im Grundriss gleichmäßiges Viereck, erhielt sie im 12. Jh. Neun Tore ermöglichten den Zugang zur Stadt.
Bewehrt war die 3 m dicke und durchschnittlich 12 m hohe Mauer mit über 80 großen, halbrunden Türmen. Der mächtigste dieser Türme ist der »Ciborro«, der zugleich der Kathedrale als Apsis dient. Die wie eine Bastion in die Wehranlagen integrierte Kirche gehört zu den ältesten Kathedralen Spaniens und kann in ihrem Innenraum mit meisterhaften Skulpturen aufwarten.
Vor den Toren der Stadt liegen einige bemerkenswerte mittelalterliche Kirchen, von denen San Vicente, im 12. Jh. errichtet, wohl die interessanteste ist. Sie beherbergt eine großartige Skulpturensammlung aus der Zeit der Romanik.

Segovia 311

Der von den Römern erbaute Aquädukt, ein Meisterstück der Baukunst, versorgt die Stadt noch heute mit Wasser. Die sich auf einem Bergkamm erhebende mittelalterliche Altstadt besitzt ein reiches architektonisches Erbe, darunter mehr als 20 romanische Kirchen.

Lage: Zentral-Spanien
Blütezeit: 12.–14. Jh.

Um Frischwasser vom Río Frío über 18 km bis nach Segovia zu leiten, erbauten die Römer den Aquädukt mit einer Gesamtlänge von 730 m. Die im 2. Jh. n. Chr. errichtete Brücke ruht auf 118 Bögen und wurde aus Granitquadern ohne Mörtel zusammengefügt. Ende des 15. Jh.s wurde die Anlage restauriert und funktionierte bis weit ins 20. Jh. hinein.
Die zahlreichen romanischen Kirchen der Stadt sind bemerkenswert für ihre typischen Umgänge, die als Treffpunkt der Gilden und Bruderschaften dienten. Nahe der alten Festung sind aus romanischer Zeit überdies einige Profanbauten erhalten.
Die spätgotische Kathedrale wurde im 16.–18. Jh. erbaut. Schlank strebt der 88 m hohe Turm in den Himmel. Er wurde wie die 67 m überspannende Vierungskuppel Anfang des 17. Jh.s errichtet.

El Escorial 318

Das Kloster San Lorenzo de El Escorial ist der Mittelpunkt des kleinen Städtchens, das den spanischen Königen als Sommerresidenz diente. König Philip II. plante den Bau als Einheit von Kloster, Kirche, Palast und Mausoleum. El Escorial stellt den Auftakt zum spanischen Barock dar.

Lage: 60 km nordwestl. v. Madrid
Baubeginn: 1563 (Kloster)

Als Ausdruck seines Machtwillens und gestärkt durch seine Erfolge im Krieg gegen die Franzosen gab Philip II. 1561 den Auftrag, das gewaltige Bauwerk zu errichten.
Ausführender Baumeister war Juan Bautista de Toledo, nach dessen Tod 1567 übernahm Juan de Herrera die Aufsicht über den Fortgang der Bauarbeiten, die 1584 im Wesentlichen beendet wurden. Die rechteckige Anlage, die eine Fläche von mehr als 30 000 m² bedeckt und 16 Innenhöfen Platz bietet, wird von neun Türmen überragt.

Spanien
Toledo

Die von Philip II. gegründete Klosteranlage von El Escorial diente den spanischen Königen einst als Sommerpalast. Erbaut wurde das Kloster nach dem Sieg der Spanier über die Truppen des französischen Königs Heinrich II. im Jahr 1557. Zentrum des gewaltigen Baukomplexes ist die mit Fresken ausgemalte Kirche, unter der sich die Grabstätten der spanischen Könige befinden.

Die Baukomposition wurde vom Tempel in Jerusalem inspiriert und war in ihrer perfekten Symmetrie lange Zeit das Vorbild vieler weiterer Bauten in ganz Europa.
Im prächtig ausgestatteten königlichen Mausoleum ruhen seit Philip II. die spanischen Monarchen. Neben den unzähligen Privat- und Prunkräumen der königlichen Familie beeindruckt die Bibliothek mit ihren wertvollen Bänden.

Teruel 378

Auch nach der christlichen Rückeroberung Spaniens blieb Teruel von Arabern bewohnt, die Sonderrechte genossen. Ihrem Einfluss ist die Entwicklung des Mudéjar-Stils zu verdanken, der gotische und islamische Elemente vereint.

Lage: O-Spanien
Blütezeit: 12.–14. Jh.

1171 eroberte Alfonso II. die Stadt von den Arabern zurück, doch viele der moslemischen Bewohner blieben in der nun christlichen Stadt. Allmählich verschmolzen die Traditionen der arabischen und spanischen Künstler und Handwerker miteinander.
Zeugnisse des dabei gebildeten Mudéjar-Stils findet man in vielen Städten der Region Aragón – die Türme und Kirchen Teruels stehen jedoch einzigartig da.
In der großen Kathedrale, einem Bau aus dem 13. Jh., fallen besonders die Dekorationen auf den Deckengewölben des Hauptschiffes ins Auge, die nach islamischer Art eingelegt wurden, deren Bilderwelt jedoch eindeutig der Gotik entstammt.
Unter den vielen Türmen der Stadt gilt der um 1277 erbaute Torre de San Salvador als besonders gelungenes Beispiel für diesen islamisch-christlichen Mischstil. Wie dieser ist auch der im 14. Jh. errichtete Turm von San Martín reich mit Kacheln dekoriert.

Toledo 379

Toledo ist eine der ältesten Städte Spaniens und zugleich ein Schaubild der spanischen Geschichte. Sie war Konzilsstadt, Sitz eines maurischen Emirs und Residenz der kastilischen Könige.

Lage: Zentral-Spanien
Blütezeit: 6.–14. Jh.

Aus römischer Zeit sind ein Aquädukt und Reste eines Amphitheaters erhalten. Die imposanten Festungsanlagen der Stadt wurden im 7. Jh. begonnen und im Laufe der Jahrhunderte erweitert. Sie sind ein bedeutendes Zeugnis für die Entwicklung der Militärarchitektur.
Auch das Emirat von Córdoba hinterließ seine Spuren: Arabische Bäder und eine Moschee sind noch erhalten. Die beiden Synagogen aus dem 12. und dem 14. Jh. weisen großartige Bildhauerarbeiten auf. Der Mudéjar-Stil war in Toledo ebenso verbreitet wie in Teruel. Das Stadtbild wird gleichermaßen von mittelalterlichen und orientalischen Einflüssen geprägt.
Die mächtige gotische Kathedrale im Stadtzentrum besitzt wunderbare Glasfenster aus dem 15.–16. Jh. Die Figurengruppen des Hochaltars in der Hauptkapelle stellen Szenen aus dem Leben Christi dar.

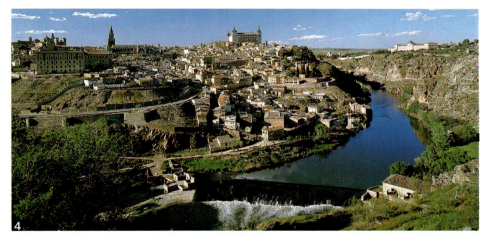

1 Das Stadtbild Salamancas wird durch seine beiden Gotteshäuser geprägt. Die Neue Kathedrale mit ihrem über 100 m hohen Turm und die romanische Alte Kathedrale sind durch einen Gang unmittelbar miteinander verbunden.

2 Der Alcázar, die Festung von Segovia, geht auf das 11. Jh. zurück. Im Hintergrund erhebt sich die spätgotische Kathedrale.

3 Gegründet wurde das Zisterzienserkloster Santa María de Poblet im 12. Jh. Die romanische Klosterkirche birgt die Gräber der Könige von Aragón.

4 Die Festungsanlagen Toledos, einer der ältesten Städte Spaniens, überragen die Flussbiegung des Río Tajo.

Spanien
Cáceres

Cáceres 384

Die geschichtsträchtige Stadt in der nördlichen Estremadura weist Monumente aus verschiedenen Epochen auf.

Lage: SW-Spanien
Gründung: 29 n. Chr.

Von der von den Römern gegründeten Colonia Norbensis Caesarina ist nur noch ein Teil der ehemaligen Stadtmauer erhalten. Die im 12. und 13. Jh. herrschenden Almohaden bauten die vorhandenen Festungsanlagen aus und bewehrten sie mit zahlreichen Türmen. Auf beeindruckende 30 m erhebt sich der Turm von Los Pozos noch heute über die Ringmauer.
In der Stadt selbst findet sich aus der Zeit der maurischen Herrschaft nur wenig. Der arabische Einfluss zeigt sich hauptsächlich in der Anlage der Straßen und Innenhöfe.
Im 14. Jh. entstanden neben zahlreichen gotischen Kirchen und Konventen die großen Paläste der Aristokraten wie etwa der turmbewehrte Las Cigüeñas oder das El Mono. Die katholischen Monarchen ließen ab dem 15. Jh. viele dieser Gebäude abreißen oder umbauen, auch die Wehranlagen wurden geschleift.
Die im 15. Jh. an der Stelle einer Moschee errichtete gotische Kathedrale San Mateo beherrscht noch heute das Stadtbild.

Cuenca 781

Die malerische Festungsstadt auf einem Bergsporn über den Flüssen Huécar und Júcar besitzt zahlreiche Gebäude aus der Zeit von der Gotik bis zum Barock.

Lage: O-Spanien
Gründung: 8. Jh.

Die Araber gründeten die Stadt im Herzen des Kalifats von Córdoba an einer strategisch günstigen Stelle als Verteidigungsanlage. Aus dieser Zeit stammen die gut erhaltenen Wall- und Befestigungsanlagen, von denen die Altstadt auch heute noch vollständig umschlossen wird.
Im 12. Jh. wurde Cuenca nach der spanischen Rückeroberung Bischofssitz. Unter den vielen geistlichen und weltlichen Bauten, die in der Folge entstanden, befindet sich auch die erste gotische Kathedrale Spaniens.
Eine Besonderheit Cuencas sind die weithin sichtbaren Casas Colgadas, die »hängenden Häuser«, die an den Felshängen über dem Huécar gebaut wurden.

Kloster Santa María de Guadalupe 665

Die hl. Jungfrau von Guadalupe war die Schutzpatronin der spanischen Eroberer Südamerikas. Das ehemalige Hieronymitenkloster ist noch heute ein wichtiges kirchliches Zentrum.

Lage: SW-Spanien
Gründung: 1340

Der Hirte Gil Cordero fand im 13. Jh. ein in der Erde vergrabenes Marienbild, das der Legende nach vom hl. Lukas geschaffen worden war. Am Ort der kleinen Einsiedelei, die an der Fundstelle errichtet wurde, ließ Alfonso XI. zum Dank für seinen Sieg in der Schlacht von Salado 1340 ein Kloster erbauen.
Königliche Unterstützung sicherte der Abtei den Aufschwung, Kolumbus nannte den ersten von ihm entdeckten Indianer Guadalupe und bestand darauf, dass die ersten bekehrten Indianer in dieser Abtei zu taufen seien. Die Jungfrau von Guadalupe wurde bald in der gesamten hispanischen Welt bekannt, ihr Bildnis wird noch heute in der gotischen Kirche aus dem 14. Jh. verwahrt.
Die Innenausstattung des Gotteshauses birgt außerdem zahlreiche wertvolle Kunstwerke. Auch die Ausstattung weiterer Klostergebäude wie die kleine Kapelle Santa Ana mit der prachtvollen Bronzetür zeugen von der einstigen Bedeutung der Abtei.

Seidenbörse in Valencia 782

Die Lonja de la Seda ist eines der wenigen profanen Gebäude, die meisterhaft im Stil der Spätgotik ausgeführt wurden. Sie versinnbildlicht den Reichtum und die Macht des mittelalterlichen Handelszentrums.

Lage: O-Spanien
Bauzeit: 1483–1498

Unter den katholischen Monarchen Isabella und Ferdinand begann für die Hafenstadt eine lange Zeit des Friedens, in der Valencia aufblühte und zu einem Handelszentrum wurde. Unter den historisch bedeutenden weltlichen Bauten dieser Zeit sticht besonders die Seidenbörse hervor. Sie wurde, wie viele andere Gebäude in Valencia, vom Architekten Pedro Compte geschaffen. Im spätgotischen Bauwerk sind bereits zahlreiche Renaissanceelemente zu erkennen.

Mérida 664

In der Nähe der Stadt Mérida stehen Spaniens am besten erhaltene Relikte aus römischer Zeit. Emerita Augusta wurde für Veteranen der Legion gegründet, die hierher kamen, um sich unterhalten zu lassen.

Lage: W-Spanien
Gründung: um 27 v. Chr.

Ein halbrundes Theater, vom Kaiser Agrippa gestiftet, fasste 6000 Zuschauer. Die aus dem Marmor herausgearbeitete Bühnendekoration ist wunderbar erhalten. Noch heute werden in dem Theater, dessen Akustik überwältigend ist, Stücke inszeniert und Konzerte gegeben.
Das nahe gelegene große Amphitheater konnte 14 000 Zuschauer aufnehmen, die Gladiatorenkämpfen beiwohnten. Ein kompliziertes Rohrsystem erlaubte die Flutung der Arena, so dass Wasserspiele aufgeführt werden konnten. Der Zirkus fasste 30 000 Zuschauer. Auch die Tavernen und Gasthäuser zur Unterbringung der zahlreichen Besucher sind zu besichtigen. Ein besonders gut erhaltenes Bürgerhaus mit Bodenmosaiken und Wandmalereien vermittelt einen Eindruck vom Leben der römischen Soldaten im Ruhestand.

Sevilla 383

In der Admiralitätshalle des Alcázar bereitete man die Übersee-Expeditionen vor, in der Kathedrale liegt Kolumbus begraben und die Börse birgt wichtige Urkunden zur Kolonialgeschichte.

Lage: SW-Spanien
Gründung: um 200 v. Chr.

Nach der Eroberung Sevillas bauten die arabischen Herrscher über den Resten einer ehemaligen Kathedrale die Große Moschee, die jedoch 1248 während der Rückeroberung zerstört wurde. Nur das Minarett, 1184–1196 erbaut und ein Meisterwerk almohadischer Architektur, entging der Zerstörung und wurde zum Glockenturm der neuen Kathedrale.
Auch die Palastfestung, der Alcázar, geht auf die Araber zurück; die Dekoration der Innenhöfe zeugt noch davon. Im 13. Jh. wurde der Palast königliche Residenz und in den folgenden Jahrhunderten im Mudéjar-Stil erweitert. Die Börse, ein prächtiger Barockbau,

Córdoba: Blick über den Guadalquivir zur Mezquita, der Moschee-Kathedrale in der Altstadt

Spanien
Doñana

Die Kathedrale von Córdoba, das einst Sitz des spanischen Kalifats war, wurde 785 ursprünglich als Moschee gegründet und galt als eines der größten Bethäuser der Welt. Das maurische Bauwerk besitzt einen Raum greifenden, jedoch verhältnismäßig niedrigen Betsaal, dessen Gewölbe von insgesamt 856 Säulen getragen wird. Als Baumaterial dienten Marmor, Jaspis und Porphyr. Der einzigartige Raum lässt den Betrachter mit jedem Schritt völlig neue Perspektiven und Aussichten entdecken.

war ursprünglich als Zentrale für den Handel mit den Kolonien gedacht, wurde jedoch bereits 1781 in das Archivo General de las Indias umgewandelt. Das Archiv bewahrte bis 1970 seltene und wertvolle Dokumente der Kolonialisierungsgeschichte auf.

Córdoba 313

Unter den Omajjaden war Córdoba Hauptstadt des spanischen Kalifats und wurde zu einem der kulturellen Zentren Europas. Das herausragendste Baudenkmal ist die Mezquita, die einstige Moschee und jetzige Kathedrale.

Lage: S-Spanien
Blütezeit: 711–1031

Als die einfallenden Araber 711 den letzten König der Westgoten vertrieben hatten, errichteten sie über den Fundamenten eines römischen Janustempels und einer westgotischen Kirche ihre Moschee, deren Grundriss ein gleichmäßiges Rechteck mit einer Länge von 180 m und einer Breite von 130 m bildet. Sie wurde bis ins 10. Jh. durch verschiedene Anbauten erweitert und ist eines der weltweit schönsten islamischen Gebäude, dessen architektonische Gestaltung und Ausführung – besonders der Innenräume – nie mehr erreicht wurde. Auch der nördlich gelegene Patio de los Naranjos, ein mit Orangenbäumen bepflanzter und mit einer Mauer umgrenzter Hof, gehört dazu. Nach der Rückeroberung Córdobas 1236 wurde die Moschee in eine Kirche umgewandelt, erste bauliche Veränderungen fanden jedoch erst ab 1384 statt und haben am Gesamteindruck des Gebäudes kaum etwas verändern können.
Die Altstadt mit ihren verwinkelten Straßen und den labyrinthähnlichen Hinterhöfen besitzt noch immer einen orientalischen Charakter.

Nationalpark Doñana 685

Der größte Nationalpark Spaniens im Delta des Guadalquivir war einst königliches Jagdrevier. Heute haben dort seltene Tierarten einen Lebensraum und zahlreiche Zugvögel eine Zwischenstation gefunden.

Lage: SO-Spanien, Andalusien
Ausdehnung: 758 km²

Auffallendstes Merkmal des Nationalparks Doñana ist die abwechslungsreiche Landschaft: Das weite Marschland wird von Lagunen und Sumpfgebieten beherrscht; die Trockengebiete, die von Heide- in Savannenlandschaften übergehen, sind von großen Korkeichenwäldern bewachsen. Die Feuchtgebiete dienen zahlreichen Vogelarten als Nistplatz, so auch einer großen Flamingopopulation. Die Lagunen, die sich im gesamten Schutzgebiet finden lassen, ziehen Rotwild und Bären an.
In den Trockengebieten gehen Sanddünen in eine mediterrane Buschvegetation über, in der anderswo selten gewordene Pflanzenarten wie der wilde Thymian zu finden sind. Darüber hinaus nisten hier viele Vogelarten wie Graureiher, Störche und Kraniche.
Der Iberische Luchs ist nur noch im Doñana Nationalpark heimisch, ebenso der fast ausgerottete Königsadler. Weiter südlich geht die Landschaft in Pinienwälder über.
Zu den seltenen Tierarten des Doñana zählen Mungo, Weißer Löffler, Mönchsgeier, Augenfleckeneidechse und Eidechsennatter.

1 Das römische Theater in Mérida dient im Sommer als Kulisse für Festspiele.

2 Das ehemalige Hieronymitenkloster im Wallfahrtsort Guadalupe erinnert äußerlich an eine Festung.

3 In der von einer Ringmauer umgebenen Altstadt von Cáceres fühlt man sich ins Mittelalter zurückversetzt.

4 Die Giralda, der Turm der Kathedrale von Sevilla, ist das Wahrzeichen der Stadt.

Spanien
Granada

Granada

Die Alhambra, die Residenz der arabischen Eroberer, gehört zu den wichtigsten islamischen Baudenkmälern Spaniens. Die Pavillons, Hallen und Höfe wurden auf das Prächtigste mit Mosaiken und Kacheln ausgestaltet.

Lage: S-Spanien
Blütezeit: 13.–14. Jh.

Auch nach dem Ende des Kalifats stand der Süden Spaniens weiterhin unter arabischer Herrschaft; nachdem Granada 1238 ein selbstständiges islamisches Königreich geworden war, ließen die Mauren die Alhambra errichten.
Als letzter arabischer Besitz wurde Granada 1492 von den katholischen Herrschern zurückerobert. Seit dem 16. Jh. verfiel die Anlage, bis im 19. Jh. ein größerer Teil mit hohem Aufwand restauriert wurde. Verwinkelte Höfe und Gärten verbinden die einzelnen Paläste miteinander, die von schattigen Gängen umgeben werden; Brunnen und Wasserspiele sorgen für Kühlung.
Die Terrassengärten und Wasserbecken des 1319 erbauten Palacio del Generalife gelten als besonders gelungen. Im Innern der nach dem Ende der maurischen Herrschaft erbauten Kathedrale befinden sich die Gräber der katholischen Könige. Im Bezirk der Alhambra liegt der Palast Karls V., der 1526 begonnen wurde, jedoch unvollendet blieb.

Nationalpark Garajonay

Das Bergmassiv der Insel vulkanischen Ursprungs, das sich bis auf 1487 m erhebt, wird vom letzten subtropischen Urwaldgebiet Europas bedeckt.

Lage: Kanarische Inseln, La Gomera
Ausdehnung: 39 km²

Der Nationalpark nimmt rund ein Zehntel der Insel ein: Hier findet sich an den Berghängen dichter Urwald, der letzte Rest des subtropischen Urwaldes in Südeuropa. Auch zahlreiche Vögel finden hier ein Refugium, darunter zwei nur auf La Gomera vorkommende Bergtaubenarten. Einige der Pflanzen- und Tierarten sind nur hier heimisch.

Portugal

Porto

Die Häuser in der Altstadt der geschichtsträchtigen Handels- und Hafenstadt wurden terrassenartig an steilen Felswänden angelegt.

Lage: N-Portugal
Gründung: 1. Jh. v. Chr.

Granada: der Löwenbrunnen in der Alhambra

Die Kathedrale Sé wurde im 17.–18. Jh. mehrfach verändert; der romanische Ursprung des Baus ist jedoch noch deutlich zu erkennen. Der gotische Kreuzgang besitzt eine wundervolle Kachelverkleidung, zahlreiche Schnitzarbeiten der Renaissance und des Barock schmücken den Innenraum.
Die Kirche Santa Clara, im frühen 15. Jh. errichtet, gehört zum Kloster gleichen Namens und besticht durch vergoldete Holzschnitzereien und reichen Kachelschmuck im Chor.
Zu den interessantesten Profanbauwerken gehört die 1842 errichtete Börse. Im Innern des palastähnlichen Baus mit seiner neoklassizistischen Fassade beeindrucken Maurischer Saal und Treppenhaus.

Kloster Batalha

Batalha zählt neben Tomar und Alcobaça zu den drei großen Königsklöstern am Nordrand der Estremadura. Die Kathedrale des Mosteiro de Santa María da Vitória ist ein Meisterwerk der portugiesischen Hochgotik.

Lage: Distrikt Leiria
Gründung: 1388

König João I. löste ein Versprechen ein, indem er nach der gewonnenen Schlacht gegen die überlegenen Truppen Kastiliens das Kloster Santa María da Vitória errichten ließ. 1402 wurde das 178 m lange und 137 m breite Gebäude nach Plänen des Baumeisters Afonso Domingues im Wesentlichen fertig gestellt und dem Dominikanerorden übergeben.
Die monumentale, in drei Teile gegliederte Hauptfassade des Gotteshauses ist mit ihren Skulpturen eines der großartigsten Beispiele portugiesischer Hochgotik.
Ein Meisterstück des Emanuelstils ist das Nordportal. Der Chor der Klosterkirche weist bemerkenswerte Glasmalereien auf; der Kapitelsaal des Klosterbereichs wird durch farbige Glasfenster aus dem 16. Jh. erhellt. Der »Königliche Kreuzgang« besticht durch schlanke Säulen und feine Zierformen. In der vom französischen Baumeister Ouguete im 15. Jh. an das rechte Seitenschiff angefügten Stifterkapelle ruhen in einem kunstvoll angefertigten Steinsarkophag die Gebeine des Königs João I. und seiner Gemahlin.

Kloster Tomar

Portugals größte Klosteranlage diente den Christusrittern als Ordensburg. Die Gebäude der Klosterstadt stammen aus dem 12.–17. Jh.

Lage: Distrikt Santarém
Gründung: 1160

Die gewaltigen Mauern und Wälle der Anlage sind ein unmissverständliches Zeichen dafür, dass der Großmeister des Templerordens hier eine Klosterburg geplant hatte. Nach der Auflösung des Templerordens ging das Kloster wie auch alle anderen Güter in den Besitz des 1318 neu gegründeten Ordens der Christusritter über.
Der Sitz des großen Ordenskapitels, die Klosterkirche Santa María do Olival, soll nach dem Vorbild der Kirche vom Heiligen Grab in Jerusalem angelegt worden sein. Die 16-seitige Rotunde ist der älteste erhaltene Teil des Klosters, das im Laufe der Jahrhunderte immer wieder umgebaut und erweitert wurde.
Im während der Renaissance errichteten großen Kreuzgang ließ sich der spanische König Philip II. zum König von Portugal krönen. Keine andere europäische Klosteranlage kann, wie Tomar, sieben Kreuzgänge ihr Eigen nennen.
Im 16. Jh. wurde die Kirche um ein Langhaus erweitert; die Fassade des an sich gotischen Baus entstand im Barock. Das Portal weist ein in Stein gemeißeltes Laubwerk auf. Die fein gearbeiteten Fenster des Kapitelsaals illustrieren den Themenkreis der portugiesischen Seefahrt.

Kloster Alcobaça

Die kleine Stadt Alcobaça nennt eines der bedeutendsten Zisterzienserbauwerke Europas ihr Eigen.

Lage: Distrikt Leiria
Gründung: 1154

Das Kloster Santa María wurde zum Dank für den Sieg über die Mauren bei Santarém gestiftet. Von der nüchternen Bauweise, die der asketischen Lebensweise des Zisterzienserordens entsprach, zeugt heute nur noch die Klosterkirche, die mit einer Länge von 106 m das größte Gotteshaus Portugals ist.
Die im 17.–18. Jh. in barockem Stil ausgeführte Fassade weist ausgesprochen fein ausgearbeitete Skulpturen auf. Die dreischiffige Kirche wurde durch neun Kapellen erweitert, die zu den schönsten Beispielen der Zisterziensergotik gezählt werden können. Säulen und Kapitelle des Chorumgangs bestechen durch ihre Leichtigkeit.
Das Refektorium und die Wirtschaftsräume vermitteln einen guten Eindruck von der Größe des Klosters, dessen Äbte lange Zeit über großen politischen Einfluss verfügten und maßgeblich die wirtschaftliche Entwicklung der Provinz bestimmten. Heute sind in den Gebäuden des Klosters eine Schule und verschiedene Behörden untergebracht.

Portugal
Belém

Zu den bedeutenden Stätten des Welterbes in Portugal zählen mehrere Klöster: Aus dem 12. Jh. stammt das Kloster Alcobaça, ein Meisterwerk der Zisterziensergotik; schön ist auch die Barockfassade der Klosterkirche. Das Hieronymitenkloster von Belém bei Lissabon weist beeindruckende Elemente des Emanuelstils auf. Die Klosteranlage von Tomar ist die größte Portugals; die Christusritterkirche mit der Rotunde der Templer wurde in der Tradition der Grabeskirche in Jerusalem errichtet.

Sintra 723

Im 19. Jh. wurde das Städtchen Sintra zur Sommerresidenz der portugiesischen Königsfamilie. Unter den vielen sehenswerten Bauten, die von weitläufigen Gärten umgeben werden, sind zwei Paläste von besonderem Interesse.

Lage: Distrikt Leiria
Gründung: 8.–10. Jh.

Über der Stadt thront auf einem Hügel das alte Kastell, das im 8. Jh. begonnen wurde und bis zum 12. Jh. in maurischer Hand war. Das königliche Palais Paço Real de Sintra im Stadtzentrum stammt zu einem Teil aus dem 14. Jh., wurde in den folgenden Jahrhunderten jedoch erweitert und baulich stark verändert. Am auffälligsten sind die beiden eigentümlich geformten Kamine, die islamische Einflüsse erkennen lassen. Wappensaal, Schwanensaal und Kapelle sind gut erhaltene Zeugnisse aus dem 14. Jh.
Mitte des 19. Jh.s errichtete der deutsche Architekt Baron von Eschwege das Schloss von Pena als Residenz des Prinzgemahls Ferdinand von Sachsen-Coburg-Gotha. Dabei wurde eine Klosteranlage aus dem 16. Jh. in den Schlossbau integriert.
Die romantische Burganlage, die dem Geschmack des 19. Jh.s entsprechend Stilmerkmale aller Epochen vereint, wird von exotisch gestalteten Gartenanlagen umgeben, die zu den schönsten Europas gehören.

Hieronymitenkloster und Turm von Belém 263

Die Fassaden des Hieronymitenklosters im Vorort von Lissabon sind seltene Beispiele des Emanuelstils aus der Zeit am Übergang zur Renaissance. Der weiße Turm von Belém war Schauplatz vieler historischer Ereignisse.

Lage: S-Portugal, Lissabon
Bauzeit: 16. Jh.

Emanuel I. ließ ab 1502 zu Ehren des Seefahrers Vasco da Gama an der Stelle, an der bereits Heinrich der Seefahrer eine Kapelle errichtet hatte, das gewaltige Hieronymitenkloster erbauen. Ein eindrucksvolles Zeugnis zeitgenössischer Bildhauerkunst ist der Skulpturenschmuck der Süd- und Westportale der Kirche.
Das Gotteshaus selbst, eine Hallenkirche zwischen Spätgotik und Frührenaissance, misst 92 m in der Länge und 25 m in der Breite. Eine Besonderheit ist der zweigeschossige Kreuzgang des Klosters.
Im Hieronymitenkloster sind zahlreiche historische Persönlichkeiten bestattet, darunter auch Vasco da Gama, dessen Entdeckungen in der Neuen Welt die Finanzierung für die Ausgestaltung des Klosters sicherten.
Der eigenwillige Turm von Belém wurde 1515–1521 als Wehrturm an der Mündung des Tejo an der Stelle erbaut, von der aus die portugiesischen Entdecker ihre Fahrten begannen. Der mehrstöckige, massive Bau, der in späteren Zeiten auch als Staatsgefängnis diente, lässt maurische, gotische und marokkanische Einflüsse erkennen.

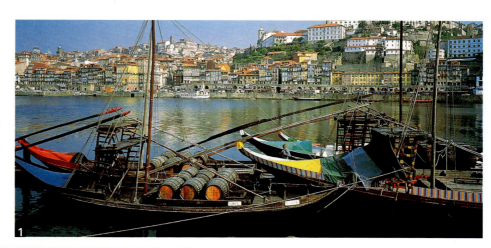

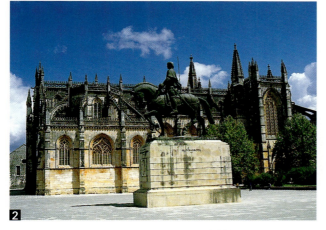

1 Porto war die bedeutendste Hafenstadt des historischen Portugal: Hier legten die Schiffe ab, die auszogen die Neue Welt zu erobern.

2 Das Kloster Santa María da Vitória im Städtchen Batalha beeindruckt vor allem durch die gotische Klosterkirche.

3 Die herrliche Landschaft mit subtropischer Vegetation, in die das Städtchen Sintra eingebettet ist, führte dazu, dass die portugiesischen Könige den Ort zu ihrer Sommerresidenz machten.

4 Als Wahrzeichen Lissabons gilt der Torre de Belém: Die festungsartige Anlage besteht aus dem vierstöckigen Turm und einer Bastion.

Bauen für die Ewigkeit
Romanik und Gotik

Bis zur Jahrtausendwende wurde Europas Baukunst von der Antike bestimmt. Die Romanik (1020–1240) jedoch nahm am Rhein ihren Ursprung. Um 1150 entsteht in Frankreich die Gotik, die wohl eigenständigste Stilepoche des Abendlandes nach der Antike.

Als Karl der Große Weihnachten 800 in Rom zum Kaiser gekrönt wurde, empfand er sich als legitimer Nachfolger der weströmischen Herrscher. Um diesen politischen Anspruch nach außen hin sichtbar zu machen, orientierten sich die von ihm errichteten Bauten an der Kunst der Römer.
Das Reich Karls des Großen zerfiel. Seine Städte und Klöster wurden vom Ungarn- und Normannensturm verwüstet. Zuerst konnte der Ostteil des Reiches, in dem die Ottonen die Nachfolge der Karolinger antraten, in das Wiederaufbauwerk einsetzen. Mit der Jahrtausendwende kommt im ganzen Abendland die Romanik zum Durchbruch.
Die romanische Baukunst wendet sich ab von der Antike, sie bezieht sich in ihren Elementen auf römische Gewölbe, Säulen und Rundbögen, doch fügen sich nun einzelne Bauteile zu größeren, einheitlichen Komplexen zusammen. Durch die Kunst der Gruppierung werden große Bischofs- und Abteikirchen mehrschiffig und bekommen einen kreuzförmigen Grundriss. Querhaus, Apsiden und Türme bilden eine reich gegliederte Komposition. Die große Entfaltung romanischer Bauformen zeigen die Pilgerkirchen mit Umgangschor, Kapellenkranz und Vierungsturm. Plastischer Schmuck konzentriert sich auf Kapitale und Portale.
In Nordfrankreich erscheinen erste Anzeichen der Gotik seit 1140. Nach England gelangte der neue Stil erst im späten 12. Jh. In Deutschland begann er sich Anfang des 13. Jh.s gegen die Spätromanik durchzusetzen. Was der Romanik der Rundbogen war, ist der Gotik der Spitzbogen; er hatte den Vorteil, dass man die Bögen so variabel gestalten und praktisch so hoch ziehen konnte, wie man wollte – alles sollte schlank und schwerelos in die Höhe streben.
Während die Bauskulptur der Romanik noch in die architektonische Form eingebunden bleibt, beginnen sich die Figuren in der Gotik freier zu entfalten. Im Kirchenbau soll die himmlische Stadt der Heiligen dargestellt werden.
Es scheint, als würde die gotische Kathedrale nur aus Licht und Raum bestehen; um farbige Glasfenster herum weben Ornamente ein steinernes Netz. In den hoch aufragenden Arkaden und Gewölben erkennt der Betrachter das Überirdische, das sich den Gesetzen der Schwerkraft entzieht. Die wie Trichter eingeschnittenen Portale sind reich mit Skulpturen geschmückt, die Szenen der Heilsgeschichte illustrieren. Ein Wettlauf begann: Zum Lobpreis des Herrn wurden immer größere, schönere Kathedralen errichtet.

1 Gr. Bild: die romanische Stiftskirche in Quedlinburg

2 Kl. Bild: Portal der Liebfrauenkirche aus dem 13. Jh. in Trier

3 Batalha, Santa Maria da Vitória: Portal der Klosterkirche

Portugal
Évora

Évora 361

Der auf einem Hügel gelegene Ort ist einer der ältesten Handelsplätze der Iberischen Halbinsel. Das Bild der Altstadt wird von römischen Ruinen, maurischen Einflüssen und Baudenkmälern späterer Jahrhunderte geprägt.

Lage: Provinz Alentejo
Gründung: 1. Jh. v. Chr.

Im Zentrum der römischen Gründung Ebora stehen noch 16 korinthische Säulen, Reste eines Tempels. Teile eines Aquäduktes und eines Kastells erinnern an die einstige Bedeutung als römischer Handelsplatz. Die Anlage der Stadt selbst trägt orientalische Züge; die Mauren herrschten in Évora bis 1165.
Die Kathedrale Sé wurde ab 1186 erbaut. Das romanisch-gotische Bauwerk wirkt durch die zwei wuchtigen Glockentürme wie eine Festung. Die Portalfiguren der zwölf Apostel sind meisterhaft ausgeführt. Der im 14. Jh. angefügte Kreuzgang ist dem Vorbild des Klosters Alcobaça nachgebildet. Einzige Dekoration im Innenraum der Kathedrale ist der reiche Marmorschmuck des Chors, der im 18. Jh. erneuert wurde.
Der königliche Palast, in seiner jetzigen Gestalt unter Emanuel I. als Residenz errichtet, ist das schönste Bauwerk der Stadt. Die im 16. Jh. gegründete Jesuitenuniversität birgt heute ein Kollegium und eine wertvolle Sammlung alter Handschriften.

Angra do Heroismo 206

Die Stadt im Schatten eines mächtigen Vulkankraters besitzt einen Ortskern aus dem 17.–18. Jh. Wertvolle Baudenkmäler sind die barocke Jesuitenkirche und die zweitürmige Kathedrale Sé. Nach dem schweren Erdbeben von 1980 wurde die Stadt inzwischen wieder aufgebaut.

Lage: Azoreninsel Terceira
Gründung: 1534

Rund 1500 km Luftlinie vor dem portugiesischen Festland liegt die Inselgruppe der Azoren. Die Hauptstadt der Insel Terceira, bereits im 15. Jh. ein wichtiger Hafen, wurde auf einem schachbrettartigen Grundriss angelegt und weist zahlreiche Häuser aus der Zeit der Gründung auf. Aus dem 16.–17. Jh. stammt die Kathedrale. Die Kirche São Gonçalo wird von wertvollen Fliesen, so genannten Azulejos, geschmückt. Die Pfarrkirche São Sebastião ist eine der wenigen Kirchen auf den Azoren, die in reinem gotischem Stil erbaut wurden. Im Innern finden sich Reste mittelalterlicher Fresken.
Das ehemalige Jesuitenkonvent, heute der Palácio dos Capitães-Generais, ist vollständig restauriert und dient nun als Verwaltungsgebäude.

Deutschland

Hansestadt Lübeck 272

Trotz der Zerstörungen des Zweiten Weltkriegs ist der mittelalterliche Stadtkern mit seiner für den Ostseeraum stilbildenden Backsteingotik beinahe geschlossen erhalten geblieben.

Lage: Schleswig-Holstein
Gründung: 1143

Als Handelsstadt von Graf Adolf II. von Holstein gegründet, bedeutete der Lübeck 1226 verliehene Status einer freien Reichsstadt weitgehende Unabhängigkeit für Kaufmannschaft und Handwerkergilden. Deren Handelsgeschick und Fleiß machten die Stadt zur »Königin der Hanse«, die ab dem Ende des 13. Jh.s eine führende Stellung innerhalb des Städtebundes einnahm.
Als Zentrum des Bistums Oldenburg war Lübeck ebenfalls bedeutend. So begegnet man den Zeugnissen kirchlicher und weltlicher Machtdemonstration gleichermaßen: Der im 13. Jh. errichtete, später gotisch umgebaute Dom zeugt vom Einfluss des Bischofs, die doppeltürmige Hauptkirche St. Marien von der Spendenfreudigkeit des Rates. Das Rathaus Lübecks, eines der größten des Mittelalters, und das 1280 gestiftete Heiligen-Geist-Spital dagegen offenbart die Macht der wohlhabenden Kaufmannschaft. Von den fünf mächtigen Stadttoren ist noch das Holstentor (1477 vollendet) erhalten, heute das Wahrzeichen der Stadt.

Hildesheim 187

Bischof Bernward (933–1022) besaß viele Talente und machte aus der traditionsreichen Stadt im Harzvorland ein kulturelles Zentrum des Mittelalters.

Lage: Niedersachsen
Gründung: 8. Jh.

Bischof Bernwards Bronzetür, deren Flügel mit jeweils acht Reliefs in einem Stück gegossen wurden, ist wohl das bedeutendste Kunstwerk des Hildesheimer Doms, der nach einem Brand im 12. Jh. neu erbaut wurde: In der künstlerischen Gegenüberstellung von Sündenfall und neutestamentarischen Erlösungsvorstellungen auf den beiden Flügeln zeigt sich ein Grundprinzip der bernwardinischen Theologie. Die ebenfalls aus Bronze gegossene und nur teilweise erhaltene Bernwardsäule illustriert das Leben Christi.
Die 1015 geweihte Michaeliskirche, noch von Bernward selbst errichtet, barg die kaiserliche Kreuzreliquie, auf die die Gründung des Bistums Hildesheim 815 zurückgeht. Die Verbindung antiker und mittelalterlicher Motive in der Bauausführung ist einzigartig. Ein besonderer Schatz ist das im 13. Jh. fertig gestellte Deckengemälde. Die Michaeliskirche wurde im Mittelalter durch das Grab des 1194 heilig gesprochenen Bernward zu einer viel besuchten Pilgerstätte.
Der Hildesheimer Domschatz, der heute im benachbarten Diözesanmuseum aufbewahrt wird, birgt Manuskripte, Evangeliare und Bibeln von unschätzbarem Wert.

Michaeliskirche in Hildesheim: Beispiel bernwardinischer Kunst

Goslar 623

Die romanische Kaiserpfalz und zahlreiche andere mittelalterliche Bauten zeugen von glanzvollen Zeiten. Seinen Wohlstand verdankte Goslar dem Silbererzabbau im nahe gelegenen Bergwerk Rammelsberg, dessen Betrieb erst 1988 eingestellt wurde.

Lage: Niedersachsen
Gründung: 10. Jh.

968 wurde der Berg, in dem bereits zu Zeiten der Römer Erz abgebaut wurde, erstmals schriftlich erwähnt. Kaiser Heinrich II. ließ in der Nähe der reichen Silber- und Kupfervorkommen Mitte des 11. Jh.s die mächtige Pfalz anlegen. Goslar entwickelte sich zu einer blühenden Reichsstadt und einem geistigen Zentrum des Landes.
In der 1186 geweihten Klosterkirche St. Mariae in horto, der heutigen Neuwerkskirche, hat sich die Romanik in selten zutreffender Reinheit erhalten. Nach 1455, als die 1360 voll Wasser gelaufenen Stollen wieder in Betrieb genommen werden konnten, begann die zweite Blüte Goslars. Die Bautätigkeit dieser Zeit bestimmt vorwiegend das Bild der Altstadt, deren dichter Fachwerkbestand in Norddeutschland einzigartig ist. Das Rathaus mit den Wandbildern im Huldigungssaal zeigt ein einmaliges Beispiel spätmittelalterlicher Dekorationskunst.
Die erhaltene Bergmannssiedlung im Frankenberger Viertel aus dem 16. Jh. dagegen illustriert das Leben der Bergarbeiter, für die 1537 das Hospital St. Annenhaus errichtet wurde. Das nach über eintausend Jahren Betrieb 1988 stillgelegte Bergwerk ist eines der wichtigsten Bergbaumuseen in Europa und bietet reiches Anschauungsmaterial.

Quedlinburg 535

Die im nördlichen Harzvorland gelegene Stadt kann mit einer Vielzahl historischer Baudenkmäler aufwarten. Unterhalb des Schlossbergs mit der romanischen Stiftskirche breitet sich die mittelalterliche Altstadt aus.

44

Deutschland
Berlin, Potsdam

Schloss und Park Sanssouci im brandenburgischen Potsdam wurden im 18. Jh. im Auftrag Friedrichs des Großen erbaut und gelten als Paradebeispiele des preußischen Rokoko. Vor der Orangerie befindet sich das Reiterstandbild Friedrichs des Großen. Zahlreiche Statuen verherrlichen in der Fassadengestaltung des Neuen Palais, dem größten Bau in Sanssouci, das preußische Königtum.

Lage: Sachsen-Anhalt
Gründung: 922

Heinrich I. errichtete seine Residenz Quitilingaburg über den Grundmauern einer Pfalz, die noch aus karolingischer Zeit stammte.
1129 wurde die Kirche des 936 auf dem Schlossberg gegründeten Stiftes dem heiligen Servatius geweiht. Die Grundstruktur dieser romanischen Basilika hat sich trotz umfangreicher Um- und Anbauten, die noch im 19. Jh. unternommen wurden, erhalten. Ein gotisches Säulenportal schmückt den Eingang zur mit romanischen Fresken geschmückten Krypta, in der sich die Grabmäler König Heinrichs I. und seiner Gemahlin befinden.
Mit Ausnahme von Stiftskirche und Klostermauer sind keine weiteren Bauten des Stiftes erhalten geblieben.
Die Architektur des Schlosses, erbaut auf den Fundamenten romanischer Vorgängerbauten, weist verschiedene Stilelemente, hauptsächlich des 16.–17. Jh.s, auf.
Von besonderem Reiz ist die Altstadt Quedlinburgs unterhalb des Hügels, die von einer mächtigen Stadtmauer umfriedet wird. Drei gotische Hallenkirchen sind hier erhalten. Zahlreiche Fachwerkbauten aus sechs Jahrhunderten – das älteste Haus stammt aus dem 14. Jh. – und verwinkelte Straßen scheinen das Mittelalter wieder zum Leben zu erwecken. Auf dem Marktplatz beeindruckt das zweigeschossige Rathaus im Renaissancestil (1613–1615) mit der Rolandstatue von 1427.

Berlin und Potsdam

532

Zwischen 1730 und 1916 entstanden die Schloss- und Parkanlagen in Potsdam und Berlin. 150 Monumente zeugen nicht nur von der Macht, sondern auch vom Kunstverstand der preußischen Könige. Erst Architekten wie von Knobelsdorff und Schinkel verliehen im 18. und 19. Jh. Berlin sein hauptstädtisches Gesicht.

Lage: Berlin, Brandenburg
Epoche: Rokoko, Klassizismus

Alles begann mit dem nüchternen Jagdschloss Stern, von Friedrich Wilhelm I. 1730–1732 bei Potsdam für die Jagd und das Tabakkollegium errichtet. 1744, vier Jahre, nachdem er König geworden war, wollte Friedrich I. (1712–1786) in der idyllischen Gegend auf einem Weinberg ein einfaches Sommerschloss entwerfen lassen, eine kleinere Variante der Anlage von Versailles. Der bereits 1747 fertig gestellte und mit Terrassen umgebene Bau erhielt den Namen Sanssouci: »ohne Sorge«; sein Stil ging als friderizianisches Rokoko in die Kunstgeschichte ein.
Es folgten weitere Bauten, darunter das Chinesische Teehaus (1754–1757), das Neue Palais (1763–1769) am Westende des Parks, das Hoftheater und das Belvedere (1770–1772), der letzte von Friedrich dem Großen errichtete Palast.
Friedrich Wilhelm II. (reg. 1786–1797) ließ ab 1787 den Neuen Garten und das Marmorpalais errichten. Der rheinländische Gartenbaumeister Lenné begann ab 1816 mit der einheitlichen Umgestaltung der umfangreichen Parkanlagen, die sich bis auf die Pfaueninsel und die Parks in Glienicke und Babelsberg ausdehnen.
Die Berliner Architektur des 19. Jh.s wurde maßgeblich von Karl Friedrich Schinkel geprägt, zu dessen Hauptwerk unter anderem die Neue Wache gehört. Er hat die Bauformen des Klassizismus mit der Empfindung der Romantik vereint.

1 Handel und Schifffahrt bestimmten lange die Geschicke Lübecks. Viele Backsteinbauten sind Zeugnisse der einstigen Bedeutung der Hansestadt.

2 Schloss Sanssouci: Die Weinbergterrassen hinauf führt der Weg zum Kuppelbau der 1745 erbauten Sommerresidenz Friedrichs II.

3 Goslar: Die von den Ottonen gegründete Kaiserpfalz ist nur eines von zahlreichen historischen Baudenkmälern.

Deutschland
Luther-Gedenkstätten

Luther-Gedenkstätten 783

In Wittenberg und Eisleben finden sich zahlreiche Spuren des Lebens und Wirkens des großen Reformators. Dazu gehören Luthers Geburtshaus in Eisleben sowie die Schlosskirche und das Konvent in Wittenberg, wo Luther lange Zeit gelebt hat.

Lage: Eisleben und Wittenberg (Sachsen-Anhalt)
Besonderheit: Ursprung der Reformation

Die Tür der Schlosskirche in Wittenberg, an die Martin Luther 1517 seine 95 Thesen zur Reformation anschlug, wurde 1760 bei einem Brand zerstört. 1858 hat man sie durch eine Bronzetür ersetzt, die nun den Wortlaut der Thesen in goldenen Lettern wiedergibt. Das Grab des Reformators befindet sich in der Kirche vor der Kanzel.
Luther wohnte nach dem Beginn der Reformation im Gebäude des ehemaligen Wittenberger Konventes. Die Stube im ersten Geschoss bewahrt noch einige Originalmöbel.
Geburts- und Sterbehaus Martin Luthers in Eisleben sind vorbildlich restauriert und beherbergen heute Gedenkstätten.

Das Bauhaus und seine Stätten 729

Die Ziele des Bauhauses waren Klarheit, Sachlichkeit und Zweckmäßigkeit. Die schönen Künste sollten, vereint mit dem Handwerk, aus ihrer Isolation befreit werden und eine zentrale Rolle in der industriell geprägten Gesellschaft einnehmen. Die Künstler des Bauhauses haben Architektur und Design des 20. Jh.s maßgeblich beeinflusst.

Lage: Weimar (Thüringen) und Dessau (Sachsen-Anhalt)
Gründung: 1919

»Architekten, Bildhauer, Maler, wir alle müssen zum Handwerk zurück«, schrieb 1919 Walter Gropius, der neue Direktor des Staatlichen Bauhauses zu Weimar. Die geforderte Einheit von künstlerischer Gestaltung und handwerklichem Können unter dem Dach der Architektur spiegelt sich im gewählten Namen wider: Das Wort »Bauhaus« sollte an die Bauhütten des Mittelalters erinnern.
Künstler wie Paul Klee und Wassily Kandinsky folgten dem Ruf ins verschlafene Weimar. Doch dort waren die exzentrischen Künstler und Architekten nie sehr beliebt: Politische Umstände zwangen 1925 zum Wechsel in das liberalere Dessau. Hier errichtete Gropius 1925–1926 das Bauhausgebäude, ein Denkmal des frühen Industriedesigns. Das Haus am Horn in Weimar wurde 1923 als das Wohnhaus der Zukunft vorgestellt.
1933 wurde das Bauhaus von den Nationalsozialisten geschlossen und viele der Künstler wie Mies van der Rohe und László Moholy-Nagy emigrierten in die USA.

Aachener Münster 3

Den Grundstein für den Dom legte Karl der Große mit dem Bau der Pfalzkapelle. Von 936–1531 diente das Aachener Münster den deutschen Königen als Krönungskirche.

Lage: Nordrhein-Westfalen
Baubeginn: 786

Die um 800 geweihte Pfalzkapelle wurde von Odo von Metz im oktogonalen Grundriss erbaut; unter der heute mosaikgeschmückten Kuppel zieht sich ein zweigeschossiger Umgang um den Innenraum. Die Ausgestaltung des Raumes orientierte sich ebenso an römischen und byzantinischen Vorbildern und ist Ausdruck des umfassenden Machtanspruchs Kaiser Karls.
Die folgenden Jahrhunderte brachten An- und Umbauten, die nötig wurden, um Platz für die aufwändigen Krönungszeremonien und die Pilger zu schaffen, die zum Grab Karls des Großen drängten.
Beeindruckend sind die Monumentalfenster der im 15. Jh. eingeweihten Chorhalle. Die Kapelle selbst hat 1200 Jahre lang ihr Gesicht bewahren können. Der Aachener Domschatz birgt das wertvollste Reliquiar nördlich der Alpen.

Kölner Dom 292

Der Dom St. Peter und Marien wurde trotz der mehrere Jahrhunderte währenden Bauarbeiten weitgehend stilrein in der Formensprache der Hochgotik errichtet. Noch 1880 war der Dom mit den 156 m aufragenden Türmen das höchste Bauwerk der Welt.

Lage: Nordrhein-Westfalen
Baubeginn: 1248

Der Kölner Dom, 145 m lang, 45 m breit und im Hauptschiff 43 m hoch, gehört zu den größten Kirchen der Christenheit. Der Bau wurde nach dem Vorbild der Kathedrale von Amiens angelegt, die Umgänge und Raummaße jedoch auf die große Zahl der Pilger ausgerichtet, die zu den Reliquien der Heiligen Drei Könige herbeikamen.
Bis 1559 entstanden Chor, Querschiff und Langhaus sowie der halbvollendete Südturm. Seine heutige Gestalt erhielt der Dom 1842–1880. Der Innenraum misst 6166 m²; 56 Pfeiler tragen das Dach. Mit dem Dreikönigsschrein, 1220 vollendet, besitzt der Kölner Dom ein Meisterwerk der rheinischen Goldschmiedekunst. Die Marienkapelle birgt das berühmte Dombild Stephan Lochners von 1440.

Brühler Schlösser 288

Das ehemalige kurfürstliche Schloss Augustusburg und das Jagdschloss Falkenlust zählen zu den bedeutendsten Bauwerken des Spätbarock

Kölner Dom: die größte gotische Kirche im deutschsprachigen Raum

und Rokoko im Rheinland. Das Treppenhaus in Schloss Augustusburg ist ein Werk Johann Balthasar Neumanns.

Lage: Nordrhein-Westfalen
Bauzeit: 1725–1768

Während der rund 40 Jahre Bauzeit schufen der Architekt Cuvilliés und der Gartenbaumeister Girard mit Schloss Augustusburg ein Gesamtkunstwerk, das den Stilwandel von Barock zu Rokoko dokumentiert. Kurfürst Clemens August sah in dem Bau einen Ausdruck seiner Herrscherwürde. Die prunkvollen Repräsentationsräume sind von höchster Qualität und Prachtentfaltung. Durch das von Girard geschaffene Gartenareal, zu dem sich alle Räume öffnen, erhielt die Residenz Augustusburg den Charakter eines Lustschlosses.
Das 1729 begonnene Schloss Falkenlust diente der Falkenjagd, die der Kurfürst leidenschaftlich betrieb. Die Baumeister Cuvilliés und Leveilly schufen ein eher privates Gebäude, das jedoch nicht weniger prächtig als die eigentliche Residenz ausgeführt wurde.

Trier 367

Die älteste Stadt Deutschlands, vom römischen Kaiser Augustus gegründet, weist die wohl am besten erhaltenen antiken Bauwerke nördlich der Alpen auf. Trier besitzt bedeutende Gotteshäuser: Der Dom ist eine der ältesten Kirchen Deutschlands, die Liebfrauenkirche ein frühes Denkmal der deutschen Gotik.

Lage: Rheinland-Pfalz
Gründung: 16 v. Chr.

Die Porta Nigra aus dem 4. Jh. diente als Torburg der Befestigung der römischen Stadt, von der neben den Kaiser- und Barbarathermen das Amphitheater erhalten ist. Die Palastaula wurde unter Constantinus Chlorus, dem Caesar des Westens, erbaut, der von 306–312 in Trier residierte.
Der Dom östlich des Marktes stammt in seinen ältesten Teilen aus dem 4. Jh. und birgt in seinem reichen Domschatz bedeutende Werke ottonischer Kunst. Die um 1270 vollendete Liebfrauenbasilika gilt als ein Juwel frühgotischer Architektur.

Sechs Jahrhunderte lang war der Aachener Dom, für den Karl der Große den Grundstein legte, die Krönungskirche 32 deutscher Könige. Im Jahr 1215 wurden die Gebeine des Kaisers, der 814 im Dom beigesetzt worden war und 1165 heilig gesprochen wurde, in den Karlsschrein umgebettet. Das goldene Reliquiar ist seit 1349 alle sieben Jahre Gegenstand der Aachener Heiligtumsfahrt.

Deutschland
Würzburg

Völklinger Hütte

Die Völklinger Hütte ist eine der letzten im 19. Jh. gegründeten Eisenhütten, deren Anlagen nahezu in allen Teilen originalgetreu erhalten sind.

Lage: Saarland
Gründung: 1873

Das Kernstück der »Kathedrale des Industriezeitalters« sind die zwischen 1882 und 1916 errichteten Hochöfen, von denen jeder täglich bis zu 1000 t Roheisen erzeugen konnte. Erz und Kohle wurden auf ausgedehnten Gleisanlagen transportiert, die die 7 ha große Industrieanlage durchziehen.
Die 1897 errichtete Kokerei lieferte den Koks zum Betreiben der Hochöfen. Beeindruckend sind die gewaltigen Gebläsemaschinen im Gebläsehaus, mit denen auf über 1000° C erhitzte Pressluft in die Hochöfen gejagt wurde. Sehenswert sind darüber hinaus die Häuser der Handwerkergasse und der 1893 erbaute Völklinger Hüttenbahnhof.

Grube Messel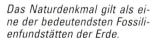

Das Naturdenkmal gilt als eine der bedeutendsten Fossilienfundstätten der Erde.

Lage: Hessen

Die etwa 65 ha umfassende Grube bei Darmstadt lief einige Jahre lang Gefahr, eine Mülldeponie zu werden, wurde aber dann in letzter Minute unter Schutz gestellt. In den Ölschieferschichten lässt sich eine große Zahl gut konservierter Fossilien finden. Diese geben beinahe lückenlos Auskunft über die klimatischen Verhältnisse in unseren Breiten vor etwa 60–36 Mio. Jahren, als sich die Tier- und Pflanzenwelt nach dem Aussterben der Dinosaurier grundlegend zu verändern begann und sich allmählich die uns heute bekannte Flora und Fauna heranbildete.

Würzburger Residenz

Die fürstbischöfliche Residenz im Stil des süddeutschen Barock besticht durch ihre Geschlossenheit. Konzeption und Ausführung gehören zum Hauptwerk Johann Balthasar Neumanns, doch auch andere bedeutende Baumeister und Künstler des Barock waren an der Ausgestaltung maßgeblich beteiligt.

Lage: Bayern
Bauzeit: 1720–1754

Der Bau einer Residenz wurde vom Fürstbischof Johann Philipp Franz von Schönborn begonnen, dessen mächtige Verwandte sich an der Planung beteiligten. So vereinen sich vor allem durch den Einfluss des Wiener Architekten Johann Lukas von Hildebrandt barocke Stilelemente aus ganz Europa in der Gestaltung des Schlosses, die Johann Balthasar Neumann meisterhaft in die mainfränkische Formensprache übertrug.
Das Herzstück der prachtvollen Residenz ist der Kaisersaal. Dessen Fresken und das monumentale Deckengemälde über dem Treppenhaus wurden 1751–1753 von Giambattista Tiepolo angelegt. Eine besondere Kostbarkeit ist der restaurierte Spiegelsaal.
Die Hofkirche, 1744 vollendet, ist ganz in Marmor gehalten und allein das Werk Neumanns.

1 Die Lutherstadt Wittenberg besitzt zahlreiche sehenswerte Gebäude, so das Rathaus und die Kirche St. Marien.

2 Die Porta Nigra war einst das Nordtor der römischen Stadtbefestigung Triers.

3 Schloss Augustusburg: das von Johann Balthasar Neumann im Rokokostil entworfene Treppenhaus

4 Blick in die Hofkirche der fürstbischöflichen Residenz von Würzburg

Deutschland
Bamberg

Bamberg

Die Stadt an der Regnitz besitzt den wohl größten vollkommen erhaltenen Altstadtkern Deutschlands.

Lage: Bayern
Gründung: 9. Jh.

Erstmals 902 urkundlich erwähnt, wurde die Stadt 1007 Bischofssitz, als Kaiser Heinrich II. das Bistum Bamberg gründete. Die zu dieser Zeit über der alten Burg erbaute Bischofskirche wurde Anfang des 13. Jh.s durch einen viertürmigen Dom ersetzt, der zu den schönsten Bauten des Mittelalters zählt.
Unter den zahlreichen Schätzen im Inneren sticht besonders die von Tilman Riemenschneider gearbeitete Deckplatte (1499–1513) am Grabmal für Kaiser Heinrich II. und seine Gemahlin hervor. Das Denkmal des Bamberger Reiters entstand um 1240. Im Westchor findet sich mit dem Marmorgrab für Klemens II. das einzige Papstgrab in Deutschland.
Bischofssitz war die 1571–1576 ebenfalls auf dem Domhügel erbaute Alte Hofhaltung. Das Abteigebäude des 1009 gegründeten Benediktinerklosters auf dem Michaelsberg wurde 1742 von Johann Balthasar Neumann geschaffen.
Die Bürgerstadt im Tal betritt man durch das zuletzt im 18. Jh. umgebaute Alte Rathaus, das sich auf der im 15. Jh. erbauten Oberen Brücke über die Regnitz erhebt. Unter den mittelalterlichen Gebäuden der Altstadt beeindrucken besonders die Fischerhäuschen von »Klein-Venedig«.

Lorsch

Die Torhalle der ehemaligen Benediktinerabtei ist ein Juwel karolingischer Baukunst. Im nahen Altenmünster hat man die Reste der ersten Klosterstiftung ausgegraben.

Lage: Hessen
Gründung: um 760

Die prachtvolle Tor- oder Königshalle ist eines der wichtigsten deutschen Baudenkmäler aus vorromanischer Zeit. Zusammen mit den Ruinen einer 70 m langen romanischen Basilika und weiteren Resten des mittelalterlichen Klosters zeugt sie von der Existenz einer der einst größten Abteien des Frankenreiches.
Lorsch wurde während der Regierung Pippins des Kurzen (751–768) gegründet und war ab dem Ende des 9. Jh.s die Begräbnisstätte der Könige des ostkarolingischen Reiches. Bis ins 13. Jh. wuchs die Abtei, die 1090 durch einen Brand zerstört und im 12. Jh. wieder aufgebaut wurde, zu einem der reichsten und mächtigsten Klosterzentren.
Mit der Übernahme durch das Erzbistum Mainz verlor die Abtei den größten Teil ihrer Privilegien. 1557 kam mit der Reformation das Ende der Abtei, deren Gebäude 1621 bis auf die heutigen Überreste abgetragen oder zerstört wurden.

Bamberg: Blick auf das Alte Rathaus, zum Dom und St. Michael

Im nahe gelegenen Altenmünster finden sich die archäologischen Stätten des Urklosters, das erstmals 764 erwähnt wird, bereits drei Jahre später aber nach Lorsch verlegt wurde. Das kleine Stift war für fünfzehn Mönche angelegt worden; im 11. Jh. wurde hier eine Probstei eingerichtet.

Dom zu Speyer

Der unter Kaiser Konrad II. errichtete Dom war zur Zeit seiner Erbauung das größte Gotteshaus des Abendlandes.

Lage: Rheinland-Pfalz
Baubeginn: 1030

Die Geschichte der alten Kaiserstadt geht auf eine römische Gründung des 1. Jh.s zurück. Speyer wurde im 6. oder 7. Jh. Bischofssitz.
Anfang des 11. Jh.s gründete Kaiser Konrad II. den Speyerer Dom als Grablege. Der heute sechstürmige Dom St. Maria und St. Stephan, noch immer die eindrucksvollste romanische Kathedrale Deutschlands, wurde 1061 geweiht; die 1039 fertig gestellte Krypta gehört zu den größten und schönsten Unterkirchen der Kunstgeschichte.
Von hier aus hat man Zugang zu 17 Herrschergräbern, darunter die Grabstätten von vier salischen Kaisern.
Während des Pfälzischen Erbfolgekrieges kam es 1689 zu schweren Zerstörungen. So sind in der Krypta noch nur Reste der von den Franzosen geplünderten Grabstätten zu sehen. Napoleon rettete die Kirche vor dem vollständigen Abriss. Erst 1772 begann der Wiederaufbau der Kathedrale.
Doch erst die Renovierungen nach dem Zweiten Weltkrieg gaben dem Dom seine strenge Würde zurück, die hinter den romantisch-verklärten Bauteilen des 19. Jh.s zurückgetreten war.

Kloster Maulbronn

Die Zisterzienserabtei ist die am vollständigsten erhaltene mittelalterliche Klosteranlage nördlich der Alpen.

Lage: Baden-Württemberg
Gründung: 1147

Zwölf Mönche aus dem Elsass begannen in der Abgeschiedenheit des Salzachtals mit dem Bau des Klosters nach dem Vorbild bereits bestehender Zisterzienserabteien in Burgund. Fast 400 Jahre lang lebten und bauten dort Mitglieder des Ordens und schufen eine der schönsten Klosteranlagen Deutschlands.
In den Gebäuden vereinen sich romanische und gotische Baustile. So wurde die 1178 geweihte dreischiffige Pfeilerbasilika im 15. Jh. durch spätgotische Einwölbungen erweitert. Der sich anschließende Kreuzgang, dessen südlicher Teil aus dem frühen 13. Jh. stammt, besitzt ein schönes Brunnenhaus aus dem 14. Jh. Die Klostervorhalle, »Paradies« genannt, wurde 1220 vollendet und steht am Übergang von der Romanik zur Gotik.
In ihrer Geschlossenheit gewährt die Anlage insbesondere durch die gut erhaltenen Wirtschafts- und Wohngebäude heute einen detaillierten Einblick in das asketische Klosterleben des Zisterzienserordens.
Das Herrenrefektorium, der Speisesaal der Priestermönche, ist ein Bau von besonderer Klarheit und Schönheit. Der zweischiffige Saal beeindruckt durch das ausgewogene und rhythmische Zusammenspiel von Pfeilern, Deckengewölbe und Rundbogenfenstern.

Steingadener Wieskirche

Die Wallfahrtskirche zum Gegeißelten Heiland, besser bekannt als Wieskirche, ist ein bedeutendes Werk bayerischer Rokokoarchitektur aus der Hand des Baumeisters Dominikus Zimmermann.

Lage: Bayern
Bauzeit: 1745–1754

Von weitem sichtbar liegt die Wieskirche auf einem kleinen Hügel vor dem Panorama der Ammergauer Berge. Mönche des nahe gelegenen Prämonstratenserklosters Steingaden stellten 1730 für die Karfreitagsprozession ein Christusbildnis her, das auf einem Bauernhof zum Kloster gehörenden Weiler Wies aufgestellt wurde, und das 1738 plötzlich Tränen vergoss. Der Kult um den Wies-Heiland begann sich rasch auszubreiten, so dass der Abt des Klosters den Auftrag zum Bau der wohl schönsten Rokokokirche Deutschlands erteilte.
Die Steingadener Mönche übertrugen den Bau dem Architekten Dominikus Zimmermann, der bereits für die Prämonstratenserabtei Schussenried die Wallfahrtskirche Steinhausen errichtet hatte. Zimmermann standen bekannte Künstler seiner Zeit, darunter auch sein Bruder Johann Baptist, zur Seite, der den Innenraum ausmalte.
Der ovale Laienraum und der sich anschließende Chor wirken durch die gelungene Verbindung von Architektur und Dekoration, die eine gewaltige Licht- und Raumwirkung entfaltet. Von außergewöhnlicher Schönheit sind die Deckenfresken, die zusammen mit den hervorragenden Stuckarbeiten den zweigeschossigen Hochaltar mit dem Gnadenbild rahmen.
Die bis 1991 restaurierte Wieskirche bildet heute den Rahmen für Festkonzerte und wird jährlich von Kunstfreunden aus aller Welt besucht.

Zentrum der Altstadt von Speyer ist der Dom St. Maria und St. Stephan. Der dreischiffige Sakralbau wurde von den salischen Kaisern errichtet und zählt zu den bedeutendsten Monumenten der deutschen Romanik. Das zur Zeit seiner Erbauung größte Gotteshaus des Abendlandes wurde 1061 geweiht und diente dem salischen Kaisergeschlecht als Haus- und Grabeskirche.

Polen
Auschwitz

Polen

Warschau

Die Hauptstadt Polens wurde im Zweiten Weltkrieg weitgehend zerstört. In den Jahren 1949–1963 und auch danach erfolgte ein planmäßiger, originalgetreuer Wiederaufbau, an dem das ganze Land Anteil hatte. Heute zeigen sich die Kirchen, Bürgerhäuser und Palais wieder in altem Glanz.

Lage: Zentral-Polen
Erste Erwähnung: 1313

1945 waren am Tag der Befreiung mehr als drei Viertel aller Gebäude der Stadt dem Erdboden gleich gemacht. Mit enormem Aufwand begann das polnische Volk den Wiederaufbau und vollendete die gelungene Restauration der zahllosen historischen Bauwerke aus der Zeit von der Gotik bis zum Klassizismus.
Das Zentrum der Altstadt bildet wieder der Marktplatz, der nun eine geschlossene Bebauung mit wunderschönen Fassadendekorationen der Renaissance und des Barock aufweist. Das ab 1971 rekonstruierte frühbarocke Königsschloss dominiert den Schlossplatz mit der 1633 aufgestellten Sigismundsäule. Die sich anschließende Neustadt mit wiederhergestellten Häusern aus dem 15. Jh. birgt den eleganten Barockpalast Krasiński; der Neustädter Marktplatz wird beherrscht von der im 17. Jh. erbauten Kirche der Sakramentsschwestern.

Konzentrationslager Auschwitz

»Arbeit macht frei« steht über dem Eingangstor, durch das Millionen Menschen in das größte der zahlreichen Vernichtungslager Nazi-Deutschlands kamen. Als die Soldaten der Sowjetarmee am 27. Januar 1945 die Lager von Auschwitz erreichten, fanden sie noch etwa 7650 Insassen vor.

Lage: S-Polen, Oświęcim
Erbaut: 1940
Ausdehnung: 40 km²

Der Bau des Lagers Auschwitz I wurde am 27. April 1940 angeordnet; bereits im Juni trafen polnische Gefangene ein. Auschwitz-Birkenau hieß die Erweiterung des Lagers, die ein Jahr später fertig wurde. Hier baute man ab 1941 die Vernichtungsanlagen: »Badeanstalten«, Leichenkeller und Krematorien, die die »Endlösung« herbeiführen sollten: die völlige Vernichtung der europäischen Juden.
Auschwitz III, 1942 nahe des Dorfes Dwory errichtet, diente als Arbeitslager, aus dem der deutsche Konzern IG Farben diejenigen Gefangenen bezog, die bei einer »Selektion« noch gesund und arbeitsfähig erschienen.
Wahrscheinlich vier Millionen Menschen – Juden, Sinti, Roma, Polen und Russen – sind in Auschwitz ermordet worden: systematisch ausgehungert, vergast oder gefoltert. Die Mauern, der Stacheldraht, die Rampen, Gaskammern und Krematorien auf dem Gelände stehen heute als Mahnmal für alle Konzentrations- und Vernichtungslager, die unter der menschenverachtenden Herrschaft der Nationalsozialisten eingerichtet wurden.

1 Idylle: Auf einer kleinen Anhöhe im bayerischen Pfaffenwinkel steht die Wallfahrtskirche zum Gegeißelten Heiland auf der Wies.

2 Lorsch: Die Torhalle der ehemaligen Benediktinerabtei mit ihrer kunstvoll dekorierten Fassade ist weltberühmt.

3 Das achteckige Brunnenhaus des Klosters Maulbronn: Hier fanden die rituellen Waschungen der Zisterziensermönche statt.

4 Blick über die Weichsel: Die während des Zweiten Weltkriegs zerstörte Warschauer Altstadt wurde in den 50er-Jahren historisch getreu wieder aufgebaut. Die detaillierten Gemälde Canalettos dienten hierbei als Vorlage.

Polen
Zamość

Zamość 564

Der Großkanzler Jan Zamoyski ließ sich die Stadt vom Architekten Bernardo Morando aus Padua errichten. Das Gesamtkunstwerk im Stil der Spätrenaissance, das als eine der ersten Idealstädte Europas gilt, erlebte seine Blütezeit im 17. Jh.

Lage: SO-Polen
Baubeginn: 1580

Bei der Planung wurden alle Aspekte des städtischen Lebens bedacht: Zwei Marktplätze bildeten das Herz der Stadt, in die in der Folge auch Armenier, Juden, Griechen, Italiener und Deutsche zogen und ein vielfältiges Gemeinwesen bildeten. Die um die Plätze herum errichteten Bürgerhäuser beeindrucken durch Laubengänge und Fassadenornamente. Das 1639–1651 erbaute Rathaus wurde im 18. Jh. mit einer monumentalen Barocktreppe verschönert.
Die Auferstehungskirche St. Thomas (1587–1598) gilt als schönstes Gotteshaus der polnischen Spätrenaissance; die Innenräume der ehemaligen Synagoge (1610–1620) bergen meisterhafte Stuckaturen. Die Befestigungsanlagen, die bereits 1587 fertig gestellt waren, wurden erst ab 1866 abgetragen.

Krakau 29

Im Mittelalter war Krakau als bedeutender Umschlagplatz für polnisches Tuch die reichste Stadt des Landes. Aus dieser Zeit stammen die Tuchhallen am Marktplatz. Die Marienkirche ist ein Meisterwerk spätmittelalterlicher Baukunst.

Lage: S-Polen
Erste Erwähnung: 10. Jh.

Krakau, bis 1596 Hauptstadt und vom 11.–18. Jh. Krönungsort der polnischen Könige, wurde vom 12.–17. Jh. durch Baumeister und Künstler aus ganz Europa gestaltet.
Auf dem Marktplatz, einem der größten Stadtplätze des Mittelalters, stehen die Tuchhallen und die gotische, im 14. Jh. umgebaute Marienkirche. Hier befindet sich der berühmte Hochaltar von Veit Stoß, der zwischen 1477 und 1496 in Krakau seine wichtigsten Werke schuf.
An der im 14. Jh. gegründeten Universität, die einen kostbaren gotischen Kreuzgang besitzt, lehrten bedeutende Denker des Mittelalters, die Krakau zu einem kulturellen Zentrum Europas machten.

Salzbergwerk Wieliczka 32

Bereits im Mittelalter wurden die ersten der über 200 Bergwerksstollen im Karpatenvorland vorgetrieben. Seit der Mitte des 13. Jh.s hat man mehr als 25 Mio. m³ des »weißen Goldes« gewonnen.

Lage: 30 km südl. v. Krakau
Gründung: 11. Jh.

Einen Großteil ihres Reichtums verdankten die polnischen Könige den Salzvorkommen in Wieliczka.
Die unterirdischen Galerien des ältesten Salzbergwerks Europas, die auf einer Länge von insgesamt fast 300 km in den Berg getrieben wurden, erstrecken sich über neun Stockwerke. In einem Museum, das in einigen Räumen eingerichtet wurde, sind neben Grubenfunden auch die historischen Gerätschaften und technischen Einrichtungen zu besichtigen.
Das Schmuckstück der Anlage ist zweifellos die im 13. Jh. in 101 m Tiefe angelegte Kapelle der seligen Kinga. Hier wie auch in zwei weiteren Kapellen haben Bergleute die Altäre und Skulpturen aus dem Salz gemeißelt. Belüftungsanlagen schützen die wertvollen Skulpturen vor Feuchtigkeit.

Tschechien

Prag 616

Die Stadt der »goldenen Dächer« an der Moldau gehört zu den ältesten Hauptstädten Europas. Das historische Zentrum zeigt mit seinen geschichtsträchtigen Gebäuden ein geschlossenes Bild der Gotik und des Barock.

Lage: Böhmen
Gründung: um 860

Über der Stadt thront die riesige Anlage des Burgviertels Hradschin, die aus einer im 9. Jh. gegründeten slawischen Siedlung hervorgegangen ist. Den höchsten Punkt markiert der Turm des St.-Veits-Doms, der größten Kirche Prags. Er ist sowohl Grablege der Kaiser und Könige als auch Aufbewahrungsort der Krönungsinsignien.

Prag: der Altstädter Ring mit seinen hübschen Häusern

Die berühmte Karlsbrücke, 1357 begonnen und 1707–1714 durch meisterhafte barocke Statuen verschönert, führt von der Kleinseite, dem Stadtteil unterhalb des Hradschin, über die Moldau hinüber in die Altstadt, in deren winkligen Gassen zahlreiche Renaissance- und Barockbauten zu finden sind, die teilweise sogar auf gotische Ursprünge zurückgehen, was mancherorts sichtbar geblieben ist.
Das ehemalige Collegium Clementinum der Jesuiten wurde 1578–1722 als zweitgrößter Baukomplex der Stadt errichtet und erweitert. Im Zentrum der Altstadt befindet sich die 1365–1511 errichtete Teyn-Kirche. Das Gebäude der 1348 von Karl IV. gegründeten Karlsuniversität wurde im 17. Jh. barock umgestaltet.
Am Turm des Rathauses, im 14. Jh. errichtet, wurde Anfang des 15. Jh.s die berühmte Astronomische Uhr angebracht. Die Josefstadt, das ehemalige jüdische Ghetto, wurde im 13. Jh. innerhalb einer eigenen Stadtmauer errichtet; besonders sehenswert ist der wunderschöne alte Jüdische Friedhof.
Mittelpunkte der ab dem 14. Jh. entstandenen Neustadt bilden der großzügige Wenzelsplatz und der Karlsplatz mit dem Neustädter Rathaus.

Kutná Hora 732

Das geschlossene historische Stadtbild prägen Bauten der Gotik, der Renaissance und des Barock. Der Silberbergbau machte das ehemalige Kuttenberg lange Zeit zur bedeutendsten und größten Stadt Böhmens nach Prag.

Lage: Zentral-Böhmen
Erste Erwähnung: 1276

Um das Jahr 1300 machten sich florentinische Münzer daran, auf Geheiß König Wenzels II. im Welschen Hof den »Prager Groschen« zu schlagen. Damit begann der Aufstieg Kutná Horas zur reichsten Stadt Böhmens neben Prag. Der Welsche Hof diente auch als Residenz und wurde bis ins 19. Jh. erweitert und umgebaut.
Die aus dem 15. Jh. stammende Wenzelskapelle besitzt noch drei gotische Flügelaltäre. Das einstige Jesuitenkolleg weist 13 prachtvolle Barockstatuen auf. Die fünfschiffige St.-Barbara-Kathedrale, 1388–1585 erbaut, war der Schutzpatronin der Bergleute geweiht und wurde von den Minenbesitzern in Auftrag gegeben. Eine Besonderheit ist die Statue eines Bergarbeiters aus dem 18. Jh.
Auf dem Klosterfriedhof der ehemaligen Zisterzienserabtei Sedlec befindet sich eine gotische Kapelle aus dem 12. Jh., die heute an die große Pest von 1318 erinnert: Ein Teil der Kapelle diente als Beinhaus, so besteht dort die gesamte Einrichtung aus Knochen.

Žďár nad Sázavou 690

Vom ehemaligen Stift ist die Klosterkirche der hl. Maria aus dem 13. Jh. erhalten geblieben. Der Architekt Giovanni Santini baute sie im 18. Jh. um und schuf eines der bedeutendsten Bauwerke der so genannten barocken Gotik in Tschechien.

Lage: W-Mähren
Kultur: Barock

Die auf dem Grünen Berg, Zelená hora, stehende Wallfahrtskirche des Johannes von Nepomuk wurde 1722 ebenfalls

*D*ie Stadt der »goldenen Dächer«: Von der berühmten Karlsbrücke mit ihren prächtigen barocken Statuen aus hat man einen herrlichen Blick auf den Altstädter Brückenturm und die mächtige Kuppel der Kreuzherrenkirche. Im Licht der untergehenden Sonne wirkt die Stadt an der Moldau ganz besonders romantisch: Die gewaltige Anlage des Hradschin, der ehemaligen Hofburg, wacht über die Bewohner einer der ältesten Hauptstädte Europas.

Tschechien
Lednice-Valtice

von Giovanni Santini vollendet. Das Gotteshaus, das dem böhmischen Landespatron gewidmet ist, steht auf einem sternförmigen Grundriss. Unter den Schmuckstücken des Inneren, das zu einem großen Teil unverändert erhalten ist, sticht besonders der Hauptaltar hervor, der den hl. Johannes im Paradies zeigt.

Český Krumlov 617

Ab dem 13. Jh. entstand auf den Felsen über der Moldau eine Burg, die nur noch vom Prager Hradschin an Größe übertroffen wurde. Die verwinkelte Altstadt auf der anderen Seite des Flusses ist eine der schönsten mittelalterlichen Baugruppen Europas.

Lage: S-Böhmen
Gründung: 13. Jh.

Unterhalb der gewaltigen Burganlage winden sich enge Straßen durch den Stadtteil Latrán. Die eigentliche Altstadt, in der sich schmale Gassen und große Plätze, Handwerkerhäuschen und Bürgerpaläste abwechseln, liegt am anderen Ufer der Moldau und wird von der St.-Veits-Kirche (1407–1439) beherrscht.
In der ehemaligen städtischen Brauerei von 1578 ehrt man heute den Zeichner und Maler Egon Schiele, der hier lange gelebt hat. Im Renaissancebau des ehemaligen Jesuitenkonvents befindet sich ein Hotel.
An der Burg wurde über die Jahrhunderte weitergebaut; Prunksäle, Audienzhallen und ein Rokoko-Theater kamen hinzu. Sehenswert sind die illusionistischen Wandmalereien im Maskensaal.

Telč 621

Der Ort in Mähren nennt eine der schönsten Altstädte des Landes sein Eigen. Nach einem Großbrand wurde Telč einheitlich wieder aufgebaut und bietet heute so das geschlossene Bild einer Renaissancestadt.

Lage: S-Mähren
Blütezeit: 16. Jh.

Ein Großfeuer zerstörte die Stadt, die im 12. Jh. gegründet wurde und bis dahin nur aus Holzhäusern bestand. Doch erst der Einfluss des Fürsten Zacharias von Rosenberg-Neuhaus, der, begeistert von der Renaissance, die alte Burg in ein prächtiges Schloss verwandeln ließ, gab der Stadt ihr heutiges Gesicht.
Die durch Handel reich gewordene Bürgerschaft ließ ebenfalls ihre gotischen Häuser mit Zier- und Blendgiebeln umgestalten oder baute neu. Der Marktplatz ist das Schmuckstück der Stadt: Laubengänge ziehen sich unter den gestuften und geschwungenen Giebeln der Renaissancebauten entlang, die in geschlossener Reihe um den lang gestreckten Platz stehen.

Lednice-Valtice 763

Die künstlich angelegte Landschaft, die die beiden prächtigen Schlösser umgibt, die sich die Herzöge von Liechtenstein auf ihren mährischen Besitzungen errichten ließen, gilt als eine der größten von Menschen gestalteten Kulturlandschaften. In den großartigen Parks ist heute ein Vogelschutzgebiet eingerichtet.

Lage: S-Mähren
Blütezeit: 17.–19. Jh.

Im Städtchen Lednice erbaute Johann Bernhard Fischer von Erlach 1688–1690 eine Reitschule in prächtigster Barockarchitektur. Vom Mitte des 19. Jh.s errichteten Schloss Lednice, das wertvolle Kunstsammlungen beherbergt, gelangt man über eine Parkallee in das benachbarte Valtice, das ein mächtiges Schloss aus dem 17. Jh. sein Eigen nennt. Die nach dem Vorbild englischer Gärten gestaltete natürliche Park- und Teichlandschaft umgibt die beiden Schlossanlagen auf einer Fläche von 200 km².

1 Im Zentrum der Altstadt von Zamość wird der Große Markt vom Rathaus dominiert.

2 Zu den größten architektonischen Kostbarkeiten Tschechiens gehört der historische Kern des Städtchens Telč.

3 Zu beiden Seiten der oberen Moldau liegt Český Krumlov mit seinem mittelalterlichen Stadtbild.

4 Krakau: Die Kathedrale auf dem Wawel ist die Grabeskirche der polnischen Könige.

51

Schweiz
St. Gallen

Schweiz

Kloster St. Gallen 268

Mit der Ernennung zur Reichsabtei im 9. Jh. begann die Blütezeit des Benediktinerklosters von St. Gallen. Mitte des 18. Jh.s entstanden die spätbarocke Stiftskirche und der Rokokosaal der Stiftsbibliothek.

Lage: Kanton St. Gallen
Gründung: 719

Die Bauten der 1805 aufgelösten Abtei stammen vorwiegend aus der zweiten Blütezeit, die das Kloster ab dem 17. Jh. erlebte. Die Stiftskirche St. Gallus und Otmar, auf Vorgängerbauten errichtet, besticht durch die prächtige Ostfassade. Die Kirche ist ein lang gestreckter Bau mit einer zentralen Rotunde und wurde von namhaften Künstlern ausgestattet.
Im Westtrakt des Klosters befindet sich die Stiftsbibliothek mit über 30 000 wertvollen Büchern, darunter zahlreiche mittelalterliche Handschriften. Der zweigeschossige Bibliothekssaal ist mit dem Deckengemälde und den Stuckaturen der wohl schönste Rokokosaal der Schweiz.

Bern 267

Die Hauptstadt der Schweiz besitzt im Kern eine mittelalterliche Anlage mit Laubengängen und Brunnen. In Bern, das im 16.–18. Jh. der größte Stadtstaat nördlich der Alpen war, finden sich zahlreiche Bauten des Spätbarock.

Lage: Kanton Bern
Gründung: 1191

Am geschlossenen Bild der Berner Altstadt lassen sich die einzelnen Erweiterungsschritte gut erkennen. Eine Besonderheit sind die langen Arkadengänge der mittelalterlichen Gassen. Das spätgotische Münster St. Vinzenz, 1421 begonnen, wurde erst 1573 vollendet; das Hauptportal stammt von Erhard Küng.
Das Rathaus wurde 1406–1417 im spätgotischen Stil errichtet. Die Heiliggeistkirche von 1729 gilt als der wichtigste protestantische Barockbau des Landes. Unter der Vielzahl der historischen Wohngebäude sticht besonders das Ensemble in der Gerechtigkeitsgasse hervor, die Häuser stammen zum Teil noch aus dem 16. Jh. Sehenswert sind die Brunnen Berns; drei der meisterhaften Standbilder wurden von dem Freiburger Hans Gieng geschaffen.

Kloster Müstair 269

Das Benediktinerinnenkloster besitzt mit seinen Fresken den größten erhaltenen Bilderzyklus aus karolingischer Zeit.

Lage: Kanton Graubünden
Gründung: um 785

In 1240 m Höhe liegt im abgeschiedenen Münstertal das Kloster St. Johann Baptist, das um 785 errichtet wurde und als eines der schönsten Beispiele karolingischer Baukunst gilt.
Um zwei Innenhöfe herum gruppieren sich die größtenteils noch aus dem Mittelalter stammenden Klostergebäude. Die Stiftskirche St. Johann wurde Ende des 15. Jh.s in eine spätgotische Hallenkirche umgebaut.
Von den Wandmalereien aus der Gründungszeit des Klosters sind große Teile erhalten, die sich in fünf Friesen um den Innenraum ziehen. Sie illustrieren Szenen aus dem Leben König Davids und Jesu Christi; an der Westwand wird das Jüngste Gericht dargestellt.

Österreich

Salzburg 784

Im Zentrum der an barocken Bauten reichen Altstadt am linken Ufer der Salzach befinden sich die Residenz und der 1614–1628 erbaute Dom.

Lage: Bundesland Salzburg
Blütezeit: 17. Jh.

Die geistlichen Fürsten, die in Salzburg herrschten, gründeten ihren Reichtum seit jeher auf den Salzbergbau. Die zahlreichen prächtigen Sakralbauten Salzburgs zeugen vom großen Einfluss der Kirche.
Zwei Erzbischöfe waren es, die das Bild der Stadt im 17. Jh. prägten. Sie ließen Baumeister aus Italien kommen, darunter Vicenzo Scamozzi, ein Schüler Palladios, und Santino Solari, dem Salzburg den Dom zum hl. Rupert verdankt. Die helle Fassade und die mächtige achteckige Kuppel beherrschen noch heute die Salzburger Silhouette.
Prächtige Residenzen wurden errichtet, so das Schloss Mirabell mit der Orangerie und das Schloss Hellbrunn, dessen Säle prachtvoll ausgemalt wurden. Charakteristisch für die Gassen der Altstadt sind die verschachtelten Innenhöfe der »Durchhäuser«.

Schloss Schönbrunn 786

Die ehemalige Sommerresidenz der Habsburger wird von einem im französischen Stil angelegten Park umgeben.

Lage: Wien
Baubeginn: 1695

Kaiser Karl VI. überließ dem Architekten Johann Bernhard Fischer von Erlach die Planung Schönbrunns, der eine gigantische Anlage bauen wollte, die selbst Versailles noch weit übertroffen hätte. Kaiserin Maria Theresia ließ das unvollendete Bauwerk ab 1744 zu ihrer Residenz umbauen und durch Nikolaus Pacassi im spätklassizistischen Stil fertig stellen.
Die Gestaltung der Innenräume oblag Johann Hetzendorf, der auch den bereits 1695 von Jean Trehet angelegten Park weiter aus- und umbaute. Hofkapelle, Repräsentations- und Privaträume, Spiegelgalerien und Kabinette zeigen so feinste Dekorationskunst des Spätrokoko.

Italien

Val Camonica 94

Im Tal des Oglio wurden Felszeichnungen aus der Bronzezeit und der frühen Eisenzeit gefunden. Bemerkenswert ist vor allem die Vielfalt der behandelten Themen.

Lage: Lombardei, Provinz Brescia
Blütezeit: 10.–5. Jh. v. Chr.

Bei Capo di Ponte in dem Bergtal Val Camonica sind auf etwa 1000 Steinplatten mehr als 170 000 Einzelgravuren aus vorgeschichtlicher Zeit erhalten. Die großflächigen Kompositionen stellen hauptsächlich Motive des alltäglichen Lebens dar: Krieger, Bauern, Jagd- und Haustiere, Waffen sowie Ackergerät.
In kultischem Zusammenhang müssen wohl die geometrischen Muster und abstrakten Formen gesehen werden, die den Raum zwischen den gravierten Einzelszenen ausfüllen. Die unbekannten Künstler gehörten vermutlich einem alpinen Stamm an, dessen Siedlungsspuren bis ins 4. Jahrtsd. v. Chr. zurückreichen.

Die Kirche Santa Maria della Salute wurde zum Dank für das Ende einer Pestepidemie erbaut.

Vicenza und die Palladiobauten Venetiens 712

Der Baumeister und Architekturtheoretiker Andrea Palladio (1508–1580) wirkte seit etwa 1545 in Vicenza und gab der Stadt ihr heutiges Gesicht.

Lage: Venetien
Stilepoche: Renaissance

*C*analetto-Blick: Mittelpunkt Venedigs ist der Markusplatz, einer der schönsten Plätze der Erde, um den herum sich der Dom San Marco, der angrenzende Dogenpalast und der Campanile befinden. Giovanni Antonio Canale (1697–1768), genannt Canaletto, der wohl berühmteste Maler von Stadtansichten des 18. Jh.s, hinterließ zahlreiche Bilder aus dem Alltag seiner Heimatstadt, die sich, obwohl Motorboote inzwischen die traditionellen Gondeln längst abgelöst haben, kaum verändert zu haben scheint.

Italien
Ferrara

Neben seinen humanistischen Studien waren entscheidende Einflüsse für den jungen Architekten Palladio seine Reisen zu den antiken Stätten Roms. Sein ausgeprägtes Gefühl für Harmonie und Gleichmaß ließ ihn die Villen in Venetien schaffen, die in die Kunstgeschichte eingingen. Seine Architekturauffassung prägte einen später in ganz Europa verbreiteten Stil, den Palladianismus.
Ein bedeutendes Frühwerk ist der Palazzo della Regione, »Basilika« genannt. Die Loggia del Capitaniato, der Saal des Stadtkommandanten, wurde ab 1570 gestaltet. In seinem Todesjahr plante Palladio das Teatro Olimpico, das erste frei stehende überdachte Theatergebäude.
Der Grundriss der außerhalb Vicenzas errichteten Villa Capra, der so genannten Rotonda (1566–1580), ist ein Musterbeispiel der Symmetrie: Vier Treppen bilden ein gleichschenkliges Kreuz, in dessen Zentrum sich der vom Quadrat der Räume umschriebene Kreis der Rotunde befindet. Die Villa Barbaro in Maser, deren Ausmalung Paolo Veronese besorgte, entstand um 1560.

gen, gold grundierten Mosaiken geschmückt. Der Dogenpalast, im 12. Jh. über einem Vorgängerbau von 825 errichtet, birgt die von venezianischen Künstlern ausgestalteten Dogengemächer. An der Rückseite führt die berühmte Seufzerbrücke zu den ausgedehnten Gefängnisanlagen. Prächtige Paläste und Kirchen wie die Santa Maria della Salute (1631–1687) reihen sich den fast 4 km langen Canale Grande entlang, der von drei Brücken überquert wird, darunter die 1588–1591 erbaute Rialto-Brücke.

Venedig 394

In einer Lagune nördlich des Podeltas erstreckt sich die Stadt über 120 Inseln, die mit rund 400 Brücken untereinander verbunden sind.

Lage: Venetien
Gründung: 6. Jh.

Im 15. Jh. war Venedig die reichste und größte Stadt Italiens und zugleich stolze Besitzerin der größten Flotte des Mittelmeeres. Mit der Entdeckung des Seeweges nach Indien nahm ab dem 16. Jh. die politische Bedeutung Venedigs ab; die Stadt blieb jedoch ein wirtschaftliches und kulturelles Zentrum.
Der Dom San Marco stammt in seiner heutigen Form aus dem 11. Jh. und wird von prächti-

Ferrara 733

Unter der Herrschaft der Este (13.–16. Jh.) war die Stadt ein wichtiges Zentrum des Humanismus. Das Castello Estense bildet den Mittelpunkt der ummauerten Altstadt mit ihren Renaissancebauten.

Lage: Emilia-Romagna
Gründung: vermutl. 7. Jh.

Während der Zeit der Renaissance, als die Este, ein italienisches Adelsgeschlecht, die Stadt völlig umgestalteten, lebten viele bedeutende Künstler in Ferrara, darunter Pisanello, Piero della Francesca und Torquato Tasso. Der Dom San Giorgio, der 1135–1485 im romanischen Stil erbaut wurde, zeigt eine beeindruckende Marmorfassade.

Der gegenüberliegende Palazzo Communale aus dem 13. Jh. ist über eine Galerie mit dem Castello Estense verbunden, das von einem Wassergraben umgeben wird. Die Räume des Kastells sind mit wertvollen Fresken geschmückt.

1 Schloss Schönbrunn bei Wien verbirgt hinter seiner barocken Fassade 1441 prunkvoll im Stil des Spätrokoko gestaltete Räume.

2 Architektonische Schätze des Barock und Klassizismus prägen das Stadtbild Salzburgs. Heute steht die Stadt ganz im Zeichen der Musik.

3 Bern: Die Marktgasse und der Käfigturm in der mittelalterlichen Altstadt, die auf einer steilen Bergnase liegt.

Bruch mit dem Mittelalter
Renaissance und Barock

Mit der Renaissance (14.–16. Jh.) beginnt die Neuzeit. Die »Wiedergeburt« der antiken Kultur nahm ihren Anfang in Italien. Bewegung, Lebensnähe und Kühnheit verkörpert der Barock (17.–18. Jh.).

Kein neues Kapitel des Mittelalters wollte man schreiben, sondern etwas Neues schaffen. Das geistige Leben der Antike war dafür als Ideal bestens geeignet – ein weites Feld, das Fürsten vom Imperium Romanum träumen und Bürger an die griechischen Stadtrepubliken denken ließ.
Wurde die Welt des Mittelalters von Feudalherrschaft und vom Glauben an Gottes Allmacht geprägt, so nahm sich der Mensch der Neuzeit als Individuum wahr.
Der Versuch die Welt als das zu sehen, was sie ist, führte zur Entdeckung der Zentralperspektive. Die Naturwissenschaften begannen die Welt neu zu erklären; der Humanismus wurde zur geistigen Grundlage der Renaissance.
Die Bücher des römischen Architekten Vitruv wurden wieder entdeckt, in denen man die klar umrissene Lehre von den Säulenordnungen fand und damit einen Schlüssel für die harmonische Ausgewogenheit des Bauwerks.
Mit Michelangelo Buonarroti (1475–1564), dem genialen Architekten, Bildhauer und Maler, erfährt die Renaissance einen späten Höhepunkt und gleichzeitig ihre Wandlung. Michelangelos neue Ideen und die Spannung seiner Formensprache sind die Vorboten des Barock.
Barock bedeutet »schief-runde Perle« und tatsächlich bestimmt diesen Stil die Suche nach Gegensätzen; Spiegelungen verwischen den Übersprung von der Realität zum Visionären. Der Barock schuf keine neuen Formen, er mischte und variierte den Bestand der Renaissance nur mit einer beinahe unverschämten Leichtigkeit und Souveränität. Die katholische Kirche, aus der Gegenreformation gestärkt hervorgegangen, präsentierte hier ein neues Selbstbewusstsein und wollte gleichzeitig ihre Botschaft verlockender gestalten.
Die weltlichen Wurzeln dieses Stils liegen in der Glorifizierung des Alleinherrschers. Bestes Beispiel ist Ludwig XIV. mit seinem Schloss Versailles. Die gigantischen, einer strengen räumlichen Ordnung folgenden Parkanlagen verdeutlichen die Vorstellung von der Beherrschbarkeit der Natur durch den Menschen.

1 Gr. Bild: Die Kuppel des Florentiner Doms ist eine Schöpfung der Renaissance.

2 Kl. Bild: Michelangelo schuf den David noch im Geist der Hochrenaissance.

3 Die Treppe der Würzburger Residenz ist ein Meisterwerk barocker Raumkunst.

Italien
Crespi d'Adda

Crespi d'Adda 730

Die Gewerbewohnsiedlung aus dreigeschossigen Häusern wurde von dem Textilfabrikanten Crespi für die Arbeiter seiner Baumwollspinnerei und deren Familien gebaut.

Lage: Lombardei
Gründung: 1875

Crespi d'Adda ist eine typische Wohnsiedlung, wie sie von aufgeklärten Industriellen für ihre Arbeiter ab der zweiten Hälfte des 19. Jh.s gebaut worden ist. Die noch heute teilweise bewohnte Ansiedlung blieb als eine der wenigen dieser Industriesiedlungen weitgehend in ihrer ursprünglichen Form erhalten.

Leonardo da Vincis »Abendmahl« 93

Die Kirche Santa Maria della Grazie birgt an der Nordseite des Refektoriums des ehemaligen Dominikanerkonvents eines der berühmtesten Gemälde Leonardo da Vincis.

Lage: Mailand
Entstehung: 1495–1497

Leonardo da Vinci (1452–1519) war ein Universalgenie, dessen Ruhm bis heute andauert. Seine umfangreichen Studien in den Naturwissenschaften haben auch in seine kunsttheoretischen Schriften Eingang gefunden. 1482–1499 stand er als Maler und Ingenieur in Diensten des Herzogs von Mailand; seine wichtigsten Theorien formulierte er in dieser Zeit.
Als Maler vollendete Leonardo während dieser Jahre nur sechs Arbeiten. Das monumentale Wandbild des Letzten Abendmahls im Refektorium der Abtei Santa Maria della Grazie, das entstand, als Bramante die Kirche umgestaltete, ist eines davon. Schon während der Arbeit an dem 4,20 m mal 9,10 m großen Gemälde blieb dem Meister nicht verborgen, dass der Untergrund für seine Technik zu schlecht präpariert war.
1982 begannen umfangreiche Restaurierungsarbeiten, um das weltberühmte Gemälde von den gröbsten Schäden und Entstellungen der letzten Jahrhunderte zu befreien.

Ravenna 788

Die Stadt gehört zu den ältesten Bistümern Italiens und besitzt zahlreiche bedeutende Mosaiken und Bauwerke aus frühchristlicher Zeit.

Lage: Emilia-Romagna
Blütezeit: 5.–7. Jh.

Die faszinierenden Mosaiken Ravennas, die in den nahezu unverfälscht erhaltenen Gebäuden zu finden sind, zählen zu den wichtigsten Zeugnissen des frühen Christentums. Die ältesten Mosaiken der Stadt befinden sich im Mausoleum der Kaiserin Galla Placidia. Die Kirche San Vitale, 547 geweiht, zeigt vor allem in der Chornische reiche und farbige Mosaiken, die eine klarere Linienführung als frühere Werke vorweisen.
Der Gotenkönig Theoderich ließ Anfang des 6. Jh.s das Baptisterium der Arianer errichten, das wunderbare Kuppelmosaiken besitzt. Sant' Apollinare Nuovo wurde als Palastkirche unter Theoderich erbaut und war ursprünglich St. Martin geweiht.
Das Grabmal des Gotenkönigs, um 520 errichtet, wird von einer monolithischen Marmorkuppel gekrönt. Das Baptisterium der Orthodoxen neben dem Dom birgt Mosaiken in kräftigen Farben und Flachreliefs, die in ihrer Gestaltung der byzantinischen Kunst verpflichtet sind.
Außerhalb der Stadt liegt die Kirche Sant' Apollinare in Classe, die ab 534 über dem Grab des ersten Bischofs von Ravenna errichtet wurde. Die Mosaiken zeigen die Verklärung Christi in ungewöhnlicher Darstellungsweise.

Pisa 395

Um den Domplatz, auch »Piazza dei Miracoli«, »Platz der Wunder«, genannt, gruppieren sich die beeindruckendsten Bauwerke Pisas.

Lage: Toskana
Bau: 11.–14. Jh.

1063 begann man außerhalb der damaligen Stadtmauer mit den Bauarbeiten für die Kathedrale nach den Plänen des Architekten Busketos. Die Bauten des Domplatzes wurden durch die einheitliche Verwendung von weißem Carrara-Marmor und architektonische Elemente wie Arkadenreihen und Säulengänge als geschlossenes Ensemble gestaltet.
Die prächtige 35 m lange Fassade entwarf Rainaldo, die Bronzetüren der Porta di San Ranieri schuf 1180 Bonnano Pisano. Die Baugestaltung durch dunklen und hellen Marmor erinnert an orientalische Vorbilder. Die reich verzierte Kassettendecke im Gewölbe des Mittelschiffs stammt aus dem 16. Jh.
Der frei stehende Campanile, ein zylindrischer Bau, wurde 1174 von Bonnano begonnen, er neigte sich jedoch bereits während der Bauarbeiten und ist heute als »Schiefer Turm« weltberühmt. Das Baptisterium gegenüber der Domfassade dokumentiert auf Grund seiner langen Bauzeit deutlich den Übergang von der Romanik zur Gotik. Das Schmuckstück in seinem Innern ist die 1260 geschaffene, frei stehende Kanzel mit ihrem reichen Skulpturenschmuck.
Der Camposanto, der durch Bogengänge geschlossene Friedhof, weist in den Kapellen und den Wänden des Kreuzgangs wertvolle Fresken aus dem 14.–15. Jh. auf.

Florenz 174

Florenz war 600 Jahre lang das Zentrum der Renaissance und des Humanismus.

Lage: Toskana
Blütezeit: 10.–16. Jh.

Vom hoch gelegenen Piazzale Michelangelo bietet sich der Blick auf die Stadt am Arno und auf die von Brunelleschi erbaute rote Kuppel des Doms Santa Maria del Fiore (1296), die noch heute ein Markstein im Stadtbild ist. Der Campanile, fast 85 m hoch und mit farbigem Marmor verkleidet, wurde 1334 von Giotto begonnen. Weltberühmt ist die »Paradiestür« (1425–1452) von Lorenzo Ghiberti an der Ostfassade des gegenüberliegenden Baptisteriums.
An der Piazza della Signoria, dem weltlichen Zentrum der Stadt, steht die reich mit antiken Skulpturen ausgestattete Loggia dei Lanzi, 1374–1381 errichtet. Die Uffizien wurden 1560 als Verwaltungsgebäude errichtet, heute beherbergen sie eine der bedeutendsten Gemäldesammlungen der Welt mit Hauptwerken von Botticelli, Leonardo, Michelangelo, Tizian, Rubens, Dürer, Rembrandt und Caravaggio.
Der Palazzo Pitti wurde 1457–1466 begonnen und vereint durch den etappenweisen Ausbau der Anlage, der 1819 beendet wurde, Werke mehrerer Stilepochen. Ein wahres Kleinod italienischer Gartenkunst ist der sich anschließende Boboli-Garten von 1590. Die berühmteste der Brücken von Florenz ist der Ponte Vecchio, auf dem einst nur Goldschmiede ihre Läden unterhalten durften.

San Gimignano 550

Die »Stadt der schönen Türme« liegt auf einem Höhenrücken über dem Elsatal und

Piazza del Duomo: Der Schiefe Turm von Pisa begann sich bereits im 12. Jh. zu neigen.

Ravenna ist eines der ältesten italienischen Bistümer. Die frühchristlichen Mosaiken, die in der Stadt zu finden sind, zählen zu den bedeutendsten der Welt. Die ältesten Bildwerke dieser Art befinden sich im Mausoleum der Galla Placidia, die umfangreichsten Mosaiken beherbergt die Palastkirche Sant' Apollinare in Classe mit dem Christuszyklus. Zu sehen ist hier die »Nuovo Madonna mit Engeln«.

Italien
Pienza

wird durch ihr mittelalterliches Stadtbild mit romanisch-gotischen Bauten geprägt.

Lage: Toskana, Provinz Siena
Blütezeit: 14.–15. Jh.

Von weitem waren die einst 72 Geschlechtertürme zu erkennen, von denen noch 14 erhalten sind. Um einen solchen Wohnturm bauen zu dürfen, mussten Familien ein bestimmtes Vermögen vorweisen, auch durfte keines dieser Gebäude den um 1300 errichteten 54 m hohen Turm des Palazzo del Popolo überragen.
Ein beeindruckendes Bild bietet die Piazza della Cisterna im Zentrum der Stadt, um die sich die Paläste und Türme drängen. Die Zwillingstürme der Ardinghelli bezeugen noch heute eindrucksvoll Macht und Einfluss dieser Familie.
Am Domplatz befindet sich die Collegiata Santa Maria Assunta, eine ursprünglich romanische Basilika von 1239, die im 15. Jh. um ein Querhaus mit sechs Kapellen erweitert wurde. Hier wie auch in der Kirche der Augustiner Chorherren und im Palazzo del Popolo, dem Ratssitz der Stadt, sind wahre Schatzkammern mittelalterlicher Wandmalerei erhalten geblieben.

Siena 717

Mittelpunkt der Stadt, die als Verkörperung mittelalterlicher Baukunst gilt, ist die Piazza del Campo. Die architektonischen Monumente werden noch übertroffen durch die von Künstlern wie Duccio, Martini und den Lorenzetti-Brüdern besorgte Ausstattung.

Lage: Toskana
Blütezeit: 12.–15. Jh.

Siena, bis in die zweite Hälfte des 16. Jh.s von Ratsmitgliedern aus patrizischen Familien regiert, ist die Stadt der italienischen Gotik in ihrer reinsten Form. Auf der Piazza del Campo befindet sich das Rathaus, der Palazzo Pubblico, der seit 1297 Sitz der Regierung war. Die reichen Fresken im Innern stammen von Simone Martini, Ambrogio Lorenzetti und anderen. Der 88 m hohe Torre del Mangia wurde 1325–1344 errichtet. Am höchsten Punkt der Stadt begann Anfang des 13. Jh.s der Bau des Doms Santa Maria, der zu den meisterhaftesten Werken der italienischen Architektur gehört. Unter den zahllosen Kunstschätzen, die sich im Innern der Kathedrale und den angrenzenden Gebäuden befinden, beeindruckt besonders der 1369–1547 von über 40 Künstlern geschaffene Marmorfußboden.

Pienza 789

Im Auftrag von Papst Pius II. wurde Pienza vom Baumeister Bernardo Rossellini als so genannte Idealstadt konzipiert. Im Zentrum befindet sich die Piazza Pio II. mit dem dreischiffigen Dom, dessen Fassade im Renaissancestil gestaltet ist.

Lage: Provinz Siena
Baubeginn: 1460

Corsignano, der Heimatort Papst Pius' II., sollte die Sommerresidenz der Kurie werden. Bis 1464 wurden die ersten Bauten um den trapezförmigen Platz vollendet; der mittlerweile Pienza genannte Ort besaß nun Stadtrechte. Vier monumentale Gebäude säumen den Platz: der Dom Santa Maria del Assunte, der Papstpalast, der Bischofspalast und der Palazzo Comunale.

1 Überragt vom Torre del Mangia hat Siena ein mittelalterliches Stadtbild bewahrt.

2 Hinter Mohnfeldern, in typischer toskanischer Landschaft, liegt Pienza, im 15. Jh. zur Renaissancestadt ausgebaut.

3 Die Silhouette des Städtchens San Gimignano wird von seinen vielen Türmen und Türmchen geprägt.

4 Florenz: Bauten der Romanik, Gotik und Renaissance bieten einen herrlichen Anblick.

Italien
Castel del Monte

An der Westseite des Platzes erhebt sich der Papstpalast, der zweistöckige Palazzo Piccolomini (1460–1462). An seiner Südseite schließt sich zum Monte Amiata hin eine Gartenanlage an.
Den Palazzo Vescoville ließ sich der spätere Papst Alexander VI. errichten. Der 1463 erbaute Palazzo Comunale beeindruckt durch die zur Piazza hin offene Säulenloggia.
Der Plan Pius' II., den Stadtkern durch weitere Paläste für die römischen Kardinäle zu einer Idealstadt zu erweitern, geriet nach seinem Tode 1464 in Vergessenheit.

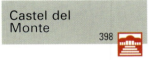

Das einstige Jagdschloss des Hohenstaufenkaisers Friedrich II. vereint Baustile von der Antike bis zur Gotik.

Lage: Apulien
Errichtung: vor 1240–um 1250

Das Kastell besteht aus einem regelmäßigen Achteck mit acht gleichen, oktogonalen Türmen und einem achtseitigen Innenhof. Das purpurfarbene Portal unter einem antiken Giebel ist mit arabischen Ornamenten verziert. Einen schwachen Abglanz der einst wohl prächtigen, doch einfachen Innenausstattung bieten die Alabaster- und Marmorsäulen in den Räumen der Festung. Einige kostbare Mosaikböden sind noch erhalten.
Auffällig ist das Fehlen christlicher Darstellungen, von den einst reichen hellenistischen Reliefs sind nur Reste erhalten. Ob der Kaiser sein Schloss, die »Krone Apuliens«, tatsächlich bewohnt hat, ist nicht sicher.

Zahlreiche antike Bauten der Ewigen Stadt zeugen von der Machtfülle des einstmals riesigen Weltreiches. Darüber hinaus sind wertvolle mittelalterliche Kirchen sowie bedeutende Bauwerke der Renaissance, des Barock und des Klassizismus erhalten.

Lage: Zentral-Italien
Gründung: 6. Jh. v. Chr.

Mit dem Zeitalter des Augustus und der Pax Romana kamen die Marmorbauten: Die Paläste, Tempel, Siegessäulen und Triumphbögen auf dem Forum Romanum und dem Palatin standen einst im Zentrum eines Weltreiches, dessen Glanz sie repräsentierten.
Auch die Kaiser nach Augustus schufen herrliche Bauten. Das 81 n. Chr. eingeweihte Kolosseum fasste 85 000 Zuschauer. Um 120 entstand das Pantheon, das die Architekten der folgenden zwei Jahrtausende immer wieder inspirieren sollte.
313 wurde mit dem Edikt Konstantins die Möglichkeit zur Gründung christlicher Kirchen geschaffen: Zahllose Basiliken wurden errichtet, darunter auch die 313 erbaute San Giovanni in Laterano.
Mit der Verlegung der Kaiserresidenz nach Konstantinopel verlor Rom jedoch an Bedeutung. Die Barbareneinfälle im 5. Jh. und der Normannensturm trugen ein Übriges zum Niedergang Roms bei.
Das Gesicht der Stadt, wie es sich heute zeigt, entstand größtenteils erst ab dem 12. Jh. Neben Schöpfungen der Renaissance sind vor allem Werke des Barock erhalten. Künstler wie Raffael, Michelangelo und Bernini kamen zum Zuge, als die Päpste die Stadt großflächig umgestalteten.

Das historische Zentrum Neapels präsentiert eine architektonische Parade vieler Jahrhunderte: Zeugnisse aller Kulturen, die im Mittelmeerraum entstanden sind, sind hier zu finden.

Lage: SO-Italien, Kampanien
Gründung: 5. Jh. v. Chr.

Die Geschichte der Stadt, in der mancherorts die Zeit stehen geblieben zu sein scheint, reicht bis zur griechischen Besiedlung im 5. Jh. v. Chr. zurück. Reste eines Marktes der antiken Stadt Neapolis hat man unter der Kirche San Lorenzo Maggiore gefunden.
Neben der Kapelle des hl. Januarius zeugt die in den Bau des Doms San Gennaro eingebundene Basilika Santa Restituta aus dem 6. Jh. mit antiken Säulen und einem mosaikgeschmückten Baptisterium aus dem 4. Jh. von der frühen Verbreitung des Christentums.
Die prächtigen gotischen, manieristischen und klassizistischen Kirchen und Stadtpaläste sind der Herrschaft des Hauses Anjou ab dem 13. Jh. zu verdanken. Das Castel Nuovo, die Residenz der neapolitanischen Könige und Vizekönige, wurde im 13. Jh. begonnen. Das »Spanische Viertel« entstand als Garnison für die Soldaten der spanischen Vizekönige, die 1503–1734 in Neapel herrschten.
Die Kirche Gesù Nuovo aus dem 16. Jh. ist ein bedeutendes Beispiel neapolitanischen Barocks. Ein Kleinod des Rokoko besitzt das Kloster Santa Chiara: den mit Majoliken des 18. Jh.s verzierten Kreuzgang.

In zwei trichterförmigen Felsschluchten befindet sich eines der interessantesten Architekturmonumente der Welt. Im Laufe der Jahrtausende wurden immer wieder neue Höhlen und Häuser in den Tuffstein geschlagen; darunter sind etwa 150 Felsenkirchen erhalten.

Lage: S-Italien, Basilicata
Älteste Siedlungsspuren: 4. Jahrtsd. v. Chr.

Bis in die 50er-Jahre waren die Höhlenlabyrinthe bewohnt und bildeten eines der größten Elendsviertel Italiens, dessen Bewohner ohne Strom und Wasser und unter entsetzlichen hygienischen Bedingungen lebten. Nach der Umsiedlung der Bewohner verfiel die Höhlenstadt, bis Mitte der 80er-Jahre die italienische Regierung ein Programm zur Rettung der ungewöhnlichen Siedlung einleitete.
Heute weiß man, dass in Matera nahezu alle Epochen der menschlichen Entwicklungsgeschichte vertreten sind. Urzeitliche Bewohner schufen erste primitive Höhlenwohnungen. Im 8. Jh. flüchteten Mönche aus Kleinasien hierher und errichteten zahlreiche Felsenkirchen. Deren Gewölbe, Kuppeln und Säulenhallen wurden mit Fresken ausgemalt, mit denen heute eindrucksvolle Beispiele byzantinischer Malerei erhalten sind. Die in der Folgezeit entstehende Stadt wies sogar kleine Paläste auf, deren Terrassen und Balkone aus dem Fels herausgeschlagen wurden.

Trulli in Alberobello

Die archaisch anmutenden Rundbauten in Alberobello bieten einen faszinierenden Anblick. Die Erklärungsversuche für die weltweit einzigartige Bautradition, in der ganze Straßenzüge errichtet wurden, sind vielfältig.

Lage: Apulien

Die Trulli sind weiße, zylindrisch geformte Rundhäuser mit einem kuppelförmigen Steindach und nur einem Raum. Die Wände wurden ohne Mörtel aus Feldsteinen aufgeschichtet. Auf den Dächern prangen mit Kalkmilch aufgetragene Zeichen, die Schutz vor bösen Mächten bieten.
Über den tatsächlichen Ursprung dieser Bauweise, die nur in Apulien vorzufinden ist, herrscht noch weitgehend Unklarheit: Im 17. Jh. wurden die an den Lehnsherren fälligen Steuerabgaben nach der Anzahl der gemauerten Siedlungen berechnet. Die Trulli hätten also der Steuerersparnis der Grafen dienen können, indem man sie bei Bedarf in unauffällige Steinhaufen verwandelt hätte.
Einer anderen Erklärung zufolge ist die Bauweise auf eine lokale steinzeitliche Kultur zurückzuführen und fand später in die Volkstradition Eingang.

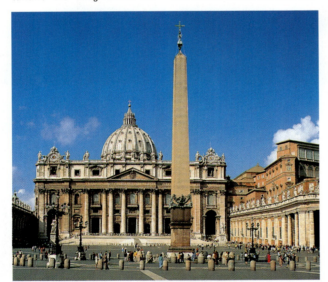

Zentrum der Vatikanstadt: Petersplatz und Petersdom

Im elegantesten Viertel Roms: Die kühn geschwungene Spanische Treppe (1723–1726) verbindet die Piazza Barberini mit der Piazza di Spagna. Der führende Künstler und Baumeister des römischen Hochbarock war Gianlorenzo Bernini (1598–1680), dessen öffentliche Bauten und Brunnen, von den Päpsten in Auftrag gegeben, das Gesicht der Ewigen Stadt wesentlich bestimmen. Zu seinen Meisterwerken zählen der Vierströmebrunnen auf der Piazza Navona und der Tritonenbrunnen auf der Piazza Barberini.

Malta
Gigantija

Vatikanstadt

Vatikanstadt 91 b

Neben Petersplatz, Peterskirche und Vatikanpalast gehört unter anderem auch die Patriarchalbasilika San Paolo fuori le mura zum Territorium des kleinsten souveränen Staates der Erde.

Lage: Rom
Gründung: 4. Jh.

Die Peterskirche steht auf den Resten der 326 geweihten Basilika, die über dem Grab des Apostels Petrus errichtet wurde. Sie entstand ab 1506 nach Plänen von Bramante und wurde durch Raffael, Michelangelo und andere Künstler der Hochrenaissance weitergebaut und ausgestaltet.
Die Innenausstattung einer der größten Kirchen der Christenheit bietet eine Vielzahl von Altären, Mosaiken und Skulpturen. Die atemberaubende Kuppel mit einer Scheitelhöhe von 119 m wurde von Michelangelo geschaffen, aus dessen Hand auch die meisterhaften Schöpfungsfresken der 1473–1483 erbauten Sixtinischen Kapelle stammen.
Vor dem Petersdom breitet sich der 1656–1671 von Bernini gestaltete Petersplatz aus, der von vierreihigen Kolonnaden eingeschlossen wird. 140 Heiligenstatuen krönen die Säulenreihen.
Über dem Grab des Apostels Paulus wurde 386 die Memorialkirche San Paolo fuori le mura gegründet. Die fünfschiffige Basilika brannte 1823 ab, wurde jedoch wieder aufgebaut.

Malta

Gigantija 132

Die Steinmonumente Maltas sind älter als die ägyptischen Pyramiden und wurden aus Korallenkalkstein errichtet. Sie waren vermutlich der »Magna Mater« geweihte Heiligtümer.

Lage: Inseln Malta und Gozo
Blütezeit: 4.–3. Jahrtsd. v. Chr.

Noch im 20. Jh. rechnete man die Megalithbauten der phönizischen Kultur zu, bis neue Datierungsmethoden das Alter der ältesten Steintempel der Welt enthüllten. Von den sechs großen Tempelanlagen gilt die von Gigantija auf Gozo als die älteste. Die beiden von einer Mauer umgebenen Tempel bestehen aus mehreren hufeisenförmigen Kammern mit einer Länge von mehr als 10 m, die kleeblattartig um einen Innenhof gruppiert sind.
Auch die Tempelanlagen auf der Hauptinsel Malta folgen diesem Grundriss. Die Fassaden von Hagar Kim, vermutlich um 2000 v. Chr. beendet, erreichten wahrscheinlich eine Höhe von 12 m. Grabungen förderten hier Kultplastiken zu Tage, von denen die »Venus von Malta« wohl die berühmteste ist. Die Kultstätte von Mnajdra weist reich gestaltete Reliefs an den Fassaden auf, die von den 1914 entdeckten Resten der Anlage von Tarxien noch übertroffen werden.
Orakelzellen und aufgefundene Opfergaben aus fernen Ländern deuten darauf hin, dass die Tempel von Malta ein beliebtes Wallfahrtsziel im Mittelmeerraum waren.

1 Das Castel del Monte in Apulien, das sich der Hohenstaufenkaiser Friedrich II. im 13. Jh. als Jagdschloss auf einer Anhöhe errichten ließ, ist ein mächtiger achteckiger Bau, der von acht ebenfalls achteckigen Türmen umgeben wird.

2 Vor allem in Apulien findet man die Trulli vor, weiße Rundhäuser aus Stein mit einem kuppelförmigen Scheingewölbe.

3 Ungezählte Höhlenwohnungen wurden in der Umgebung von Matera in der Region Basilicata entdeckt. Die Stadt besitzt aber auch zahlreiche sehenswerte Kirchen.

4 Der Blick über die Bucht von Neapel, die alte Handels- und Hafenstadt, reicht bis zum imposanten Vesuv am Horizont.

Vom Stadtstaat zum Weltreich
Das Imperium Romanum

Einst eine Stadt Latiums wie viele andere, konnte Rom selbst das mächtige Griechenland erobern. Auf dem Höhepunkt seiner Macht erstreckten sich die Grenzen des Imperiums von Nordeuropa bis Nordafrika und von Spanien bis Kleinasien.

Mit der Vertreibung des letzten etruskischen Königs von Rom begann 509 v. Chr. die Geschichte der römischen Republik. 264 v. Chr. zog erstmals ein römisches Heer außerhalb Italiens in den Krieg. Sizilien war das erste der Länder rund um das Mittelmeer, die in den folgenden einhundert Jahren an Rom fallen sollten.

Mit der Eroberung griechischen Territoriums gelangte auch die hellenische Kunst nach Rom. Sie wurde hoch geschätzt, kopiert und in ihren Ausdrucksformen überhöht.
Das Streben nach Integration beherrschte den römischen Staat. Das betraf sowohl das komplexe Miteinander der verschiedenen Stände als auch die kulturelle Vereinnahmung jedes der unterworfenen Reiche. Dies zeigt sich vor allem durch die große Verbreitung der römischen Architektur.
Die Zeit der Republik endete in innerer Unordnung und Bürgerkriegen, durch die Diktatoren wie Sulla, Pompeius und letztlich auch Julius Caesar zur Macht kamen. Nach Caesars Ermordung trat der später vom Senat zum Augustus erhobene Octavian am 13. Januar 27 v. Chr. das Erbe an. Er schaffte mit der Pax Romana eine Garantie für dauerhaften Frieden in der ganzen römischen Kulturwelt.
Mit der Herrschaft Augustus' geht auch eine bauliche Veränderung in Rom einher. Statt Ziegeln wird nun Marmor als Baumaterial eingesetzt. Zu dieser Zeit lebten mehr als eine Million Menschen in der Ewigen Stadt.
Auf dem Gebiet der Technik bewiesen die Römer besonderes Talent: Ihre Straßen, Brücken und Aquädukte wurden teilweise noch bis ins Mittelalter benutzt.
So wie sie in der Technik auf griechische Vorbilder zurückgreifen konnten, taten sie dies auch in der Kultur: Die Werke griechischer Künstler und Philosophen waren begehrt. Selbst die Götter Griechenlands hielten Einzug in die römische Vorstellungswelt.
In der Architektur übernahmen die Römer vor allem die Säulenordnungen der unterworfenen Nachbarn. Die Säulen beziehen sich in ihren einzelnen Teilen auf Proportionen des menschlichen Körpers und machen ein riesiges Bauwerk so für den Betrachter fassbar.
Am stärksten ist der griechische Einfluss wohl in den römischen Tempelbauten zu erkennen. Zahlreiche Beispiele sind noch heute erhalten. Diese Gebäude waren nicht, wie etwa die späteren christlichen Basiliken, ein Versammlungsort der Gläubigen, sondern Haus des Gottes; die Gemeinde versammelte sich um den Altar vor dem Tempel.

Eine weitere wichtige Rolle im Leben der Römer spielten die öffentlichen Bäder, die Thermen. Über 800 soll es einst in der Stadt gegeben haben. Sie besaßen Umkleideräume, Kalt- und Heißbäder, Schwimmbecken und Sportanlagen. Die Thermen waren ein Mittelpunkt des gesellschaftlichen Lebens; oft traf man sich dort auch mit Philosophen und Literaten, die aus ihren Werken rezitierten.

Die römische Gesellschaft war komplex strukturiert: Stände bestimmten Rang und Zugehörigkeit sowie die Rechte und Pflichten des Einzelnen. So war die Kunst nicht nur ein Mittel zur Glorifizierung der Herrschenden, wie sie in Form von Triumphtoren oder Siegessäulen ihren Ausdruck fand. Auch im bürgerlichen Umfeld besaß sie ihre Funktion. In den ausgemalten Privaträumen begegnet der Betrachter ganz anderen Bilderwelten.

Mit Diokletian begann die Spätantike. Nach seiner Erhebung 284 machte er sich daran, die Ordnung im Reich wiederherzustellen. Einer seiner Mitregenten, Galerius, war nach einer gescheiterten Christenverfolgung gezwungen, das Christentum 311 zur »erlaubten Religion« zu machen, die 313 von Kaiser Konstantin kurz nach dessen Machtübernahme begünstigt wurde. Konstantin war es auch, der die Kaiserresidenz nach Osten verlegte. Im 4. Jh., als das Imperium in ein west- und ein oströmisches Reich geteilt war, begann sein Niedergang.

1 Gr. Bild: Der unter Kaiser Vespasian 72 n. Chr. begonnene Bau des Kolosseums in Rom beeindruckt auch als Ruine durch seine gewaltigen Ausmaße: Das größte Amphitheater der antiken Welt bot über 50 000 Zuschauern der Gladiatorenkämpfe Platz.

2 Kl. Bild: Auf dem Kapitolsplatz in Rom steht die Bronzestatue des Kaisers Marc Aurel, der von seinem Adoptivvater Antoninus ein schweres außenpolitisches Erbe übernahm.

3 Heute lassen nur noch wenige Gebäude und Ruinen das einstige Aussehen und die politische, ökonomische und gesellschaftliche Bedeutung des Forum Romanum erahnen. Im Mittelalter verfiel die Anlage; erst Ende des 18. Jh.s begannen Ausgrabungsarbeiten.

Malta
Valletta

Valletta 131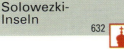

Die maltesische Hauptstadt wurde unter Jean de la Valette, dem Großmeister des Johanniterordens, gegründet und planmäßig mit sich rechtwinklig kreuzenden Straßen angelegt.

Lage: Insel Malta
Gründung: 1566

1566–1571 errichteten die Architekten Francesco Laparelli und Girolamo Cassar den wuchtigen Wehrgürtel um die Stadt. Innerhalb der Mauern baute der Johanniterorden Paläste, Kirchen und Herbergen im Stil der Renaissance und des Barock.
In der Ausgestaltung des Großmeisterpalastes und seiner zwei Innenhöfe zeigt sich die ganze Pracht des Ordens. Der Krankensaal des 1575 erbauten Spitals war 160 m lang. 1567 errichtete man zum Dank für die überstandene Belagerung durch die Türken die Barockkirche Our Lady of Victory. Die St. John's Co-Cathedral, 1573–1578 als Grablege der Ordensritter entstanden, wurde mit Deckengemälden und herrlich ausgestatteten Seitenkapellen geschmückt. Die 1555 vom Orden gegründete Bibliothek birgt wertvolle Handschriften.
In den Gassen und Treppenvierteln der Stadt findet sich das 1731 als Hoftheater gebaute Manoel Theatre. Der Holzbau gehört zu den ältesten Bühnen Europas.

Hal Saflieni 130

Ein oberirdisches Heiligtum markierte ursprünglich den Eingang zum Hypogäum, einem unterirdischen Labyrinth aus Gängen und Kammern, das eines der wichtigsten Monumente des Neolithikums ist.

Lage: Insel Malta
Epoche: Jungsteinzeit

Bei Bauarbeiten in der Umgebung Vallettas entdeckte man 1902 eine gewaltige unterirdische Hohlkammeranlage, in der über mehrere Stockwerke verteilt die Gebeine von mehr als 7000 Menschen ruhten. Inzwischen weiß man, dass das Hypogäum, dessen ältester Teil bereits um 3000 v. Chr. ausgeschachtet wurde, sowohl als Friedhof wie auch als Kultstätte diente.
In den gewölbten Hallen und Gängen wurden die Toten in Grabmulden beigesetzt, die mit Ornamenten und Wandbemalungen ausgeschmückt waren. Im Zentrum der Nekropole befand sich ein Sanktuarium, das im Gegensatz zu den oberirdischen Megalithtempeln Maltas wohl keinem öffentlichen Kult gedient haben dürfte. Die archäologischen Funde, vor allem Kleinplastiken und Opfergaben, lassen auf

Klassizistische Bauten: die Kathedrale von Vilnius

Orakelbefragungen und Opferhandlungen schließen.

Litauen

Vilnius 541

Zu Füßen der Burg Wilna erstreckt sich die Altstadt der einstigen Kaufmannssiedlung Vilnius, die im 15.–16. Jh. ihre Hochblüte als Mittler zwischen den Städten Russlands und den Hansestädten erlebte.

Lage: SO-Litauen
Gründung: 2. Jh. v. Chr.

Die Architektur der litauischen Hauptstadt spiegelt die wechselvolle Geschichte des kleinen Landes wider. Unter den älteren Bauten sticht besonders das barocke Adelspalais hervor. Zentrum der Altstadt ist jedoch die Kathedrale St. Stanislaw, die ihr heutiges Gesicht in den Jahren 1783–1801 erhielt. Sie gleicht in der klassizistischen Bauweise einem griechischen Tempel. Der Glockenturm war ursprünglich der Wehrturm der im 13. Jh. erbauten Unteren Burg. Auch das Rathaus wurde klassizistisch gestaltet.

Russland

Solowezki-Inseln 632

Vor der Onegabucht liegen die sechs Inseln des Solowezki-Archipels, deren Landschaft durch Wälder und Moore geprägt wird und die bereits im 5. Jh. v. Chr. besiedelt waren. Auf der Insel Solowezki befindet sich das Solowezki-Kloster.

Lage: Weißes Meer
Ausdehnung: 347 km²

Das 1429 ursprünglich als Einsiedelei gegründete, doch bereits kurze Zeit später monastisch organisierte Kloster blickt auf eine bewegte Geschichte zurück. Zwischen 1584 und 1594 wurde die Anlage zu einer Festung ausgebaut, die in der Folge zahlreichen Belagerern standhielt.
Bis zur Konfiszierung durch die Sowjetmacht 1922 übte das Kloster, das durch seine wertvollen Sammlungen von Ikonen, Gewändern und Gerätschaften zu den reichsten Konventen des Landes gehörte, einen prägenden Einfluss auf die wirtschaftliche und kulturelle Entwicklung in Russlands Norden aus.
Nachdem ein hier eingerichtetes Straflager aufgegeben wurde und das Kloster allmählich dem Verfall anheim fiel, wurde es 1991 der orthodoxen Kirche zurückgegeben und wird seither restauriert.

Kishi Pogost 544

Auf der kleinen Insel befinden sich herausragende Bauwerke der russischen Holzarchitektur. Zwei Kirchen und ein monumentaler Glockenturm sind das Zentrum eines Freilichtmuseums.

Lage: Onegasee, Karelien
Gründung: 18. Jh.

Die Verklärungskirche wurde 1714 ohne einen einzigen Nagel errichtet. Ihre 22 Kuppeln bezeugen die hohe Kunstfertigkeit der russischen Zimmerleute, die 1764 die Mariä-Fürbitte-Kirche in der gleichen Technik erbauten.
Der gewaltige achteckige Glockenturm, der zu dem Ensemble gehört, wurde 1862 errichtet. Alle Gebäude beeindrucken durch ihre harmonische Einbettung in die sie umgebende Landschaft. Die historischen Bauten, die im Freilichtmuseum zusammengetragen wurden, dokumentieren die Entwicklung der russischen Holzarchitektur durch die Jahrhunderte.

Komi-Forst 719

Der Nationalpark im Norden Russlands ist einer der größten der Erde und reicht bis in die weiten Tundragebiete des nördlichen Ural. In den riesigen, größtenteils unberührten Wäldern leben sowohl europäische als auch asiatische Tierarten.

Lage: Republik Komi
Ausdehnung: 32 800 km²

Der erst 1994 vom russischen Parlament begründete Nationalpark bietet Forschern seit mehr als 50 Jahren reichhaltiges naturgeschichtliches Anschauungsmaterial, denn weite Teile dieser Waldgebiete sind völlig unberührt.
In der grandiosen Berglandschaft des Urals liegen hunderte von Seen sowie subalpine und alpine Weideflächen, die in Tundra übergehen. Zahlreiche Tierarten der nördlichen Zonen finden hier einen Lebensraum; dazu gehören Bären, Hirsche, Polarfüchse und Hörnchen.

St. Petersburg 540

Nach einem genau durchdachten Plan ließ Zar Peter der Große seine neue Hauptstadt aus dem sumpfigen Boden stampfen. Das barocke und klassizistische Stadtbild besticht durch seine geschlossene Bauweise, die vielen Brücken, weiten Plätze und prunkvollen Paläste.

Lage: Newa-Delta, Finnischer Meerbusen
Gründung: 1703

Valletta, die von mächtigen Befestigungsanlagen umgebene Hauptstadt Maltas, ist reich an historisch bedeutenden Gebäuden. Dazu zählt auch die anglikanische St. Paul's Cathedral im klassizistischen Stil. Die Hauptkirche von Valletta ist die St. John's Co-Cathedral. Das schlichte Äußere verbirgt eine aufwändige Innenausstattung, besonders die prachtvoll ausgemalte Kirchendecke.

Russland
Nowgorod

Nachdem Peter der Große dem Schwedenkönig Karl XII. den Küstenstreifen am Finnischen Meerbusen abgerungen hatte, besaß er damit den lang ersehnten Zugang zur Ostsee und somit zum Westen. Er ließ eine neue Hauptstadt errichten, die an Glanz alle europäischen Metropolen übertreffen sollte.

St. Petersburg beeindruckt wohl am tiefsten durch die vollkommene Harmonie der Bauwerke, der repräsentativen Platzanlagen und der Kanäle, über die sich mehr als 400 Brücken spannen.

Den Newski-Prospekt, die prachtvolle Promenade am Ufer der Newa entlang reihen sich allein 190 der klassizistischen Bauwerke. Unter den unzähligen Palästen der Stadt gehört der geschichtsträchtige barocke Winterpalast, 1754–1762 von Bartolomeo Rastrelli erbaut, zu den bekanntesten. Die Prunkräume des Zaren in der 1851 begonnenen Eremitage wurden sowohl barock als auch klassizistisch ausgestaltet. Gegenwärtig beherbergen Eremitage und Winterpalast die von Katharina der Großen begründete Kunstsammlung.

Die Admiralität, ein weiteres Wahrzeichen der Stadt, ging aus der Kriegswerft hervor, die Peter der Große 1704 hier errichten ließ. Das Gebäude, wie es sich heute mit seinem 407 m langen Hauptbau zeigt, wurde 1806–1823 im alexandrinischen Klassizismus errichtet und ist ein Sinnbild der russischen Seemacht.

Nowgorod und Umgebung 604

Die »neue Stadt« war Zentrum eines Reiches, dessen Grenzen sich von der Ostseeküste bis zum Nördlichen Eismeer erstreckten; der Wohlstand der Hafenstadt am Wolchow lag im Handel begründet.

Lage: nördl. d. Ilmensees
Gründung: 9. Jh.

Regiert von einer risikofreudigen Kaufmannschaft, die den Handel zwischen den Ostseestaaten und Asien kontrollierte, blieb Nowgorod nach dem Verfall der Kiewer Zentralgewalt über Jahrhunderte eine selbstständige Stadt.

Keimzelle und historisches Zentrum Nowgorods war der Kreml, im 11. Jh. noch eine Holzfestung, die durch Steinwälle verstärkt wurde. Diese heute fast 1400 m lange Mauer mit ihren zwölf Wehrtürmen stammt aus dem 15. Jh., als Großfürst Iwan III. von Moskau Nowgorod unterwarf.

Das älteste und schönste Gebäude im Kreml ist die seit Jahrhunderten unveränderte Sophienkathedrale, 1045–1052 auf Geheiß des Fürsten Wladimir erbaut und damit die zweitälteste Steinkirche Russlands. Die fünfschiffige Kreuzkuppelkirche weist drei Apsiden auf. Um die mächtige vergoldete Hauptkuppel liegen vier Nebenkuppeln mit silbern glänzender Bedachung. Den Haupteingang im Westen verschließt die 1152–1154 gegossene Magdeburger Tür. In den Reliefs mit Szenen des Alten und des Neuen Testaments lassen sich Bildnisse der Stifter und Künstler entdecken.

Auf dem anderen Ufer des Wolchow lagen die Viertel der Handwerker und Kaufleute. Hier befindet sich die Erlöserkirche (1378), deren berühmte Fresken von Theophanes dem Griechen geschaffen wurden.

Die in Nowgorod und Umgebung entstandenen Wandbilder und Ikonen waren als so genannte Schule von Nowgorod stilprägend. Reste einer Wandmalerei aus dem frühen 12. Jh. sind im 1030 gegründeten Jurjewkloster erhalten.

1 Die fast 50 m hohe Alexandersäule vor dem Winterpalast von St. Petersburg

2 Blick über die Newa: Am Ufer befindet sich die Kunstkammer für barocke Architektur von St. Petersburg.

3 Der Katharinenpalast, die Sommerresidenz der Zaren in Puschkin bei St. Petersburg

4 Peterhof: Mittelpunkt der Sommerresidenz Peters I. ist der große Palast mit seinen herrlichen Kaskaden.

Russland
Moskau

Kreml und Roter Platz in Moskau 545

Seit dem 13. Jh. ist die Geschichte Russlands untrennbar mit dem Moskauer Kreml, dem Sitz der Zaren und der Metropoliten, verbunden. Auf dem Roten Platz an der Nordostseite steht die berühmte Basiliuskathedrale.

Lage: W-Russland, an der Moskwa
Erste Erwähnung: 1147

Noch im 14. Jh. bestand der Verteidigungswall der Stadt weitgehend aus Holz. Nach und nach ließ man die Wehrmauern durch Steinbauten ersetzen. Der Kreml in seiner heutigen Gestalt geht auf die im 15.–16. Jh. planmäßig durchgeführten Umbauarbeiten zurück, an denen auch italienische Baumeister beteiligt waren.
Der 400 m mal 150 m große Rote Platz wurde Ende des 15. Jh.s als Markt- und Versammlungsplatz angelegt. Die Basiliuskathedrale, auf Geheiß Iwans IV. errichtet, ist ein Meisterwerk altrussischer Baukunst. Der Anbau der Basiliuskapelle (1588) gab dem Gesamtkomplex seinen Namen. Um eine zentrale Turmkirche sind acht eigenständige Kapellen sternförmig angeordnet, so dass insgesamt neun unterschiedlich gestaltete Kuppeln die Silhouette der Kathedrale bilden.

Kloster Sergjew Posad 657

Das Sergius-Dreifaltigkeitskloster war kulturelles und religiöses Zentrum des Moskauer Reiches und ist noch heute ein bedeutendes Wallfahrtsziel der orthodoxen Kirche.

Lage: nordöstl. v. Moskau
Gründung: Mitte des 14. Jh.s

Gründer des Klosters, das noch heute ein Geistliches Seminar beherbergt, war Sergios von Radonesch. Das Stift wird von gewaltigen Verteidigungsanlagen umgeben, die im 15.–18. Jh. erbaut wurden. Das Herz des Klosters bildet die 1422–1424 errichtete Dreifaltigkeitskathedrale, in der sich das Grab des Zaren Boris Godunow befindet.
Die Ausmalung der Kirche besorgte größtenteils der Ikonenmaler Andrej Rubljow (um 1370–1430), er schuf um 1411 auch die Dreifaltigkeitsikone, eines der größten Meisterwerke der russischen Kunst.
Die Refektoriumskirche mit ihrem prächtig geschmückten Empfangssaal ist der prunkvollste Bau des Klosters.

Kolomenskoje 634

Die ehemalige Sommerresidenz der Zaren liegt auf einem Hügel an der Moskwa. 1532 wurde hier die Himmelsfahrtskathedrale zum Dank für die Geburt des Prinzen erbaut, der später als Iwan IV. der erste russische Zar werden sollte.

Lage: südöstl. v. Moskau
Gründung: 16. Jh.

Die Himmelsfahrtskirche nimmt in der russischen Architekturgeschichte eine besondere Stellung ein; erstmals ruht ein Zeltdach auf steinernen Mauern. Die im 17. Jh. errichtete Kirche der Gottesmutter von Kasan beeindruckt mit ihren blau schimmernden Zwiebeltürmen. Die Kirche Johannes' des Täufers aus der Mitte des 16. Jh.s diente der Moskauer Basiliuskathedrale als Vorbild. Der Mittelbau der fünfschiffi-

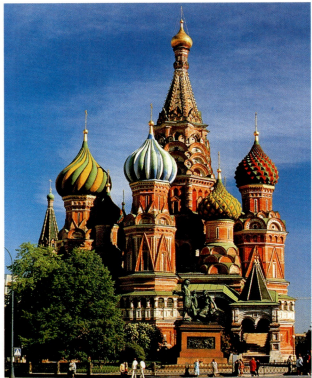

Farbenprächtig: die Basiliuskathedrale am Roten Platz in Moskau

gen Kirche wird von vier achteckigen Kapellen umgeben. Ein Modell des prächtigen Holzpalastes aus dem 17. Jh., der im 19. Jh. abgerissen wurde, ist im Museum von Kolomenskoje zu sehen. Auf dem Museumsgelände befinden sich auch einige hierher versetzte historische Bauten.

Wladimir, Susdal, Kidekscha 644/633

Die Städte Susdal und Wladimir sowie die einstige Residenz Kidekscha waren im 12.–15. Jh. der Mittelpunkt der Rus. Ab dem 16. Jh. wurde Susdal zu einem wichtigen klerikalen Zentrum des Moskauer Staates.

Lage: östl. v. Moskau
Gründung: 11. Jh.

Nach dem Verlust jedweder politischer Bedeutung geriet die einstige Hauptstadt der Rus und das spätere Erzbistum Susdal seit dem 17. Jh. in Vergessenheit. So hat sich das altrussische Stadtbild mit Baudenkmälern aus dem 13.–19. Jh. fast unzerstört erhalten können.
Im Kreml befindet sich die Mariä-Geburts-Kathedrale, 1100 begonnen, die bis ins 17. Jh. erweitert wurde und prachtvollen Bauschmuck sowie zahlreiche Kunstschätze birgt.
15 Klöster besaß Susdal in seiner Blütezeit, deren gewaltige und reich ornamentierte Anlagen heute größtenteils restauriert sind. In einem Freilichtmuseum sind Beispiele der ländlichen Baukunst zusammengetragen worden.
Im nahe gelegenen Dorf Kidekscha ist von dem ehemaligen Fürstensitz nur die Boris- und-Gleb-Kathedrale von 1152 erhalten geblieben.
Wladimir wurde ab 1157 die Hauptstadt der Kiewer Rus. Baumeister aus ganz Europa errichteten glanzvolle Schlösser, Klöster und Kathedralen, von denen die Mariä-Entschlafens-Kathedrale, 1158–1160 erbaut, die wohl prächtigste ist. Sie birgt Reste von Fresken Andrej Rubljows.

Baikalsee 754

Der mit 1620 m tiefste See der Erde ist auch einer der fisch- und wasserreichsten Süß-wasserseen. Das Naturdenkmal mit seiner außergewöhnlichen Flora und Fauna wird mittlerweile jedoch durch die Einleitung von Industrieabwässern bedroht.

Lage: SO-Sibirien
Ausdehnung: 31 500 km²

Das Binnenmeer mit einer Länge von 636 km und einer durchschnittlichen Breite von 48 km liegt in der Provinz Irkutsk in einem geologisch aktiven Gebiet, in dem Erdbeben häufig sind. Am Ufer entspringen aus Erdspalten mineralische Quellen, um die sich Kurorte gebildet haben.
Die Pflanzen- und Tierwelt im und um den Baikalsee ist einzigartig in ihrer Vielfalt. In den unterschiedlichen Tiefen des Sees hat man mehr als 1200 verschiedene Tierarten gefunden. Um die 600 Pflanzenarten wachsen im See und an den Ufern. Ein Großteil der Fauna ist nur hier heimisch, so die Baikalrobbe oder der lebend gebärende Große Ölfisch.
Die Papier- und Zellulosewerke und die traditionell ansässige Fischindustrie stellen trotz eifriger Bemühungen der Regierung immer noch eine große Gefahr für das Naturschutzgebiet dar.

Vulkane von Kamtschatka 765

Die meisten der 127 Vulkane, die sich im Süden der Halbinsel drängen, sind inzwischen erloschen. Der höchste noch aktive Vulkan ist die Kljutschewskaja Sopka (4750 m). In dem strengen Klima tosen Geysire und heiße Quellen.

Lage: NO-Asien, Pazifikküste
Ausdehnung: 350 000 km²

Die zumeist mit Tundravegetation bedeckte Halbinsel erstreckt sich zwischen dem Ochotskischen Meer im Osten und dem Pazifik und der Beringsee im Westen auf einer Länge von 1200 km und einer

Der im 14. und 15. Jh. angelegte Kathedralenplatz war über Jahrhunderte Mittelpunkt des Kreml und damit auch der Stadt Moskau. 13 Gotteshäuser stehen hinter den Mauern des Kreml; die größten sind die Mariä-Verkündigungs-Kathedrale mit ihren neun vergoldeten Kuppeln, die 1505–1508 errichtete Erzengel-Kathedrale und die Mariä-Entschlafens-Kathedrale, die Krönungskirche der Zaren. Das sichtbar höchste Bauwerk der Festung ist der 81 m messende Glockenturm, »Iwan der Große« genannt.

Ukraine
Kiew

maximalen Breite von 480 km. Zwei Gebirgsketten säumen die Halbinsel, den größten Teil der dazwischen liegenden Senke nimmt der Fluss Kamtschatka ein.
Ausgedehnte Sümpfe finden sich im Gebiet der Westküste, während die Ostküste Steilkliffe aufweist. In den Höhenlagen behaupten sich Moose und andere typische Tundrapflanzen; die tieferen Lagen sind von ausgedehnten Laubwäldern bedeckt. Im geologisch sehr aktiven Gebiet sind Erdbeben häufig.

Weißrussland

Beloweshskaja Puschtscha 627/33

Die sumpfreiche Urwaldregion entlang der polnisch-weißrussischen Grenze war über Jahrhunderte das Jagdrevier der polnischen Könige. Hier hat sich eine große Artenvielfalt von Pflanzen und Tieren erhalten können, darunter der selten gewordene Wisent.

Lage: W-Weißrussland/ O-Polen (Puszcza Białowieska)
Ausdehnung: 1250 km²

In den 20er-Jahren begann die polnische Regierung, Wisente aus Zuchtbeständen planmäßig auszuwildern und in einem Park zu schützen, denn gegen Ende des 19. Jh.s war das mächtige Urrind, der europäische Vetter des nordamerikanischen Bisons, durch Abschuss nahezu ausgerottet worden. Heute leben in dem riesigen Waldgebiet wieder rund 300 Büffel.
Auch die früher in ganz Eurasien heimischen Wildpferde, die in freier Wildbahn heute nicht mehr vorkommen, haben im Schutzgebiet ein Refugium gefunden. Neben seltenen Säugetieren wie Bären, Wölfen, Luchsen und Ottern leben in der Beloweshskaja Puschtscha über 220 Vogelarten, darunter auch Schwarzstörche.

Kiew 527

Die Hauptstadt der Ukraine war im 9.–12. Jh. Zentrum eines ausgedehnten Reiches, der Kiewer Rus. 13 Kuppeln schmücken die Sophienkathedrale, die wie das Höhlenkloster südlich der Stadt einst zahlreiche Pilger anzog.

Lage: N-Ukraine, am Dnjepr
Gründung: 11. Jh.

Jaroslaw der Weise legte 1037 den Grundstein für die Sophienkathedrale. Die Kreuzkuppelkirche bestand ursprünglich aus fünf Schiffen, denen fünf Apsiden angefügt wurden. Umfangreiche Umbauarbeiten im Laufe der Zeit veränderten das äußere Erscheinungsbild der Kathedrale grundlegend.
Die Fresken und Mosaiken aus dem 11. Jh. zeigen Szenen aus dem Evangelium sowie Heiligenbildnisse. Die großflächige Empore war für den fürstlichen Hof bestimmt.
Das Höhlenkloster am Ufer des Dnjepr wurde von Eremiten gegründet, die sich um 1051 einer monastischen Ordnung unterwarfen und bald mit dem Bau fester Klostergebäude über dem Höhlensystem begannen. Danach dienten die Höhlen als Grablege. Während die oberirdischen Gebäude im Laufe der Jahrhunderte nach Zerstörungen umgestaltet und zuletzt im 17.–18. Jh. erweitert wurden, zeigen sich die Höhlengänge weitgehend unberührt. Drei unterirdische Kirchen aus dem 12. Jh. sind erhalten.

1 Baikalsee: Das größte Süßwasserreservoir der Erde ist Lebensraum für eine Vielzahl von Tier- und Pflanzenarten.

2 Imposant: Blick auf den Kreml vom gegenüberliegenden Ufer der Moskwa aus

3 Vom Kiewer Höhlenkloster reicht der Blick weit über den Dnjepr und die Stadt.

4 Über 100 Vulkane sitzen auf den beiden parallel verlaufenden Gebirgsketten der Halbinsel Kamtschatka.

Slowakei
Vlkolínec

Slowakei

Vlkolínec 622

Vlkolínec ist eine gut erhaltene Siedlung aus 45 Holzhäusern, die in der für die mittlere Slowakei typischen Bauweise errichtet wurden. Heute ist das Dorf ein Freilichtmuseum.

Lage: Hohe Tatra, Ruzomberok
Erste Erwähnung: 1376

1977 wurden die Gebäude, die das größte erhaltene Ensemble dieser für slowakische Bergsiedlungen charakteristischen Blockhäuser bilden, unter Denkmalschutz gestellt. Hier hat sich die traditionelle Bauweise in bemerkenswert geschlossenem Zustand bewahren können und gibt so Auskunft über das Leben in den entlegenen Bergen während des Mittelalters.

Spišsky hrad 620

Die Zipser Burg war der Sitz des königlichen Komitats. Im 13.–16. Jh. wurde die Anlage ausgebaut; 1780 brannte sie nieder. Von einer der größten Burganlagen der Slowakei sind heute nur noch Ruinen erhalten.

Lage: O-Slowakei, bei Levoca
Gründung: 12. Jh.

Über einer frühslawischen Festung entstand die mittelalterliche Burg. Der bis ins 13. Jh. bestehende Wohnturm wurde nach seinem Einsturz durch ein zweistöckiges romanisches Palais und einen neuen Rundturm ersetzt. Die Burgkapelle wurde im 13. Jh. errichtet, nachdem die Burg den Mongolensturm fast unbeschadet überstanden hatte.
Im 15. Jh. erbaute man auf der westlichen Hang unterhalb der Burg eine weitere Befestigung. 1540 wurden beide Anlagen noch einmal im Stil der Renaissance verändert. Die Eroberung durch habsburgische Truppen brachte 1710 das Ende der Burg. Ab 1969 wurde die Zipser Burg restauriert.

Banská Štiavnica 618

Schon in frühgeschichtlicher Zeit wurden hier Gold und Silber geschürft, Schemnitz war im 14.–16. Jh. die bedeutendste Bergbaustadt des Magyarenreichs.

Lage: Slowakisches Erzgebirge
Gründung: 12. Jh.

Das Wahrzeichen der Stadt ist das Alte Schloss, das im 16. Jh. durch die Befestigung einer gotischen Hallenkirche entstand. Die Häuser der reichen Bürger am Dreifaltigkeitsplatz, die zumeist aus dem 14.–15. Jh. stammten, wurden in der Zeit der Renaissance und des Barock umgestaltet. Der Sitz der Bergwerkskammer zeigt sich heute als ein repräsentativer Renaissancebau. Im 16. Jh. pachteten die Fugger die einträglichen Minen und erweiterten sie.
In Banská Štiavnica wurde Bergbaugeschichte geschrieben: 1627 wurden hier zum ersten Mal Stollen mit Schießpulver vorgetrieben; 1732 setzte man erstmals Dampfmaschinen zum Abpumpen des Wassers ein. Die 1735 gegründete Bergbauakademie wurde mit der Stilllegung der Minen 1918 geschlossen.

Ungarn

Aggtelek-Karsthöhlen 725

Im Gebiet des Ungarischen Karsts, einem Ausläufer des slowakischen Erzgebirges, be-

Die Donau teilt die ungarische Hauptstadt in Buda und Pest.

finden sich mehrere Hundert Höhlen und Grotten.

Lage: Ungarn/Slowakei
Ausdehnung: 200 km²

Im etwa 600 m hoch gelegenen Karstgebiet, das sich bis in die Slowakei hinein erstreckt, liegt der Nationalpark von Aggtelek, der außer einem weit verzweigten Höhlensystem eine seltene Flora und Fauna aufweist.
Die Höhlen verlaufen einige Hundert Meter unter der Erde und können durch mehrere Eingänge betreten werden. Der Höhepunkt geführter Höhlenwanderungen, in denen die Erdgeschichte fassbar wird, ist die riesige Baradla-Höhle mit ihrer unwirklichen Welt aus Stalaktiten und Stalagmiten. In manchen Kammern fand man Spuren der altsteinzeitlichen Bewohner, in anderen reiche Fossilienvorkommen.
Die Béke-Höhle wird heute auch als Konzertsaal genutzt.

Hollókö 401

Der alte Kern des Dorfes konnte sein mittelalterliches Gesicht fast unverändert bewahren. Charakteristisch für die Wohnhäuser sind ihre Laubengänge und die ebenerdigen Keller.

Lage: N-Ungarn, Cserhát-Gebirge
Blütezeit: 13.–14. Jh.

Unter der auf einem Felsen thronenden Ruine der Burg Hollókö, die auf das 13. Jh. zurückgeht und Anfang des 18. Jh.s zerstört wurde, befindet sich der Ortskern mit einer ganzen Reihe alter Häuser aus dem Mittelalter, die trotz anderweitiger Zerstörungen durch Kriege oder Feuersbrünste fast unverändert erhalten geblieben sind.
Die Häuser sind in der für die Volksgruppe der Paloczen typischen Bauweise errichtet worden: Der ebenerdige Keller der zumeist am Hang liegenden Gebäude ist von der Straße aus zugänglich; ein an der Giebelseite von einem schmalen Walmdach bedeckter Laubengang umzieht den Hof. Reiche Schnitzarbeiten an den Holzlauben vervollständigen das mittelalterliche Ensemble in einem der schönsten Dörfer Ungarns.

Kloster von Pannonhalma 758

Die Benediktinerabtei St. Martin in Pannonhalma ist eine der Keimzellen der Christianisierung in Ungarn und wird noch heute von Mönchen bewohnt. Das Bild des Baus ist durch zahlreiche Um- und Neubauten im 18.–19. Jh. vom Stil des Klassizismus geprägt, doch existieren im Baukörper noch Reste der Urabtei.

Lage: Komitat Györ-Moson-Sopron
Gründung: 1001

Der älteste Teil des Klosters ist die Stiftskirche, die 1225 geweiht wurde und deren Anlage trotz umfangreicher Umbauten noch durch die streng gegliederte Bauweise beeindruckt. Die Krypta unter dem erhöhten Chor liegt wahrscheinlich auf den Grundmauern der Urkirche.
Zwischen den barocken Stuckaturen und klassizistischen Neubauten birgt die Stiftskirche auch zahlreiche Kunstwerke aus romanischer und gotischer Zeit. Die Skulpturen im Gewölbe des spätgotischen Kreuzgangs symbolisieren menschliche Tugenden und Laster.
Der 55 m hohe Westturm, der schon von weitem zu sehen ist, wurde 1830 während des umfassenden klassizistischen Umbaus der Anlage errichtet. Ein Kleinod des Klassizismus ist der ebenfalls um 1830 erbaute Prunksaal der Bibliothek, in der wertvolle Handschriften und Drucke verwahrt werden.

Budapest 400

1872 schlossen sich die selbstständigen Städte Buda und Pest zur neuen Hauptstadt des Königreiches Ungarn zusammen.

Lage: N-Ungarn, an der Donau
Gründung: 2. Jh. n. Chr.

Rumänien
Moldau-Kirchen

Die fünf Klosterkirchen in der nördlichen Moldauregion Rumäniens faszinieren den Betrachter mit ihren bemalten Außenwänden. Dargestellt werden das Jüngste Gericht, die Prozession der irdischen und himmlischen Heerscharen, der Lobgesang zu Ehren der Gottesmutter, der Stammbaum der Gottesmutter und die Himmelsleiter des Johannes Klimax. Die Bemalung der Fassaden erfolgte im 16. Jh.

Die königliche Burgstadt Buda hat ihre mittelalterliche Struktur bewahren können. Gotische und barocke Bauten säumen die engen Gassen. Im Zentrum des Burghügels, seit dem 17. Jh. Bürgerstadt, liegt der Dreifaltigkeitsplatz, der von der 1250 gegründeten und im 19. Jh. neugotisch umgebauten Liebfrauenkirche beherrscht wird. Das Südportal des Gotteshauses zeigt das Tympanonrelief, das aus Originalstücken des hochgotischen Baus zusammengesetzt wurde. Im Süden des Burghügels befindet sich der königliche Burgpalast, dessen 1686 zerstörter Vorgängerbau ab 1749 ersetzt wurde.

Die Ausgrabungsstätten der römischen Siedlung Aquincum sind in Óbuda zu sehen, hier befindet sich auch die monumentale klassizistische Synagoge von 1820.

Auf der anderen Seite der Donau liegt Pest, die Handelsstadt war im 19. Jh. Zentrum des Geisteslebens und des Großbürgertums. Sie weist ein einheitlicheres Stadtbild auf: Die groß angelegten Straßenzüge werden von Bürgerhäusern und Adelspalais gesäumt. Besonders eindrucksvoll zeigt sich die Bebauung um den Großen Ring, die 1896 fertig gestellt wurde.

Rumänien

Biertan 596

Die Stadt, die bis 1867 Bischofssitz war, wird von der Wehrkirche beherrscht, einem der beeindruckendsten Bauwerke der Siebenbürger Sachsen.

Lage: Transsilvanien
Erbaut: 1522

Unter den vom 15.–17. Jh. errichteten Wehrkirchen der Siebenbürger Sachsen nimmt sich die in Biertan besonders großartig aus. Drei ringförmige Mauern, die durch Quergänge verbunden sind, umgeben die Kirche.

Auch das Kirchengebäude selbst beeindruckt durch starke Befestigung. Der Innenraum der spätgotischen Hallenkirche wird von einem die gesamte Chorwand ausfüllenden Hochaltar dominiert, dessen Heiligendarstellungen als ein hervorragendes Beispiel für die siebenbürgische Renaissance gelten. Die Tür zur Sakristei weist meisterhaft gearbeitete Intarsien und Beschläge auf.

Kirchen in der Moldau 598

Die kunstvoll im spätbyzantinischen Stil gestalteten Außenfassaden der fünf Klosterkirchen waren Gegenstand der Andacht.

Lage: nördliche Moldauregion
Bemalung: 16. Jh.

Die Außenwände der fünf Klosterkirchen Humor, Voronet, Moldovita, Sucevita und Arbore wurden im 16. Jh. bis unter die ausladenden Schieferdächer bemalt. Diese nach 1530 an den Fassaden der Kirche von Humor begründete Tradition fand mit der Bemalung von Sucevita um 1600 ihr Ende.

Vermutlich sollte den Gläubigen, die in der Kirche keinen Platz fanden, ein Gegenstand zur Andacht gegeben werden. Die Darstellungen haben durchaus auch belehrenden Charakter, da viele Gläubige den in offiziellem Kirchenslawisch gelesenen Messen nicht folgen konnten.

Neben Darstellungen von Szenen des Alten und Neuen Testamentes finden sich Heiligenlegenden, deren Bezug zu politischen Ereignissen nicht ganz zu übersehen ist, wie beispielsweise die Schilderung der Belagerung Konstantinopels. Von besonders hohem künstlerischem Wert zeigen sich die 1541 geschaffenen Malereien an den Fassaden der Kirche in Arbore.

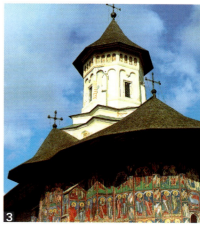

1 Budapest: Über der Donau erhebt sich die Matthiaskirche. Hinter der Kirche liegt die Fischerbastei mit ihren neoromanischen Türmen.

2 Die Außenwand des Klosters Sucevita zeigt in eindrucksvollen Darstellungen Heiligenlegenden und biblische Themen. Sie dienen der Unterweisung des andächtigen Betrachters.

3 Die farbenprächtigen Malereien, die das Gebäude der Klosterkirche von Moldovita zieren, wurden 1537 ausgeführt.

4 Das ungarische Hollókö bietet im historischen Ortskern einen Blick ins Mittelalter. Charakteristisch sind die Laubengänge mit ihren Walmdächern.

Rumänien
Horezu

Kloster von Horezu 597

Eines der schönsten Klöster der Walachei besitzt zahlreiche Kunstwerke und Bauskulpturen.

Lage: S-Rumänien
Gründung: 17. Jh.

Die von Fürst Constantin Brîncoveanu gestiftete Klosteranlage von Horezu wird von einer hellen Festungsmauer umgeben. Der große Innenhof, in dessen Mitte sich die Kirche erhebt, wird auf drei Seiten von Veranden, Loggien und doppelten Säulengängen eingerahmt, die mit in Stein geschnittenen Motiven wie Blüten, Blättern und Früchten dekoriert sind.
Durch die geschnitzte Holztür tritt man in das Innere der Kirche. Die meisterhaften Fresken, mit denen der Innenraum ausgestaltet wurde, haben sich kaum vom Einfluss byzantinischer Kunst gelöst.

Donaudelta 588

Das Mündungsgebiet der Donau am Schwarzen Meer ist der Lebensraum zahlreicher Vogelarten und geschützter Pflanzen.

Lage: O-Rumänien
Ausdehnung: 4300 km²

Die Sumpfgebiete des Donaudeltas, die durch Schilfinseln und baumbestandenes Land unterbrochen werden, bilden eines der wichtigsten Biosphärenreservate Europas. In den nahezu unberührten Feuchtgebieten leben neben seltenen Pflanzen und unzähligen Insektenarten mehr als 300 verschiedene Vogelarten, darunter Ibisse, Pelikane und Flamingos sowie rastende Zugvögel. Im Schutzgebiet gibt es ebenfalls reiche Fischbestände, unter anderem den selten gewordenen Stör.

Das Delta kann auf mehreren festgelegten Routen mit dem Schiff befahren werden. Gefahr droht dem Naturschutzgebiet durch die allgemeine Verschmutzung der Gewässer und durch die kommerzielle Nutzung des Schilfs, das an manchen Stellen großflächig geschnitten wird.

Slowenien

Höhlen von Škocjan 390

Eine unwirkliche Landschaft breitet sich im verzweigten Höhlensystem im Slowenischen Karstgebirge aus. In diesem Labyrinth leben seltene Tiere und Pflanzen.

Lage: W-Slowenien
Länge: um 40 km

Archäologische Funde zeigen, dass sich bereits in der Jungsteinzeit Menschen hier niedergelassen hatten. Auch in historischer Zeit dienten die Höhlen immer wieder als Rückzugsort beim Ansturm fremder Mächte. Aus der Festung, die einst zum Schutz des Höhleneingangs errichtet wurde, entwickelte sich ein Dorf.
Der auf dem Schneeberg entspringende Fluss Reka tritt hier unter die Erde und bildete seit der Eiszeit im Laufe der Jahrtausende eine unterirdische, urweltlich anmutende Landschaft aus Canyons, Grotten und gigantischen Sälen mit zahlreichen bizarren Tropfsteinformationen.
Von besonderem Interesse ist die Große Doline, die neben selten gewordenen Tierarten auch zahlreichen Pflanzenarten als Lebensraum dient.

Studenica: die Muttergotteskirche aus dem 12. Jh.

Kroatien

Nationalpark Plitvicer Seen 98

Die 16 Seen bieten ein einzigartiges Naturschauspiel. Von den dichten Wäldern der kroatischen Karstlandschaft umgeben, sind sie durch Wasserfälle verbunden. Kalksinterablagerungen und Mikroorganismen sorgen für die eigenartige Färbung der Seen.

Lage: südwestl. v. Zagreb
Ausdehnung: 194 km²

Vom obersten See bis zum Eingang in den Fluss Korana legt das Wasser eine Strecke von mehr als 7 km zurück und fällt insgesamt über 156 m. Die größten und eindrucksvollsten Wasserfälle befinden sich am unteren Ende der Seenkette.
Die durch Kalksinterbarren aufgestauten Seen zeigen seltsame Färbungen, die durch Algen und Moosablagerungen hervorgerufen werden.
Das Areal, das 1949 zum Nationalpark erklärt wurde, bietet einer reichen Flora und Fauna Raum. In den dichten, urwaldähnlichen Wäldern haben viele Tierarten der gemäßigten Zonen wie Wölfe, Bären und Hirsche ein Refugium gefunden.

Split 97

In den Ruinen des monumentalen Ruhesitzes Kaiser Diokletians (reg. 284–305) entstand ab dem 7. Jh. die Stadt Split. Über der einstmals größten antiken Stätte der Adriaküste erheben sich heute bedeutende Bauten des Mittelalters und der Neuzeit.

Lage: Dalmatien
Gründung: 3. Jh. v. Chr.

In nur zehn Jahren ließ sich Diokletian einen imposanten Palast nahe der römischen Stadt Salona errichten, der eine Fläche von 30 000 m² umschloss und befestigt wurde. Nach dem Einfall der Awaren 614 flüchtete ein Teil der Bewohner Salonas aus dem Palast in die Ruinen des Palastes, dessen Mauern so im Laufe der Jahrhunderte die Keimzelle der Stadt Split wurden.
Das achteckige Mausoleum Diokletians wurde durch den Anbau einer Eingangshalle und eines Glockenturms in die heutige Domkirche verwandelt, die kostbare Ausstattung der Grabstätte blieb jedoch unverändert. In der ganzen Stadt finden sich so Gewölbe, Säulen, Bögen und Fresken, die auf die ehemalige Palastanlage zurückgehen.
Aus der Blütezeit der mittelalterlichen Handelsstadt stammen der spätgotische Papalic-Palast mit einem stilvollen Innenhof sowie das Cindro- und das Agubio-Palais, die als die schönsten Barockpaläste der Stadt gelten.

Dubrovnik 95

Die »Perle der Adria« war ab dem 13. Jh. eine der wichtigsten Seemächte an der Adria. Nach dem großen Erdbeben von 1667 wurde die weitgehend zerstörte Stadt wieder aufgebaut und konnte ihr prächtiges Stadtbild bewahren. Seit 1994 werden die schweren Schäden des Bürgerkriegs mit internationaler Hilfe beseitigt.

Lage: S-Dalmatien
Gründung: um 615 v. Chr.

Die mittelalterlichen Paläste, romanischen und gotischen Kirchen, Klöster und Brunnen machen Dubrovnik zu einer Stadt der Superlative.
Es gelang der Stadt, auch unter wechselnder Fremdherrschaft weitgehend unabhängig zu bleiben. Dubrovnik wurde zu einem der wichtigsten Handelsplätze im Mittelmeerraum, dem im 14. Jh. selbst Venedig nur wenig entgegenzusetzen hatte. Die mächtigen Festungsanlagen mit ihren Wehrtürmen zeugen davon.
Dubrovnik war ebenso eine Hochburg des Humanismus, die einen großen Einfluss auf die slawische Literatur und Malerei ausübte. Der Stadtstaat erbaute im 15.–16. Jh. Heime und ein Waisenhaus

Jugoslawien
Stari Ras

An der Mündung ins Schwarze Meer beendet die Donau ihre 2850 km lange Reise durch halb Europa. Tausende von Vögeln brüten im Donaudelta, darunter Flamingos und Pelikane. Das von zahlreichen Mündungsarmen durchzogene Sumpfgebiet erstreckt sich über insgesamt etwa 5000 km² und steht teilweise unter Naturschutz.

sowie umfangreiche Wasserleitungen und Kanalisationen. Nachdem 1667 ein verheerendes Erdbeben die Stadt fast vollständig zerstört hatte, begann der Wiederaufbau. Aus dieser Zeit stammen die Barockbauten, die komplette Straßenzüge beherrschen, sowie die Domkirche mit der wertvollen Schatzkammer.

Republik Jugoslawien

Kloster Studenica 389

Das vom serbischen König Stephan Nemanja gegründete Kloster ist heute der größte orthodoxe monastische Komplex Jugoslawiens. Die beiden Hauptkirchen bergen reiche und wertvolle Zeugnisse byzantinischer Wandmalerei des 13.–14. Jh.s

Lage: Serbien
Gründung: Ende d. 12. Jh.s

Von den ursprünglich zehn Gotteshäusern im versteckt gelegenen Komplex von Studenica sind nur drei Kirchen erhalten. Die Muttergotteskirche, als älteste um 1190 von Stephan Nemanja im raszischen Stil erbaut, weist die Handschrift italienischer Benediktiner auf, die die romanisch geprägten Portale, Fenster und Bauplastiken schufen. Die Kuppel ist hingegen von byzantinischen Meistern konstruiert worden. Die wertvollen Fresken entstanden ab 1209 und gehören ebenfalls der byzantinischen Schule an. Ihnen wurden 1568 weitere Szenen hinzugefügt.
1313 ließ König Milutin die Kirche des hl. Joachim und der hl. Anna, Königskirche genannt, errichten, deren Wandmalereien ebenso gut erhalten sind. Der Innenraum wurde mit meisterhaft ausgeführten Fresken geschmückt, deren schönste Kompositionen das Leben Marias schildern.

Nationalpark Durmitor 100

Der höchste Gebirgsstock (2522 m) in Montenegro wurde 1957 Nationalpark. Das Gebiet, zu dem auch zahlreiche Gebirgsseen gehören, ist Refugium für viele Tierarten.

Lage: Montenegro
Ausdehnung: 320 km²

Die Gebirgslandschaft um den Durmitor-Gipfel wurde von eiszeitlichen Gletschern geformt und gilt als eine der schönsten Gegenden Jugoslawiens. Durch dichte Nadelwälder und an klaren Seen vorbei windet sich die Tara zwischen tiefen Schluchten hindurch. Zahlreiche Pflanzenarten sind nur in dieser Region heimisch; außerdem leben hier Bären, Hirsche, Wölfe und Marder.

Stari Ras 96

Von der einstigen Hauptstadt Serbiens sind nur wenige Monumente erhalten geblieben. Das nahe gelegene Kloster Sopoćani, um 1260 von König Uroš I. gestiftet, beherbergt eines der größten Wandgemälde des Mittelalters.

Lage: Serbien
Blütezeit: 13. Jh.

Die bereits im 9. Jh. gegründete Peterskirche steht auf einer Anhöhe, die nach archäologischen Grabungen bereits im 6. Jh. v. Chr. besiedelt worden war. So hat man unter der byzantinischen Rotunde der Peterskirche Reste eines römischen Rundbaus gefunden. Bei Ras liegt die Klosterkirche des hl. Georg, in der sich die ältesten byzantinischen Fresken Serbiens befinden.
Die Dreifaltigkeitskirche des Klosters Sopoćani, die Ende des 17. Jh.s zerstört worden war, wurde nach dem Ersten Weltkrieg restauriert. Unter den Fresken des im raszischen Stil erbauten Gotteshauses ragt besonders das Bild des Todes der Gottesmutter (um 1265) hervor. Die Maler waren Meister ihrer Kunst, ihnen gelang eine einzigartige Ausgewogenheit der Darstellung.

1 Das Mausoleum Diokletians im Zentrum der kroatischen Hafenstadt Split wurde im 13. Jh. zu einer Kathedrale umgebaut.

2 In den unberührten Waldgebieten um die Wasserfälle und Seen von Plitvice haben zahlreiche Tierarten ihren Lebensraum gefunden.

3 Eine mittelalterliche Stadtmauer umgibt die Altstadt Dubrovniks, die während des jugoslawischen Bürgerkrieges schwer beschädigt wurde.

Jugoslawien
Kotor

Kotor 125

Der natürliche Hafen vor einer grandiosen Bergkulisse an der adriatischen Küste war im Mittelalter ein wichtiges künstlerisches und wirtschaftliches Zentrum.

Lage: Montenegro
Erste Erwähnung: 11. Jh.

Die alte Seefahrer- und Handelsstadt Kotor, von den Griechen gegründet und zeitweise unter der Herrschaft von Byzanz, zeigt noch immer ihr mittelalterliches Gesicht. Die nach einem schweren Erdbeben 1979 zu einem großen Teil beschädigten Gebäude wurden mit internationaler Hilfe wieder aufgebaut.
Im Zentrum der Stadt, die von mächtigen Mauern und überdachten Wehrgängen umgeben wird, steht die St.-Tryphonius-Kathedrale, die im 12. Jh. errichtet wurde. Die zweitürmige Basilika besitzt eine reiche Schatzkammer. Die kleine St.-Lukas-Kirche stammt von 1195. Sie ist ein frühes Beispiel für einen im raszischen Stil errichteten Sakralbau.

Bulgarien

Srebarna Nationalpark 219

Das Biosphärenreservat rund um den Srebarna-See ist Rückzugsgebiet für über 170 seltene Sumpf- und Wasservogelarten. Während des Vogelzuges lassen sich Schwärme von Gänsen, Kranichen und Störchen beobachten, die hier Rast machen.

Lage: NO-Bulgarien
Ausdehnung: 4 km²

Unweit der Donau befindet sich eines der größten Vogelparadiese Europas. 90 der hier anzutreffenden Arten nisten im großflächig mit hoch wachsendem Schilf bedeckten Srebarna-See, darunter auch der äußerst selten gewordene Krauskopfpelikan und der Höckerschwan.

Felsenkirchen von Ivanovo 45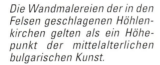

Die Wandmalereien der in den Felsen geschlagenen Höhlenkirchen gelten als ein Höhepunkt der mittelalterlichen bulgarischen Kunst.

Lage: N-Bulgarien
Erste Erwähnung: 13. Jh.

In hohe senkrechte Felsen nahe der heutigen Stadt Russe schlugen Einsiedler vermutlich ab dem 11. Jh. Höhlen in den weichen Kalkstein, die durch Gänge und Plattformen zu einem umfangreichen Komplex verbunden wurden.
Die frühesten der byzantinisch geprägten Malereien stammen aus dem 12. oder 13. Jh. Die bedeutendsten Werke gehören zur Zarkvata (»Kirche«), sie lassen eine Verwandtschaft mit den Werken der Künstler am Hof in Tarnovo erkennen.
Nach der Eroberung Bulgariens durch die Osmanen Ende des 14. Jh.s wurden die Klosteranlagen verlassen und haben sich nur teilweise erhalten, viele der Kapellen sind verschüttet.

Thrakergrab von Sweschtari 359

Unter den zahllosen Gräbern, die das schon im 8. Jh. v. Chr. bei Homer erwähnte Volk der Thraker in Bulgarien hinterlassen hat, nimmt die Anlage von Sweschtari eine Sonderstellung ein.

Lage: nördl. v. Rasgrad
Bauzeit: 3. Jh. v. Chr.

Erst 1982 fand man nahe des Dorfes Sweschtari die thrakische Grabstätte, in der ein Herrscherpaar des indogermanischen Volkes bestattet wurde. Ein etwa 4 m langer Gang führt durch einen Vorraum in die quadratische Grabkammer, deren Tonnengewölbe etwa 4,5 m hoch ist.
Zehn Frauenfiguren von 1,20 m Größe stützen im umlaufenden Fries der Grabkammer mit erhobenen Händen die Gewölbe. Die Wandmalereien, die über diesem Fries die Wände schmücken, geben Szenen aus dem Leben des hier bestatteten Herrschers wieder. Darüber hinaus fand man reiche Grabbeigaben.
Sweschtari gilt wegen seiner Unberührtheit und ungewöhnlichen Ausstattung als eines der eindrucksvollsten und außergewöhnlichsten Beispiele thrakischer Grabmalkunst.

Der Reiter von Madara 43

An einer Felswand in 23 m Höhe befindet sich das einzige frühmittelalterliche Monumentalrelief Europas.

Lage: NO-Bulgarien
Bauzeit: vermutlich 8. Jh.

Das Relief zeigt einen Reiter, der mit seinem Speer auf einen Löwen weist, der unter den Hufen des Pferdes kauert; an den Hinterläufen des Pferdes folgt ein Hund.
Lange Zeit rechnete man das Monument, das sich in der unmittelbaren Umgebung bedeutender Funde aus der Vorzeit befindet, der thrakischen Kultur zu. Doch freigelegte Inschriften lassen eine genaue Datierung zu, denn sie beschreiben Ereignisse, die sich zwischen 705 und 831 zugetragen haben.
Man vermutet daher, dass es sich bei dem 2,85 m großen Reiter um eine Darstellung des Herrschers Chan Tervel handelt, der 701–718 das erste Bulgarenreich regierte und gegen die Machtansprüche Byzanz' verteidigte. Der Reiter von Madara wäre somit das älteste überlieferte Dokument des bulgarischen Reiches.

Kloster Rila: Heiligenbilder leuchten an Wänden und Decken.

Kirche von Bojana 42

Die im Vorort Bojana bei Sofia liegende Kirche geht auf den Beginn des 11. Jh.s zurück. Die hier zu findenden Wandmalereien des unbekannten Meisters stellen einen Höhepunkt der mittelalterlichen Sakralmalerei Bulgariens dar.

Lage: bei Sofia
Gründung: 11. Jh.

Die etwas außerhalb der Stadt im Vitoscha-Gebirge gelegene Kirche wurde 1259 durch einen zweistöckigen Anbau erweitert. Die sich über beide Stockwerke erstreckenden Fresken illustrieren mit 240 Figuren biblische Geschichten und Heiligenlegenden. Darunter finden sich auch Stifterbildnisse des Statthalters Kalojan und seiner Gattin.
Das Einzigartige ist die Lebendigkeit der Darstellung. Die historischen Personen tragen individualisierte Gesichtszüge und die strenge byzantinische Ikonografie der biblischen Szenen wird durch liebevolle Details aus Brauchtum und Folklore bereichert.

Thrakergrab von Kasanlâk 44

1944 wurde das gut erhaltene, aus Ziegeln gemauerte Kuppelgrab entdeckt. Besonders beeindruckend sind die friesartigen, griechisch beeinflussten Malereien der Grabanlage.

Lage: Zentral-Bulgarien
Bauzeit: 3. Jh. v. Chr.

Beim Ausheben eines Bunkers entdeckten Soldaten dieses Grab. Obwohl die Anlage bereits im Altertum ausgeraubt wurde, blieben die Architektur und die prächtigen Malereien unbeschädigt. Das verhältnismäßig kleine Grab wird durch einen Vorhof be-

Die Kalojankirche in Bojana, einem Vorort Sofias, wurde im 11. Jh. erbaut und ist berühmt für ihre von tiefer Menschlichkeit durchdrungenen Wandbilder, die vermutlich 1259 geschaffen wurden. Der Meister von Bojana vermischte in seiner Darstellung die Tradition der Ostkirche mit westlichen Elementen und eigener, genauer Beobachtung.

Bulgarien
Rila

treten, der in einen 2 m langen Gang mündet. Hier zeigen prächtige Friese Heeres- und Kampfszenen.

Die runde Grabkammer am Ende des Ganges wird von einer glockenförmigen Kuppel überwölbt und erreicht eine Höhe von 3 m. In der Kuppel findet sich eine Darstellung des jungen Herrscherpaares, das beim Totenmahl Abschied zu nehmen scheint. An ihrer Seite stehen Diener mit Grabbeigaben. Darüber verläuft in kräftigeren Farben ein Wettrennen von Wagenlenkern.

Um dieses einmalige Zeugnis zu erhalten, hat man für Besucher eine getreue Kopie errichtet. Die Originalanlage darf heute nur von Wissenschaftlern betreten werden.

Nessebâr 217

Das einstige Kultur- und Handelszentrum ist eine der ältesten Siedlungen Europas. Die Spuren thrakischer Besiedlung reichen mehr als 3000 Jahre zurück. Griechische Befestigungen, römische Mauern und etliche Kirchenruinen zeugen von einer wechselvollen Geschichte.

Lage: O-Bulgarien, am Schwarzen Meer
Gründung: 2. Jahrtsd. v. Chr.

Griechische Eroberer nahmen im 6. Jh. v. Chr. die Stadt ein und befestigten sie. Im Schutz der Mauern entstand ein blühender Handelsplatz, der bis zur Eroberung durch die Osmanen unter wechselnde Fremdherrschaft geriet. An den Küstensäumen und im Hafen sind noch Reste der griechischen, römischen und byzantinischen Festungsanlagen zu erkennen.

Unter der Vielzahl von Kirchen, die sich seit dem 5. Jh. auf der kleinen Halbinsel drängten, haben sich heute nur noch zehn, zumeist als Ruinen, erhalten. Beeindruckendster Bau sind die Reste der Johannes-Aleiturgetos-Kirche aus dem 14. Jh., deren Fassade von verschiedenfarbigem Mauerwerk sowie Keramik- und Marmorreliefs geschmückt wird.

In der Stadt finden sich charakteristische Wohnhäuser des 18.–19. Jh.s, die man dem Typ des Schwarzmeerhauses zurechnet. In dem aus Stein errichteten Erdgeschoss befinden sich Lager- und Wirtschaftsräume, während im über den Grundriss hinaus ragenden Obergeschoss aus Holz die eigentlichen Wohnräume eingerichtet sind.

Kloster Rila 216

Das älteste Kloster Bulgariens ist auch das größte. Die Anlage, deren Ausgestaltung eine der Meisterleistungen der bulgarischen Kirchenkunst des 19. Jh.s darstellt, wird heute wieder bewohnt.

Lage: SW-Bulgarien
Gründung: 10. Jh.

Die Gründung des Klosters geht auf den Einsiedlermönch Iwan zurück, der sich im 9. Jh. in die unzugänglichen Wälder des Rilagebirges zurückzog. Ihm nachfolgende Mönche begannen in der Nähe seiner Höhle mit der Errichtung des Klosters, das später von den bulgarischen Zaren mit umfangreichen Privilegien ausgestattet wurde und seine größte Blüte im 14. Jh. erlebte. Nach der Eroberung Bulgariens durch die Osmanen verfiel es, wurde dann ab dem 19. Jh. wieder aufgebaut und ist heute eines der Zentren bulgarischer Kultur.

Die mehrstöckigen Klostergebäude stehen um einen etwa 3000 m² großen Innenhof, der vom Chreljo-Turm (14. Jh.) dominiert wird. Das Schmuckstück ist die dreischiffige Klosterkirche, die im Gegensatz zu den umliegenden Gebäuden eine ebenerdige Säulengalerie und prächtige Malereien aufweist. Das Innere des Gotteshauses wird fast vollständig von Fresken bedeckt. Von strahlender Schönheit zeigt sich die Bilderwand mit kostbaren Schnitzereien und Ikonen. In einer aufwändig ausgestalteten Kapelle werden die Gebeine des hl. Iwan von Rila aufbewahrt.

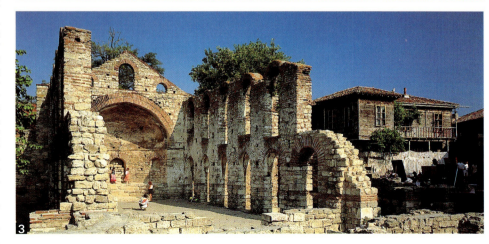

1 Der nach seinem Erbauer benannte Chreljo-Turm ist das einzige erhaltene mittelalterliche Gebäude des Klosters Rila.

2 Vor der grandiosen Landschaft der Adriaküste erstreckt sich die Altstadt von Kotor. Die Hafenstadt stand 1420–1797 unter dem Schutz Venedigs.

3 In der von den Thrakern gegründeten Stadt Nessebâr kann man eine Vielzahl mittelalterlicher Kirchen und Kirchenruinen besichtigen.

Bulgarien
Pirin

Nationalpark Pirin 225

Im wald- und seenreichen Gebiet des Piringebirges wachsen zahlreiche Fichtenarten. Einige Exemplare erreichen ein Alter von mehreren Hundert Jahren.

Lage: SW-Bulgarien
Ausdehnung: 274 km²

In der zerklüfteten Berglandschaft des Piringebirges erstreckt sich der gleichnamige Nationalpark, der vom Vichren (2914 m) überragt wird. In diesem Teil des Balkan hat sich eine erstaunliche, vielfältige Flora herausgebildet. Ein Großteil der hier vertretenen Arten findet sich nirgends sonst auf der Welt.
Wälder mit mehrere Hundert Jahre alten Fichten sind charakteristisch für das Kalksteingebiet, das mit interessanten Höhlen und Wasserfällen aufwarten kann. Ein Überbleibsel der letzten Eiszeit sind die rund 70 Gletscherseen, die über die ganze Gegend verstreut sind.

Makedonien

Ohrid 99

Die Stadt Ohrid war im 9. und 10. Jh. ein wichtiges geistiges und kulturelles Zentrum des orthodoxen Christentums.

Lage: SW-Makedonien
Gründung: 3. Jh. v. Chr.

Bereits die Römer erkannten die günstige Lage des als Lychnidos von den Illyrern gegründeten Ohrid. An der Via Egnatia, der Hauptverkehrsader zwischen Byzanz und der Adria, gelegen wurde die Stadt zum wichtigen Stützpunkt. Schon im 4. Jh. war Ohrid Bischofssitz.
Kliment und Naum, Schüler der slawischen Apostel Kyrillos und Methodios, gründeten hier im späten 9. Jh. mehrere Klöster; die Stadt wurde zum Zentrum des orthodoxen Christentums auf dem Balkan.
Am Ende des 10. Jh.s wurde Ohrid griechisch-orthodoxer Bischofssitz und zeitweilige Reichshauptstadt des bulgarischen Zaren Samuil. Die anschließende serbische Herrschaft des Zaren Dušan wurde 1394 durch die Osmanen beendet. Diese blieben bis 1913 in Ohrid.
Im 11. Jh. wurde unter Erzbischof Leo die Sophienkirche errichtet. Sie war mit einer mächtigen, den Mittelteil überspannenden Kuppel, Seitengalerien und einem Glockenturm vor der Westfassade ausgestattet. Unter türkischer Herrschaft wurde sie zur Moschee umgebaut und verlor die Kuppel, den Turm und ihre Innengalerien. Die im 11.–14. Jh. entstandenen Fresken wurden mit weißer Kalkfarbe übermalt. Erst Restaurierungsarbeiten in den 50er-Jahren brachten diese wieder zum Vorschein.
Auch die Klimentkirche ist mit byzantinischen Wandgemäl-

Rhodos: Das Hafentor aus dem 15. Jh. ist Teil der Stadtbefestigung.

den ausgeschmückt. Sie beherbergt die kostbarste Ikonensammlung des ehemaligen Jugoslawien.
Zusätzlich besitzt Ohrid eine beträchtliche Anzahl von Häusern im makedonischen Stil. Im schönsten und größten dieser Gebäude wurde das Nationalmuseum eingerichtet.

Albanien

Butrinti 570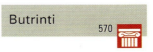

Von der Antike bis ins Mittelalter abwechselnd von unterschiedlichen Völkern besiedelt, präsentiert Butrinti Ruinen aus den verschiedenen Kulturkreisen.

Lage: S-Albanien
Gründung: 7.–6. Jh. v. Chr.

Die auf einer Halbinsel gelegene Stadt Butrinti wurde wahrscheinlich als griechische Kolonie gegründet. Um Christi Geburt wurde sie römisch und geriet schließlich unter byzantinische Verwaltung. Zu dieser Zeit erlebte das mittlerweile zum Bistum erhobene Butrinti seine eigentliche Blütezeit. Nach der darauf folgenden Besetzung durch die Venezianer zeichnete sich ab dem 15. Jh. der Niedergang der Stadt ab.
Ausgrabungen in und um Butrinti legten Ruinen frei, die Einblicke in jede einzelne Periode der wechselhaften Geschichte der Stadt gewähren. Neben den Überresten mehrerer mittelalterlicher Gebäude entdeckte man auch die Ruinen der antiken Siedlung, die innerhalb ihrer Stadtmauern Thermen, Theater und Akropolis beherbergte.

Griechenland

Vergina 780

Unter den Ruinen der ersten Hauptstadt des makedonischen Reiches fand man Gräber, deren Alter bei etwa 3000 Jahren liegt.

Lage: Region Makedonien
Blütezeit: 10. Jh. v. Chr.

In Vergina fand man die Ruinen von Aigaí, der ersten Hauptstadt Makedoniens. Eine der wichtigsten Entdeckungen ist ein monumentaler Fürstenpalast aus dem 3. Jh. v. Chr., reich geschmückt mit Mosaiken, Fresken und Stuck. Ebenso bedeutend sind die makedonischen Königsgräber mit zahlreichen Beigaben.
Eine der königlichen Gruften konnte als das Grab Philips II. (um 382–336 v. Chr.), dem Vater Alexanders des Großen, identifiziert werden.
Unterhalb der Ruinenstadt befindet sich ein Friedhof mit unzähligen eisenzeitlichen Hügelgräbern, von denen sich manche bis ins 11. Jh. v. Chr. zurückdatieren lassen.

Saloniki 456

Baudenkmäler aus frühchristlicher und byzantinischer Zeit sind in Saloniki, dem heutigen Thessaloniki, erhalten.

Lage: Halbinsel Chalkidike
Gründung: 315 v. Chr.

Das heutige Thessaloniki wurde von Kassander gegründet, einem makedonischen König, der diese Stadt nach seiner Frau benannte. Saloniki war einer der ersten Orte, von denen aus die Verbreitung des Christentums begann. So finden sich hier auch zahlreiche Bauwerke aus frühchristlicher und byzantinischer Zeit, die im Laufe einer langen Zeitspanne, vom 4. bis zum 15. Jh., entstanden. Die Mosaike der im späten 5. Jh. erbauten Demetrioskirche zählen ebenso zu den großen Meisterwerken frühchristlicher Kunst wie die der Davidskirche.
Die Kuppel der um 700 neu erbauten Sophienkirche wird von einem Tambour getragen, der von Fenstern durchbrochen ist.
Die von 1312–1315 entstandene Apostelkirche zählt zu Griechenlands schönsten Gotteshäusern. Backsteinsäulen mit gewölbtem Gesims trennen die einzelnen Fenster voneinander und über den oktogonalen Tambouren erheben sich fünf Kuppeln.

Athos 454

20 Großklöster umfasst die Mönchsrepublik, die sich zu einem bedeutenden Zentrum des orthodoxen Christentums entwickelte.

Lage: O-Chalkidike
Gründung: 10. Jh.

Im Jahre 963 wurde das erste der 20 Klöster auf dem »Hagion Oros«, dem »heiligen Berg«, errichtet. Bereits in byzantinischer Zeit wurde die hier ausgerufene Mönchsrepublik für autonom erklärt. Männern unter 21 Jahren sowie Frauen ist der Zutritt bis zum heutigen Tag untersagt. Gegenwärtig bewohnen etwa 1400 Mönche die Klöster.
Seit 1054 ist Athos ein bedeutendes Zentrum des orthodoxen Christentums. Der Einfluss der Republik erstreckte sich auch auf weltliche Bereiche. So arbeiteten im 14. Jh. etwa 3000 Bauern für Athos, der Landbesitz der Republik umfasste 20 000 ha.
Die Athos-Schule der Malerei beeinflusste die orthodoxe Kunstgeschichte in erheblichem Maße und die typische Bauweise der Klöster hinterließ ihre Spuren bis nach Russland. Jedes der 20 Großklöster besitzt in der Hofmitte eine Kreuzkuppelkirche mit Apsi-

Griechenland
Rhodos

Am Ostufer des gleichnamigen Sees liegt Ohrid, dessen Stadtbild mittelalterlich geprägt ist. Ursprünglich standen hier 40 Gotteshäuser, von denen während der Zeit der osmanischen Herrschaft viele in Moscheen umgewandelt wurden, darunter auch die Sophienkirche. Im 9. und 10. Jh. war Ohrid ein wichtiges geistig-kulturelles Zentrum; zahlreiche Kirchen aus dieser Zeit sind erhalten geblieben.

den an drei Kreuzarmen. Um den Hof herum befinden sich die Mönchszellen und weitere Nebengebäude.

Meteora 455

Fernab irdischer Niederungen wurden die 24 Klöster Meteoras auf steilen Felskegeln erbaut. Der Großteil der Klöster wurde im 14. Jh. gegründet.

Lage: Thessalien
Besiedlung: 9. Jh.

Nördlich der Stadt Kalambaka liegt das Tal von Meteora. Ein atemberaubender Anblick erwartet den Besucher, denn im Tal erhebt sich eine Vielzahl einzeln stehender Felskegel, auf denen im Laufe der Zeit 24 Klöster errichtet wurden. Vier von ihnen werden noch heute bewohnt.

Das am höchsten gelegene unter ihnen ist das Megalo-Meteoron-Kloster. Es wurde um 1360 vom hl. Athanasios, dem Bischof von Alexandrien, gegründet. 1362 wurden dem Kloster besondere Privilegien zugesprochen und im 15. Jh. wurde es durch Euthymios, dem Patriarchen von Konstantinopel, von der örtlichen Gerichtsbarkeit ausgenommen. Seit 1490 unterstanden ihm die anderen Klöster.

Auf einem der höheren Felsen findet sich das Kloster St. Nikolas Anapavsas, das um 1388 gegründet wurde. Die im Jahr 1960 restaurierten spätbyzantinischen Fresken entstanden 1527 und sind das Werk des einflussreichen kretischen Malers Theophanes Bathas.

1517 entstand das Barlaamkloster, benannt nach dem Einsiedler, der im 14. Jh. an gleicher Stelle eine Kirche errichtet hatte. Zwischen 1627 und 1637 wurde diese wieder aufgebaut. Als gutes Beispiel des spätbyzantinischen Stils gilt das 1542–1544 errichtete Katholikon, dessen Fresken um 1548 entstanden sind. Barlaam, das über eine Brücke erreicht werden kann, wurde in den Jahren 1961–1963 zum Museum für die Klosterschätze umgebaut.

Roussanou, ein kleineres Kloster, das seit kurzem wieder von Nonnen bewohnt wird, erscheint mit seiner achteckigen Kirche wie eine kleinere Version Barlaams. Es kann über eine 1868 errichtete Brücke erreicht werden.

Über 130 Stufen erreicht man das 1438 gegründete Kloster der Heiligen Dreifaltigkeit, dessen kleine Kirche aus dem Jahre 1476 stammt und das über einen idyllischen Klostergarten verfügt.

Rhodos 493

Neben den zur Zeit der Vorherrschaft des Johanniterordens entstandenen mittelalterlichen Bauwerken findet man in Rhodos auch Beispiele osmanischen Baustils, die während der türkischen Herrschaft errichtet wurden.

Lage: vor d. Südwestküste Kleinasiens
Blütezeit: 14.–16. Jh.

Archäologische Funde bezeugen eine Besiedlung der Insel Rhodos bereits für das Neolithikum. Aufgrund ihrer günstigen Lage war sie wohl schon im 16. Jh. v. Chr. ein wichtiger Knotenpunkt der Ägäis. Im 6. Jh. v. Chr. begann die Münzprägung; als die Macht der Athener zu schwinden anfing, wurde 407 v. Chr. die Hafenstadt Rhodos gegründet.

Mit Alexander dem Großen wurde die Insel makedonisch, nach ihm wieder unabhängig. Mit Rom befreundet, wurde Rhodos zu einer wichtigen Handelsmacht der Antike.

1 Idyllisch: An einem der ältesten Seen der Erde liegt der Ort Ohrid.

2 Die Meteora-Klöster waren noch bis 1920 nur über Leitern oder Körbe und Flaschenzüge zugänglich.

3 Das Kloster Barlaam zählt zu den wenigen noch bewohnten Meteora-Klöstern. Es wurde 1517 gestiftet.

4 Die 20 Klöster der Mönchsrepublik Athos sind über den Hafen Daphni zu erreichen.

Das antike Erbe
Die Welt der Griechen

Keine andere Kultur hat das Wesen Europas so bestimmt wie die griechische Antike. Sie begann vor über 3000 Jahren im östlichen Mittelmeerraum und fand mit dem Zeitalter Alexanders des Großen einen letzten Höhepunkt.

Die Frühzeit der griechischen Geschichte beginnt für die Kunst im 11. Jh. v. Chr. Aus dieser Zeit ist mit geometrischen Mustern dekorierte Keramik erhalten. Eine bedeutende Veränderung lässt sich erst etwa 400 Jahre später beobachten, als die Griechen in näheren Kontakt zu den Völkern des Orients traten. Landmangel und Handelsinteressen führten zur Gründung von Kolonien an den Küsten des Mittelmeeres und im Schwarzmeerraum. Diese Kolonien waren oftmals selbstständige Staaten und nur durch das Kultwesen an ihre Mutterstadt gebunden. All diese Gebiete einten die Sprache, die Religion mit dem Zentrum in Delphi und natürlich die Teilnahme an den Olympischen Spielen. Griechenland war ohnehin kein einheitliches Gebilde, das Mutterland teilte sich in zahlreiche kriegerische Stadtstaaten. Die politische Situation war um 500 v. Chr. vor allem durch die Rivalität zwischen Sparta und Athen bestimmt. Athen war zu dieser Zeit das kulturelle und wirtschaftliche Zentrum der griechischen Welt, das Dichter und Denker wie Sophokles und Herodot hervorbrachte. Die Kunst erfuhr ihren stärksten Ausdruck in der monumentalen Architektur der Sakralbauten wie dem Zeustempel in Olympia oder dem Parthenon auf der Akropolis von Athen.

Die architektonischen Meisterwerke der Klassik folgen den bereits in archaischer Zeit aufgestellten Ordnungen. Damit hatten die Baumeister inzwischen Erfahrungen gesammelt und ein umfangreiches Regelwerk zusammengestellt, das die Verhältnisse der einzelnen Bauteile zueinander bis ins kleinste Detail vorschrieb. Die Tempel wurden stets in Einklang mit der Landschaft errichtet, denn man glaubte, dass die Götter selbst entschieden, wo ihre Häuser stehen sollten.

Nach den Tempeln waren die Theater die wichtigsten Bauwerke Hellas'. Sie nutzten meist die natürliche Steigung eines Hangs für ihre Zuschauerränge, die bis zu 30 000 Zuschauer fassen konnten. Ein Theaterbesuch wurde als Pflicht des freien Bürgers verstanden, denn die Stücke behandelten wichtige religiöse und politische Themen.

Die griechischen Skulpturen standen oftmals in engem Verhältnis zu dem sie umgebenden Bauwerk. Sie waren den Göttern geweiht oder Bauschmuck für Grabmäler. Für uns kaum vorstellbar ist, dass die meisten Reliefs und Statuen mit lebendigen Farben bemalt waren. Aber auch Kleinplastiken wurden nicht um ihrer selbst willen geschaffen,

sie hatten als Votiv- oder Grabbeigaben stets eine religiöse oder andere gesellschaftliche Aufgabe zu erfüllen.
Bemalte keramische Gefäße dienten ebenfalls als Grabbeigaben. Aus den figürlichen Darstellungen der Vasenmalerei erfährt man viel über den Totenkult, die Sagen, aber auch über die Alltagswelt im antiken Griechenland.
Die Kriege des 4. Jh.s v. Chr. kosteten die griechischen Staaten letztlich die Selbständigkeit. Der makedonische König Philipp II. eroberte die Reiche des Mittelmeeres und einte sie im Korinthischen Bund. Sein Sohn Alexander der Große (356–323 v. Chr.) führte zahlreiche Kriege und begründete so ein Riesenreich, das sich vom Mittelmeerraum bis nach Indien erstreckte. Durch Alexanders Eroberungen wurde Griechisch zur Weltsprache, die Formensprache hellenischer Kunst hielt sogar in die Bildwerke des Buddhismus Einzug. Diese Epoche der Verbreitung griechischer Kultur nach dem Tode Alexanders wird als Hellenismus bezeichnet.
Mit der Eroberung Hellas' durch die Römer, die die Götter, Bauwerke und Philosophen der Besiegten hoch achteten, endete die griechische Antike.

1 Gr. Bild: Der im 5. Jh. v. Chr. erbaute Parthenon mit seinen dorischen Marmorsäulen war das größte Heiligtum der Akropolis und beherbergte das Kultbild der Athene.

2 Kl. Bild: Keine Säulen, sondern sechs Frauenfiguren stützen das Dach der Korenhalle des Erechtheion. In ihren Händen trugen die Statuen wahrscheinlich Opferschalen.

3 Die Blütezeit der Akropolis war das 5. Jh. v. Chr. Auf dem Burgberg fanden Befestigungen, Heiligtümer und Tempel einen Platz. Die Silhouette beherrschen Parthenon, Propyläen und Erechtheion. Die majestätischen Marmorbauten, die bereits Jahrtausende überdauert haben, werden zunehmend durch die Abgase der modernen Großstadt bedroht.

Griechenland
Mystras

Eine späte, nicht minder bedeutende Blütezeit erlebte Rhodos im Mittelalter unter der Vorherrschaft des Johanniterordens, die von 1309 bis 1522 währte. Sein heutiges Stadtbild verdankt Rhodos vor allem der Bautätigkeit der einstigen Kreuzfahrer.
Die im 15. Jh. angelegte Ritterstraße ist vollständig erhalten. Um sie herum waren die Herbergen der Landsmannschaften gruppiert. Die Straße beginnt bei einer byzantinischen Kathedrale und führt bis zur Residenz des Großmeisters des Ordens, einem prunkvollen Palast. Ebenfalls in diesem Viertel befindet sich das erste Krankenhaus der Johanniter, das im 15. Jh. entstand und heute das Archäologische Institut beherbergt.

Mystras

Um die Gipfelburg Mystras entstand im 13.–15. Jh. ein wichtiges Zentrum byzantinischen Geisteslebens.

Lage: Lakonien
Gründung: 1249

Eine Gründung des Franken Wilhelm II. Villehardouin, wurde die Burg nach der Gefangennahme Wilhelms II. 1260 an den späteren byzantinischen Kaiser Michael VIII. abgetreten. Bis 1460 wurde Mystras von den so genannten Despoten, (Statthaltern) regiert und war ein wichtiges geistiges Zentrum des byzantinischen Reiches, vom Ende des 14. Jh.s bis zum Anfang des 15. Jh.s die vielleicht sogar bedeutendste Stadt nach Konstantinopel.
Im Norden der Stadt liegt das Brontochionkloster mit seinen beiden Kirchen Hagii Theodori und Aphentiko. Die Hauptkirche Hagii Theodori aus dem 13. Jh. ist die ältere der beiden Klosterkirchen. Die 1311 erbaute Aphentikokirche zeigt die architektonische Verbindung einer dreischiffigen Basilika, die von einer Kreuzkuppel überwölbt wird. Zum für Mystras typischen Baustil gehört auch die durch das Zeremoniell des Despotats gerechtfertigte Empore. Das Nonnenkloster Pantanassa, das 1428 als letztes großes Bauwerk entstand, besitzt lebendige und detailreiche Fresken.

Delphi

Delphi, der Ort, an dem das Orakel des Apoll sprach, war das religiöse Zentrum des antiken Griechenland.

Lage: Phokis, am Fuß des Parnass
Blütezeit: 8.–2. Jh. v. Chr.

Epidauros: Asklepiosstatue aus dem 4. Jh. v. Chr.

In Delphi suchten die Griechen Rat und fanden ihn in den Weisungen des Gottes Apoll, der den Willen des Zeus durch sein Orakel verkünden ließ. So war Delphis politischer Einfluss vor allem in den Jahren 590–450 v. Chr. enorm.
Im Apollontempel verkündete die Pythia genannte Prophetin des Orakels in oftmals unverständlichen Worten den göttlichen Willen, der dann von Priestern erklärt und ausgelegt wurde.
1892 begannen die Ausgrabungen der Ruinen des Apollonheiligtums und des ihn umgebenden Bezirks. Im Südosten der Anlage beginnt die heilige Straße, an der die griechischen Stadtstaaten sich durch prächtige Weihegeschenke und Schatzhäuser darstellten. Der Verlauf dieser Straße war seit alters her wohl das ordnende Element der sich um das Heiligtum drängenden Bauten. Der Weg endet beim großen Festplatz, der Halle der Athener und schließlich am Vorplatz zum Apollontempel, der das Zentrum der Anlage dominiert.
Zu den wichtigsten Bauten und Denkmälern gehören neben dem Tempel und den Schatzhäusern das Stadion, das Theater, das Heiligtum der Athena Pronaia, die Lesche der Knidier und die Säule mit der Sphinx der Naxier.

Akropolis von Athen

Auf der Akropolis stehen mit dem Parthenon, den Propyläen und dem Erechtheion einige der größten Meisterwerke der klassischen griechischen Baukunst.

Lage: Athen
Blütezeit: 5. Jh. v. Chr.

Die Besiedlung des Burgbergs von Athen geht bis in die Jungsteinzeit zurück. Die alte Königsburg wurde ab dem 6. Jh. v. Chr. in einen heiligen Bezirk umgewandelt. Nach ihrer Zerstörung durch die Perser wurden die Heiligtümer im 5. Jh. v. Chr. in rascher Folge wieder aufgebaut.
Das Bild der Akropolis wird vom Parthenon beherrscht. Der 447–422 v. Chr. entstandene Bau war der Göttin Athene gewidmet. Den Bau umgibt eine Säulenreihe im Verhältnis 8 zu 17. Im Inneren des Tempels, der Cella, befand sich das Kultbild der Athene. Das Gebäude war innen wie außen mit plastischem Bauschmuck versehen: So zeigen die Giebelreliefs im Westen die Geburt der Athene, die im Osten ihren Kampf mit Poseidon.
Das Erechtheion, benannt nach dem mythischen König von Athen, entstand 421–406 v. Chr. Hier finden sich mehrere Kultstätten unter einem Dach vereint, was den ungewöhnlichen Grundriss der Anlage erklärt. Drei Vorhallen umgeben das Gebäude, von denen die Halle im Norden als die schönste gilt.
Die Propyläen sind die monumentalen Toranlagen der die Akropolis umgebenden Mauern. Sie entstanden zwischen 437 und 432 v. Chr. und sind das Werk des Architekten Mnesikles. Bei der Säulenstellung ist die unterschiedliche Anwendung der Säulenordnungen bemerkenswert. Während die Außenfront dorisch ist, streben im mittleren Durchgang die schlankeren ionischen Säulen empor.
Der um 425–421 v. Chr. erbaute Tempel der Athena Nike wurde von Kallikrates erbaut und ist eines der frühesten erhaltenen Gebäude im ionischen Stil. Der kleine, aber elegante Tempel besitzt im Osten und im Westen je eine Vorhalle.

Olympia

Bereits in prähistorischer Zeit besiedelt, wurde Olympia im 10. Jh. v. Chr. das Zentrum des Zeuskultes. Die ersten Spiele fanden hier 776 v. Chr. statt.

Lage: NW-Peloponnes
Blütezeit: 5. Jh. v. Chr.

Seit dem 3. Jahrtsd. v. Chr. besiedelt und seit dem Ende des 2. Jahrtsd.s eine dem Pelops geweihte Kultstätte, wurde Olympia im 10. Jh. v. Chr. das Zentrum der Zeusverehrung. Die dem Gott zu Gefallen veranstalteten Spiele begann man ab 776 v. Chr. zu zählen; erste Siegerlisten wurden angefertigt. Die Tradition der Spiele reicht aber wohl weiter zurück. 1875 wurde mit ersten Ausgrabungen begonnen. Der heilige Bezirk weist eine der größten Ansammlungen künstlerischer Werke des Altertums auf. Im großzügig angelegten Kultbezirk befanden sich neben Tempeln und Schatzhäusern, in denen die Weihegaben der griechischen Städte verwahrt wurden, zahlreiche Sportstätten, deren Reste heute wieder zu sehen sind. So auch das nördlich gelegene Gymnasion und das Stadion mit seiner Wandelhalle.
Der Zeustempel im Zentrum des Kultbezirks entstand um 470 v. Chr. Sein Grundriss ist im klassischen dorischen Stil mit einem Säulenumgang aus 6 zu 13 Säulen gehalten. Die aus Kalkstein gefertigten Wände waren mit Stuck verziert. Besonders interessant sind seine Marmorskulpturen verschiedener Gottheiten.
Das älteste der Heiligtümer an der Altis, dem heiligen Hain, ist der Heratempel aus dem

Zahlreiche Tempel und Hallen wurden am Zeusheiligtum in Olympia errichtet, wo seit 776 v. Chr. alle vier Jahre die Spiele zu Ehren des Gottes stattfanden. Heute sieht man nur noch die Reste von Grundmauern und Säulen, wie hier in der Umgebung des im 5. Jh. v. Chr. erbauten Ratshauses, dem Buleuterion. 394 n. Chr. wurden die Olympischen Spiele aufgrund ihres heidnischen Charakters verboten.

Griechenland
Epidauros

7. Jh. v. Chr. Er wurde im frühdorischen Stil angelegt.
Im 4. Jh. v. Chr. verlegte man das Stadion und trennte es durch die Echohalle vom heiligen Bezirk. Auch alle anderen dem Sport, der Verwaltung und der Unterbringung der Gäste dienenden Stätten lagen außerhalb der Altis.

Bassai 392

Der Tempel des Apollon Epikurios in den arkadischen Bergen ist ein wertvolles Lehrstück antiker Architekturgeschichte. Der Bau besaß die ältesten bekannten korinthischen Kapitelle.

Lage: SW-Arkadien
Bauzeit: 5. Jh. v. Chr.

Wohl um 430 v. Chr. wurde in Bassai unweit der Stadt Phigalia der Tempel des Apollon Epikurios, des Gottes der Sonne und der Heilung, errichtet. Als Baumeister gilt der Überlieferung zufolge Iktinos, der Architekt des Parthenons auf der Akropolis in Athen. Das Gebäude wurde von der Stadt Phigalia aus Dankbarkeit für die Verschonung vor der Pest, die um 420 v. Chr. wütete, in Auftrag gegeben.
1765 wurde der Tempel entdeckt und in der Folge größtenteils wieder aufgebaut. Besonders ungewöhnlich am Tempel in Bassai ist dessen genaue Ausrichtung mit seinem dorischen Säulenumgang in Nord-Süd-Richtung. Der andernorts vorherrschenden Ost-West-Ausrichtung wurde durch eine an der östlichen Längsseite befindliche Tür Rechnung getragen.
Im Kernstück des Tempels, der Cella genannten Kammer, befand sich ein Fries, der von zehn schlanken ionischen Halbsäulen getragen wurde. Der Relieffries, der Zentauren- und Amazonenkämpfe mit höchster künstlerischer Qualität schildert, befindet sich heute allerdings im Britischen Museum in London.

Besonders wertvoll macht den Tempel auch die Entdeckung der ältesten bekannten korinthischen Säule, deren Kapitell aber mittlerweile verloren gegangen ist. Diese jüngste der drei klassischen Säulenordnungen erfreute sich vor allem in hellenistischer Zeit großer Beliebtheit.

Epidauros 491

Vor allem das Theater von Epidauros ist eines der reinsten Meisterwerke antiker griechischer Baukunst. Es steht Seite an Seite mit zahlreichen, den verschiedenen Göttern geweihten Tempeln.

Lage: NO-Peloponnes
Blütezeit: 6.–4. Jh. v. Chr.

Die Anlagen von Epidauros erstrecken sich über mehrere Ebenen. Sie waren Zentrum des Asklepioskults, der sich im 5. Jh. v. Chr. im ganzen griechischen Raum ausdehnte. Der Gott der Heilkunde war der mythische Sohn Apolls, dessen Macht zu heilen auf ihn übertragen wurde. Ein weiteres Heiligtum des Asklepios wurde um 200 v. Chr. errichtet und war ein Wallfahrtsziel für die Kranken und ein berühmter Kurort seiner Zeit; zur Anlage gehörten auch Bad und Krankenhalle, Hospitäler und verschiedene Tempel.

1 Das Olympieion vor dem Hintergrund der Akropolis, dem Inbegriff antiker Baukunst

2 Der Tholos des Heiligtums der Athena Pronaia, nach exakten geometrischen Plänen um 390 v. Chr. in Delphi errichtet, bestand einst aus einem Kranz von 20 Säulen, der eine Cella von etwa 7 m Durchmesser umschloss.

3 Ende des 6. Jh.s v. Chr. entstand das Schatzhaus der Athener in Delphi. Alle griechischen Städte versuchten einander mit prächtigen Weihegeschenken zu übertreffen.

4 Das Theater von Epidauros aus dem 3. Jh. v. Chr. ist eines der besterhaltenen Bauwerke dieser Art in Griechenland.

Griechenland
Delos

Das eindrucksvollste Beispiel antiker griechischer Architektur in Epidauros ist allerdings das Theater. Es entstand am Anfang des 3. Jh.s v. Chr. und ist das am besten erhaltene Gebäude seiner Art in Griechenland.
Im Zentrum des in den natürlichen Hang gehauenen halbrunden Zuschauerraumes befindet sich die Orchestra. An der Tangente des kreisrunden Tanzplatzes steht das Bühnenhaus, Skene genannt. Es diente sowohl zur Lagerung der Requisiten als auch zur Aufstellung von Bühnenbildern, die zwischen die ionischen Halbsäulen eingelassen werden konnten. Direkt davor, zwischen Skene und Orchestra, befindet sich die Bühne (Proskenion), auf die sich ab dem 2. Jh. v. Chr. das Geschehen zunehmend verlagerte. Zu dieser Zeit sind wohl auch die Zuschauerränge um 20 Sitzreihen erweitert worden. Bemerkenswert ist auch die hervorragende Akustik dieses architektonischen Meisterwerks.

Delos 530

In der griechischen Mythologie der Geburtsort des Apoll, wurde Delos zu einer der großen kosmopolitischen Hafenstädte des Mittelmeerraumes.

Lage: Kykladen, Ägäis
Blütezeit: 10.–2. Jh. v. Chr.

Vermutlich seit dem 3. Jahrtsd. v. Chr. besiedelt, tritt die Insel allerdings erst im 14. Jh. v. Chr. historisch in Erscheinung. Als Geburtsort des Apoll wurde Delos im 7. Jh. v. Chr. Kultzentrum und Pilgerziel. Im 5. Jh. war die Insel der Mittelpunkt des 1. Attischen Seebundes, später entwickelte sich hier ein bedeutender Handelsplatz, den im 2. Jh. v. Chr. auch die Römer noch zu nutzen wussten. Die Entstehung neuer Handelszentren, Piratenüberfälle und die im 1. Jh. v. Chr. stattfindenden Angriffe der Soldaten des Mithridates von Pontos hatten den langsamen Untergang Delos' zur Folge.
Bei Ausgrabungen entdeckte man die Ruinen vieler Häuser, deren Bewohner ihre Innenhöfe mit Mosaiken ausgestattet hatten. Auf ihnen finden sich so unterschiedliche Darstellungen wie Delphine, Tiger, Dreizack sowie verschiedene Götterbilder.
Die drei Tempel des Apoll, die man über die heilige Straße erreicht, sind die wohl schlichtesten aller diesem Gott geweihten Heiligtümer. Westlich davon befindet sich das Artemision, der Tempel der Schwester Apolls, die wie er auf der Insel geboren wurde.
Zum heiligen Bezirk gehören auch die sieben aufgereckten Steinlöwen – wahrscheinlich die ältesten rundplastischen Tierfiguren in Griechenland – sowie das Dionysosheiligtum. Außerhalb des Kultbezirks hatten die griechischen Städte ihre Schatzhäuser errichten lassen.

Insel Delos: Überreste der antiken Kultstätten, die dem Apoll geweiht waren

Samos 595

Die Ruinen des Heiligtums der Hera und die Überreste der antiken Stadt Pythagoreion sind Zeugen der langen Geschichte der Insel Samos vor der Küste Kleinasiens.

Lage: SO-Ägäis
Blütezeit: 7.–3. Jh. v. Chr.

Ihre unumstrittene Blütezeit erlebte die Insel Samos unter dem Tyrannen Polykrates, der zur Mitte des 6. Jh.s v. Chr. herrschte. Er entfaltete eine bedeutende Bautätigkeit und umgab sich mit Dichtern, Musikern und Gelehrten; auch Herodot und Aesop waren darunter. So wurde Samos im 6.–5. Jh. v. Chr. eines der wichtigsten Kulturzentren des östlichen Mittelmeerraumes.
Die Befestigungsanlagen der Hauptstadt Pythagoreion stammen aus der klassischen Epoche, obwohl sie in hellenistischer Zeit erweitert und erneuert wurden. Ausgrabungen haben neben den Befestigungsmauern auch einen Teil der alten Stadt freigelegt, darunter eine 1 km lange Wasserleitung.
Westlich der Stadt lag das vermutlich im 10. Jh. v. Chr. gegründete Heraion. Es wurde in den folgenden Jahrhunderten immer wieder erweitert und umgebaut, maßgeblich auch unter Polykrates. Der Heratempel beeindruckt durch seine Größe.
Die wertvollen hier entdeckten Fundstücke sind im Archäologischen Museum in Vathy ausgestellt.

Klöster Daphni, Hosios Lukas und Nea Moni 537

Obwohl diese drei byzantinischen Klöster weit voneinander entfernt liegen, weisen sie ähnliche Bauprinzipien und Gestaltungsmerkmale auf.

Lage: Attika, Phokis und Insel Chios
Gründung: 11. Jh.

Wenngleich die Klosterkirche von Daphni bei Athen etwas kleiner ist als diejenigen von Hosios Lukas und Nea Moni und auch keine Emporen besitzt, gehört sie doch ebenfalls zum Typ des Kreuzkuppelbaus. Der Kirchenbau von Daphni besticht vor allem durch sein kunstvolles Mauerwerk; erlesene Mosaiken aus dem 11. Jh. sind erhalten geblieben.
Zum Kloster Hosios Lukas in Phokis gehören zwei Kirchen; die kleinere und frühere, Theotokos, ist um etwa 1000 entstanden. Das Katholikon mit kreuzförmigem Grundriss, Krypta und Emporen stammt aus dem frühen 11. Jh. Der reiche Schmuck des Innenraums – Marmorboden, Mosaiken und Wandbilder – ist fast unversehrt erhalten geblieben. Die Mosaiken zeigen vorwiegend heilige Mönche und Asketen sowie Darstellungen aus dem Leben Christi.
Das Kloster Nea Moni auf der Insel Chios ist wie die beiden genannten Klöster ein Paradebeispiel für die Architektur und die Malerei der mittelbyzantinischen Zeit. Von den ursprünglichen Bauten sind noch die Zisterne, das in späterer Zeit viel veränderte Refektorium und ein im Südwesten gelegener, viereckiger Turm erhalten. Die Mosaiken repräsentieren mit ihrer schlichten Komposition und ihren lebhaften Farben eines der wichtigsten Beispiele byzantinischer Bildkunst.

Zypern

Paphos 79

In der Umgebung der Kleinstadt Paphos befinden sich zahlreiche archäologisch und historisch bedeutende Stätten, die zusammen rund 2000 Jahre Geschichte illustrieren.

Lage: Südwestküste Zyperns
Gründung: 13. Jh. v. Chr.

Südöstlich der modernen Stadt Paphos, beim Dorf Kuklia, befinden sich die Ruinen des vermutlich ab dem 13. Jh. v. Chr. erstmals von Phöniziern besiedelten Ortes, an dem im 12. Jh., zu mykenischer Zeit, ein Heiligtum der Aphrodite entstand.
Die Reste der Kultstätte in Alt-Paphos haben die Form eines orientalischen Hofheiligtums, das aus großen Kalksteinblöcken errichtet wurde. In der Mitte des Hofes befand sich ein kegelförmiger Stein, der die Göttin symbolisierte.
Im 4. Jh. v. Chr. wurde am Ort der heutigen Stadt das antike Neu-Paphos gegründet; hier gab es ebenfalls ein Heiligtum der Aphrodite. Die Reste zahlreicher Bauten wie Grabanlagen oder Befestigungsmauern sowie Mosaiken zeugen von

Die zahlreichen Klöster und Kirchen im Tróodos, dem Hauptgebirge Zyperns, sind vor allem wegen ihrer gut erhaltenen mittel- und spätbyzantinischen Wandmalereien bemerkenswert. Sie kombinieren eine eher ländlich geprägte Bauweise mit der Pracht ihrer Monumentalbilder, die im 11. und 12. Jh. oftmals von Künstlern aus Konstantinopel gestaltet worden sein dürften. Die Bilder späterer Jahrhunderte orientieren sich an diesem Stil, weisen aber auch eine gewisse Volkstümlichkeit auf.

Türkei
Safranbolu

der Bedeutung Paphos' als Handelsplatz bis in die Zeit der Römer hinein.
Aber auch das frühe Christentum und die byzantinische Kunst haben hier wertvolle Monumente geschaffen: Katakomben und Kirchen mit prächtiger Innenraumgestaltung.

Kirchen im Tróodos-Gebirge 351

Versteckt im zypriotischen Hauptgebirge liegen zahlreiche Kirchen und Kapellen, die sehenswerte byzantinische Wandmalereien aus dem 11. und 12. Jh. besitzen.

Lage: SW-Zypern
Gründung: 11. Jh.

Im Herzen Zyperns liegt das Tróodos-Gebirge. Hier befinden sich zahlreiche alte Klöster, Kapellen und Kirchen, die bedeutende Werke der byzantinischen Kunst beherbergen. Zum Welterbe gehören neun dieser Kirchen: Stavros to Hagiasmati, Panhagia Arakiotissa, die Kirche vom Heiligen Kreuz in Pelendri, Hagios Nikolaos tis Stegis, Panhagia Podithou, Asinou, Johannes Lampadistis, Panhagia zu Mutullas und die Erzengel-Michael-Kirche in Pedulas.
Zu den interessantesten dieser Gotteshäuser gehört die Kirche des »hl. Nikolaus vom Dach«. Die Kreuzkuppelkirche aus dem 11. Jh. besitzt eines der wenigen Beispiele byzantinischer Malerei der frühen Komnenenzeit.
Die Wandmalereien der Kirche des Johannes-Lampadistis-Klosters datieren aus der 2. Hälfte des 15. Jh.s. Sie sind ein gutes Beispiel für den lokalen Malstil der spätbyzantinischen Schule.
Die Panhagia Podithou bei Galata ist eine im Jahre 1502 entstandene Einraumkirche mit einem Satteldach. Der Altarraum sowie die Innen- und die Außenseite der Westmauer sind mit italo-byzantinischer Malerei versehen.

Türkei

Safranbolu 614

Eigentümliche Fachwerkhäuser spätosmanischer Zeit prägen das Stadtbild im Umkreis der Moschee von Safranbolu.

Lage: N-Türkei
Blütezeit: 17.–19. Jh.

Safranbolu liegt im Steinkohlerevier am Schwarzen Meer. Die Stadt wurde auf einem Felssporn zwischen den Schluchten des Isfendiyar-Gebirges angelegt. Safranbolu war seit dem 13. Jh. eine wichtige Anlaufstation für Karawanen der ost-westlichen Haupthandelsroute. Diese bedeutende Stellung als Handelszentrum behielt Safranbolu bis zum Aufkommen der Eisenbahn im frühen 20. Jh. bei. Der ehemalige Haupthandelsplatz, das Çersa genannte Basarviertel, ist sehenswert.
Die wichtigsten Gebäude Safranbolus wurden um 1322 errichtet. Hierzu gehören das Alte Bad, die Suleiman-Pascha-Medrese, eine Mischung aus Moschee und theologischer Hochschule, sowie die Alte Moschee, die von Fachwerkhäusern aus spätosmanischer Zeit dicht umdrängt wird.
Ihren Höhepunkt in Entwicklung und Einfluss erreichte die Stadt im 17. Jh.

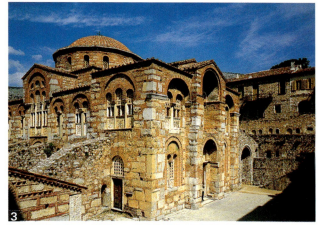

1 Samos: Über den Ruinen der antiken Stadt Pythagoreion erhebt sich heute die Kirche der Metamorphosis.

2 Zypern: 15 km vom heutigen Paphos entfernt befanden sich gleich zwei antike Städte, von denen Ruinen aus griechischer und römischer Zeit zeugen.

3 Das Katholikon wurde im 11. Jh. gegründet und ist die größere und eindrucksvollere der beiden Kirchen des Klosters Hosios Lukas.

4 Das Kloster Nea Moni auf der Insel Chios besitzt im Unterschied zu den vergleichbaren Bauten auf dem Festland keine Seitenschiffe. Nach größeren Schäden, die 1881 durch ein Erdbeben verursacht wurden, hat man die Kuppel erneuert.

Das Rom des Ostens
Byzanz

Als Rom längst in Trümmern lag, fanden in Konstantinopel, der Hauptstadt des byzantinischen Reiches, römische Staatstradition, griechische Kultur und christlicher Glaube zu neuer Blüte.

Genau genommen war es eine vorausschauend angetretene Flucht, als Kaiser Konstantin im Jahr 330 beschloss, seine Residenz von Rom in die griechische Stadt Byzantion am Bosporus zu verlegen. Während die westlichen Provinzen des Imperiums von Barbaren bedrängt wurden, blühte der Osten des Reiches. Dort hatte sich das Christentum, in dem der Kaiser die Religion der Zukunft erblickte, bereits weiter verbreitet als im Westen. Konstantinopel, das heutige Istanbul, war das politische und kulturelle Zentrum des byzantinischen Reiches. Hier kam es zu einer folgenreichen Synthese von christlichem Glauben und antikem Erbe. Byzanz erlebte seine erste große Blüte unter Kaiser Justinian (reg. 527–565). Alle Gattungen der Kunst erblühten; weltliche und kirchliche Zeremonien verlangten nach prachtvoller Ausgestaltung. Nachdem durch die strenge Auslegung des biblischen Bilderverbots in den Jahren 726–850 jegliche Art der figürlichen Darstellung in Kirchen untersagt war, konnten die »Bilderfreunde« den Streit schließlich für sich entscheiden. Man verständigte sich darauf, an alten, kanonischen Abbildungstraditionen festzuhalten, um dogmatische Irrtümer auszuschließen.

In dem vordergründig um die Bibelinterpretation geführten Streit zwischen dem Papst in Rom und dem Patriarchen von Konstantinopel kam es 1054 zur Spaltung in eine katholische und eine orthodoxe Kirche. Die folgende neue kulturelle Blüte unter den Kaisern der Makedonen- und Palaiologen-Dynastien endete jedoch mit der Plünderung Konstantinopels durch die Kreuzfahrer im Jahr 1204.
Bereits seit frühchristlicher Zeit spielte das asketische Mönchtum eine wichtige Rolle im kulturellen Leben Ostroms. Das Ziel der Mönche war, die göttliche Herrlichkeit durch Fasten und Meditation zu erfahren. Die heilige Aura, die diese Einsiedler umgab, ließ andere in die Einsamkeit folgen und es entstanden zahlreiche Klöster, die zu wahren Schatzkammern orthodoxer christlicher Kunst wurden.
Die Eroberung Konstantinopels durch die Osmanen besiegelte 1453 den Untergang des byzantinischen Reiches.

1 Gr. Bild: Die Hagia Sophia im heutigen Istanbul wurde unter Kaiser Justinian erbaut und 537 als Palastkirche geweiht.

2 Kl. Bild: Christi Geburt in der Darstellung eines Freskos aus dem 14. Jh. in der Kirche von Asinou auf Zypern

3 Roussanou ist eines der heute noch bewohnten Meteora-Klöster in Thessalien.

4 Das Kloster Nea Moni auf der griechischen Insel Chios

5 Christus Pantokrator: Das großartige Mosaik in der Hagia Sophia zeigt den Sohn Gottes als »Allherrscher«.

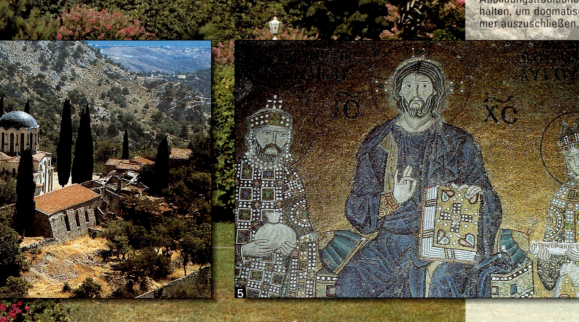

Türkei
Istanbul

Istanbul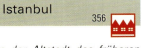

In der Altstadt des früheren Konstantinopel zeugen vor allem Gotteshäuser von der bewegten Geschichte Istanbuls als Hauptstadt des oströmischen Reiches und später als Zentrum des osmanischen Weltreiches.

Lage: am Bosporus
Gründung: um 600 v. Chr.
Blütezeit: 4.–16. Jh.

330–1930 trug Istanbul den Namen Konstantinopel. Ihre Glanzzeit erlebte die Gründung Kaiser Konstantins als Hauptstadt des byzantinischen Reiches.
Das wohl bekannteste Bauwerk der Stadt ist ein Monument aus oströmischer Zeit: Die Hagia Sophia, die Palastkirche, wurde von Justinian 532–537 über den Ruinen einer von Konstantin 360 geweihten Basilika errichtet. Sie ist der Höhepunkt byzantinischer Prachtentfaltung. Nachdem die Osmanen die Stadt 1453 erobert hatten, wurde die Hagia Sophia in eine Moschee umgewandelt: Die Mosaiken wurden mit Gips überdeckt und der Anlage wurden zahlreiche Anbauten, darunter vier Minarette, hinzugefügt.
Älter als die Hagia Sophia ist die Sergios- und Bakchoskirche, entstanden zwischen 527 und 536 und heute eine Moschee. Weitere Kirchen aus byzantinischer Zeit sind erhalten, so die 532 gegründete Hagia Eirene, die nach 740 ihre heutige Gestalt erhielt.
Die Moschee des Sokullu Mehmet Pascha aus dem Jahre 1572 wurde den Gegebenheiten des Geländes optimal angepasst. Sie besitzt ein herausragendes Keramikdekor. Wie auch die um 1550 entstandene Schehzade-Moschee ist sie ein Werk des bedeutenden Hofbaumeisters Sinan.
Die Sultan-Ahmet-Moschee (1609–1616) verdankt ihren Beinamen »Blaue Moschee« dem in Blautönen gehaltenen Schmuck des Innenraums.

Hattuša

In der Nähe des Dorfes Bogazkale wurden im 19. Jh. die Überreste der alten hethitischen Hauptstadt Hattuša entdeckt.

Lage: Zentral-Türkei
Blütezeit: 1300–1200 v. Chr.

Um 1600 v. Chr. wurde das heutige Anatolien die Heimat der Hethiter. Der Reichsgründer war Labarna Hattušili I., der Hattuša zur Hauptstadt bestimmte. Von hier aus betrieb der Herrscher seine Expansionspolitik in Richtung Süden. Er unternahm Feldzüge in die Euphratregion und versuchte – allerdings erfolglos – Aleppo zu erobern.
Die Ruinen der ehemaligen Hauptstadt wurden im 19. Jh. entdeckt, die Ausgrabungen begannen Anfang des 20. Jh.s. Die vielen erhaltenen Gebäude – Tempel, Herrscherhäuser und Befestigungsanlagen – zeugen von einer wohl durchdachten Stadtplanung. Die Umfassungsmauer war 6,5 km lang. Sie bestand aus mächtigen Steinblöcken, der obere Teil aus Schlammziegeln. Die Reste von fünf Toren sind erhalten, die aus einzelnen, zu parabelförmigen Bögen geformten Felsen bestanden. Drei der Eingänge weisen Reliefs auf, die Sphinxe, Löwen und einen Krieger zeigen. Außerdem förderten die Ausgrabungen Keilschrifttafeln zu Tage, die einen guten Einblick in die Kultur und die Geschichte der Hethiter vermitteln.

Divrigi

In der oft zerstörten Eisenerzstadt Divrigi finden sich die Überreste herausragender seldschukischer Architektur des Mittelalters.

Lage: Zentral-Türkei
Blütezeit: 11.–13. Jh.

Bereits in frühislamischer Zeit war Divrigi hart umkämpft. Mehrfach fiel es unter arabische Herrschaft. Im 9. Jh. diente die Stadt den Paulikianern, einer byzantinischen Sekte, die sich mit dem Emir von Melitene verbündet hatte als Basis für militärische Expeditionen gegen Ostrom. 872 besiegte Christophoros, ein Schwager des makedonischen Kaisers Basileios I., die Paulikianer auf eigenem Territorium. Auf Befehl des Kaisers wurden Stadt und Festung zerstört.
Nach dem Sieg des großseldschukischen Reiches über Byzanz im Jahre 1071 wurde Divrigi dem Emir Mengücek zugesprochen. Die Genealogie der sich hier etablierenden Seitenlinie der Mengücekiden kann durch aufgefundene Bauinschriften gut nachvollzogen werden.
1228–1229 ließ Emir Ahmet Schah die Große Moschee errichten, zu der auch ein Hospital gehörte. Diese kostspielige Anlage ist ein Beleg für den wachsenden Wohlstand, den Divrigi nach der Änderung der Haupthandelswege erlangte.
Die Moschee besteht aus einem einzigen Betraum. Dieser und die angrenzende Spital werden von zwei flachen Kuppeln überdacht. Die schmucklosen Innenwände stehen in scharfem Kontrast zu den reich verzierten Türen.
Die weit entwickelte Gewölbekonstruktion und das fantasievolle Dekor machen die Große Moschee zu einem herausragenden Meisterstück islamischer Architektur.

Nationalpark Göreme

Die bizarren Felskegelformationen in Göreme beheimaten Hunderte von Höhlenkirchen aus byzantinischer Zeit.

Lage: Anatolien
Ausdehnung: 111 km²

Im Hochland von Nevsehir wurden die Tuffserien vulkanischen Ursprungs, die auf älterem Gestein aufliegen, durch stetige Erosion zu einer einmalig beeindruckenden Landschaft geformt.
Hier suchte die christliche Bevölkerung der byzantinischen Provinzen Kleinasiens in der Zeit der arabischen Verfolgung Schutz. Die Christen gruben Wohnungen, Kapellen und Mönchszellen in das Tuffgestein Kappadokiens. So bildeten sich seit dem 6. Jh. ganze Höhlendörfer und unterirdische Städte im Göremetal und dessen Umgebung. Man schätzt, dass im 7. Jh., der Blütezeit Göremes, mehrere Hunderttausend Menschen in den unterirdischen Behausungen Zuflucht gefunden haben.
Zu den Höhlenbauten gehören auch zahlreiche Klöster und Kirchen, deren einzigartige Architektur zahlreiche byzantinische Stile der damaligen Zeit vereint. Die Wandbilder der Höhlenkirchen zeigen erst ab dem 9. Jh. figürliche Motive.

Pamukkale

Neben den berühmten Kalksinterterrassen befinden sich in Pamukkale, dem einstigen Hierapolis, zahlreiche Gebäude aus der Zeit der römischen Herrschaft.

Lage: W-Anatolien
Gründung: um 190 v. Chr.

Im Gebiet der heißen Quellen von Pamukkale gab es bereits frühe Siedlungen. Der Landstrich gehörte im 2. Jh. v. Chr. zur römischen Provinz Asia. König Eumenes II. von Pergamon ließ hier schon 190 v. Chr. die Stadt Hierapolis erbauen; sie war hauptsächlich als Festungsanlage geplant. Doch ging damit auch die erstmalige Errichtung von Thermen einher. In der Umgebung der Bäder entstanden Wohngebäude, Tempel, ein Theater und andere hellenistische Bauten sowie einige frühchristliche Kirchen, deren Ruinen noch erhalten sind.
Neben den Überresten der antiken Gebäude, die hier bis ins 4. Jh. n. Chr. errichtet wurden, hat Pamukkale vor allem ein außergewöhnliches Naturschauspiel zu bieten: In einer Höhe von etwa 200 m entspringen die heißen Quellen einem Felsvorsprung des Cokelezgebirges und fließen zu Tal. Die Ablagerungen des stark mineralhaltigen Wassers (Sinter) bildeten im Laufe der Zeit versteinerte Wasserfälle, Wälder aus Kalkstalaktiten sowie terrassenförmige Bassins und verwandelten Pamukkale in eine unwirklich scheinende Welt.

»Blaue Moschee«: die Sultan-Ahmet-Moschee in Istanbul

Türkei
Xanthos

Istanbul: Vor dem Bosporus erhebt sich die flache, 56 m hohe Hauptkuppel der Hagia Sophia, flankiert von vier Minaretten. Im Jahr 1453 wurde die im 6. Jh. erbaute byzantinische Kirche in eine Moschee umgewandelt; heute wird sie als Museum genutzt. Der hohe, weite Innenraum mit einer Vielzahl von Fenstern beeindruckt mit seiner reichhaltigen Ausstattung des Kirchenraums durch Marmor, Mosaiken und plastischen Bauschmuck.

Nemrut Dag

Mit einer Höhe von 2150 m ist der Nemrut Dag einer der höchsten Gipfel des Landes. König Antiochos I. von Kommagene wählte ihn als Kult- und Begräbnisstätte.

Lage: Zentral-Türkei
Blütezeit: 1. Jh. v. Chr.

Antiochos I., Herrscher von Kommagene, eines kleinen, unabhängigen Reiches, das nach dem Zusammenbruch von Alexanders Imperium entstand, wählte den Gipfel des Nemrut Dag als seine letzte Ruhestätte und bestimmte ihn zur Kultstätte und zum Göttersitz, da er sich bereits zu Lebzeiten als Gott verstanden wissen wollte. Die Kultur von Kommagene wurde erst im 19. Jh. wieder entdeckt.

Um den Tumulus, den Grabhügel des Herrschers, sind drei Terrassen gruppiert. Der Zugang zur Nordterrasse wurde von Löwen- und Adlerskulpturen bewacht, deren Reste noch erhalten sind. Ost- und Westterrasse bildeten jeweils große »Freilufttempel«.

Die Ostterrasse besitzt eine Fläche von 500 m². Auf einem gemeinsamen Sockel von 7 m Höhe befinden sich fünf stark zerstörte Götterthrone in griechischem Stil. Die größte der zwischen 8 und 10 m hohen Statuen ist eine Darstellung des Zeus im Zentrum der Terrasse. Eine der von Adlern und Löwen flankierten Statuen stellt Antiochos selbst dar.

Auf der Rückseite der steinernen Sitze, auf denen die Götterbilder thronen, befinden sich griechische Kultinschriften. Sie wurden wie die in den grünlichen Sandstein eingearbeiteten Ahnenreliefs kaum von den, wohl durch Grabräuber verursachten, Erdrutschen beschädigt.

Die Westterrasse wurde allerdings weitgehend zerstört. Sie muss nahezu ein Spiegelbild der östlichen gewesen sein; auch die Inschriften waren von beinahe gleichem Wortlaut.

Xanthos

Ruinen lykischen, hellenistischen, römischen und byzantinischen Ursprungs sind die Zeugnisse der wechselhaften Geschichte Xanthos.

Lage: Provinz Antalya
Kultur: Lykier

Xanthos war das Zentrum Lykiens, das um 545 v. Chr. von den Persern erobert wurde. Im 5. Jh. v. Chr. stand die Landschaft unter griechischem Einfluss, als sich die Städte Lykiens dem Attischen Seebund anschlossen.

Die Umgebung von Xanthos ist reich an monumentalen Grabanlagen aus dem 6. und 5. Jh. v. Chr., die wesentlich von der griechischen Kultur beeinflusst sind. Zu nennen wären hier vor allem das Nereidenmonument, das Harpyienmonument und das Löwengrab. Zu den archäologischen Schätzen der Stadt, die zum Teil bis auf das 7. Jh. v. Chr. zurück datieren, gehören auch eine Akropolis und ein Theater.

Ein bedeutendes Kulturdenkmal ist das Heiligtum der Leto, der Mutter des Apoll und der Artemis, die dem Mythos zufolge nach der Geburt ihrer Götterkinder hierher gekommen sein soll.

Grabstätten, Heiligtum und die Felsinschriften geben nicht nur Aufschluss über die lykische Kultur, sondern auch über die Ursprünge der indoeuropäischen Sprachen. Neben den lykischen und den griechischen Ruinen finden sich Monumente aus römischer und byzantinischer Zeit, als Xanthos Bischofssitz war.

1 Die Ruinen Hattušas, der alten Hauptstadt der Hethiter, wurden beim türkischen Dorf Bogazkale entdeckt.

2 Nemrut Dag: die Köpfe der Kolossalstatuen bei der Grabstätte Antiochos' I.

3 Kappadokien: Aus dem Tuffgestein sind durch Erosion bizarre Kegel und Türme entstanden.

4 Der Domitianbogen der antiken Stadt Hierapolis, dem heutigen Pamukkale

Asien

Von den Monumenten des Alten Orients bis zu den Reiskulturen und religiösen Stätten des Fernen Ostens erstrecken sich die Schätze Asiens.

Georgien
Swanetien

Georgien

Swanetien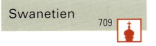

Die Swanen besitzen eine eigenständige Kultur mit eigener Sprache und Ikonenkult. Die Angehörigen dieses Volksstammes leben im Großen Kaukasus auf etwa 40 Bergdörfer verteilt.

Lage: NW-Georgien

In den abgelegenen Dörfern der Swanen hat sich eine bemerkenswerte mittelalterliche Kultur erhalten. Die Herkunft des seit Jahrhunderten isoliert lebenden Volkes ist ungeklärt, ihre Sprache, die keine Schrift kennt, ist mit dem heutigen Georgisch nur entfernt verwandt. In der Ortschaft Ushguli, auf 2200 m Höhe gelegen, befinden sich die ältesten der charakteristischen Steintürme, die im 12.–13. Jh. neben jedem Haus errichtet wurden um die Bewohner vor kriegerischen Auseinandersetzungen zu schützen.
Die frühzeitige Christianisierung der Swanen hat zur Entwicklung einer eigenständigen Glaubensform geführt, die Elemente einer Naturreligion bewahrt hat.

Bagrati und Gelati

Bagrat III. erbaute die einst gewaltigste Kathedrale Georgiens, von der heute nur noch Ruinen stehen. Das Kloster Gelati, im Jahre 1106 außerhalb der Stadt gegründet, birgt Reste monumentaler Wandmosaiken und Fresken aus sieben Jahrhunderten.

Lage: Kutaisi, W-Georgien
Blütezeit: 11.–13. Jh.

Wenig ist von den prächtigen Mosaiken erhalten, die den Innenraum der 1003 errichteten Kathedrale Bagrati schmückten. Im 17. Jh. plünderten und zerstörten türkische Invasoren das Gotteshaus.
Das Kloster Gelati wurde bald nach seiner Gründung ein geistiges Zentrum Georgiens. Gelehrte kamen aus allen Teilen des Landes um an der neu gegründeten Akademie des königlichen Hofklosters zu lehren. Außerhalb des ummauerten Komplexes, in dessen Zentrum die Muttergotteskirche (1106–1125) steht, fand man die Überreste eines Hospitals, das zur gleichen Zeit entstand. Von den meisten Klostergebäuden stehen seit den türkischen Überfällen auf Kutaisi nur noch Ruinen; in den beiden Gotteshäusern sind jedoch wertvolle Schätze erhalten, darunter die Ende des 12. Jh.s gefertigte Muttergottes-Ikone.

Mzcheta

Die einstige Hauptstadt Ostgeorgiens war zur Zeit Alexanders des Großen ein bedeutendes Machtzentrum.

Lage: O-Georgien
Blütezeit: 3. Jh. v. Chr.– 3. Jh. n. Chr.

Der Legende nach wurde die Dschuari-Kirche 586–604 an dem Platz erbaut, an dem das erste Kreuz auf dem Berg vor der Hauptstadt Mzcheta aufgerichtet wurde. Die eindrucksvoll geschmückte Kathedrale, ein Kreuzkuppelbau aus dem 9. Jh., ist eines der schönsten frühmittelalterlichen Gebäude Georgiens.
Die 1010–1029 errichtete Sweti-Zchoweli-Kathedrale befindet sich ebenfalls an dem legendären Ort, an dem die erste Kirche Georgiens gestanden haben soll. Die Kirche besitzt neben einer reich ornamentierten Fassade Reste der Fresken aus dem 14.–15. Jh. Der Schmuck an der Süd- und der Nordfassade der in der ersten Hälfte des 11. Jh.s errichteten Samtawro-Kirche ist ebenso sehenswert.

Armenien

Haghpat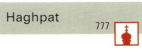

Ein bedeutendes Beispiel armenischer Baukunst ist die Kirche des Heiligen Kreuzes des Klosters Haghpat in der Armenischen Schweiz.

Lage: N-Armenien, Alaverdi
Gründung: 991

Auf dem Areal eines ehemaligen Wehrklosters wurden im 10.–13. Jh. vier Kirchen, eine Bibliothek, ein Glockenturm und ein Refektorium errichtet. Typisch für armenische Klosterbauten sind die so genannten Gawits, durch jeweils vier Pfeiler gestützte Säle, in deren Mitte ein kuppelartiges Gewölbe mit einer Lichtöffnung aufragt.
Die Heilig-Kreuz-Kirche aus dem 10. Jh. besteht aus einem Kuppelsaal, dem Anfang des 13. Jh.s ein Vorbau beigegeben wurde. Ungewöhnlich ist die Stifterdarstellung im Giebel der Ostfassade. Die Klosterbibliothek (12.–13. Jh.) ist so in das ansteigende Gelände eingepasst, dass sie aus der Ferne kaum zu erkennen ist. Als letzter der Bauten wurde das Refektorium errichtet.

Syrien

Aleppo

An einer zentralen Kreuzung mehrerer antiker Handelsrouten gelegen, hat Aleppo die

Altstadt von Damaskus: Eingang zum Basar

Zeugnisse unterschiedlicher Kulturen bewahrt.

Lage: N-Syrien
Gründung: 4. Jahrtsd. v. Chr.

Aleppo gehört mit seiner 6000-jährigen Geschichte zu den ältesten durchgehend besiedelten Orten der Welt. Zwei Baudenkmäler ragen aus der mit mittelalterlichen Medresen, Palästen, Karawansereien und Badehäusern reich bestückten Altstadt besonders heraus: die Zitadelle und die Omajjaden-Moschee.
Auf dem Zitadellenberg stand bereits im 10. Jh. v. Chr. ein syrisch-hethitischer Tempel; im Zuge der seleukidischen Stadtneugründung im 3. Jh. v. Chr. wurde eine erste Festung erbaut. In ihrer heute erhaltenen Form stammt die Zitadelle aus dem späten 13. Jh.
Die Omajjaden-Moschee zeigt ein architektonisches Hauptwerk des mittelalterlichen Syrien: das 1090–1095 errichtete Minarett mit außergewöhnlich reichen Ornamenten.

Palmyra

In der syrischen Wüste zeugen monumentale Ruinen von der einstigen politischen und wirtschaftlichen Macht dieser antiken Oasenstadt zu Zeiten der Herrscherin Zenobia.

Lage: N-Syrische Wüste
Blütezeit: 1.–3. Jh.

Als Handelsknoten auf der Kreuzung der nord-südlichen und der ost-westlichen Karawanenwege erlangte das antike Palmyra seine wirtschaftliche Stärke. Die politische Macht fand unter der Kaiserin Zenobia (3. Jh.), die die Stadt nach römischem Vorbild ausbauen ließ, ihren Höhepunkt. Palmyra verband den hellenistischen Orient mit der Kunst der Parther und der Römer. Obwohl der Handelsstadt bereits in den vorrömischen Jahrhunderten große Bedeutung als Mittlerin zwischen Ost und West zukam, fiel ihre Blütezeit mit der Präsenz der Römer in Vorderasien zusammen.
Zeugnisse der einst hohen Kultur sind der Baal-Tempel, eine relativ gut erhaltene Säulenstraße, ein Theater und eine Agora sowie mehrere Grabanlagen und Grabtürme.

In Palmyra, der antiken Oasenstadt im Norden der syrischen Wüste, wurden zahlreiche Bauwerke aus der römischen Kaiserzeit entdeckt: Dazu zählen auch das Theater mit einem noch gut erhaltenen Bühnenraum und der 32 n. Chr. gegründete Baaltempel. Die gesamte Ausgrabungsstätte hat eine Ausdehnung von etwa 50 ha.

Libanon
Anjar

Damaskus

Mit einem Alter von rund 5000 Jahren eine der ältesten Städte der Welt, ist Damaskus eng mit dem Alten Testament, aber auch mit der Geschichte des Islam verbunden.

Lage: S-Syrien
Gründung: 3. Jahrtsd. v. Chr.

Mohammed weigerte sich Damaskus zu besuchen, weil er vor dem himmlischen kein anderes Paradies betreten wollte. Noch heute macht Damaskus seinem poetischen Namen »Diamant der Wüste« alle Ehre, besonders in der von Moscheen, Märkten und Palästen bestimmten Altstadt. Ihr Bild ist seit dem 7. Jh. natürlich islamisch geprägt. Im Jahr 705, zur Blütezeit unter den Omajjaden-Herrschern, wurde die Große Moschee erbaut, die repräsentativ für den Stil dieser Dynastie und richtungsweisend für die gesamte islamische Baukunst ist. Auch in der Umgebung der Moschee finden sich viele bauliche Kostbarkeiten: der Maristan Nuri, ein 1154 errichtetes Krankenhaus, die Nuredin-Medrese und das Grabmal des Saladin von 1193.

In islamischer Zeit war Bosra Verwaltungszentrum und Pilgerstation auf dem Weg von Damaskus nach Mekka. Die bedeutenden Monumente stammen sowohl aus römischer, christlicher und islamischer Zeit. Das römische Theater, eines der am besten erhaltenen antiken Bauwerke des Orients, wurde im Mittelalter durch Anbauten zu einer Festung. Reste einer Kathedrale und einer Basilika sind erhalten. Die Freitags- und die Mabrak-Moschee, beide aus dem 12. Jh., sind die schönsten islamischen Bauwerke.

Bosra

Die bedeutende Handelsstadt hatte ihre politische und kulturelle Blütezeit als Hauptstadt der römischen Provinz Arabia.

Lage: S-Syrien, Hauran
Gründung: 4. Jh. v. Chr.

Die von den Nabatäern gegründete Stadt erlebte ihre Blüte unter den Römern, die sie 106 eroberten. Kaiser Trajan machte Bosra zur Hauptstadt der römischen Provinz Arabia. Auch im frühen Christentum spielte der Ort, der im 3. Jh. Bischofsstadt und später Sitz eines Metropoliten wurde, eine bedeutende Rolle.

Libanon

Anjar

Die Ruinen der Palaststadt der Omajjaden-Herrscher zeigen deutlich den Einfluss römischer Stadtplanung.

Lage: NO-Libanon, Bekaa-Ebene
Blütezeit: 8. Jh.

Typisch für die römische Stadtbauweise, derer sich der Kalif Walid bediente, ist die grundsätzlich geometrische Aufteilung. Die Palaststadt wurde auf einem rechteckigen Grundriss errichtet und ringsum von einer Mauer eingefasst. An den vier Seiten gewährten mit Rundtürmen verstärkte Tore Zutritt. Von den Toren aus durchschnitten zwei Hauptachsen, der Cardo und der Decumanus, die schachbrettartige Bebauung. Den Schnittpunkt der Achsen markierte der Tetrapylon.
Der wichtigste, teilweise restaurierte Bau ist der Omajja-

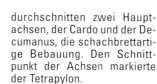

1 Zu den Ruinen der antiken Stadt Bosra, die unter den Römern ihre Blüte erlebte, gehört das Theater.

2 Palmyra: Der Baaltempel-Bezirk beeindruckt mit seinen zahlreichen Säulen.

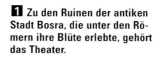

3 Aleppo: Blick durch das Tor auf die mittelalterliche Zitadelle – eine für die damalige Zeit gigantische Festung.

4 Die Ruinen eines Kalifenpalastes aus der Omajjadenzeit in Anjar

Zwischen Euphrat und Tigris
Der Alte Orient

Im Kulturraum zwischen Mittelmeer, Persischem Golf und Kaspischem Meer entstanden einige der frühesten Hochkulturen. Hier blühten vom Beginn des 3. bis Mitte des 1. Jahrtsd.s v. Chr. die Reiche der Sumerer, der Akkader, der Babylonier, der Assyrer und der Hethiter.

Babylonien, das Zweistromland zwischen Euphrat und Tigris, wurde vor allem durch die Ausstrahlung der sumerischen Hochkultur geprägt, deren Anfänge bis in die Mitte des 4. Jahrtsd.s v. Chr. zurückreichen.
Ein entscheidender Träger der babylonischen Kultur war die sumerische Keilschrift. Sie verbreitete sich über Syrien nach Westen bis zum Mittelmeer und nach Osten bis in das Gebiet des heutigen Iran. Nach Sargon von Akkad (um 2340–2284 v. Chr.) traten im 2. Jahrtsd. v. Chr. die Könige von Ur und Babylon das Erbe der Sumerer an und gründeten bedeutende Reiche. Babylon geriet gegen 1500 v. Chr. unter die Herrschaft der Kassiter. Zur gleichen Zeit blühte in Anatolien das Reich der Hethiter mit der Hauptstadt Hattuša. Das gewaltigste Reich schufen die Assyrer, die durch brutalste Kriegsführung ganz Vorderasien eroberten.
Nach dem Zusammenbruch des assyrischen Reiches erlebte Babylon unter Nebukadnezar II. (reg. 605–562 v. Chr.) eine zweite große Blüte.
Das letzte der altorientalischen Reiche war das der Achaimeniden. 539 v. Chr. wurde Babylon von Kyros dem Großen erobert. Unter seinem Nachfolger Dareios I. entstand die Residenz Persepolis, die unverkennbare Einflüsse babylonischer Baukunst zeigt.
Die Reiche an Euphrat und Tigris standen auch mit anderen Kulturen in Verbindung. Sumerische Händler unterhielten bereits vor 5000 Jahren Beziehungen zu fernen Völkern: Ihre Karawanen und Schiffe zogen westwärts nach Ägypten, ostwärts durch die Wüsten Persiens bis zum Indus. Mit dem Handel ging ein reger kultureller Austausch mit der dort ansässigen Harappa-Kultur einher. Ausgrabungen in Moenjodaro im heutigen Pakistan zeugen davon.

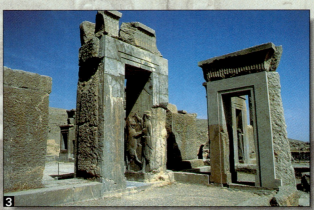

1 Gr. Bild: Um 518 v. Chr. gründete Dareios I. Persepolis, die Frühjahrsresidenz der Achaimeniden. Eindrucksvoll sind die Reliefs an den Fronten des Dareiospalastes und der Audienzhalle aus dem 5. Jh. v. Chr.

2 Kl. Bild: Säulen des Apadana, der Audienzhalle von Persepolis

3 Die machtvollen Königstore in Persepolis zeugen von der Gewaltigkeit der Anlage.

Libanon
Byblos

denpalast im Südosten der Stadt. Ihm schloss sich im Norden die Moschee an; noch weiter nördlich, jenseits des Decumanus, erstreckte sich der kleine Palast, der den Frauen vorbehalten war. Jenseits des Cardo lagen die Wohnviertel der im Palast Beschäftigten.

Byblos 295

Die archäologischen Funde im seit dem Neolithikum durchgehend besiedelten Byblos gewähren einen Einblick in die Entwicklung der menschlichen Zivilisation.

Lage: Westküste, nördl. v. Beirut
Gründung: um 5000 v. Chr.

Heute ein reizvoller kleiner Fischerhafen zu Füßen einer Burgruine aus der Kreuzfahrerzeit, erlebte die phönizische Hafenstadt ihre Glanzzeit im 3. Jahrtsd. v. Chr. als Warenumschlagplatz zwischen Mesopotamien und dem Mittelmeerraum. Bei den Akkadern hieß sie Gubla, bei den Phöniziern und später nannte man sie Gebal (»Schiffe«).
Schiffe waren es auch, die den Reichtum und damit das kulturelle Erblühen der Stadt garantierten. Gebal galt als wichtigster Verladeort der damals vor allem von Ägypten importierten Libanonzedern. Im Gegenzug erhielt die Stadt Alabaster, Gold und Papyrus. Von der Bedeutung der Stadt für den Papyrushandel ist wahrscheinlich der griechische Name Byblos (»Schreibmaterial«) hergeleitet.
Um 2800 v. Chr. begann man mit dem Bau des Tempels der Stadtgöttin Baalat Gebal. Weitere Tempel folgten. Heute sind außerdem noch Reste der phönizischen Stadtmauer und einer Nekropole mit unterirdischen Grabkammern erhalten. Zu den vielen archäologischen Sehenswürdigkeiten gehört ferner ein römisches Theater.

Baalbek 294

Die kolossalen Säulen und die eindrucksvollen Ruinen der Tempelstätte gehören zu den besten Zeugnissen römischer Macht und Baukunst im Nahen Osten.

Lage: NO-Libanon, Bekaa-Ebene
Gründung: 3. Jahrtsd. v. Chr.
Blütezeit: 2.–3. Jh.

Der Überlieferung zufolge hat schon Adam nahe Baalbek gelebt; auch Kain, Noah und Abraham werden mit dem Ort in Verbindung gebracht. Der Name Baalbek stammt aus phönizischer Zeit, als der Ort gegründet wurde, und bedeutet »Herr der Bekaa«. In seleukidisch-hellenistischer Zeit, im 3. und 2. Jh. v. Chr., nannte man den Ort Heliopolis (»Sonnenstadt«). Aus beiden Epochen sind Zeugnisse in Form von Felsgräbern erhalten.
Die wichtigsten Relikte aber gehen auf die Römer zurück, die Syrien vom Jahr 64 v. Chr. an eroberten. Unter Augustus wurde im Jahr 14 n. Chr. auf Überresten phönizischer Kultstätten der Grundstein zum großen Jupitertempel gelegt, dem Hauptbau der Anlage. Seine Bauzeit nahm 50 Jahre in Anspruch. Gleichzeitig wurde auch der Bacchustempel errichtet. Dieses Meisterwerk griechisch-römischer Architektur ist der heute am besten erhaltene antike Tempel im Nahen Osten.
Die aus Syrien stammenden römischen Kaiser Septimius Severus (reg. 193–211) und Caracalla (reg. 211–217) taten viel für den Ausbau der Kultstätte und schufen die wuchtigen Propyläen über dem monumentalen Treppenaufgang.

Jerusalem: der Felsendom in der Stadt Davids

Tyros 299

Unter den Phöniziern wuchs Tyros durch den Handel mit Purpur zu einer der bedeutendsten Hafenstädte heran, von der aus das ganze Mittelmeer beherrscht wurde. Die heute wichtigen Sehenswürdigkeiten – Kolonnadenstraße, Triumphbogen, Hippodrom – stammen erst aus römischer Zeit.

Lage: Südküste d. Libanon
Gründung: 3. Jahrtsd. v. Chr.

Der Reichtum Phöniziens beruhte auf dem Purpurhandel. Der durch alle Jahrtausende hindurch begehrte und durch ein Vielfaches an Gold aufgewogene Farbstoff wurde in der Antike in Tyros hergestellt. Die Stadt war somit ein begehrtes Ziel fremder Mächte. Nebukadnezars Truppen belagerten die Stadt – vergeblich – im 6. Jh. v. Chr., die Soldaten Alexanders des Großen eroberten sie 332 v. Chr. und die Römer marschierten im 1. Jh. v. Chr. ein.
Auf sie gehen die wichtigsten Baudenkmäler zurück. Zwei bedeutende archäologische Stätten sind zu nennen: die Kaiserliche Stadt und die Totenstadt. In der Ersteren findet man auch Reste der phönizischen Stadtmauer, vor allem aber dorische Säulen, römische Kolonnadenstraßen, Bäder und die Arena. Auch Relikte aus byzantinischer Zeit und eine Kathedrale aus der Kreuzfahrerzeit gibt es hier.
In der römisch-byzantinischen Totenstadt erhebt sich das am meisten fotografierte Objekt römischer Baukunst im Libanon, der Triumphbogen. Über eine antike gepflasterte Straße nähert man sich dem Hippodrom, in dem die Wagenrennen ausgetragen wurden.

Auf Vorschlag von Jordanien

Jerusalem 148

Die Stadt Davids ist auch die Stadt Christi und die Stadt, in der Mohammed seine visionäre Himmelfahrt erlebte. Sie wurde beherrscht von Babyloniern, Römern, Arabern, Kreuzrittern und Türken.

Lage: Bergland von Judäa
Gründung: 2. Jahrtsd. v. Chr.

Es gibt fast keinen Ort dieser Erde, der mehr geschichtliche Bedeutung auf sich konzentriert als Jerusalem. Trotz der jahrtausendelangen Historie ist die Stadt alles andere als ein Museum; sie ist ein lebendiges, offenes Schaubild der Geschichte mit unzähligen Facetten, von denen die großen Monumente des Judentums, des Christentums und des Islam nur am deutlichsten sichtbar sind. Sie alle befinden sich in der von einer Wehrmauer umschlossenen Altstadt, dem Zentrum der Jerusalemer Geschichte: die Zitadelle mit dem Davidsturm, das armenische Viertel mit der Jakobskirche, das jüdische Viertel mit den berühmten Synagogen Ha-Ari und Ramban sowie der Ruine der Hurvah-Synagoge, dem »Verbrannten Haus« und dem wichtigsten Heiligtum, der so genannten Klagemauer.
Fast ein Sechstel der Altstadtfläche nimmt der Tempelberg ein, von allen drei Religionen als jene Stätte anerkannt, an der Abraham seinen Sohn opferte. In der Mitte erhebt sich der Felsendom, 691 unter dem Kalifen Abd al-Malik in Anlehnung an die Grabeskirche gebaut und somit das älteste islamische Heiligtum, gewiss auch eines der schönsten.
Im Norden schließt sich das muslimische Viertel an den Tempelberg an. Es zieht den Besucher, der hier nicht nach Sehenswürdigkeiten Ausschau halten, sondern sich einfach treiben lassen sollte, mit seinen labyrinthartigen Gassen und Suks in das Jerusalem vergangener Jahrhunderte.
Die Via Dolorosa, der »Schmerzensweg«, auf dem Jesus sein Kreuz getragen haben soll, führt über 14 Kreuzwegstationen aus dem muslimischen ins christliche Viertel der Altstadt und von dort zum Kalvarienberg der Grabeskirche. Auf den Ruinen verschiedener Vorgängerbauten errichteten die Kreuzfahrer diese byzantinisch anmutende Kirche, die zu den ältesten Gebäuden Je-

Jordanien
Petra

Das jüdische Heiligtum ist die Westmauer des Tempels von Jerusalem, von den Christen »Klagemauer« genannt. Die untersten Steine stammen aus der Zeit Herodes' (37–4 v. Chr.). Diese Stätte symbolisiert den Alten Bund des Volkes Israel mit Gott. Im christlichen Glauben nimmt die Grabeskirche eine bedeutende Stellung ein, steht sie doch über dem Grab Christi und dem Felsen von Golgotha. Die Kirche wurde im Lauf der Zeit immer wieder zerstört und neu aufgebaut; der heutige Bau stammt aus dem 11.–12. Jh.

rusalems zählt und vor allem in den Tagen vor Ostern von Pilgern aus der ganzen Welt besucht wird.

Jordanien

Qusair Amra 327

Berühmt ist das äußerlich sehr schlichte Wüstenschloss der Omajjaden-Kalifen vor allem für seine verschwenderische Innendekoration.

Lage: 80 km östl. v. Amman
Gründung: 8. Jh.

Dieses eindrucksvollste aller Wüstenschlösser zeigt sich von außen abweisend kühl. Der Grund dafür ist, dass es nicht immer nur als Lustschloss diente, sondern zeitweise auch als Festung oder Garnison.
Der Omajjaden-Herrscher Walid I. hatte hier zwischen 705 und 715 eine ehemalige Karawanserei zu einer Wüstenresidenz erweitern lassen, deren wichtigste Bauten die dreischiffige Audienzhalle, das Bad und ein Brunnenhaus sind. Berühmtheit erlangte vor allem die üppige Innendekoration der Audienzhalle und der ältesten Bäder der islamischen Welt.
Die Wände der Audienzhalle sind mit in Blau, Braun und Ockergelb gehaltenen Fresken bemalt. Sie zeigen Bade- und gymnastische Szenen, die »sechs Herrscher« (Fürsten verschiedener Kulturen, als deren legitimer Nachfolger sich der Omajjaden-Kalif ausweisen wollte), Jagdmotive und Szenen aus dem Alltag sowie Adelsvergnügungen. Die Wände der Baderäume hat man mit mythologischen Szenen und Darstellungen der Gestirne geschmückt.
Der Qualität der Malereien an den Wänden entspricht die Meisterschaft der kunstvoll gelegten Bodenmosaiken, die byzantinische Darstellungstraditionen fortsetzen.

Petra 326

Die tief versteckt in den Bergen des Jebel Harun gelegene »rosarote Felsenstadt« ist das archäologisch und architektonisch bedeutendste Relikt, das die Nabatäer hinterlassen haben.

Lage: S-Jordanien, Wadi Musa
Bauzeit: 2. Jh. v. Chr.

Als das Händlervolk der Nabatäer nach einem Platz für seine Hauptstadt suchte um seinen Feinden eine Eroberung möglichst schwer zu machen, hat es sich einen von der Natur ausgezeichnet geschützten Fleck gewählt: den felsigen Talkessel des Wadi Musa, der sich fast unzugänglich hinter der nur wenige Meter breiten, aber 1,2 km tiefen und bis zu 70 m aufsteigenden Schlucht des Sik befindet.
Die in den Felsen geschlagenen Gebäude zeigen in ihren Fassaden ein eindrucksvolles Wechselspiel von arabischer Tradition und hellenistischer Architektur.
Das erste Bauwerk – gleichzeitig eines der prächtigsten –, auf das man beim Durchqueren der engen Klamm stößt, ist das »Schatzhaus des Pharao« (Khazne al-Firaun). Diesen Fantasienamen gaben ihm die Beduinen im 19. Jh. Wie die meisten »skulptierten Felswände« in Petra diente wohl auch das »Schatzhaus« als Grabmal. Aber gerade bei diesem beispielhaften Bauwerk sind Datierung und Deutung bis heute umstritten.
Der fürstliche Reichtum, mit dem die Nabatäer ihre Grabanlagen ausschmückten, legt nahe, dass sie fest an ein Leben nach dem Tode glaubten. Nichts in Petra ist so prachtvoll wie die Gräber. Zu nennen sind hier noch das »Klausengrab« und die »Königsgräber«. Aber auch andere Bauten sind erhalten: ein Theater, Tempel und Kultplätze. Im ehemaligen Stadtzentrum schreitet man über eine gepflasterte römische Straße und unterquert einen Triumphbogen. Die Nabatäer-Hauptstadt geriet nach der römischen Herrschaft jahrhundertelang in Vergessenheit und wurde erst 1812 durch Johann Ludwig Burckhardt wieder entdeckt.

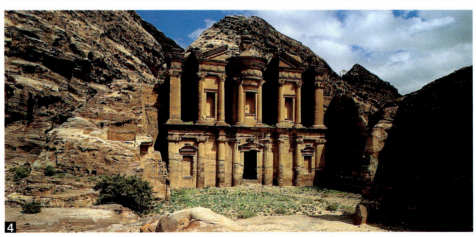

1 Wüstenschloss: Qusair Amra wurde im 8. Jh. vom Kalifen von Damaskus erbaut.

2 Vor der Eroberung durch Alexander den Großen war Tyros die mächtigste Handelsstadt Phöniziens.

3 Baalbek: Die südliche Längsfront des Jupitertempels entstand im 2.–3. Jh.

4 Die monumentale, ed-Deir (»Klause«) genannte Fassade ist die größte vom Typ der Giebelgräber in Petra.

Jemen
Sana

Jemen

Sana

Das an der legendären Weihrauchstraße gelegene Sana fasziniert durch die mit weiß bemalten Fassadenornamenten akzentuierten Bürgerhäuser der islamisch geprägten Altstadt.

Lage: Zentrales Hochland
Gründung: 2. Jh. v. Chr.

Sana geht auf eine Burg aus sabäischer Zeit zurück und hatte seine Blütephase in der ersten Hälfte des 1. Jahrtsd.s unter dem Königshaus der Himyariten, doch die interessantesten Bauten der Stadt stammen überwiegend aus dem 18. und dem 19. Jh. Die Fassaden der aus Natur- oder Ziegelstein gebauten, zwischen 20 und 50 m hoch aufragenden Wohnhäuser zeigen unterschiedliche Dekorationselemente, die durch ihre weiße Bemalung optisch hervorgehoben werden.
Manche Häuser zieren schön gearbeitete, horizontale Friese, die den Bau in Höhe der Stockwerke umziehen. Der am weitesten verbreitete Hausschmuck aber ist das weiß gestrichene, halbrunde Oberlichtfenster. Dessen Bogen ziert ein reich mit floralen oder geometrischen Mustern geschmücktes Gitterwerk aus Stuck, das mit verschiedenfarbigem Glas ausgefüllt ist.

Shibam

Charakteristisch für das historisch unversehrte Stadtbild Shibams sind die aus Stampflehm und luftgetrockneten Ziegeln errichteten Hochhäuser.

Lage: Wadi Hadramaut
Gründung: 2. Jh.

Bis zu 30 m ragen die Bürgerhäuser Shibams auf. Für mittelalterliche Verhältnisse sind sie wahre Hochhäuser. Merkwürdig mutet an, dass sie fast alle achtstöckig und gleich hoch sind. Die Dächer und der obere Fassadenteil der rund 500 Häuser, die den Kern der Stadt ausmachen, strahlen sämtlich in grellem Weiß. Die Farbe gehört zur Pflege. Einige der Häuser sind bis zu 300 Jahre alt und wären schon längst der Erosion anheim gefallen, wenn der Anstrich nicht jährlich erneuert werden würde. Bindemittel wie Alabasterpulver, die der Kalkfarbe beigemischt werden, halten den Zerfall auf.
Über das Alter Schibams sind sich die Wissenschaftler nicht einig. Wahrscheinlich wurde der Ort von den Bewohnern der zerstörten Stadt Shabwa im 3. Jh. n. Chr. gegründet.

Hatra: Die Ruinen des Großen Tempels zeigen hellenistische Züge.

Zabid

Dank ihrer rund 80 Religionsschulen rund um die Große Moschee ist die erste Universitätsstadt der Welt noch heute ein führendes geistiges Zentrum.

Lage: Tihama-Tiefland
Gründung: 819

Im Tiefland an der jemenitischen Küste hat sich ein typischer Tihama-Stil entwickelt. Er zeigt sich vor allem in ungewöhnlich reichem Stuckdekor, der viele Hausfassaden und Türstürze ziert. Ihnen begegnet man in der einst von einer mächtigen Stadtmauer und einer Zitadelle geschützten Medina, der Altstadt mit der Iskanderiyah-Moschee.
Geistiges Zentrum ist die Große Moschee mit den sich anschließenden Religionsschulen. In ihrer Architektur beziehen sich manche dieser Schulen durch ihre schlichte Linienführung auf die Klarheit der schafiitischen Lehre, der in der Tihama bedeutendsten Rechtslehre.

Oman

Bat

Die vorgeschichtliche Siedlung Bat ist zusammen mit weiteren, nahe gelegenen archäologischen Stätten ein ausgezeichnetes Beispiel für ein frühes menschliches Gemeinwesen und den neolithischen Totenkult.

Lage: westl. Hadjar-Gebirge
Zeit: 4.–3. Jahrtsd. v. Chr.

Die Grabbauten vor den Steilwänden des westlichen Hadjar-Gebirges sind untrügliche Zeichen für eine sehr frühe Besiedlung des nördlichen Oman. Die aus Steinplatten bis zu 8 m hoch aufgeschichteten Gräber ähneln in ihrer Form Bienenkörben. Diese Form ist während der Hafit-Periode (3500–2700 v. Chr.) in Ostarabien für Grabbauten üblich gewesen. An den Hängen des Djebel Hafit stieß man erstmals auf diese Gräberform.
Weitere »Bienenkorbgräber« gibt es auch in Wadi al-Ain zu Füßen des Djebel Mischt und im östlichen Hadjar-Gebirge. So lässt sich schließen, dass es in dieser Region gut organisierte Siedlungen gab, die aus unbekannten Gründen zum Ende des 3. Jahrtsd.s verlassen wurden.

Bahla

Das gigantische Fort Hisn Tamah in der Oase Bahla gilt als Musterbeispiel der omanischen Lehmarchitektur. Es zeugt von der Macht des Nabhani-Stamms, der die Region zwischen dem 12. und dem 17. Jh. beherrschte.

Lage: N-Oman, nahe Nizwa
Bau des Forts: 17. Jh.

Mit seinen hohen, aus Tonerde und Stroh errichteten Türmen ist das Fort Hisn Tamah ein Meisterstück der Lehmarchitektur. In diesem Wadi gibt es besonders große Vorkommen an Tonerde, so dass auch die 12 km lange und 5 m hohe Befestigungsmauer um die ganze Oase aus diesem Material gebaut wurde.
Die beherrschende Lage über dem Wadi verleiht der Festung eine strategisch wichtige Position. So war der Hügel schon in vorislamischer Zeit wehrhaft bebaut. 1610 wurde das Fort von einem feindlichen Stamm erobert und geschleift. Die jetzige Festung geht also auf den Beginn des 17. Jh.s zurück und soll von den Nabhani in Auftrag gegeben worden sein, die Bahla im frühen 15. Jh. zeitweilig zur Hauptstadt des Oman machten.

Oryx-Nationalpark

Die erfolgreiche Auswilderung der Oryx-Antilope in diesem Teil der Arabischen Wüste gilt als Meilenstein auf dem Weg zum Wiederaufbau eines diversifizierten Wüsten-Ökosystems.

Lage: Wüste Jiddat al Harasis
Gründung: 1980

Die Weiße Oryx-Antilope, der Arabische Spießbock, früher über die gesamte arabische Halbinsel verbreitet, wurde durch die Jagd fast vollständig ausgerottet und überlebte nur in zoologischen Gärten. Eine Herde von rund 150 der sandfarbenen, mit schwarzen »Strümpfen« versehenen Tiere, die sich auch durch sehr lange, fast gerade Hörner auszeichnen, hat man hier wieder ausgewildert.
Es handelt sich um die weltweit einzige frei laufende Herde dieser Spezies. Aber auch andere gefährdete Tierarten kommen im Nationalpark vor, so die Hubara-Trappe, eine Verwandte des Kranichs.

Irak

Hatra

Die gut befestigte Siedlung des Parther-Reiches hielt sogar den römischen Eroberern stand. Ein freigelegter Palast

Unter dem Safawiden-Schah Abbas I. (1587–1629) wurde Isfahan 1598 zur Hauptstadt des Persischen Reiches und bald auch zum künstlerischen Mittelpunkt des Landes. Im Zentrum der Stadt ließ Abbas den gewaltigen Königsplatz (Meidan-i Schah) anlegen, an den auch die prächtig ausgeschmückte Königsmoschee angrenzt. Ihre zwiebelförmige Kuppel erreicht eine Höhe von 60 m.

Iran
Isfahan

und mehrere Tempel zeigen die Verbindung griechisch-römischer Architektur mit persischem Bauschmuck.

Lage: N-Irak, bei Mossul
Blütezeit: 1. Jh.

Das im 5. Jh. v. Chr. an einem wichtigen Karawanenweg des Zweistromlandes gegründete Hatra brachten erst die Parther (240 v. Chr.–226 n. Chr.) voll zur Blüte. Sie bewahrten das kulturelle Erbe der nahöstlichen Großreiche – wie die der Assyrer, der Babylonier und der Achaimeniden – und leiteten trotz der starken Hellenisierung des Orients durch die römische Herrschaft in Kleinasien eine Renaissance der persischen Kultur ein. Deutliches Zeichen dafür ist die Verwendung des Iwans in der Architektur, eines tonnengewölbten Eingangs, wie er sich am von irakischen Archäologen freigelegten Großen Tempel zeigt. Innerhalb der runden Stadtmauer Hatras kamen bei den Ausgrabungen zahlreiche Reliefs und Statuen im parthischen Stil zum Vorschein: Sie stellen religiöse Themen, Götter, Herrscher und Würdenträger dar und zeugen vom hohen Können der Steinmetze. Das parthische Hatra wurde Mitte des 3. Jh.s durch die ebenfalls persischen Sassaniden zerstört.

Iran

Isfahan 115

Das im 5. Jh. v. Chr. gegründete Isfahan entwickelte sich im 16. und 17. Jh. unter dem Safawiden-Schah Abbas I. zu einer Perle islamischer Baukunst und Gelehrsamkeit.

Lage: Zentral-Iran
Blütezeit: 16.–17. Jh.

Dass Isfahan zu einer der kulturell und künstlerisch bedeutendsten Städte des gesamten Orients heranwachsen konnte, liegt in der Person Schah Abbas' I. (1587–1629) begründet. Er war ein bauwütiger Herrscher, der seine Residenzstadt groß angelegten Umgestaltungen unterzog.
Das wichtigste Bauvorhaben war der Königsplatz (Meidan-i Schah). Zum 500 m mal 150 m messenden Areal mit seiner Einfassung aus doppelstöckigen Arkadengängen gehören im Süden die Königsmoschee, im Osten die Scheich-Lotfollah-Moschee und im Westen der Palast Ali Kapu.
Die Königsmoschee entspricht mit den vier hoch aufragenden Iwanen (Apsiden mit Tonnengewölbe), die den weiten Innenhof zu den vier Himmelsrichtungen begrenzen, dem Grundtyp des iranisch-islamischen Kultbaus. Diese Form geht bereits auf ein parthisch-sassanidisches Bauschema zurück und wurde im schiitischen Iran bevorzugt, weil man sich auch baulich von der von Bagdad bestimmten, sunnitischen Glaubensrichtung absetzen wollte. Der Haupt-Iwan mit der sich anschließenden Gebetshalle liegt im Iran natürlich an der nach Mekka weisenden Südseite.
Nicht angetastet hat Schah Abbas I. die Freitagsmoschee, das aus dem 11. Jh. stammende, älteste, wichtigste und unter anderen Herrschern oft umgebaute Kultgebäude. Die knapp 24 000 m² große Moschee zeigt ebenfalls den iranischen Vier-Iwan-Grundriss.

1 Das aus Stroh und Lehm gebaute Fort von Bahla war Teil einer Festungsanlage, die von einer 12 km langen Steinmauer umschlossen wurde.

2 Sana: Die Fassaden der schmalen, mehrgeschossigen Wohnhäuser sind mit weiß gekalkten Reliefs oder Gittermustern aus Ziegeln verziert.

3 Wie alt die Hochhäuser von Shibam sind ist unbekannt. Die eigenartigen Wohnhäuser waren schon im Altertum Merkmale der reichen Städte am Ursprung der Weihrauchstraße.

4 Die berühmte Königsmoschee (Masdjid-i Schah) in Isfahan zählt zu den letzten wahrhaft großen Monumenten persischer Architektur.

Iran
Tschoga Zanbil

Tschoga Zanbil 113

Die gewaltige Stufenpyramide bildete das Zentrum eines heiligen Bezirks und gilt als das großartigste Gebäude der elamischen Architektur.

Lage: W-Iran, bei Susa
Gründung: um 1250 v. Chr.

Der relativ gut erhaltene Stufenturm (Zikkurat) von Tschoga Zanbil entstand im goldenen Zeitalter des elamischen Reiches unter der Herrschaft des Königs Untasch-Napirischa (1275–1240 v. Chr.). Dieser ließ nahe der Hauptstadt Susa seine neue Stadt Dur-Untasch errichten, deren Mittelpunkt die großartige, fünfstufige Zikkurat bildete.

Der Stufenturm – eine Inschrift nennt ihn »Hochtempel« – war den beiden Hauptgottheiten Humban (dem männlichen Gott) und Inschuschinak (dem weiblichen Prinzip) geweiht. Um die Zikkurat herum, die mit ihren Ecken in die vier Himmelsrichtungen weist, schloss sich ein heiliger Bezirk mit etwa einem Dutzend Tempeln an. Dieser wiederum wurde von der eigentlichen Stadt umgeben, zu der auch der Königspalast gehörte. Alle drei Stadtteile waren durch Ringmauern voneinander getrennt und geschützt.

Persepolis 114

Die Residenzstadt wurde vom Achaimidenkönig Dareios I. in Auftrag gegeben. Das auf einer künstlichen Terrasse angelegte Monument umfasst mehrere Tore, Paläste, Schatzhäuser, einen Thronsaal und einen riesigen Audienzsaal.

Lage: Provinz Fars, Shiraz
Gründung: um 520 v.Chr.

Dareios I., der bedeutendste Herrscher der Achaimeniden, legte den Grundstein für diese Residenz. Obwohl er bereits zwei Hauptstädte besaß (Pasargadae und Susa), wollte er der Welt einen Palast präsentieren, der die Bedeutung seines Weltreichs widerspiegeln sollte. So entstand auf einer künstlichen, 125 000 m² umfassenden Terrasse das herrlichste Gesamtkunstwerk, das die persisch-achaimenidische Kunst hervorgebracht hat.

58 Jahre lang wurde an den königlichen Bauten gearbeitet. Dareios I. erlebte nur die Vollendung des Palastes, des Schatzhauses und des riesigen Audienzsaals, des Apadana. Sein Sohn Xerxes setzte die Pläne des Vaters fort, kam aber auch nicht mehr zur Vollendung des monumentalen Hundert-Säulen-Saals. Diesen ließ der Enkel Dareios' I., Artaxerxes, fertig stellen.

Das Islam-Hodscha-Minarett ist das höchste Bauwerk Chiwas.

Usbekistan

Chiwa 543

*Ein Stein gewordenes Märchen aus 1001 Nacht ist die Altstadt Itschan-Kala der Oa-*se Chiwa mit ihren engen Gassen, Mausoleen, Moscheen, Minaretten und Medresen.

Lage: Choresm-Gebiet, am Amu-Darja
Blütezeit: 16.–19. Jh.

Die Itschan-Kala genannte Altstadt Chiwas bietet ein unverfälschtes, rein islamisch geprägtes Bild, dessen Grundfarbe ein sandheller Ocker ist, zwischen dem der farbenfrohe Keramikdekor der Kuppeln und Minarette hervorleuchtet. Besonders üppig zeigt er sich am unvollendeten Kalta-Minarett vor der Medrese Amin Khan und am Minarett der Medrese Islam Hodscha.

Der 400 m breite und 720 m lange Altstadtbezirk wird von einer mit Bastionen und Toren bestückten Wehrmauer umgeben, an die sich die im 17. Jh. gegründete Festung Kunja Ark anschließt, die frühere Herrscherresidenz.

Zu Beginn des 19. Jh.s ließ sich Khan Alla-Kuli am anderen Ende der Stadt einen neuen Palast bauen, den Tasch Lauli (»Steinernes Haus«).

Buchara 602

Das Buchara einst ein wichtiger Knotenpunkt der Seidenstraße war, belegen die eindrucksvollen Zeugnisse zentralasiatischer Basararchitektur im historischen Zentrum.

Lage: Sandwüste Kysyl-kum
Gründung: 1. Jh.

Die Seidenstraße machte die Stadt bereits in den ersten Jahrhunderten n. Chr. reich und bedeutend, verband sie Buchara doch mit China, Indien und Rom. Auch Kulturgüter wurden über die Seidenstraße transportiert. So wurde die Stadt ein Sammelbecken für Gelehrte, Dichter und Künstler. Zwei Blütezeiten erlebte Buchara: im 9.–10. Jh. unter den Samaniden-Herrschern sowie im 16. Jh., als nicht nur zahlreiche monumentale Medresen und Moscheen, sondern auch die charakteristischen Marktkuppelbauten entstanden.

Den Mittelpunkt des historischen Stadtkerns – Schakristan genannt – bildet der Ark, die Zitadelle. Diesem Symbol weltlicher Macht befindet sich im Westen vorgelagert der religiöse Gegenpol: die Moschee Bala Haus.

Zentralasiens wahrscheinlich ältestes Bauwerk, das Mausoleum der Samaniden, geht auf das 10. Jh. zurück. Das Wahrzeichen Bucharas ist das Kalian-Minarett aus dem 12. Jh., das sich östlich der Zitadelle emporreckt.

Pakistan

Takht-i-Bahi 140

Takht-i-Bahi war ein bedeutendes Kloster der Gandhara-Epoche, der Nordpakistan und Nordindien prägenden Hochblüte des Buddhismus.

Lage: Nordwestprovinz
Gründung: 1. Jh.

Durch das Swat-Tal im heutigen Nordpakistan führte bereits zur Zeit des Gandhara-Reiches (1.–4. Jh.) eine der wichtigen Handelsrouten, über die die buddhistische Lehre nach Osten verbreitet wurde. So entstand auf einer Felskuppe, die den Eingang dieses Tales bewacht, ein buddhistisches Kloster.

Das Kloster folgt dem damals verbreiteten Bauschema: Das Zentrum nimmt der Vihara ein, ein Atrium mit rechteckigem, manchmal rundem Grundriss. In dessen Mitte ragte der halbkugelförmige Hauptstupa empor, der sich auf einem viereckigen Sockel, zuweilen auch auf einem runden Tambour erhob. Sockel und Tambour waren mit Buddhadarstellungen geschmückt. Der Hof war von Mönchszellen oder von Nischen mit weiteren Buddhafiguren umgeben.

Taxila 139

Die wichtigste archäologische Stätte Nordpakistans umfasst drei Stadtanlagen aus sehr unterschiedlichen Zeiten: Bhir Mound (6. Jh. v. Chr.), Sirkap (2. Jh. v. Chr.) und Sirsukh (2. Jh.). Zahlreiche buddhistische Tempel existierten hier.

Lage: Nordwestprovinz, nordwestl. v. Islamabad
Gründung: 1. Jahrtsd. v. Chr.

Die alte Universitätsstadt Taxila lag an einer uralten Heerstraße, die aus dem Westen über den Khyber-Pass führte und bis nach Kalkutta reichte. Hier zog bereits der Perserkönig Dareios I. entlang, der Nordpakistan in sein achaimenidisches Weltreich eingliederte und 518 v. Chr. in Bhir Mound triumphal empfangen wurde. Auch Alexander der Große gelangte rund 200 Jahre später hierher.

Der damals in Nordindien einflussreichste Herrscher, König Ashoka, nahm in Bhir Mound den buddhistischen Glauben an, was eine historische Ver-

Pakistan
Mohendjo-daro

Buchara erlebte den Beginn seiner Blütezeit als Hauptstadt der Samaniden, die es im Jahr 875 wurde. In den folgenden Jahrhunderten war Buchara ein wichtiges kulturelles Zentrum. In der Altstadt von Buchara befinden sich zahlreiche bemerkenswerte Baudenkmäler, darunter viele Moscheen. Eines der schönsten Gebetshäuser ist die Poi-Kalian-Moschee, die im 12. Jh. errichtet wurde.

änderung bedeutete, da nun gezielt die Missionierung des Ostens begann.

Die Gründung der Stadt Sirkap geht auf die baktrischen Griechen zurück und Sirsukh auf den Kuschan-Herrscher Kadphises, einen bedeutenden Förderer des Buddhismus. Aus der Berührung der griechischen mit der nordindischen Kultur entsprang die spezielle Form der Gandhara-Kunst, die das Bild des Buddhismus nachhaltig prägte.

Lahore

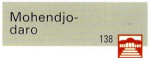

Das kulturelle Zentrum Pakistans wurde durch Akbar den Großen im 16. Jh. zum dritten Prunkstück der Mogularchitektur, neben Agra und Delhi, ausgebaut.

Lage: Provinz Pandschab
Blütezeit: 16.–17. Jh.

Der Legende nach wurde Lahore von Loh, einem Sohn des mythischen Helden Rama, gegründet. Ins Licht der Geschichte rückte es jedoch erst um 1000 n. Chr., als der Ghasnawiden-Sultan Mahmud hier seine Hauptstadt erbaute. Nach der Zerstörung durch Timur (1397) wurde im 16. Jh. durch die Mogulkaiser der Grundstein für eine zweite Blütezeit Lahores gelegt. Unter Akbar dem Großen (1542–1605) wurde Lahore zu einer der schönsten Städte Asiens.
Akbar ließ das bereits bestehende, aus Stampflehm errichtete Fort mit Ziegeln, Sandstein und weißem Marmor zu einem Symbol imperialer Macht und Größe ausbauen. Auch Akbars Nachfolger haben an dieser Residenz weiter gewirkt.
Die berühmten Gärten von Schalimar, ein Musterbeispiel orientalischer Gartenbaukunst, gehen auf Shah Jahan und das Jahr 1641 zurück. Aurangzeb (1618–1707) gab die Badjahi-Moschee, den letzten Großbau der Mogulherrscher, in Auftrag.

Mohendjo-daro

Mohendjo-daro war das Zentrum der Induskultur. Wohngebäude, Speicher und Wasserleitungen zeugen von einer hoch entwickelten Zivilisation.

Lage: Mittelpakistan, Industal
Gründung: ca. 2500 v. Chr.

Die Indus- oder Harappakultur wurde eigentlich erst recht spät, nämlich 1922, entdeckt. Sie stand mit den frühen Hochkulturen Ägyptens und Mesopotamiens in engem Kontakt; im 3. und 2. Jahrtsd. v. Chr. bestand ein reger Handel. Das beweisen im Zweistromland gefundene Gegenstände wie Schmuck und mit der bisher noch nicht entzifferten Indusschrift versehene Stempelsiegel.
Wie die Ausgrabungen von Mohendjo-daro zeigen, war die Induskultur eine bürgerlich bestimmte, keine aristokratische oder imperiale Kultur. In ihr dominierten nicht die auf einen Herrscher ausgerichteten Monumentalbauten oder die Paläste höherer Stände, sondern Wohnhäuser. Sie alle waren aus Ziegelstein errichtet. Bedeutende öffentliche Bauten wie das »Große Bad« oder der »Kornspeicher« wurden auf einer erhöhten Akropolis oder einer Zitadelle erbaut. Diese befand sich in allen Städten der Induskultur immer im Westen der Wohnsiedlung, der »Unterstadt«. In Mohendjo-daro sollen etwa 35 000 Menschen gelebt haben, im gesamten Gebiet der Induskultur müssen es rund 1,75 Mio. gewesen sein.

1 Persepolis: Die Reliefdarstellungen an den Fronten des Apadana zeigen die Völker des Achaimenidenreiches.

2 Das 47 m hohe Minarett der Kalian-Moschee in Buchara wurde 1127 errichtet.

3 Die Miri-Arab-Medrese aus dem Jahr 1536 in Buchara. Als Medresen werden islamische Hochschulen bezeichnet.

4 Die Ruinen des Klosters Mora Moradu gehören zu dem Ausgrabungsfeld von Taxila.

Im Namen Allahs
Der Islam

»Es gibt keinen Gott außer Allah und Mohammed ist sein Prophet.«, lautet das zentrale Glaubensbekenntnis, das von der Küste Westafrikas bis in die Inselwelt Indonesiens annähernd eine Milliarde Menschen angenommen haben.

Ab dem Jahre 610 wurden dem Propheten Mohammed mehrere göttliche Offenbarungen zu Teil, die im Koran, dem heiligen Buch des Islam, niedergelegt sind. Mohammed verstand sich als Instrument Gottes mit dem Auftrag den verfeindeten Stämmen der arabischen Halbinsel die Lehre von dem einen Gott, Allah, zu verkünden. 622 wurde der Prophet aus seiner Heimatstadt Mekka vertrieben, fand in Medina Zuflucht und konnte 630 nach Mekka zurückkehren.

In Mekka befindet sich das zentrale Heiligtum der Muslime, die Kaaba. Der »Schwarze Stein«, zu dem schon in vorchristlicher Zeit arabische Stämme pilgerten, ist das Ziel des Hadsch, der Wallfahrt nach Mekka. Sie gehört wie das fünfmalige tägliche Gebet zu den fünf heiligen Pflichten der Muslime.

Nach dem Tode Mohammeds, unter der Herrschaft seiner Nachfolger, der Kalifen, breitete sich der Islam rasch über Nordafrika und Vorderasien aus. 711 überquerte ein arabisches Heer die Meerenge von Gibraltar und eroberte die gesamte Iberische Halbinsel. Die Herrschaft der Mauren in Andalusien dauerte bis 1492. Ihr verdankt Europa nicht nur herausragende Kulturdenkmäler, sondern auch unschätzbare Erkenntnisse auf den Gebieten Naturwissenschaft, Technik, Kunst, Literatur und Philosophie.

Etwa gleichzeitig mit der Eroberung Spaniens drangen muslimische Armeen bis weit nach Zentralasien vor. Im 9. Jh. wurde Bagdad zum Zentrum der islamischen Welt.

In diesem riesigen Reich entstanden neue Machtzentren; der Streit um die rechtmäßige Nachfolge des Propheten führte zur Spaltung der islamischen Welt in zwei Hauptkonfessionen: die Sunniten, denen etwa 90 % der Muslime angehören, und die hauptsächlich im Iran lebenden Schiiten.

Diese Zersplitterung verhinderte die weitere Ausbreitung des Islam bis nach Indien und Ostasien jedoch nicht.

Im 16. Jh. war die islamische Welt in drei Großreiche geteilt. Die Mogulkaiser, Nachfolger der mongolischen Eroberer, herrschten über weite Teile Indiens. Persien geriet unter die Herrschaft der Safawiden (1502–1722), die Isfahan zur glanzvollen Hauptstadt ausbauten. Im Westen erstreckte sich das Reich der Osmanen (um 1300–1922) über Anatolien, Nordafrika, Arabien und den Balkan. 1453 wurde Konstantinopel das Zentrum des osmanischen Reiches. Mit dem Untergang der Osmanen endete im 19. Jh. die Epoche der islamischen Großreiche.

1 Gr. Bild: die Sultan-Ahmet-Moschee in Istanbul

2 Kl. Bild: Der Felsendom in Jerusalem gilt den Muslimen als Ort der visionären Himmelfahrt Mohammeds.

3 Ziegelornamente zieren die Moscheen Usbekistans.

Pakistan
Thatta

Thatta 143

Thatta ist die neben Lahore baukünstlerisch interessanteste Stätte Pakistans. Einige der Mausoleen der Nekropole mit mehreren Hunderttausend Gräbern gelten als Höhepunkte islamischer Steinmetzkunst.

Lage: S-Pakistan, Sind
Blütezeit: 14.–16. Jh.

Die Menschen früherer Jahrhunderte haben im Makli-Hügel einen besonderen Genius vermutet und deshalb hier zu Hunderttausenden ihre Toten bestattet. Die prächtigsten Mausoleen in der 15,5 km² großen Nekropole bei Thatta, der ehemaligen Hauptstadt dreier Dynastien, haben sich die Samma-Sultane und die Tarkhan-Herrscher errichten lassen. Unter ihnen war das Sind politisch und wirtschaftlich stark, bis es dann Ende des 16. Jh.s die Autorität der Mogulherrscher im fernen Lahore und Delhi anerkennen musste.
Die Mausoleen der Samma liegen ganz im Norden des Hügels. Einer der bedeutendsten Samma-Sultane war Nisamuddin (1460–1508); sein Grabmal mit vielen dekorativen Finessen gilt als Gipfelpunkt der Baukunst des Sind.
Auch die Grabstätten der Tarkhane wurden im islamischen Stil errichtet. Das Prachtgrab des Mirsa Jan Baba (gest. 1570) ist ein Bau aus gelbem Kalkstein, dessen Wände über und über mit Arabesken und Rankenmotiven sowie den für das Sind typischen Rhomben dekoriert sind.

Indien

Nationalpark Nanda Devi 335

Die Region am 7816 m hohen Nanda Devi ist für Menschen kaum zugänglich und eignet sich deshalb besonders als Refugium für gefährdete Tierarten, wie Schneeleoparden oder Moschushirsche.

Lage: Uttar Pradesh, Himalaya
Ausdehnung: 630 km²

In den Zeiten des Massentourismus, der auch die hintersten Winkel der Welt erreicht, sind selbst im Himalaya Schutzgebiete eine Notwendigkeit, auch wenn sie wie die Hochgebirgsregion Nanda Devi von Natur aus fast unzugänglich sind. Im 1980 gegründeten Nationalpark nahe Indiens zweithöchstem Berg, dem Devi (7816 m), leben große Herden von Wildschafen (Bharals) und Ziegenantilopen (Gorals) weitgehend ungestört; auch Moschushirsche kommen vor, Schneeleoparden sind aber auch hier selten.

Das Taj Mahal zeigt indische, türkische und persische Stilelemente.

Grabmal des Humayun 232

Mit der starken Betonung der Mittelachse, der hochgewölbten Kuppel und den persischen Bögen ist das Grabmal des Humayun, der erste Bau dieser Art in Indien, Vorbild für eine Vielzahl von Mogulbauten geworden.

Lage: Neu-Delhi
Bauzeit: 1564–72

Unter den Mogulkaisern erreichte die indische Architektur einen Höhepunkt. Richtungweisend war Humayun, der Sohn des Dynastiegründers Babur (reg. 1531–1556). Seine Herrschaft über Indien war nicht vollkommen gefestigt und so sah sich Humayun gezwungen 15 Jahre im persischen Exil zu verbringen.
Von dort brachte er eine Armee, aber auch Baumeister und Handwerker mit – ein Glück für die indische Architektur, denn nun erhielt sie durch die hoch entwickelte Baukunst Persiens neue Impulse.
Dieser Einfluss lässt sich an der Kuppel feststellen, die auf einem hohen Tambour aufsitzt. Persisch sind ferner die Bögen, die die Architrave und die Konsolen abgelöst haben. Auch die Fassadengestaltung durch weißen Marmor und roten Sandstein geht auf iranische Bautraditionen zurück.

Qutub-Minar 233

Das erste islamische Bauwerk auf indischem Boden veranschaulicht deutlich die Verschmelzung hinduistischer und muslimischer Architektur.

Lage: 15 km südl. v. Delhi
Baubeginn: 1199

Im ausgehenden 12. Jh. eroberten die Muslime unter Qutub-ud-din Nordindien und die Rajputenfestung Lalkot, den Vorläufer Delhis. Als sie hier ihre erste Moschee errichteten, waren sie auf einheimische Architekten und Handwerker angewiesen. So wurde die Moschee Quwat-ul-Islam (»Macht des Islam«) in für Delhi typischen rotgelben Sandstein und mit einem für Jaina-Heiligtümer typischen Grundriss als Pfeilerhalle errichtet. Islamisch sind eigentlich nur der Dekor und die kalligrafischen Schriftbänder, die die Mauern und Fassaden noch heute zieren.
Aus den Ruinen der Moschee ragt das 72 m hohe Qutub-Minar hervor. Das Charakteristische an diesem Minarett sind die rotsandsteinernen, stark profilierten Kanneluren, die hier erstmals in Indien als Stilmittel verwendet wurden. Sie verkleiden drei der fünf Stockwerke. Die obersten zwei wurden durch einen Blitzschlag im 14. Jh. zerstört und aus weißem Marmor rekonstruiert.

Fatehpur Sikri 255

Einen reineren Mogulstil zeigt kein anderer Ort in Indien. Akbar der Große hat mit dieser Residenz eine imperiale Vision aus Arkaden, Kuppeln und Pavillons verwirklicht.

Lage: Uttar Pradesh
Gründung: 1569

Mit dem Bau der Residenz Fatehpur Sikri (»Stadt des Sieges«) hatte der Großmogul Akbar ein Gelübde erfüllt und der Nachwelt gleichzeitig eine stilreine Mogulstadt hinterlassen. Unweit von Agra hatte der muslimische Gelehrte Shaikh Salim gelebt, der ein Ratgeber des Herrschers gewesen war. Dieser hatte geschworen in der Nähe des Weisen eine Residenz in Auftrag zu geben.
1569 wurde der Grundstein gelegt. Nach drei Jahren war bereits die Große Moschee mit dem Mausoleum für Shaikh Salim fertig. Insgesamt baute man über ein Jahre lang. Dann stand zwar eine mit ihren unterschiedlichen Ebenen, Palästen und Terrassen märchenhaft gestaltete Hauptstadt in der hügeligen Landschaft, doch Akbar sah sich bald gezwungen sie wieder aufzugeben – aus Wassermangel.
Neun Tore geben in die von einer 6 km langen Mauer umgürtete, einheitlich aus rotem Sandstein errichtete Stadt Einlass. Zentrum der Anlage sind der Palast Akbars und die Moschee.

Rotes Fort 251

Die Bauten der schwer befestigten Mogulresidenz aus dem 16.–17. Jh. zeigen deutlich die unterschiedliche Ästhetik der Herrscher Akbar und Shah Jahan. Der eine war ein machtvoller, der andere ein kunstsinniger Potentat.

Lage: Uttar Pradesh
Baubeginn: 1565

Seinen Namen verdankt das Fort dem roten Sandstein, aus dem es erbaut wurde. Akbar der Große (1556–1605) gedachte ursprünglich Agra zur Hauptstadt des Mogulreiches zu machen. Als Festungsmauern und Tore standen, unterbrach er den Bau allerdings, weil er in Fatehpur Sikri eine neue Residenz plante. Diese verließ er jedoch nach zehn Jahren wieder, regierte dann

Indien
Keoladeo

Unendlich betrübt über den Tod seiner Lieblingsfrau Mumtaz-i-Mahal, errichtete ihr der indische Großmogul Shah Jahan I. als letzten Beweis seiner Liebe das gewaltige Taj Mahal in Agra. Die marmorne Grabstätte machte sie unsterblich. Mit dem Bau des Mausoleums wurde 1632 begonnen, 20 000 Arbeiter sollen 11 Jahre lang daran gearbeitet haben. Die Kenotaphen der Mumtaz Mahal und Shah Jahans I. befinden sich in der Mitte des Mausoleums, das Grab selbst wurde unterirdisch angelegt.

Taj Mahal 252

Das mit Sicherheit schönste Bauwerk islamischer Architektur ist das Grabmal, das der Großmogul Shah Jahan für seine Lieblingsfrau errichten ließ.

Lage: Uttar Pradesh
Bauzeit: 1632–1643

Der Name dieses marmornen Weltwunders bezieht sich auf einen Beinamen der hier bestatteten Arjuman-Banu Begum, der geliebten Gattin Shah Jahans, und bedeutet »Diadem-Palast«. Mit diesem Bau wurde der im Grabmal des Humayun entwickelte Bautyp zu höchster Vollkommenheit gebracht.

Am Ende eines langen, von Wasserspielen belebten Gartenparterres erhebt sich auf einem quadratischen Sockel das vollkommen symmetrisch gestaltete Mausoleum. Der zentralen, in persischer Manier auf einem hohen Tambour aufsitzenden Kuppel gesellen sich überkuppelte Pavillons bei; die Fassaden sind den vier Himmelsrichtungen zugewandt und ziehen sich im persischen Stil empor. Vier Minarette akzentuieren die Ecken der Terrasse aus weißem Marmor. Der starke persische Einfluss geht wohl auf den ersten Baumeister Isa Afandi zurück, der von Shah Jahan aus dem iranischen Shiraz geholt wurde. Aus den erhaltenen Besoldungslisten geht hervor, dass Künstler und Arbeiter aus verschiedenen Ländern zwischen Usbekistan und der Türkei an den Bauarbeiten mitwirkten. Mit den die Wände füllenden Marmorintarsien aus Halbedelsteinen wurden sogar Italiener beauftragt.

Nationalpark Keoladeo 340

Das Vogelparadies in einer Sumpflandschaft wird nach dem Monsun besonders artenreich, wenn sich zu den heimischen Wasservögeln zahlreiche Zugvögel – darunter auch seltene Arten – gesellen.

Lage: Rajasthan
Ausdehnung: 2,8 km²

Der Nationalpark ist ein von Menschenhand geschaffenes Feuchtgebiet. Die Maharadschas von Bharatpur hatten hier ehemals ihr Jagdrevier, weil sich die sumpfige Senke bei der Entenjagd als recht ergiebig erwies. Oft fielen ihnen pro Tag mehrere Tausend Vögel zum Opfer.

Um die Wasserflächen für die Jagd zu vergrößern, ließen die Maharadschas im 19. Jh. künstliche Kanäle anlegen und Dämme aufschütten. So entstand ein Feuchtgebiet, das für die Vogelwelt bald ein beliebtes Brutgebiet wurde, da die Umgebung ansonsten recht trocken ist.

Heute bietet das Schutzgebiet rund 120 Vogelarten eine ständige Heimat, darunter Reihern, deren hiesige Population zu den größten der Welt zählt. In den Wintermonaten lassen sich viele Zugvögel nieder, darunter der seltene Nonnenkranich oder die Sichelente.

in Lahore und kam erst kurz vor seinem Tode nach Agra zurück.

Sein Nachfolger Jahangir hat nicht viel für die Stadt getan. Den architektonischen Höhepunkt erlebte Agra erst unter Shah Jahan (reg. 1627–1658), der hier von 1632–1637 residierte. Der kunstsinnige Monarch ließ viele der Bauten Akbars abreißen und durch märchenhafte Paläste und Moscheen aus weißem, mit Halbedelsteinen eingelegtem Marmor ersetzen. Die besten Beispiele für die fast musikalische Beschwingtheit der Architektur unter diesem Herrscher zeigen die Audienzhalle und die Perlmoschee. Typisch für den Baustil unter Akbar hingegen ist das wuchtige Amar-Singh-Tor, der Haupteingang des Forts.

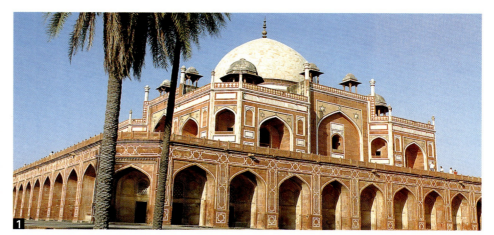

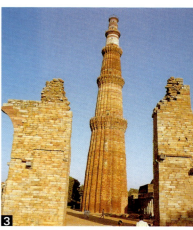

1 Die Grabstätte für ihren Gatten, den Mogulkaiser Humayun, ließ im 16. Jh. die Haji Begum errichten. Auch sie selbst wurde später hier begraben. Der Bau diente als Vorbild für das größer angelegte und reicher ausgestaltete Taj Mahal.

2 Roter Sandstein bestimmt das Bild der 1569 von Kaiser Akbar gegründeten Palaststadt Fatehpur Sikri.

3 Der Qutub-Minar gehörte zur Anlage der Quwat-ul-Islam-Moschee in Neu-Delhi, von der allerdings nur noch Ruinen vorhanden sind. Das Minarett ist 73 m hoch und an der Spitze nur 2,50 m breit.

4 Das 1565 begonnene Rote Fort erweiterte Shah Jahan zu einem weitläufigen Palast.

Indien
Manas

Wildschutzgebiet Manas

Das vor allem wegen der zahlreichen Elefanten bekannte Schutzgebiet, benannt nach dem reißenden Fluss Manas, erstreckt sich vom Grasland der Ebene bis in die tropischen Wälder der Himalaya-Vorberge Bhutans.

Lage: Assam, Grenzgebiet zu Bhutan
Ausdehnung: 391 km²

Mit etwa 2000 Exemplaren sind die Elefanten in der 1928 zum Wildschutzgebiet erklärten Kernzone des Manas-Reservats in der Überzahl; es gibt noch rund 120 Tiger. Im Grasland, das etwa 60 % des Territoriums ausmacht, leben ferner Wildbüffel und etwa 80 Panzernashörner. Damit besitzt Manas die weltweit drittgrößte Population der vom Aussterben bedrohten Rhinozerosse.
Das Zwergwildschwein galt in Assam bereits als ausgestorben, in Manas wurde es wieder entdeckt. Auch Barasinghas (Zackenhirsche), Bengalkatzen und Schuppentiere kommen vor. Auf etwa 800 Exemplare schätzt man die Goldlanguren, die auf der bhutanischen Seite des Parks leben. Auf der indischen findet man Schopflanguren. Grassavanne, Wald und Flusslandschaft bieten auch zahlreichen Vogelarten Lebensraum. So kommen hier Zwergwachtel, Drongo und Nepal-Uhu vor. Über die Kernzone von Manas hinaus hat man eine Fläche von 2837 km² zum Tiger-Schutzgebiet erklärt.

Nationalpark Kaziranga

Eines der letzten von Menschen unberührten Gebiete im Herzen Assams ist Lebensraum für die größte Population von Panzernashörnern.

Lage: Assam
Ausdehnung: 430 km²

Der Kaziranga-Nationalpark wird vom Ungestüm des Brahmaputra geprägt. Während der Monsunzeit steht der Park regelmäßig unter Wasser. Dann müssen die Tiere in höher gelegene Regionen ausweichen.
Der Schutz der Panzernashörner stand schon immer im Mittelpunkt des Interesses. Bereits um die Jahrhundertwende war der Bestand der Tiere so sehr dezimiert worden, dass man keine Jagdlizenzen mehr ausgab und die Region 1908 als Waldreservat für die Öffentlichkeit schloss. 1950 wurde diese zum Wildschutzgebiet und 1974 zum Nationalpark erklärt.
Berühmt wurde es durch die größte Population an Panzernashörnern. Zahlreich sind Büffel und verschiedene Hirscharten. Es kommen auch Dachse, Gibbons, Tiger und Wildschweine sowie seltene Vögel vor, vor allem Barttrappen und Graupelikane.

Sundarbans

Dieses ausgedehnte Mangrovengebiet im Gangesdelta ist Heimat der größten Population Bengalischer Königstiger in Indien.

Lage: W-Bengalen
Ausdehnung: 1330 km²

Drei wasserreiche Flüsse, Ganges, Brahmaputra und Meghna, bilden die Grundlage für diesen größten Mangrovenwald der Welt. Das reiche Ökosystem der Feuchtgebiete gibt dadurch, dass es eine Übergangszone zwischen Salz- und Süßwasser bildet, den unterschiedlichsten Tieren einen Lebensraum: Fischotter, Wasserschlangen, Schildkröten, Bindenwarane, Krokodile, Störche, Reiher, Kormorane, Brachvögel, Möwen und Seeschwalben sind hier heimisch. Die Bengalischen Königstiger, ein wenig kleiner und rötlicher im Fell als die anderen Tiger Indiens, reißen als Beute Axishirsche und Wildschweine.

Elephanta

Das dem Shiva geweihte Felsheiligtum auf einer Insel im Arabischen Meer ist vor allem für seine Steinmetzarbeiten berühmt, die hauptsächlich den Gott selbst darstellen.

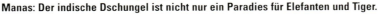
Manas: Der indische Dschungel ist nicht nur ein Paradies für Elefanten und Tiger.

Lage: Maharashtra, nahe Bombay
Bauzeit: 7. Jh.

Die Skulpturen des Felsentempels aus dem 7. Jh. gehören zu den Höhepunkten der frühen hinduistischen Kunst. Monumental ist das 6 m hohe Brustbild des Shiva Mahadeva, das den Gott dreigesichtig und mit prachtvollem Kopfschmuck zeigt. Shiva, zusammen mit Brahma und Vishnu eine der wichtigsten Gottheiten des hinduistischen Pantheons, wird als Gott des Schöpferischen betrachtet und in der Form des Phallus (Lingam) verehrt, aber auch als ekstatischer Tänzer, als Shiva Nataraja. Oft tritt der Gott mit einer Entourage von Wesen halb göttlicher, halb dämonischer Natur auf. Wie die Darstellungen des Shiva haben auch diese Heerscharen in Elephanta eine angemessene Darstellung in Stein gefunden.

Khajuraho

Die etwa 20 erhaltenen Tempel aus der Blütezeit der Chandella-Dynastie zeigen eine höchst gelungene Verbindung von Architektur und Skulptur. Sie sind Meisterwerke indischer Baukunst.

Lage: Madhya Pradesh
Baubeginn: um 930

Berühmt wurde Khajuraho durch die Vielzahl der die Außenwände der Tempel schmückenden erotischen Motive. Die dargestellte sexuelle Vereinigung ist das Sinnbild der Fruchtbarkeit und der ständigen Neuerschaffung der Welt. Khajuraho lässt sich in drei Bereiche unterteilen. Im Dorf selbst gibt es eine Gruppe von Brahma-, Vamana- und Javari-Tempeln. Östlich des Ortes liegen die Jaina-Tempel, noch heute Zentren eines lebendigen Kults.
Dass Khajuraho im 10.–11. Jh. Zentrum der Chandella-Dynastie war, zeigt die Gruppe der Lakshmana-, Kandariya-, Visvanatha- und Chitragupta-Tempel. Die Tempel folgen alle einem ähnlichen Bauprinzip und sind von Ost nach West ausgerichtet. Im Westen befindet sich – erreichbar über viele Stufen – die Eingangshalle, ihr schließen sich die Vorhalle, die Haupthalle, ein Vestibül und die Cella an.
Die turmartig aufragenden Dächer über den einzelnen Gebäudeteilen werden zur Cella hin stets höher. Diese symbolisiert den Weltenberg Meru, den Sitz der Gottheit, und birgt das dem Osten zugewandte Kultbild.

Sanchi

Das älteste buddhistische Heiligtum Indiens war bis ins 12. Jh. hinein ein wichtiges religiöses Zentrum.

Lage: Madhya Pradesh, nahe Bhopal
Gründung: um 250 v. Chr.

Die Wallfahrtsstätte Sanchi beherbergt einige der ältesten buddhistischen Kultbauten Indiens. Der Überlieferung nach soll König Ashoka, der große Förderer des Buddhismus, die Anlage gegründet haben. Mit Sicherheit wurden zumindest einige der Gebäude von ihm gestiftet.
Ein Höhepunkt sind die herrlichen Steinmetzarbeiten rund um den größeren Stupa 1, der um 150–100 v. Chr. entstand. Er wird von einer Palisadenzaun umgeben, durch den – in den Himmelsrichtungen – vier große Steintore (Torana) Einlass gewähren. Sie wurden im 1. Jh. v. Chr. errichtet und sind über und über mit Reliefs bedeckt, die in lebendigen Darstellungen Szenen aus dem Leben Buddhas illustrieren.

Die drei hinduistischen Tempelanlagen von Khajuraho, der einstigen Hauptstadt des alten Königreichs Jijhoti, sind nach einem ähnlichen Grundmuster aufgebaut und liegen alle etwas erhöht. Berühmt sind die Tempel für ihre erotischen Skulpturen, von denen eine große Zahl die Bauwerke schmückt. Die Tempel stammen vorwiegend aus dem 10.–11. Jh., der Zeit der Chandella-Dynastie.

Indien
Ellora

Ajanta

Die Höhlentempel aus unterschiedlichen Jahrhunderten weisen Wandmalereien von höchster künstlerischer Qualität auf.

Lage: Maharashtra, bei Aurangabad
Gründung: 2. Jh. v. Chr.

Die Klosteranlage verbirgt sich in der schluchtähnlichen Schleife des Waghora-Baches, in deren senkrecht abfallende Wände Gläubige in zwei Bauphasen rund 30 Höhlen schlagen ließen. Die erste Phase umfasst die Zeit vom 2. Jh. v. Chr. bis zum 2. Jh. n. Chr., die zweite fällt in die Gupta-Zeit (5.–6. Jh. n. Chr.). In acht der Ajanta-Höhlen haben sich bis auf den heutigen Tag Wandmalereien erhalten, die in ihrem erzählerischen Reichtum und der künstlerischen Ausgestaltung unerreicht sind. Dargestellt werden Szenen aus dem Leben des Buddha und so genannte Jatakas, Legenden, die von seinen früheren Inkarnationen berichten.
Während die dem Gandhara-Stil verwandten und mehr in Rot- und Brauntönen gehaltenen Figuren in den Höhlen aus vorchristlicher Zeit vor allem durch eine starke Umrisszeichnung charakterisiert werden und fast ausnahmslos in die Bewegungsrichtung der Erzählung blicken, wirken die Figuren in den Höhlentempeln nach dem 5. Jh. n. Chr., die höfisches und alltägliches Leben anschaulich vorführen, vor allem in der Gestaltung des Gesichtsausdrucks ausgesprochen realistisch.

Ellora

Aus dem natürlich gewachsenen Felsgestein wurden beim Dorf Ellora insgesamt 34 hinduistische, buddhistische und jainistische Tempel- und Klostergebäude herausgearbeitet, die für ihren reichen Skulpturenschmuck berühmt sind.

Lage: Maharashtra, nahe Aurangabad
Blütezeit: 5.–10. Jh.

Das Maharashtra-Plateau mit seinen tief in den Basalt eingeschnittenen Canyons hat sich geologisch besonders für den Bau monolithischer Felsentempel geeignet. Allen Ellora-Heiligtümern ist nämlich gemeinsam, dass sie nicht in den Felsen hineingebaut, sondern aus ihm herausgeschlagen wurden. Die wesentlichen, tragenden Elemente bestehen sämtlich aus dem gewachsenen Gestein, zum größten Teil auch Bauschmuck und Skulpturen.
Von den Tempeln und Klöstern, die aus einer sich über 2 km hinziehenden Steilwand herausgearbeitet wurden, sind 17 hinduistisch, zwölf buddhistisch und fünf jainistisch. Dieses enge Nebeneinander ist ein Zeugnis für die große religiöse Toleranz im mittelalterlichen Indien.
Wie in Khajuraho folgen auch hier alle Tempel einem ähnlichen Bauprinzip und bestehen aus Eingangshalle, Vorhalle, Haupthalle und Cella. Letztere enthält das Kultbild, weshalb ihr Dach auch als höchstes aufragt und, wie in Indien üblich, den Weltenberg Meru symbolisiert. Bei dem architektonisch besonders bemerkenswerten Kailasa-Tempel – er ist das größte Felsheiligtum von Ellora und imitiert einen gemauerten Freibau – repräsentiert das Cella-Dach entsprechend den heiligen Berg Kailas, den Sitz des Gottes Shiva.

1 Hohe Sockel erheben die Shikhara genannten Türme des Lakhshmana-Tempels in Khajuraho über die Umgebung.

2 Ellora: Gebäude und Höfe der Tempel wurden aus dem Felsgestein herausgearbeitet.

3 Der Kailasa-Tempel in Ellora aus dem 8. Jh. verkörpert den Höhepunkt der indischen Felsarchitektur.

4 Die ältesten der buddhistischen Felsentempel von Ajanta stammen aus dem 2. Jh. v. Chr.

Die Welt der tausend Götter
Der Hinduismus

Aus den Göttern und Mythen der Veden hat sich im Lauf der Jahrhunderte eine der großen Weltreligionen entwickelt. Ursprünglich eng mit Landschaft und Gesellschaft Indiens verbunden, reichen die Einflüsse des Hinduismus bis weit nach Südostasien hinein.

Der Hinduismus kennt keine Kirche und kaum Dogmen. Eher ist er ein Sammelbegriff für eine ganze Reihe religiöser Vorstellungen, denen jedoch eine Götterwelt gemeinsam ist – ganz gleich, ob nun Shiva, Vishnu, Ganesha oder eine andere der zahlreichen Gottheiten den zentralen Platz einnimmt. Und so fällt es auch schwer, einen wichtigsten oder höchsten Gott des Hinduismus zu nennen.

Vorfahren dieser Götter begegnet man zum ersten Mal in den Veden, religiöser Dichtung aus dem 1. Jahrtsd. v. Chr. Aus den Vorstellungen dieser Zeit entstand um 800 v. Chr. der Brahmanismus. Mit dem Erscheinen des Buddhismus und des Jainismus etwa 300 Jahre darauf musste der von privilegierten Priestern gestaltete Opferkult volksnah werden und wurde ebenfalls zu einer echten Heilslehre: dem Hinduismus.

Die zentrale Rolle im religiösen Leben eines Hindu spielt die Verehrung der Kultbilder der ihm aus den Epen vertrauten Götter. Daneben gilt es noch zahlreiche lokale Schutzgötter zu beachten. Jedes Gebet, jede religiöse Handlung ist auf die Verbesserung des Karma und damit die Form der nächsten Wiedergeburt sowie letztlich auf die Erlösung der Seele aus dem Kreislauf der Wiedergeburten ausgerichtet. Dazu gehören auch Pilgerfahrten zu den heiligen Stätten, vor allem zum Sitz Shivas, nach Benares (Varanasi), an die Ufer des Ganges.

Die Kunst des Hinduismus ist die Kunst seiner Kultbilder. Die Darstellung der Götter zielt auf Wirkkraft, die überlieferungsgetreue Darstellung ist entscheidend. Ähnliches gilt für die Architektur, die ebenfalls strengen Gesetzen zu folgen hat; sie wird als Abbildung der kosmischen Ordnung verstanden.

Diese Bauprinzipien findet man in Indien, Indonesien oder Kambodscha gleichermaßen: Die indische Kunst – und mit ihr die Religion – hat fast eineinhalb Jahrtausende hindurch auf friedliche Weise weit in den südostasiatischen Raum hinein ausgestrahlt.

1 Gr. Bild: Das Bad in den Fluten des Ganges bei Varanasi besitzt eine körper- und seelereinigende Wirkung.

2 Kl. Bild: Der elefantenköpfige Gott Ganesha ist der Beschützer der Gelehrsamkeit.

3 Die Bauten der Prambanan-Ebene auf Java bilden die größte hinduistische Tempelanlage Indonesiens.

4 Angkor Wat: Vishnu, der Bewahrer, ist die Verkörperung von Gnade und Güte.

Wichtige hinduistische Götter

Brahma, der Schöpfer, bildet mit Vishnu und Shiva die Dreiheit des Weltgeschehens.

Shiva, der Zerstörer, versinnbildlicht – gemeinsam mit Parvati – auch die Erneuerung.

Kali, die »Schwarze«, ist als Göttin der Zeit die furchtbare Form der Devi, der Göttin der kosmischen Energie.

Yama, eigentlich ein Sohn des Sonnengottes, wacht als Totenrichter über die Unterwelt.

Indien
Pattadakal

Pattadakal 239

Die Residenzstadt der Chalukya-Herrscher vereint die unterschiedlichen Baustile aus Nord- und Südindien. Ein Meisterwerk unter den vielen Heiligtümern ist der Virupaksha-Tempel.

Lage: Bundesstaat Karnataka
Blütezeit: 7.–8. Jh.

Die Lage im Grenzbereich zwischen Nord- und Südindien und die Toleranz der Chalukya-Herrscher haben Pattadakal zu einem Schmelztiegel verschiedener Architekturformen gemacht. Den nordindischen Typus repräsentieren Tempel wie der kleine Kashivishvanatha. Charakteristisch ist hierfür die bauliche Einheit von Shikhara-Turm und Cella; ihr ist eine Eingangshalle vorgelagert. Das Hauptkultbild in der Cella kann nur außerhalb des Bauwerks umschritten werden.
Der südindische Typus, der vor allem im 7. Jh. unter den Pallava-Herrschern gefördert wurde, zeichnet sich dadurch aus, dass man um die Cella herum einen Flurumgang baute. Der Tempelraum mit der Kultzelle und die großräumige Eingangshalle öffnen sich fast in voller Breite zueinander. Bestes Beispiel dafür ist der Virupaksha-Tempel. Die dem Shiva geweihte, größte Anlage Pattadakals ist üppig mit Steinmetzarbeiten verziert.

Goa 234

Die ehemalige portugiesische Besitzung ist ein Museum kolonialer Renaissance- und Barockarchitektur.

Lage: Westküste
Blütezeit: 16.–17. Jh.

Goa war der bedeutendste der portugiesischen Handelsstützpunkte in Indien. Den Küstenstreifen hatten die Portugiesen 1506 erobert. Alt-Goa wurde zu Anfang des 19. Jhs. verlassen, weil die Malaria grassierte. Man baute flussabwärts eine neue Stadt, gab jedoch die alten Kirchen und Klöster nicht auf. So präsentieren sie sich heute noch immer in alter Pracht.
Auf das Jahr 1521 geht die Kirche St. Franziskus zurück, auf das Jahr 1562 St. Katharina, die größte Kirche Asiens. Von 1594 stammt die wichtigste Missionsstätte, die Jesuitenkirche, in der sich das Grab des hl. Franz Xaver befindet. Er hatte das Christentum nach Indien und Japan getragen.

Hampi 241

Hampi, das einstige Vijayanagar, die letzte große Hindu-Hauptstadt vor dem Sieg des Islam, glänzt mit opulent dekorierten Bauten – Musterbeispielen des südindischen, drawidischen Stils.

Lage: Bundesstaat Karnataka
Blütezeit: 1336–1565

Wie ein Freilichtmuseum südindischer Baukunst wirkt die Innenstadt der ehemaligen Metropole. Sie wird von einem Mauerring umgeben und birgt drei Paläste drawidischer Prinzen und mehrere Großtempel. Der Vitthala-Tempel, der in der ersten Hälfte des 16. Jhs. errichtet, aber nie vollendet wurde, beeindruckt durch zahlreiche den Pfeilern vorgesetzte Skulpturen und einen 8 m hohen, aus einem einzigen Steinblock geschnittenen Tempelwagen.
Der ganze Stolz des Virupaksha-Tempels ist – neben reichem Figurenschmuck – das mehr als 50 m hohe Gopura, der für die südindische Baukunst typische Torturm.
Während sich die Tempel im Nordteil der Stadt konzentrieren, sind die Palastbauten im Süden versammelt. Hier ließen die Hindu-Prinzen die gesamten Wände der Paläste mit Reliefs überziehen, die Szenen aus den großen Epen wie dem Ramayana schildern.

Der Weg zur Festung Sigiriya führt an zwei Löwenpranken vorbei.

Sonnentempel von Konarak 246

Der dem Gott Surya geweihte Sonnentempel ist eines der bedeutendsten Heiligtümer des alten Indien. Kunsthistorisch bedeutend sind vor allem die außerordentlichen Steinmetzarbeiten.

Lage: Bundesstaat Orissa
Bauzeit: um 1250

Der Sonnengott Surya bildete schon in der vedischen Zeit mit dem Feuergott Agni und dem Donnergott Indra eine Art Dreiheit. Als Lebensspender wurde er von den Hindus stets hoch verehrt.
Der Tempel in Konarak mit dem 75 m hohen, pyramidenförmig ansteigenden Shikhara-Turm samt der darunter liegenden Cella ist ein Stein gewordenes Abbild des Wagens, in dem der Gott täglich über das Firmament fährt. So versinnbildlichen die zwölf Räder an den Sockelwänden die Sonne gleich zweifach: Das Rund des Rades verkörpert die Sonne; die Zahl der Räder symbolisiert die Monate.
Während die Wände des Tempels mit Figuren von Gottheiten und Musikantinnen geschmückt wurden, sind die Flächen des hohen Sockels und die Räder bis hinein in die Verästelung der Speichen vollständig mit Reliefs und Steinschneidearbeiten überzogen.

Mahabalipuram 249

Eine der schönsten archäologischen Stätten Südindiens, die neben richtungweisenden Beispielen drawidischer Tempelarchitektur, den »Rathas«, einen Höhlentempel, Felsreliefs und einen Küstentempel aufweist.

Lage: südl. v. Madras
Blütezeit: 7. Jh.

Im Gegensatz zu den meisten Eroberern hat sich der Pallava-Fürst Narasimhavarman I. (reg. 625–645) als wissbegierig und gelehrig erwiesen. Nachdem er seine Nachbarstädte besiegt und dabei die atemberaubende Baukunst der Chalukya-Herrscher kennen gelernt hatte, gab er sogleich die Verschönerung seiner Stadt Mahabalipur in Auftrag. Es entstanden Höhepunkte der drawidischen Baukunst, deren Formen fortan als verbindlich galten.
Um die verschiedenen Möglichkeiten der Kulthallen-Architektur auszuprobieren, ließ Narasimhavarman die fünf Rathas schaffen. Sie sind keine Tempel im eigentlichen Sinn, sondern eher Monumentalskulpturen und wurden nicht aufgebaut, sondern aus dem gewachsenen Felsen herausgeschnitten.
Während Ratha Nr. 1 noch schlicht, wie eine Wohnhütte, aussieht, wurde der Dharmaraja-Ratha, der letzte in der Reihe, zum Prototyp für viele drawidische Tempel. So hat beispielsweise Narasimhavarmans Nachfolger den Küstentempel von Mahabalipuram dem Ratha-Muster entsprechend bauen lassen.
Ein Glanzlicht der indischen Plastik ist das große Granitrelief, das die Herabkunft des Ganges bebildert und mit unvergleichlichen Tierdarstellungen aufwartet.

Brihadishvara-Tempel 250

Wie alle südindischen Tempel zeigt auch der Brihadishvara einen Überfluss an ornamentalem Dekor, der hier ein Zeugnis für den Stil der Chola-Dynastie ist. Sie hatte in Thanjavur ihre Hauptstadt.

Lage: Thanjavur, Tamil Nadu
Bauzeit: 1003–1010

Im 9.–12. Jh. herrschte über Südindien die Chola-Dynastie. Thanjavur wurde von 907–1310 ihre Residenzstadt, die sie im südindischen Stil, dem Vorbild der Pallava-Fürsten aus Mahabalipuram folgend, ausbauen ließen. Als eine der gewaltigsten Bauleistungen dieser Zeit gilt der von König Rajaraja in Auftrag gegebene Brihadishvara-Tempel.

Sigiriya: Zahllose Darstellungen von halb nackten oder elegant gekleideten Frauen schmückten einst die Wände des steilen Gangs, der zur Inselfestung hinaufführt. Sie bilden einen Höhepunkt der altindischen Malkunst. Die so genannten Apsaras, himmlische Nymphen, tauchen Blumen streuend aus Wolken auf um den König zu begrüßen. Heute sind nur noch 22 Wandbilder erhalten.

Sri Lanka
Anuradhapura

Der Tempelturm über der Cella, als 13-stöckige Terrassenpyramide erbaut und von einem großen Schlussstein bekrönt, ragt rund 60 m auf. Dass die Anlage dem Schöpfer- und Zerstörergott Shiva geweiht ist, erkennt man an der Vielzahl der Phallussymbole, den unzähligen Shiva-Bildnissen und den zahlreichen Darstellungen des Stiers Nandi, dem Reittier des Gottes.

Sri Lanka

Sigiriya 202

Am »Löwenfelsen« errichteten die Könige von Anuradhapura ihre Bergfeste und Hauptstadt.

Lage: Nordwestprovinz
Gründung: 5. Jh.

Die Feste auf dem senkrecht aus tropischer Vegetation emporragenden »Löwenfelsen« (sinhagiri) wurde nicht nur zur Verteidigung, sondern auch als königliches Lustschloss erbaut. Das zeigen die zauberhaften und zum Teil gut erhaltenen Temperamalereien am den steilen Abhang hinaufführenden Gang, die himmlische Nymphen – elegante, modisch frisierte und üppig mit Schmuck behangene Damen – darstellen.
Der Weg zum Gipfel begann einst am Löwentor, von dem lediglich die Pranken erhalten sind. Die Zitadelle selbst existiert ebenfalls nur noch in Ruinen; die Reste der Hallen, Bäder, Brücken, Gärten und Springbrunnen der im 5. Jh. von König Dhatusena geplanten Anlage sind jedoch gut zu erkennen.
Residiert hat hier sein Sohn Kassapa, der durch Vatermord und Vertreibung seines Bruders den Thron erklimmen konnte – für 18 Jahre, dann kehrte der Bruder zurück. Es kam zu einer Entscheidungsschlacht, in deren Verlauf Kassapa sich das Leben nahm.

Anuradhapura 200

Die erste Hauptstadt der singhalesischen Königreiche birgt viele Monumente des frühen Buddhismus: Stupas, Buddhafiguren und den mit 2200 Jahren verbrieft ältesten Bodhibaum der Welt, den heiligsten Baum der Insel.

Lage: Nordostprovinz
Gründung: 3. Jh. v. Chr.

Mit diesem Bodhibaum steht auch die Gründung Anuradhapuras in Zusammenhang. Die buddhistische Nonne Sanghamitta brachte 244 v. Chr. einen Zweig jenes Baumes nach Sri Lanka, unter dem einst der meditierende Buddha zur Erleuchtung gelangt war. Heute ist der heilige Baum geistiger und geografischer Mittelpunkt der Stadt.
Auf den Bodhizweig geht auch der Isurumuniya-Schrein aus dem 3. Jh. v. Chr. zurück. Seine Gründer waren Laien, die sich aus Ehrfurcht vor den Wundern, die sich beim Pflanzen des Zweigs ereigneten, zu Mönchen weihen ließen. Hier findet man eines der schönsten Reliefs der Insel.
Der Heiligkeit des Ortes entsprechend, der bis ins 11. Jh. Residenzstadt war und heute wieder ein bedeutendes religiöses Zentrum ist, befinden sich hier Tempel und Klöster in großer Zahl. Die Thuparama-Dagoba, der älteste Stupa, stammt aus dem 3. Jh. v. Chr. und barg eine wertvolle Reliquie, einen Knochensplitter Buddhas. Das 161 v. Chr. gegründete Kloster Maha Vihara war eine wichtige Keimzelle für die Verbreitung des Buddhismus auf Sri Lanka.
Die Ruvanveli-Dagoba, deren Halbkugel 110 m Höhe erreicht, wurde im 2. Jh. v. Chr. erbaut. Auf das 1. Jh. v. Chr. geht das Abhayagiri-Kloster zurück; auf das 4. Jh. die Jetavana-Dagoba, mit einst knapp 130 m Höhe der größte Stupa der Welt. Aus derselben Zeit stammt auch die Statue des Samadhi-Buddha, eine der schönsten ihrer Art.
Von den weltlichen Bauten sind der »Edelsteinpalast« mit kostbaren Skulpturen der Nagakönige zu nennen und der »Mondstein«, ein halbrunder Türstein des ehemaligen Königspalastes, der durch zauberhafte Ornamente besticht.

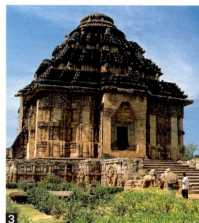

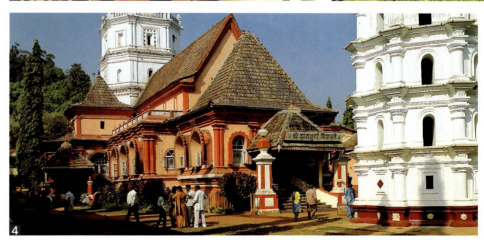

1 Nach der Zerstörung durch islamische Fürsten sind nur wenige Bauten der Hauptstadt Hampi erhalten geblieben.

2 Heilige Stadt Sri Lankas: Statue des entschlafenen Buddha in Anuradhapura

3 Die Sockelwände des Surya-Tempels von Konarak sind mit zwölf ornamentierten Steinrädern geschmückt.

4 Barockfassaden: Die Portugiesen herrschten in Goa über 450 Jahre lang.

Sri Lanka
Dambulla

Dambulla

Die fünf Höhlentempel des kleinen Ortes Dambulla mit unzähligen Statuen und Wandmalereien gehen auf die Anfänge des sri-lankischen Buddhismus zurück.

Lage: Zentralprovinz
Baubeginn: 1. Jh. v. Chr.

Die erste von drei nachweisbaren Schaffensperioden am Hang des »Schwarzen Felsens« begann unter König Vattagamani Abhaya, der vor der zweiten großen Tamileninvasion aus Anuradhapura geflohen war. Er fand während seines 14-jährigen Exils hier am Granitfelsen Unterschlupf. Danach geriet das Heiligtum in Vergessenheit und wurde erst im 12. Jh., als das nahe gelegene Polonnaruva Hauptstadt wurde, wieder entdeckt und ausgebaut. Die dritte Periode fällt in die Regierungszeit des Königs Sri Kirti Rajasinha (1747–1782).

Im »Tempel des Gottkönigs« (Devaraja Vihara), der ersten Höhle, fasziniert eine 14 m lange Figur des liegenden Buddha. Sie zeigt den Erleuchteten in jenem Moment, in dem er ins Nirvana eintritt. Die gut erhaltenen Malereien sind von besonderem kunsthistorischen Interesse. Die größte und durch die Vielzahl der Statuen sowie die Qualität der Gemälde eindrucksvollste Höhle ist der »Tempel des Großen Königs« (Maharaja Vihara). Wände und Decke sind mit Szenen aus dem Leben Buddhas und der sri-lankischen Geschichte bemalt. Den »Großen Neuen Tempel« (Maha Alut Vihara), die dritte Höhle, hat König Sri Kirti Rajasinha in Auftrag gegeben.

Auf das 1. Jh. v. Chr. geht die vierte Höhle zurück, die an die heroische Königin Somavathi erinnert. Der fünfte Höhlentempel zeigt sich im Stil von 1820, der Zeit seiner Renovierung, was man den buddhistischen und hinduistischen Statuen deutlich ansehen kann.

Polonnaruva

Die mittelalterliche Königsresidenz birgt berühmte Bauten und Meisterwerke singhalesischer Bildhauerkunst.

Lage: Nordostprovinz
Blütezeit: 10.–13. Jh.

Polonnaruva wurde erstmals im 8. Jh. Regierungssitz, obwohl es bereits zuvor den Königen als Residenz gedient hatte, wenn diese vor den Tamilen aus dem Süden geflohen waren. Nach der Zerstörung Anuradhapuras im Jahr 1017 wurde Polonnaruva endgültig zur Hauptstadt erklärt; indische und singhalesische Könige wechselten sich ab. Der bedeutendste von den letzteren war Parakrama Bahu I. (reg. 1153–1186). Seine Epoche gilt als kulturelle und wirtschaftliche Blütezeit, es entstanden Tempel, Gärten, Schulen, Krankenhäuser, Bewässerungsanlagen und ein prachtvoller Palast.

Dies alles wurde gut einhundert Jahre später wieder aufgegeben, nachdem König Magha die florierende Stadt ausgebeutet und ins Chaos gestürzt hatte. Von da an nahm der Dschungel Besitz von Polonnaruva und verbarg es für gut 600 Jahre. Inzwischen sind alle bedeutenden Sehenswürdigkeiten wieder freigelegt. Aus der Blütezeit unter Parakrama Bahu I. stammen der Palastbezirk mit Ratskammer und königlichem Bad, der »Runde Reliquienschrein« mit einem kunstvollen »Mondstein«, einer halbmondförmigen Steinplatte, das »Haus der acht Reliquien«, die Ruvanveli-Dagoba – mit 55 m die höchste in Polonnaruva – sowie die Thuparama-Dagoba.

Der Gal Vihara ist eine der bekanntesten Anlagen Sri Lankas. Vom Tempel sind vor allem vier große Buddhafiguren erhalten, die aus der Granitwand geschlagen wurden. Der 14 m lange liegende Buddha ist ein wahres Meisterwerk der Steinmetzkunst. Die Wände des Felsentempels waren einst mit beachtlichen Malereien geschmückt.

Kandy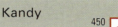

Im »Tempel des Zahns« zu Kandy befindet sich Sri Lankas höchstverehrte Reliquie,

Sagarmatha: Das Kloster Tengpoche liegt in 3867 m Höhe.

ein Zahn Buddhas. Ihr zu Ehren findet alljährlich das Esala Perahera, eine farbenprächtige Prozession, statt.

Lage: zentrales Bergland
Gründung: 16. Jh.

Die religiöse Metropole und mit 150 000 Einwohnern viertgrößte Stadt Sri Lankas wurde von König Vikrama Bahu III. (1267–1301) als dessen Hauptstadt gegründet. Die wesentlichen Bauwerke gehen allerdings auf König Vikrama Rajasinha (reg. 1796–1815) zurück, dem wohl bedeutendsten Herrscher in Kandy.

Vikrama Rajasinha gab auch die hölzerne Audienzhalle im alten Palast und den großen Kandysee im Zentrum der Stadt in Auftrag. Die Entstehung des Gewässers soll daher rühren, dass der König trockenen Fußes von seinem Palast zum südlich gelegenen Malwatte-Tempel gelangen wollte und deshalb einen Damm durch die Reisfelder bauen ließ. Alsbald bildete sich hinter dem Damm ein Teich, wovon der König so begeistert war, dass er diesen zu einem See von etwa 4 km Umfang erweitern ließ.

Das wichtigste Pilgerziel der sri-lankischen Buddhisten ist der »Tempel des Zahns« (Dalada Maligawa). Im Obergeschoss des zweistöckigen Baus wird die kostbare Reliquie in einem wertvollen Schrein aufbewahrt. Der »Tempel des Blumengartens« (Malwatte Vihara) ist heute einer von zwei Haupttempeln des in Sri Lanka beheimateten Siyam-Nikaya-Ordens.

Waldschutzgebiet Sinharaja

Tropischer Bergregenwald bestimmt das Bild des auf Höhen von 500–1100 m liegenden Naturparks, der auch für seinen Reichtum an Orchideenarten berühmt ist.

Lage: Bergland von Sabaragamuwa
Größe: 88 km²

Das Waldgebiet von Sinharaja ist der letzte ursprüngliche Regenwald Sri Lankas. Die Regierung bestimmte das Gebiet zwischen Ratnapura und Matara zum Biosphärenreservat, weil es sonst – wie viele andere Wälder zuvor – der in Sri Lanka weit verbreiteten Raubrodung zum Opfer gefallen wäre. Rund 60 % der zumeist seltenen Baumarten sind endemisch, also nur auf Sri Lanka heimisch. Auch die zahlreichen Orchideenarten machen das Gebiet zu einer Schatzkammer der Natur. Im Primärregenwald leben zahlreiche selten gewordene Tierarten, darunter viele Insekten und Amphibien.

Galle

Die Geschichte der Hafenstadt ist vor allem eine Geschichte der Kolonisierung, bei der Portugiesen, Holländer und Briten ihre Spuren hinterließen, die die Altstadt zu einem Freilichtmuseum machen.

Lage: Südküste
Blütezeit: 16.–18. Jh.

Ein Ort des Handels war Galle bereits in biblischer Zeit. Damals hieß es Tarschisch und König Salomo bezog seine Edelsteine von hier. Auch der Kalif Harun al-Raschid nutzte den Hafen zum Warenaustausch mit den Chinesen. Ins Blickfeld der Europäer rückte der Ort erst 1505, als ihn die Portugiesen eroberten. Sie wurden 1640 von den Holländern abgelöst, die 1796 wiederum den Briten Platz machen mussten.

Die von den trutzigen Mauern aus dem Jahre 1663 geschützte Altstadt, das ehemalige Fort, ist die Hauptattraktion. In den Gassen und den Häusern der Burgher, der heutigen Nachfahren der Holländer, scheint das 20. Jh. noch sehr fern. Aus portugiesischer Zeit ist so gut wie nichts erhalten, da die Niederländer fast alles überbaut haben. An deren Blütezeit erinnern mächtige Bastionen, Tore, barocke Kirchen und das repräsentative Government House, der Sitz des Kommandanten.

Den besten Einblick in die Geschichte der Kolonialsiedlung

Nepal Sagarmatha

Die Augen auf dem größten der Stupas, Chaitya genannt, von Swayambhunath bei Katmandu symbolisieren die in alle vier Weltgegenden gerichtete Gnade des Buddha. 365 Treppenstufen führen zu dem auf einem Hügel gelegenen ältesten und wichtigsten Heiligtum Nepals hinauf. Die architektonischen Formen symbolisieren den Weltenberg Meru und das Himmelsgewölbe.

verschafft man sich im »Historical Mansion«, dessen Sammlung aus liebevoll zusammengetragenen Austellungsstücken besteht. Das bis ins Detail originalgetreu restaurierte Gebäude ist der wohl prächtigste Bau des Forts.

Nepal

Katmandu-Tal 121

Die Hauptstadt des Königreichs Nepal ist mitsamt den Orten ihrer Umgebung eine Schatztruhe mittelalterlicher, himalayischer Kunst und Kultur – quasi unverändert seit ihrer Blütezeit.

Lage: Zentral-Nepal
Blütezeit: 16.–17. Jh.

Nicht allein die pagodenähnlichen Dächer der Paläste, Tempel und Wohnhäuser oder der Reichtum an exquisit gearbeitetem Schnitzwerk, das sogar schlichte Privathäuser ziert, machen den schwer in Worte zu kleidenden Reiz des Katmandu-Tals aus – auch nicht die Üppigkeit der goldenen Tempelschätze. Es ist die ganze Atmosphäre, die fasziniert, und es sind die Menschen, die diese Atmosphäre gestalten und bereits gestaltet haben, bevor überhaupt die erste Hauptstadt im Jahr 723 gegründet wurde.
Die Bewohner des Tals haben ihre tiefe Religiosität schon immer in überwältigenden Bauten dokumentiert. So ist die heiligste Stätte der Buddhisten Swayambhunath, deren älteste Pagode im 4. Jh. v. Chr. entstand; die Hindus sind die Tempel von Pashupatinath. Auch überall sonst im Tal stößt man auf kleine, aber sehr verehrte Tempel und Schreine; die Religion besitzt im Alltag Nepals einen hohen Stellenwert.
Die ältesten erhaltenen weltlichen Bauten stammen aus der Mitte des 17. Jh.s. Sie befinden sich in Katmandu und in Patan sowie in Bhatgaon, der dritten Residenzstadt. Die drei Orte waren im Laufe der Geschichte Hauptstädte einzelner Teilreiche, inzwischen wachsen sie zu einer Metropole zusammen.
Der zentrale Platz in Katmandu ist – wie in den anderen Städten auch – der Durbar Square; an ihn schließen sich Königspalast und zahlreiche Tempel an. Bhatgaon (Bhaktapur) ist insgesamt ein »offenes Museum«, denn nicht nur die weiteren beiden Hauptplätze der Stadt strahlen jene typisch nepalesische Atmo-

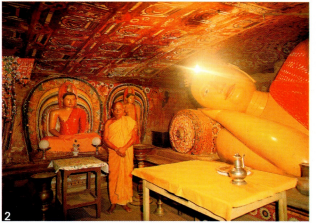

sphäre aus, die vom Baustil der Malla-Herrscher (17.–18. Jh.) bestimmt ist – jede enge Gasse führt den Besucher zurück ins Mittelalter.

Nationalpark Sagarmatha 120

In der Gebirgsregion zu Füßen des Mt. Everest, einem beliebten Trekking-Gebiet, gilt es, die Hochgebirgsflora und -fauna des Osthimalaya zu schützen.

Lage: Khumbu-Region
Größe: 1148 km²

Mit dem Trekking kamen im Himalaya die Probleme. Um das ökologische Gleichgewicht in Nepal und vor allem in der Region am Fuß des Mt. Everest (nepalesisch: Sagarmatha) zu stabilisieren, bestimmte man das Gebiet 1976 zum Nationalpark. Mit den Achttausendern Mt. Everest, Lhotse und Cho Oyu sowie zahllosen Sieben- und Sechstausendern ist es die gewaltigste Gebirgsregion der Erde.

1 Im Felsentempel Gal Vihara bei Polonnaruwa beeindruckt besonders die Figur des 14 m langen liegenden Buddha.

2 Der Felsentempel von Degaldoruwa bei Kandy erinnert an südindische Baustile.

3 Die Skulpturen und Malereien in den Felsentempeln von Dambulla sind bedeutende buddhistische Kunstdenkmäler.

4 In der befestigten Stadt Galle erinnern noch zahlreiche Bauwerke an die Kolonialzeit.

Der Weg ins Nirvana
Der Buddhismus

Um 560 v. Chr. wurde in Nordindien der Fürstensohn Siddharta geboren. Seine Lehre des Verzichts zur Überwindung des Leidens wurde im Laufe der Jahrhunderte zu einer Weltreligion, deren Einfluss bis weit über Asien hinausreicht.

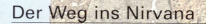

Die Überlieferung will es, dass der junge Aristokrat Siddharta bei drei aufeinander folgenden Ausfahrten die Tiefe des menschlichen Leids in Alter, Krankheit und Tod erkannte. Er schloss sich Asketen an um durch Entsagung einen Ausweg aus diesem Dasein zu finden. Die Askese erkannte er schließlich als unzulänglich, da sie Körper und Geist entkräftet. Die Erleuchtung wurde ihm schließlich nach tagelanger Meditation unter einem Baum zuteil.
Seine Erkenntnis formulierte Siddharta in den »vier edlen Wahrheiten«: 1. Das Leben ist voll von Leiden. 2. Das Leiden entsteht durch menschliche Begierden. Diese führen zum Kreislauf der Wiedergeburten. 3. Durch die Überwindung der Gier kann das Leiden aufgehoben werden. 4. Der Weg zur Aufhebung des Leidens ist der achtgliedrige Pfad des rechten Denkens, Redens, Verstehens, Handelns, Lebens, Strebens, Gedenkens, Meditierens. Er führt ins Nirvana, in die Erlösung vom Kreislauf der Wiedergeburten.
Ihre erste große Verbreitung erfuhr die neue Lehre im 3. Jh. v. Chr., als König Ashoka, der in Indien ein riesiges Reich begründet hatte, den buddhistischen Glauben annahm und den Buddhismus zur Staatsreligion erklärte.

In diese Zeit fiel auch die Trennung der Lehre in zwei Glaubensrichtungen: das Kleine (Hinayana) und das Große Fahrzeug (Mahayana). Während im Hinayana der Einzelne kraft seiner eigenen Erkenntnisfähigkeit zur Erlösung gelangen muss, kennt das Mahayana zahlreiche Erlösungshelfer, die Bodhisattvas. Nun war der Buddhismus offen für die Laienschaft, da zur Erkenntnis der Glaube als möglicher Heilsweg trat.
In Indien in der Folgezeit wieder vom Hinduismus verdrängt, breitete sich der Buddhismus im 1. Jahrtsd. n. Chr. über weite Teile Asiens aus: Er gelangte über die Seidenstraße nach China, von dort nach Japan; über den Seeweg nach Sri Lanka, Burma, Thailand und Java. Im 7. Jh. n. Chr. entstand im Königreich Tibet eine besondere Form des Buddhismus, der Lamaismus.
Auf seiner Wanderung durch Asien wurde der Buddhismus stets durch lokale Traditionen erweitert und gewandelt. Die Einbindung fremder Religionen in ihr eigenes Weltbild war der Schlüssel zum Missionserfolg der Buddhalehre.

1 Gr. Bild: Berührt der Buddha, wie hier im Wat Sra Sri von Sukhothai, mit der rechten Hand die Erde, so ruft er sie als Zeugin für die Wahrhaftigkeit seiner Lehre an.

2 Kl. Bild: Seitlich liegend wird der Buddha – hier in Anuradhapura – bei seinem Eingang ins Nirvana dargestellt.

3 Der Wat Phra Si San Phet war einst die bedeutendste Tempelanlage in Ayutthaya.

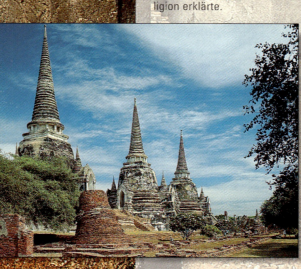

Nepal
Chitwan

Hier leben Schneeleoparden, Gorals (eine Gemsenart), der zottelige Himalaya-Thar, Moschushirsche, Pfeifhasen sowie Steinadler, Bartgeier und Alpendohlen trotz des regen Besucherandrangs unter relativ guten Bedingungen.
Die Blütenpracht unterschiedlicher Hochgebirgspflanzen wie Enzian, Zwergschwertlilie, Scheinmohn und Steinbrechgewächse kommt im späten Frühjahr und in den Monsunmonaten zum Vorschein.

Nationalpark Chitwan 284

In den Salwäldern und ausgedehnten Elefantengrasflächen des ältesten Nationalparks Nepals haben Panzernashörner, Tiger, Hirsche, Mungos, Gangesgaviale und zahlreiche Vogelarten wie der Saruskranich ihren Lebensraum.

Lage: Terai, Raptital
Größe: 932 km²

Einem Panzernashorn wird man im Chitwan-Nationalpark in jedem Fall begegnen. Es gibt hier noch rund 400 Tiere. Aber auch etwa 200 Leoparden und vielleicht 80 Tiger streifen mitunter durch das hohe Elefantengras. Alle drei Tierarten stehen unter Schutz, werden aber leider immer noch gewildert. Dennoch ist es gelungen, die ehemals sehr dezimierten Populationen zu vervierfachen. Der Park verdankt seine Existenz König Mahendra, der 1962 ein Schutzgebiet für die bedrohten Panzernashörner gründete. Das Reservat wurde 1973 zum Nationalpark erklärt.
Zu den häufig vorkommenden Wildarten zählen Sambar- und Axishirsche, Vierhornantilopen, Wildschweine, Lippenbären, Wildrinder (Gaur) und Rhesusaffen. Languren bevölkern die Baumkronen, in der Dämmerung gehen Mungos und Honigdachse auf die Pirsch, nachts hört man das Heulen der Goldschakale. In den Flüssen dösen Gangesgaviale und Sumpfkrokodile, im offenen Gelände trifft man eventuell auf Bengalwarane.
Der Chitwan-Nationalpark ist auch ein Paradies für mehr als 400 Vogelarten. Neben Saruskranichen leben hier Purpur- und Seidenreiher, Kormorane, Königsfischer, Doppelhornvögel und Graukopfseeadler.

Bangladesh

Bagerhat 321

Der architektonische Reichtum der historischen Moscheenstadt liefert einen überzeugenden Beweis für die Macht der einst unabhängigen bengalischen Sultane.

Lage: Zentral-Bangladesh
Blütezeit: 15. Jh.

Macht und Reichtum der türkisch-stämmigen Sultane in Mittelbengalen beruhten auf der Fruchtbarkeit ihres Territoriums im Geäder des Ganges- und Brahmaputra-Deltas. Den Grundstein zu diesem Reich legte im 15. Jh. der türkische General Ulugh Khan Jahan. Der gläubige Muslim ließ, um seine politische und wirtschaftliche Bedeutung zu betonen, seine Hauptstadt, die einst den Namen Khalifatabad trug, mit außergewöhnlich zahlreichen Moscheen und anderen islamischen Bauwerken schmücken.
Das bedeutendste Bethaus unter den rund 50 erhaltenen, mehrheitlich aus Ziegelstein errichteten Baudenkmälern ist die monumentale Shait-Gumbad-Moschee. Die einzelnen Bauwerke, aber auch die Gesamtanlage der Stadt bezeugen ein hohes künstlerisches und technisches Können der islamischen Baumeister.

Paharpur 322

Die Backsteinruine der einst in Südostasien sehr einflussreichen Klosterstadt zählt zu den bedeutendsten Kulturdenkmälern des bengalischen Mittelalters.

Lage: W-Bangladesh, Rajshahi
Blütezeit: Ende 8.–12. Jh.

Das dem Mahayana-Buddhismus verpflichtete »Große Kloster« (Somapura Mahavira) war in der Pala-Zeit auch außerhalb Bengalens ein intellektuelles Zentrum. Sein Einfluss reichte bis nach Kambodscha und beschränkte sich nicht allein auf das Spirituelle. Die architektonische Anlage der Mönchsstadt entsprach ihrer religiösen Funktion auf das Beste und wurde deshalb für die Baukunst und die Ausstattung buddhistischer Anlagen in ganz Südostasien stilbildend, fast sogar formal verbindlich.
Die weitläufige Klosteranlage, die sich um einen Zentralstupa gruppiert, besticht durch wunderbare Schnitzarbeiten. Sie wurde von Dharmapala, dem zweiten Herrscher aus der buddhistisch orientierten Pala-Familie, im 8. Jh. in Auftrag gegeben. Rund 300 Jahre später, als die mit den Palas konkurrierende, hinduistische Familie Sena die Macht übernahm, verlor das Kloster zusehends an Bedeutung, bis es im 12. Jh. vollends in Vergessenheit geriet.

China

Potala 707

In der Residenz des Dalai Lama – zugleich Kloster und Festung – verschmelzen Tibets Religion und Politik zu einem architektonisch-bildnerischen Kunstwerk von überwältigendem Reichtum.

Lage: Lhasa in Tibet
Bauzeit: 1645–1694

Im 110 m über dem Tal von Lhasa aufragenden, grandiosen Bauwerk manifestiert sich eine einzigartige politisch-religiöse Kultur. Mit seinem fensterlosen Sockel setzt der Palast nach außen hin auf Wehrhaftigkeit. Sein Hauptteil, der über 320 m lange Weiße Palast, wurde unter dem 5. Dalai Lama erbaut, dem ersten Hohepriester des tibetischen Buddhismus, der auch politische Macht ausübte.
Er wählte dazu den Roten Berg, auf dem im 7. Jh. schon Tibets erster König residiert hatte. Nach dem Tod des Dalai Lama entstand der später von goldenen Dächern gekrönte zentrale Rote Palast, der die bedeutendsten Schätze des über 320 m langen Komplexes birgt. Seine Wandmalereien – etwa im Inthronisationssaal und in der Großen Westhalle – und die von Gold und Edelsteinen prangenden Grabstupas von acht Dalai Lamas bezeugen ein Maß an religiöser Hingabe, das ebenso groß war wie das Leben in Tibet entbehrungsreich.

Mogao-Grotten 440

An der Seidenstraße, über die der Buddhismus nach China kam, bilden 492 mit Wandmalereien und Plastiken ausgeschmückte Grotten den größten buddhistischen Bilderreigen der Welt.

Lage: bei Dunhuang, W-Gansu
Entstehung: 4.–14. Jh.

In der reichen Oase von Dunhuang unterstrichen Kaufleute und Generäle, wohlhabende Witwen und einfache Mönche über ein Jahrtausend lang ihre Bitten oder ihren Dank an die überirdischen Mächte und ihre Hoffnung auf Erlösung, indem sie in einer nahen Felswand Grotten in das Gestein graben und mit Bildszenen aus dem Leben Buddha Gautamas, Paradiesdarstellungen, Szenen aus dem Diesseits und reicher Ornamentik schmücken ließen.
Die Grotten, einst über 1000, von denen gut die Hälfte verfiel, liegen in mehreren Reihen übereinander auf der Klippe über etwa 1600 m Länge. Erhalten blieben 45 000 m² an Wandbildern in kräftigen Temperafarben sowie 2400 kolorierte Lehmfiguren von 10 cm bis zu 33 m Größe. Die Bildnisse, in denen sich außer indischen und chinesischen auch hellenistische Einflüsse finden, bezeugen die Bedeutung der Seidenstraße für den kulturellen Austausch quer durch Asien. Wie in einem Lehrbuch werden in den Höhlen die Stilentwicklungen ablesbar.

Chitwan-Nationalpark: Hier leben die seltenen Panzernashörner.

China
Zhoukoudian

Ehrentore, so genannte Pailou, gehören zu den Elementen der traditionellen chinesischen Architektur, die eine Sakralanlage gliedern können. Ebenso wie buddhistische, konfuzianische und taoistische Tempel folgen auch kaiserliche Palast- und Grabanlagen dieser Bauordnung. Ein Höhepunkt der Baukunst Chinas ist die Verbotene Stadt in Beijing, der Kaiserpalast der Ming- und Qing-Dynastie. Die verschiedenen Hallen und Höfe sind auf Repräsentation ausgelegt; der Wohnkomfort ist eher bescheiden.

Große Mauer 438

Die gigantische Grenzfestung des alten China war das größte Bauprojekt der vormodernen Geschichte.

Ausdehnung: vom Bohai-Golf bis W-Gansu
Länge: 6000 km

Für das Jahr 214 v. Chr. ist erstmals der Bau einer »langen Mauer« an Chinas Nordgrenze bezeugt. Kurz zuvor hatte der erste Kaiser Qin Shi Huangdi das Land geeint. Mit dem Grenzwall sollten nun die »Nordbarbaren« langfristig fern gehalten werden.

Das Problem, Chinas Ackerbaukultur vor den Steppenvölkern zu schützen, kehrte in den folgenden 1900 Jahren immer wieder. Zwischenzeitlich verfiel das Bollwerk, wurde neu erbaut und verfiel wieder. Dann, im 15.–16. Jh., errichtete die Ming-Dynastie die Mauer nicht nur neu, sondern auch größer und massiver als zuvor. So entstand das heutige Bauwerk, dessen 2000 km langer Abschnitt vom Bohai-Golf bis zum Gelben Fluss 7–8 m hoch und etwa 6 m stark ist. Wachtürme dienten der Unterbringung der Soldaten und ermöglichten durch Signalfeuer das rasche Übermitteln von Meldungen.

Kaiserpalast 439

Von diesem größten und perfektesten Ensemble klassischer chinesischer Architektur aus herrschten Chinas Kaiser 500 Jahre lang über ihr gewaltiges Reich.

Lage: Beijing
Bauzeit: 1406–1420
Ausdehnung: 72,8 ha

Als »Himmelssöhne« waren Chinas Kaiser der Harmonie der Welt verpflichtet und wollten Mittler zwischen dem Himmel und der Menschheit sein. Entsprechend gestaltete der dritte Ming-Kaiser, der Beijing zu seiner Residenz bestimmte, seinen neuen Palast: Der 960 m mal 760 m messende, rechteckige Komplex orientiert sich an den Himmelsrichtungen. Überall waltet Symbolik: Die Dreizahl der Haupthallen und die dreistufige Terrasse, auf der sie stehen, verkörpert das männliche Yang des Kaisers; die Wolkendrachen, die die Balken, die Thronsitze sowie Gewänder und Geschirr des Kaisers zieren, stehen für seine Segen bringende Gewalt; selbst die gelbe Glasur der Dächer war allein kaiserlichen Bauten vorbehalten.

Proportionen und Rhythmus der Gebäude machen das Harmonieideal augenfällig. Im Palast und seinen Kunstschätzen manifestiert sich die Essenz der klassischen chinesischen Kultur. Dies alles sahen allein die Bewohner – der Harem des Kaisers, seine Kinder und die Eunuchen – sowie die höheren Beamten, denen freilich nur zu bestimmten Teilen Zutritt gewährt wurde. Für alle anderen blieb der Palast die »Verbotene Stadt«.

Zhoukoudian 449

Die Knochen eines Urmenschen, die hier in bis zu 50 m dicken Ablagerungen gefunden wurden, brachten Licht in die Abstammungsgeschichte des Menschen.

Lage: südwestl. v. Beijing
Alter der Funde: bis zu 460 000 Jahre

Eine evolutionsgeschichtliche Schatzkammer liegt unweit von Beijing: eine 230 000 Jahre lang bewohnte Höhle, in der die Ablagerungen aus Asche sowie tierischen und menschlichen Überresten bis zur Decke reichten. 1928 wurden hier Knochen eines Urmenschen gefunden, darunter ein Schädel. Dieser sinanthropus pekinensis war etwa 150 cm groß, sein Gehirn ein Drittel kleiner als das unsere. Er verwendete einfache Faustkeile. In der Nähe wurden später 11 000–18 000 Jahre alte Knochen des Jetztmenschen entdeckt. Zhoukoudian macht so den Evolutionsprozess begreifbar wie kaum ein anderer Ort.

1 Über der Stadt Lhasa errichteten die tibetischen Gottkönige ihren Winterpalast, den Potala.

2 Verbotene Stadt in Beijing: In der Halle der Mittleren Harmonie bereitete sich der Kaiser auf die große Audienz vor, die er in der Halle der Höchsten Harmonie gewährte.

3 Teile der Großen Mauer bei Badaling wurden in den letzten Jahren renoviert und zeigen den Bauzustand der Ming-Zeit.

China
Chengde

Chengde 703

Die Sommerresidenz der Mandschukaiser vereint südchinesische Gartenkunst mit der Steppen- und Waldlandschaft Nordchinas. Die prächtigen Klöster, die in der Umgebung errichtet wurden, sind ein Spiegelbild der Diplomatie des Großreichs.

Lage: Chengde, N-Hebei
Bauzeit: 1703–1790

In Chengde, auf dem Weg zu den kaiserlichen Jagdgründen, fanden die Mandschukaiser, die seit 1644 China beherrschten, den idealen Platz um Beijings Sommerhitze zu entfliehen. Reichlich vorhandenes Wasser erlaubte die Anlage einer Gartenlandschaft im südchinesischen Stil, mit Dämmen, Brücken und Pavillons. Eine Grasebene bot Platz für Reiterspiele. Die eigentlichen Palastgebäude wurden sehr viel schlichter und intimer gestaltet als in Beijing. Sie bezeugen den künstlerischen Geschmack des Qianlong-Kaisers, unter dem das chinesische Reich seine letzte Blütezeit erlebte.
Außerhalb des ummauerten, rund 5 km² großen Palast- und Parkareals entstanden später prächtige buddhistische Klöster und Tempel, die den Gesandten der dem mandschurischen Großreich einverleibten Mongolei und Tibets ihre neue politische Heimat vor Augen führen sollten. Im Tempelkloster Puning Si, anlässlich des Sieges über abtrünnige Mongolen erbaut, steht eine 22,3 m große Guanyin-Figur – die wohl größte Holzskulptur der Welt. Der mächtigste Klosterbau ist eine Nachbildung des tibetischen Potala.

Taishan 437

In der chinesischen Mythologie war der heilige Ostberg der Herr über Leben und Tod.

Ihm galten die aufwändigsten kaiserlichen Opfer, die in Chinas Geschichte je zelebriert wurden.

Lage: Zentral-Shandong
Höhe: 1524 m

Das Taishanmassiv ragt in gut 1000 km Umkreis am höchsten auf. Mit seinen steilen Felswänden und Gebirgsbächen bietet es eine imposante Erscheinung; wegen seiner Lage in Richtung Sonnenaufgang galt es als Herr des Lebens – und des Todes. Der erste Kaiser Qin Shihuangdi bestieg es denn auch auf seiner ersten Inspektionsreise nach der Reichseinigung. Zuvor hatte schon Konfuzius befunden, von hier aus sehe man, wie klein doch die Welt sei.
Zahllose andere Berühmtheiten folgten und ließen über 1000 Inschriften in seine Felsen meißeln. Fast 100 Tempel säumten einst den Pfad zum Gipfel; 22 davon sind erhalten. Chinas über 2500-jährige Tradition der Naturverehrung erlebte hier den Gipfel der Prunkentfaltung. So politisch bedeutsam und aufwändig war der Kultus, dass er seit der Zeitenwende nur viermal vollzogen wurde. Vom vorletzten Mal, als im Jahr 725 der Kaiser Xuanzong kam, zeugt eine 13 m hohe, vergoldete Felsinschrift. Bis heute ist der Berg ein Pilgerziel ersten Ranges.

Qufu 704

Der Geburts- und Sterbeort des Konfuzius ist Zentrum seines für ganz Ostasien bedeutenden Kultes. Hier steht der größte Konfuziustempel der Erde und hier liegt der Weise begraben.

Lage: SW-Shandong
Größe des Tempels: 10,2 ha

Das Jahr 195 v. Chr., als der Gründer der Han-Dynastie erstmals zum Konfuziusopfer nach Qufu kam, ist das erste gesicherte Datum für den offiziellen Kult um Chinas großen Lehrer. Zuvor schon opferten ihm hier vermutlich seine Nachkommen.
Nach der Anerkennung seiner Lehre als Staatsphilosophie blieben die Stammhalter des Konfuzius bis ins 20. Jh. hinein offiziell mit der Ausrichtung zahlloser großer und kleiner Opfer betraut. Zu dem Zweck empfingen sie auch großzügige kaiserliche Lehen. Ihre Residenz blieb bis heute Seite an Seite mit dem Tempel bestehen. Dieses Heiligtum ist mit 685 m Länge und 150 m Breite bedeutend größer als alle anderen Konfuziustempel Ostasiens. Die Haupthalle aus dem Jahr 1730 trägt dank eines kaiserlichen Privilegs ein gelb glasiertes Dach. Konfuzius selbst, seine Verwandten und alle ortsansässigen Nachkommen wurden auf einem nahe gelegenen Friedhof bestattet, dem »Wald der Familie Kong«. Er ist der größte und älteste bis heute genutzte Friedhof Chinas.

Qufu: die Halle der Großen Vollendung im Tempel des Konfuzius

Terrakotta-Armee des Ersten Kaisers 441

Lage: östl. v. Xi'an
Bauzeit: 221–210 v. Chr.

Gleich nachdem Chinas erster Kaiser Qin Shihuangdi das Reich geeint hatte, begann er mit der Anlage eines standesgemäßen Grabes. Dass dieses nicht nur aus dem auffälligen Grabhügel bestand, wurde erst klar, nachdem Bauern 1974 beim Brunnenbohren auf Scherben großer Kriegerfiguren stießen. Diese gehören zu einer noch nicht vollständig ausgegrabenen Armee, die aus etwa 7600 Soldaten besteht. In unterirdischen Kammern in Schlachtordnung aufgestellt, sollten sie das Grab des Verstorbenen und damit auf magische Weise auch sein Reich vor bösen Mächten aus dem Jenseits schützen und gleichzeitig den Rang des Grabherrn dokumentieren.
Viele der überlebensgroßen, ursprünglich farbig gefassten Figuren wurden bereits restauriert und am originalen Platz wieder aufgestellt. Es gibt kniende Schützen, Faustkämpfer, gepanzerte Waffenträger und Wagenlenker sowie Offiziere. Allen Figuren wurden individuelle Gesichtszüge aufmodelliert.

Wudangshan 705

Das einstmals abgelegene Bergland ist Chinas bedeutendstes Zentrum der taoistischen Religion. Im 15. Jh entstanden hier in kaiserlichem Auftrag imposante Klöster.

Lage: NW-Hubei
Höhe: 1612 m

Spätestens seit der Östlichen Han-Zeit (25–220) begannen taoistische Eremiten sich in das abgelegene, jedoch nicht unwirtliche Bergland zurückzuziehen. Nachdem sich zur Tang-Zeit (618–907) Legenden verbreiteten, hier habe einst der himmlische Nordkaiser gelebt, wurden Klöster gegründet und der Wudangshan wandelte sich zum Pilgerziel. Von politischen Motiven geleitet, ließ hier schließlich der dritte Kaiser der Ming-Dynastie ab dem Jahr 1412 reich ausgestattete neue Klöster von palastartiger Größe erbauen. Dazu wurden 300 000 Arbeitskräfte eingesetzt.
Insgesamt blieben 129 der religiösen Stätten – teils als Ruine – erhalten, davon zehn kaiserliche Klosterpaläste, acht weitere Hauptklöster, 20 Felsentempel und 23 Steinbrücken. Alle Besucher und Pilger streben jedoch auf den Gipfel zur »Goldenen Halle«, einem 1416 erbauten, 14 m² großen Bau, der ganz aus Bronze besteht.

Emeishan 779

Der größte der vier heiligen Berge des chinesischen Buddhismus geht auf das 2. Jh. zurück. In seiner Nähe, beim Ort Leshan, steht die größte Buddhafigur der Welt.

Lage: SW-Sichuan
Höhe: 3099 m

Schroffe Felsen, tiefe Klüfte, Gebirgsbäche, Katarakte, Grotten, steil emporragende Gipfel, dichte Wälder: Der heilige Berg bot seit je einen perfekten Rahmen für alle, die der Welt entsagen wollten.
Als Zufluchtstätte von Eremiten ist der Emeishan seit der Östlichen Han-Zeit (25–220) bekannt und bald entstanden hier auch die ersten buddhistischen Klöster. Der Legende nach lehrte hier einst Saman-

Zufällig entdeckten Bauern im Jahr 1974 die Terrakotta-Armee im Kreis Lintong bei Xi'an – eine archäologische Sensation. Die teilweise überlebensgroßen Figuren, die alle individuelle Gesichtszüge tragen, gehören zur Grabanlage des ersten Kaisers. Die über 7000 Krieger, aufgestellt in der Schlachtordnung eines chinesischen Infanterieregiments, sollten über die Totenruhe des Kaisers wachen.

China
Huanglong

tabhadra, Bodhisattva des Gesetzes und Schutzheiliger des Berges. Im Laufe der Zeit entstanden über 200 Klöster und Einsiedeleien, der Pilgerstrom wuchs. Unter den 20 erhaltenen Heiligtümern, die sich teils eng an den Fels schmiegen, teils auf Gipfeln und Graten hocken, gehen manche bis auf die Sui-Zeit (581–618) zurück; die heutigen Gebäude stammen jedoch meist aus dem 17. Jh.
Zu den Pilgerattraktionen der Gegend gehört der 71 m große Buddha beim 35 km entfernten Leshan; er wurde gegen Ende des 8. Jh.s aus einer Felswand herausgemeißelt.

Naturpark Jiuzhaigou 637

Über drei Hochtäler verteilen sich Naturwunder und Landschaftsschönheit wie aus dem Füllhorn gestreut – mit bunten Teichen, Katarakten, seltenen Tieren und üppiger Vegetation.

Lage: N-Sichuan
Größe: 720 km²

Von 2000 m Höhe aus ziehen sich drei y-förmig ineinander übergehende, dicht bewaldete Täler hinauf, überragt von bis zu 4700 m hohen, schneebedeckten Gipfeln.
Der karstige Untergrund reichert versickerndes Wasser mit Kalziumsalz an. Tritt es wieder zu Tage, bildet es große Kalksinterterrassen; die Tuffdämme, über die die Katarakte schießen, sind nicht kahl, sondern von kleinen Bäumen bewachsen. Der größte von mehreren Wasserfällen stürzt 78 m tief hinab. Von Gelb über Giftgrün bis Blau geht die Färbung in mehreren von allerlei Algen bewachsenen Seen. Auf dicken grünen Algen in einem anderen See treiben schwimmende Grasinseln.
Mit seinen einsamen Seitentälern ist Jiuzhaigou ein Refugium für so seltene Tiere wie den Riesenpanda und den Goldhaaraffen.

Naturpark Huanglong 638

Eine fast 4 km lange Folge von Kalksinterterrassen zieht sich durch ein bewaldetes Hochtal. Das Wasser, von Algen und Bakterien gefärbt, schillert in allen Farben.

Lage: N-Sichuan
Größe: 700 km²

Das von etwa 3100 m bis zum Schneegipfel des 5588 m hohen Xuebaoding ansteigende ehemalige Gletschertal ist ein Rückzugsgebiet des Riesenpandas.
Am Grunde eines dicht bewaldeten Seitentals haben sich gelbe Kalksinterterrassen herausgebildet. Das Wasser in den Becken glänzt durch darin siedelnde Algen und Bakterien in mannigfachen Farben von tiefgrün über schwefelgelb bis eisblau, dabei haben direkt aneinander grenzende Becken oft ganz unterschiedliche Färbungen. Durch Reflexe von Laub, Himmel oder Wolken ergeben sich betörende Farbspiele. In manchen Teichen wachsen kleine Bäume. Hauptattraktion ist eine 2,5 km lange und 100 m breite, stark abschüssige gelbe Travertinfläche, die vollständig mit einer dünnen Schicht strömenden Wassers bedeckt ist: der Rücken des Huanglong, des »gelben Drachen«.

1 Die restaurierte Ton-Armee von Xi'an: Die Waffen, die die Krieger ursprünglich trugen, fielen Grabräubern zum Opfer.

2 Chengde: Der größte Bau in der 1780 angelegten kaiserlichen Sommerresidenz ist der Xumifushou-Tempel, zu dem auch diese Pagode gehört.

3 Am Weg zum Gipfel des Taishan, dem heiligsten Berg Chinas, befinden sich zahlreiche Tempel der verschiedenen Religionen, darunter der taoistische Tempel der »Prinzessin der vielfarbigen Wolken«.

4 Der Xumifushou-Tempel in der Sommerresidenz der Qing-Kaiser kombiniert in seiner Architektur chinesische und tibetische Elemente.

Herrscher über das Reich der Mitte
Die Kaiser von China

Die Geschichte der chinesischen Kaiser beginnt 221 v. Chr. mit dem Reichseiniger Qin Shihuangdi und endet mit der Abdankung des mandschurischen Herrschers Pu Yi 1911.

Das Idealbild des chinesischen Herrschers geht auf die legendären Urkaiser zurück, die der Überlieferung zufolge bereits im 2. Jahrtsd. v. Chr. regierten. Sie galten schon Konfuzius als Lichtgestalten eines goldenen Zeitalters; ihre Taten und ihr tugendhaftes Verhalten prägten die Lehre des zu Lebzeiten wenig erfolgreichen Denkers, die im 2. Jh. v. Chr. zur Staatsdoktrin wurde. Der Auftrag des Kaisers war klar definiert: Harmonie unter dem Himmel. Vom Himmel selbst erhielt er das Mandat, das Reich der Mitte zu regieren. Doch konnte ihm dies auch wieder entzogen werden. Naturkatastrophen, Missernten und Kriege wurden auf die gestörte Harmonie zwischen Himmel und Erde zurückgeführt, wofür letztlich der Kaiser verantwortlich zeichnete. War der Herrscher derart in Ungnade gefallen, konnte ein anderer sich um den Thron bemühen.
So wechselten im Lauf der Geschichte mächtige Dynastien, die ganz China beherrschten, und Zeiten territorialer Zersplitterung einander ab. Nach der kurzlebigen, aber für die Entwicklung des Staatsgebildes ungemein bedeutenden Qin-Dynastie (221–207 v. Chr.) erlebte das Reich unter den Kaisern der Dynastien Han (206 v. Chr.–220 n. Chr.), Tang (618–907), Song (960–1279), Ming (1368–1644) und zuletzt der mandschurischen Qing (1644–1911) Blütezeiten, in denen sowohl politische als auch kulturelle Größe miteinander einhergingen.
Im Staatswesen waren Politik und Kultur ohnehin eng verknüpft: Die staatlichen Beamtenprüfungen verlangten vor allem literarische Fähigkeiten und die profunde Kenntnis der konfuzianischen Klassiker, die als ethischer Leitfaden galten. Bei den Examen auf Staatsebene war der Kaiser selbst der oberste Prüfer.
Das Leben des Kaisers war bestimmt von einer Vielzahl von Amtshandlungen und rituellen Pflichten des Staatskultes. Jeweils zur Sonnenwende opferte er in geheimem Ritus dem Himmel; auch kultische Reisen gehörten zu den Aufgaben des Himmelssohns, deren Wurzeln in archaischer Zeit liegen. Wichtigstes Ziel war der Taishan, der heiligste aller chinesischen Berge, auf dessen Gipfel der Herrscher Opfer darbrachte.
Im 19. Jh. geriet China in die Abhängigkeit europäischer Kolonialmächte und das chinesische Kaiserhaus verlor die politische Kontrolle über das Land. Mit der Gründung der Republik China ging 1911 die Geschichte der chinesischen Kaiser zu Ende.

1 Gr. Bild: Die Halle der Höchsten Harmonie in der Verbotenen Stadt in Beijing

2 Kl. Bild: Die Neundrachenwand in Beijing ist ein vielschichtiges Symbol des Kaisers.

3 Torwächter: Die Löwenpaare in der Palastanlage stehen für die Prinzipien Yin und Yang.

China
Huangshan

Huangshan 547

Bizarre Felsen scheinen in Wolkenmeeren zu schwimmen, als habe die Natur eine getuschte Fantasielandschaft zum Leben erweckt.

Lage: S-Anhui
Größe: 154 km²

Allein 77 zwischen 1000 und 1849 m hohe Gipfel erheben sich dicht gedrängt in diesem eher kleinen Areal. An durchschnittlich 250 Tagen im Jahr wallen aus den tiefen, feuchten Tälern Nebel auf, etwa 50-mal davon so dicht, dass sie von oben wie Meere erscheinen, auf denen die Gipfel schwimmen. Zahlreiche Pavillons zur Betrachtung der dem chinesischen Landschaftsideal so vollkommen entsprechenden Gebirgsszenerie sind im Lauf der Jahrhunderte entstanden.
Die Gipfel, besonders aber auch zahlreiche kleinere Felsen, tragen fantasievolle Namen. Die Huangshan-Ästhetik, die Chinas klassische Gelehrtenkultur stark beeinflusste, wird vervollkommnet durch die steinalten Kiefern, die in schmalsten Felsspalten Fuß fassen können. Viele einzelne Exemplare haben ebenfalls Namen bekommen.

Nationalpark Wulingyuan 640

Über 3000 von Sträuchern und Bäumen bewachsene Quarzsandsteintürme drängen sich in den beiden Teilen des Naturparks. Hier findet sich auch die höchste natürliche Brücke der Erde.

Lage: NW-Hunan
Fläche: 264 km²

Die Gipfel, die sich auf die zwei Gebiete Zhangjiajie und Tianzishan sowie entlang den Ufern des Jinbianxi verteilen, wurden aus einer 500 m starken Sedimentschicht durch Erosion geformt. Die Täler zwischen ihnen sind so schmal, dass keine Landwirtschaft möglich war. Daher blieb die Gegend weithin unbesiedelt. Nahezu alle auffälligeren Felsen tragen heute blumige Namen. Das ganze Areal ist dicht bewachsen und von Wasserläufen durchzogen. 3000 Pflanzenarten wurden gezählt.
Zu den besonderen Attraktionen gehören zwei natürliche Brücken. Die eine, 26 m lang, spannt sich 100 m über dem Talgrund, die spektakulärere ist gar 40 m lang – in 357 m Höhe über dem Tal. Hinzu kommen unterirdische Wunder, so der Stalagmitenwald in einer riesigen Kaverne der nahen »Höhle des gelben Drachen«.

Huangshan: die Verkörperung des chinesischen Landschaftsideals

Nationalpark Lushan 778

In dieser Berglandschaft bilden Naturschönheiten eine seltene Einheit mit Tempeln, Klöstern und Erinnerungen an historische Persönlichkeiten.

Lage: N-Jiangxi
Fläche: 250 km²

Wenige Berge wurden so oft besungen wie dieser, mit wenigen verknüpfen sich so viele berühmte Namen. Nicht nur alle großen Dichter Chinas gaben ihm die Ehre und hinterließen Inschriften, sondern auch Philosophen, Maler, Mönche und Politiker.
Mit seinen Seen und Wasserfällen, Wäldern und Felsen war der Lushan für die Sommerfrische prädestiniert. Er beeinflusste schon früh die chinesische Landschaftsästhetik in einem Maße wie später nur noch der Huangshan.
Am Lushan lehrte Zhu Xi, der große Vollender der neokonfuzianischen Philosophie, im 12. Jh. in der Bailudong-Akademie. Zu den Tempelklöstern am Fuß des 1400 m hohen Massivs gehört der Donglin Si, der im Jahr 384 von dem Mönch Huiyuan gegründet wurde. Er gilt als Stifter der buddhistischen Schulrichtung des Reinen Landes, der später populärsten in ganz Ostasien.

Japan

Bergland von Shirakami 663

Der letzte zusammenhängende Siebold-Buchen-Urwald wurde zu einem Symbol für die Bewahrung der natürlichen Lebensräume Japans.

Lage: N-Honshu
Größe: 170 km²

Den Norden von Japans Hauptinsel Honshu bedeckten einst Urwälder, in denen die Siebold-Buche die vorherrschende Baumart war. Seit der Holzeinschlag die meisten Wälder dezimierte, konnte in den 80er-Jahren nach langwierigen Auseinandersetzungen dieser letzte größere Rest unter Schutz gestellt werden. Der größte Buchen-Primärwald Ostasiens ist Rückzugsgebiet der weltweit nördlichsten Affenpopulation, ferner des Schwarzbären und anderer Wildtiere. Auch für 78 Vogel- und rund 500 Pflanzenarten bildet Shirakami ein Refugium, dazu gehören einige gefährdete Orchideenarten.
Der Naturpark ist nicht groß, doch stark gegliedert. Hier entspringen 15 Flüsse. Das bis 1232 m hohe Gelände, das von November bis März im Schnee versinkt, ist völlig unwegsam. Nur Kräutersammler kamen früher gelegentlich hierher.

Shirakawa-go und Gokayama 734

In den japanischen Bergen wird in abgelegenen Dörfern bis heute eine jahrhundertealte Volksarchitektur gepflegt: Die großen Häuser tragen kräftige, steile Strohdächer.

Lage: Zentral-Honshu

Die langen Winter, in denen 2–4 m Schnee fallen, sind einer der Hauptfaktoren, die die bäuerliche Architektur im Bergland zwischen den Präfekturen Gifu und Toyama geprägt haben: Die Fachwerkhäuser tragen ungewöhnlich steile, strohgedeckte Satteldächer, die der Schneelast widerstehen können.
Ein weiteres prägendes Moment ist die Seidenraupenzucht, die viel überdachten Raum erfordert. Dieser findet sich unter den hohen Dächern auf zwei bis vier, maximal fünf Zwischenböden. Zudem sind die Häuser traditionell so groß, dass sie Raum für 40–50 Personen bieten. Während sich die sozialen Verhältnisse und die Bauweisen der japanischen Bauern allenthalben längst gewandelt haben, blieben sie einzig in diesem abgelegenen Teil Japans bis heute bestehen und werden auch weiterhin gepflegt: ein Stück lebendiges Mittelalter.

Kyoto 688

Japans alte Kaiserstadt war über 1000 Jahre lang das Zentrum der klassischen Adelskultur. Tempel, Schreine, Paläste und Gärten von einzigartiger Schönheit zeugen davon.

Lage: W-Honshu
Gründung: 794

17 Stätten in und um Kyoto gehören zum Welterbe: drei Schintoschreine, 13 buddhistische Klöster und Klostergruppen, die teils als Adelspaläste gegründet wurden und so zumeist wunderbare Gartenanlagen einschließen, sowie ein Schloss. Diese Burg, Nijo-jo, wurde ab 1603 als Repräsentanz des Shogunats errichtet und später mehrfach erweitert. Hier wohnten die Tokugawa-Shogune bei ihren Besuchen in der Kaiserstadt.
Der prunkvolle Bau stellt einen ästhetischen Gegenpol zu den vom Zen-Buddhismus geprägten Gärten und Teepavillons dar, die durch ihre äußerste Schlichtheit und ihre, zumindest scheinbare, Na-

Japan
Himeji-jo

Glanz der alten Hauptstadt Kyoto: Der Kiyomizu-dera, benannt nach einem nahe gelegenen Wasserfall, wurde 1633 erbaut. Aus der Ferne bietet sich dem Betrachter ein wunderbarer Anblick: Die große Haupthalle, deren vorderer Teil auf einem Holzgerüst über einen steilen Berghang hinausragt, scheint wie auf Wolken zu schweben. Eine weitere Besonderheit dieses Tempels, der anstelle eines Vorgängerbaus aus dem 9. Jh. neu errichtet wurde, sind die offenen Galerien um die Haupthalle.

turnähe beeindrucken. Berühmte Beispiele hierfür sind der um 1340 angelegte Moosgarten des Tempels Saiho-ji sowie der Trockengarten des Tempels Ryoan-ji. In diesem fast abstrakten Kunstwerk liegen 15 Findlinge, rhythmisch über eine nur 300 m² große Fläche verteilt, in einem weißen, geharkten Kiesbett – ein Objekt der Meditation. Ebenfalls schlicht sind die strohgedeckten Schintoschreine.
Zu den eindrucksvollsten Bauten zählt der am Anfang des 11. Jh.s errichtete Tempel Byodo-in in der Stadt Uji: Hier verheißt die Haupthalle (»Phönixhalle«), aus der ein vergoldeter Amida-Buddha über einen vorgelagerten See blickt, dem Betrachter die Erreichbarkeit des Paradieses.

Horyu-ji 660

Zu diesem Tempelkomplex gehören die ältesten erhaltenen Holzbauwerke der Welt sowie eine große Zahl über 1000 Jahre alter, äußerst kostbarer und schöner Bildwerke.

Lage: W-Honshu, bei Nara
Entstehung: ab 607

Die Anlage geht auf die Frühzeit des japanischen Buddhismus zurück. In ihr manifestiert sich die machtvolle Adaption chinesischer Vorbilder. Der ursprüngliche Bau, im Jahr 607 begonnen, brannte 670 vollständig nieder. Etwa bis 710 entstanden dann jene Gebäude, die heute als die ältesten Holzbauwerke der Erde gelten: die Haupthalle Kondo, die Pagode, das Mittlere Tor und die sich an dieses anschließende Galerie. Sechs der Figuren in der Haupthalle stammen wahrscheinlich noch aus dem abgebrannten Vorgängerbau. Sie wären damit die ältesten erhaltenen Skulpturen dieser Art in Japan. Schon bald wurde der Horyu-ji erweitert. Weiter östlich entstand als Kern eines Nebenkomplexes 739 die elegante achteckige »Halle der Träume«. Insgesamt 18 Gebäude sind heute als japanischer Nationalschatz eingestuft, davon sind elf älter als 1100 Jahre. Unter den zahllosen Bildwerken des Tempels finden sich sogar 170 Nationalschätze, ferner 2300 als »bedeutende Kulturdenkmäler« ausgewiesene Objekte.

Himeji-jo 661

Die größte und am besten erhaltene japanische Burg wurde ebenso wehrhaft wie repräsentativ gestaltet.

Lage: W-Honshu, im Ort Himeji
Bauzeit: 1601–1609

Nach einem Jahrhundert der Bürgerkriege ging um 1600 eine Burgenbauwelle durch Japan. Die die Funktionen von Festung und Schloss vereinenden Bauten waren Ausdruck einer neuen politischen Ordnung, die sich 1603 im Tokugawa-Shogunat konsolidierte. Bauherr der Burg von Himeji war ein Vasall des Ieyasu, des ersten Tokugawa-Shoguns.
Zentrum und architektonisches Glanzstück der von einem Graben und einer hohen Ringmauer geschützten, 22 ha großen Anlage ist der außen sechs- und innen siebengeschossige Turm, dessen Innenräume ganz in Holz ausgeführt sind. Zum Schutz vor Feuerangriffen wurden die Wände oberhalb des mächtigen Natursteinsockels verputzt. Verteidigung und Repräsentation stehen in bewundernswertem Gleichgewicht. Dies zeigt sich etwa an den mit ihren abwechselnd runden, drei- und viereckigen Formen beinahe verspielt wirkenden Schießscharten, aus denen jedoch die Zuwege zu den Toren wirksamen Flankenschutz erhielten. Die dekorativen Eisenbeschläge der Tore vereinen Schutz und Schönheit ebenfalls in idealer Weise.

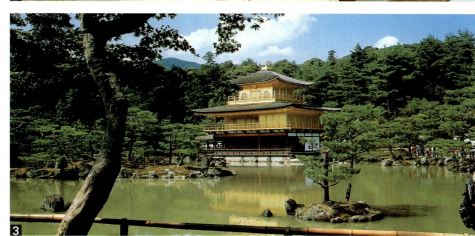

1 Ein Stein gewordenes Monument der einstigen Macht der japanischen Kriegerkaste erhebt sich über dem kleinen Ort Himeji: Die Burg, die wegen ihrer Farbe auch »Weißer-Reiher-Schloss« genannt wird, ist wohl die schönste Japans.

2 Zu den ältesten Kostbarkeiten des Horyu-ji gehören die grimmigen Wächterfiguren im mittleren Tor, Schutzgeister des buddhistischen Glaubens. Sie zeigen eine vom China der Tang-Zeit (618–907) beeinflusste Formensprache.

3 Kyoto: Den Kinkakuji, wegen der Farbe des Obergeschosses »Goldener Pavillon« genannt, erbaute sich der Shogun Ashikaga Yoshimitsu, als er sich 1397 ins Mönchsleben zurückzog. Die Schlichtheit des Baus entspricht dem Geist des Zen.

Japan
Hiroshima

Atombomben-Mahnmal in Hiroshima 775

Die Ruine einer früheren Ausstellungshalle dient als Mahnmal des Friedens, nachdem hier der erste Atombombenabwurf eine neue Dimension des Tötens eingeleitet hatte.

Lage: W-Honshu
Zerstört: 1945

Der 6. August 1945 veränderte die Welt. Um Japans bedingungslose Kapitulation zu erreichen, warf der amerikanische Bomber Enola Gay eine neu entwickelte Waffe ab. Sie explodierte 570 m über dem Stadtzentrum von Hiroshima. Im Umkreis von 4 km wurde alles vernichtet. Über 200 000 Zivilisten, darunter über 20 000 koreanische Zwangsarbeiter, fanden den Tod.

Zurück blieb die Ruine eines großen, 1914–1915 erbauten Backsteingebäudes im westlichen Stil. Seitdem gilt der Stadt diese einstige Ausstellungshalle mit ihrer charakteristischen Kuppel als ein Symbol für die Gräuel des modernen Krieges, dessen Zerstörungsgewalt durch die Entfesselung der Atomkraft eine neue Dimension des Schreckens erreicht hatte: Die Atombombe vernichtet nicht mehr nur feindliche Soldaten und Waffen, sondern löscht gleich ganze Städte aus.

Im nahen Friedensgedächtnismuseum findet sich die Wirkung der Bombe in allen grauenvollen Details dokumentiert. Heute soll der Atombombendom, wie man die Ruine nennt, dazu mahnen eine Welt ohne Atomwaffen zu schaffen und den Frieden als höchstes Gut zu wahren.

Itsukushima 776

Der über dem Wasser schwebende zinnoberrote Schreinkomplex ist einzigartig. Er verkörpert die Naturverehrung des Schintoismus in betörender Vollkommenheit.

Lage: W-Honshu, Insel Miyajima
Entstehung: ab 1168

Dass der Schrein, wie es die Legende will, im Jahr 593 errichtet wurde, mag in einer Hinsicht stimmen: Die Insel Miyajima war seit frühester Zeit heiliger Bezirk und durfte bis zum 11. Jh. nur von Priestern betreten werden. Bis heute gibt es dort als Folge der kultischen Reinheit dieser Stätte keinen Friedhof.

Auch wenn die Hauptgebäude erst aus den Jahren 1556–1571 datieren, wahrt die Anlage mit ihrer leuchtend roten Bemalung doch den Stil der Heian-Zeit (12. Jh.), als sie erstmals ähnlich der heutigen Form entstand. Acht größere und mehrere kleine Gebäude sind auf Stelzen im flachen Wasser errichtet und durch Galerien miteinander verbunden; weitere Gebäude an Land bilden den »Äußeren Schrein«.

Erst 1875 kam das 16 m hohe Tor hinzu, das sich 175 m vor dem Schrein im Meer erhebt – eines der weltweit berühmtesten Bauwerke Japans. Der Schrein, der drei Göttinnen geweiht ist, verleiht der Szenerie von Miyajima, das als eine der drei schönsten Landschaften Japans gilt, eine sich unmittelbar mitteilende geistliche Qualität.

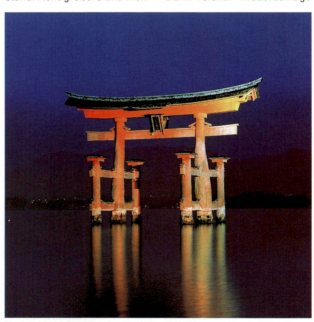

Itsukushima: Rot ragt der Torii aus dem Meer.

Yakushima 662

Japanzedern mit einem Alter von mehreren Tausend Jahren sind der botanische Schatz eines immergrünen, regenreichen Urwaldes am Rande der Passatregion.

Lage: südl. v. Kyushu
Fläche: 500 km²

Die Granitinsel ragt bis 1935 m über den Meeresspiegel auf. Dank reicher Niederschläge und unterschiedlicher Klimazonen, die von der subtropischen Küste bis zur alpinen Gipfelregion reichen, gedeihen hier schätzungsweise 1900 Pflanzenarten und -unterarten. Die mittlere, warmgemäßigte Zone wird von einem unwegsamen Primärwald bedeckt, in dem uralte Bestände von Japanzedern (Cryptomeria japonica) überleben. Die nur entfernt mit der Libanonzeder verwandte Art kann eine Höhe von über 40 m erreichen und liefert ein traditionell beliebtes japanisches Bauholz. Bis in die 60er-Jahre spielte daher die Holzfällerei eine wichtige ökonomische Rolle, dann wurde etwa ein Drittel der Insel zum Nationalpark erklärt.

Den psychologisch wichtigsten Anlass hierfür lieferte eine große Zahl äußerst eindrucksvoller Baumveteranen. Das berühmteste Exemplar, die Jomon-Zeder, wurde erst 1966 entdeckt. Sie hat in Brusthöhe einen Stammumfang von 16 m. Ihr Alter wird auf etwa 3000 Jahre geschätzt.

Republik Korea

Chongmyo-Schrein 738

Der älteste der konfuzianischen Tradition verpflichtete königliche Schrein Koreas wurde vom Begründer der Choson-Dynastie (1392–1910) als Ort der Ahnenverehrung in Auftrag gegeben.

Lage: Seoul, Chongno-gu
Gründung: 1396

Die Ahnenverehrung nimmt im konfuzianischen Ritus eine bedeutende Stellung ein. Deshalb hat auch die letzte koreanische Dynastie Choson, die sich kulturell stark an den großen Nachbarn China anlehnte und ganz konfuzianisch dachte, einen zentralen Platz zur Verehrung der Vorfahren und zur Aufbewahrung der Ehrentafeln errichtet.

Der Schrein der »königlichen Ahnen« (Chongmyo) geht auf den ersten Herrscher dieser Dynastie, Yi Song-gye, zurück. In der heute erhaltenen Form entstand der Bau um 1600, denn bei der Invasion des Japaners Hideyoshi im Jahr 1592 waren die meisten der hölzernen Staatsgebäude Koreas niedergebrannt worden.

Die Anlage ist noch heute so exzellent erhalten, weil sie in bestimmten Abständen benutzt und deshalb regelmäßig renoviert wird. Vollzog man die Riten der Ahnenverehrung früher viermal im Jahr, so finden sie heute nur noch einmal, am ersten Sonntag im Mai, statt. Nur dann hat die Öffentlichkeit Zutritt zur Anlage.

Haein-Kloster 737

Das drittgrößte Kloster Koreas besitzt ein in der buddhistischen Welt hoch verehrtes Artefakt: das Tripitaka Koreana, die umfassendste Sammlung buddhistischer Texte, geschnitten in rund 80 000 Holzdruckstöcke.

Lage: Kayasan-Nationalpark
Blütezeit: 9.–13. Jh.

Bei genauer Zählung handelt es sich bei den Druckstöcken des Tripitaka um 81 258 Holztafeln. Da sie beidseitig beschnitzt sind, ergeben sich so 162 516 Druckseiten. Jede dieser Seiten weist 22 Zeilen zu je 14 chinesischen Schriftzeichen auf – chinesisch deshalb, weil die Koreaner zu jener Zeit noch nicht über ein eigenes Alphabet verfügten. 200 Mönche haben 16 Jahre lang an dem Werk gearbeitet, bis es 1251 vollendet war.

Eine Meisterleistung hat man aber nicht nur beim Schnitzen vollbracht, sondern auch bei der Vorbehandlung des Holzes und beim Bau der Gebäude, in denen die Platten gelagert werden. Um das Holz für die Ewigkeit zu präparieren, setzte man es jeweils drei Jahre lang Seewasser, Süßwasser, der Erde und der frischen Luft aus. Erst dann wurden die Platten beschnitzt.

Windzirkulation und Luftfeuchtigkeit in den alten Lagerhallen sind hervorragend ausgeglichen. Als man in den 80er-Jahren einige Platten versuchsweise in aufwändi-

Geheimnisvolles Lächeln: Die Darstellung des Buddha folgt stets einer genauen ikonografischen Vorschrift. Unabhängig vom jeweiligen künstlerischen Stil sollte ein Buddhabildnis die »32 Schönheiten« aufweisen um seine Wirkkraft zu entfalten. Dazu zählen beispielsweise die langen Ohrläppchen, die drei Halsfalten oder auch der an einen Haarknoten erinnernde Schädelauswuchs über der Stirn. Auch der 14,7 m große Buddha des Wat Si Chum in Sukhotai zeigt die traditionellen Proportionen und Merkmale.

Thailand
Sukhothai

gen und teuren Neubauten unterbrachte, begann das Holz sofort zu arbeiten und sich zu spalten.

Pulguk-Tempel 736

Zusammen mit der benachbarten Sokkuram-Grotte gilt der bedeutendste und meistbesuchte Tempel Südkoreas als makelloses Beispiel der buddhistischen Hochkultur der Silla-Dynastie (668–918).

Lage: Toham-Berg, östl. v. Kyongju
Gründung: 751

Der »Tempel des Reiches Buddhas« (Pulguk-sa) und die nahe gelegene Sokkuram-Grotte waren die Stiftung eines hohen Beamten aus dem 8. Jh., der mit dem Bau seine Ahnen ehren wollte. Die Grotte wölbt sich über einer der bedeutendsten buddhistischen Skulpturen, dem 3,5 m hohen, aus Granit im Stil der chinesischen Tang-Dynastie gestalteten, im Lotossitz thronenden Buddha Shakyamuni. Er ist umgeben von Adoranten, vier Himmelskönigen und mehreren Bodhisattvas, die als Halbreliefs aus dem Stein treten.
Der Pulguk-Tempel enthält einige als Nationalschätze deklarierte Monumente, so die aus mächtigen Quadern gefügten Steintreppen, die aus dem Irdischen ins Reich Buddhas führen, sowie Koreas berühmtestes Pagodenpaar: die Shakyamuni-Pagode, die durch ihre Schlichtheit den Frieden Buddhas repräsentiert, und die Schatz-Pagode, deren dekorative Fülle den Reichtum der Innenwelt symbolisiert.

Thailand

Sukhothai 574

Das historische Zentrum der Hauptstadt des ersten siamesischen Königreichs ist ein Zeugnis der buddhistisch geprägten Kunst und Architektur, die für das spätere Thailand stilbildend wurden.

Lage: N-Thailand
Blütezeit: 13.–15. Jh.

Erst nachdem sich die Thaikönige von der Vorherrschaft durch die kambodschanischen Khmer hatten befreien können, wuchsen ihre Macht und ihr Einfluss, die bis dato regional ziemlich begrenzt waren, über die Hauptstadt Sukhothai hinaus.

Von der Größe dieser ersten siamesischen Hauptstadt zeugt der Historische Park. Hier finden sich auch frühe Bauten wie die Wats (Tempel) Ta Pha Daeng und Si Sawai, die einen deutlichen Khmer-Einfluss verraten. Ihn hat Sukhothai aber schnell überwunden und mit den weich geformten, schlanken und in die Höhe gestreckten Buddhafiguren einen eigenständigen und richtungweisenden Stil entwickelt.
Dieser lässt sich am besten im Wat Mahathat studieren, der wichtigsten Anlage im Historischen Park. Dieses weitläufige Kloster mit ehemals etlichen Hallen, Bots und Chedis (Stupas) strahlt noch als Ruine Größe und Würde aus. Mit seinem oval-länglichen Antlitz repräsentiert der Kolossal-Buddha des Wat Si Chum in charakteristischer Weise den feinsinnigen Sukhothai-Stil.

1 Ein ewiges Mahnmal für den Frieden: die Kuppel des »Peace Dome« in Hiroshima

2 Pulguk-sa: In der ersten Torhalle einer buddhistischen Tempelanlage, wie sie für China, Korea und Japan typisch ist, wachen vier Himmelskönige über das Wohl der Anlage. Im Bild die Könige des Westens und des Nordens.

3 Der Pulguk-sa ist der wohl angesehenste Tempel Koreas. Er birgt zahlreiche Kunstschätze von höchstem Rang. Darüber hinaus ist er ein Musterbeispiel klassischer Baukunst.

4 Sukhothai: Die imposanten Ruinen und Buddhastatuen des Wat Mahathat zeigen deutlich den thailändischen Stil.

Schatzkammern der Erde
Südostasiatische Regenwälder

Die Regenwälder von Indonesien, den Philippinen, Papua-Neuguinea, Malaysia, Südthailand, Kambodscha, Laos und Vietnam gehören zu den artenreichsten Lebensräumen der Welt.

Tropische Regenwälder existieren ausschließlich in der äquatorialen Klimazone. Bei gleich bleibend 25° C, 2500 mm Niederschlagsmenge und 80 % Luftfeuchtigkeit gibt es hier keine ausgeprägten Jahreszeiten. So ist in 60 Mio. Jahren trotz nährstoffarmer Böden ein artenreicher Urwald entstanden.

Charakteristisch für diese Regenwälder ist der in Stockwerke gegliederte Aufbau. Die Kronen der bis zu 70 m hohen Baumgiganten ragen wie Inseln aus dem Blättermeer. Unter diesen Riesen wachsen die 15–50 m hohen Bäume der ersten Etage. Ihr Blätterdach filtert fast das gesamte Sonnenlicht, nur 1–2 % erreichen den Boden. So leben zwei Drittel der Tier- und Pflanzenarten in diesem lichtdurchfluteten Stockwerk.

Der Boden ist aufgrund des fehlenden Lichts nur spärlich mit Pflanzen bedeckt. Die Nahrung für Pflanzen fressende Tiere ist knapp. Die meisten leben deshalb im Blätterdach der Bäume, wo sie viele Blüten und Früchte finden.

Rund 60 % der Landfläche Südostasiens werden von primärem Regenwald bedeckt, der jedoch durch Holzeinschlag (Teak, Mahagoni, Sandelholz) und Brandrodungsfeldbau gefährdet ist.

In den thailändischen Wildschutzgebieten Thunyai-Huai und Kha Khaeng und im westlichen Indonesien leben der Asiatische Elefant, der Sumatra-Tiger und der auffällig gezeichnete Schabrackentapir. Etwa 60 Exemplare des seltenen Java-Nashorns haben im Ujung-Kulon-Nationalpark ein Refugium gefunden. Auf Borneo und Sumatra lebt der »Waldmensch«, der Orang-Utan; sein Fortbestand ist allerdings stark bedroht.

Der Ostteil Südostasiens war einst durch eine Landbrücke mit dem australischen Kontinent verbunden. So findet man insbesondere auf den Molukken und auf Neuguinea viele ursprünglich australische Tierarten vor.

1 Gr. Bild: Gebirgsregenwald auf Borneo

2 Kl. Bild: Der Doppelhornvogel lebt im Tubbataha-Park auf den Philippinen.

3 Der Orang-Utan ist ein echter Baumbewohner.

4 5 6 Die Pflanzen des Regenwalds haben sich, wie die Plantainbananen, Nepenthes und Helikonien an den Hängen des Gunung Kinabalu auf Borneo, den speziellen Lebensräumen mit außergewöhnlichen Formen und Farben angepasst.

Thailand
Ban Chiang

Ban Chiang 575

In Ban Chiang hat man bedeutende Zeugnisse einer neolithischen Kultur ausgegraben, die bereits den Reisanbau und die Bronzeherstellung kannte.

Lage: NO-Thailand, Khorat-Hochebene
Blütezeit: 4. Jahrtsd. v. Chr.

Nicht ganz unumstritten ist das tatsächliche Alter der frühen Bronzen, die man 1974 in der archäologischen Zone von Ban Chiang fand. Auf den Ort wurde man bereits in den 60er-Jahren aufmerksam, als man durch Zufall bemalte Tonscherben fand, mit Grabungen begann und eine ungewöhnlich hoch entwickelte Keramikkultur entdeckte.
Radiokarbontests an den Bronzen ließen ein Alter von 6500 Jahren möglich erscheinen. Damit wäre Ban Chiang der weltweit früheste bekannte Ort, an dem Bronze verarbeitet wurde. Vergleicht man jedoch die Ban-Chiang-Kultur mit anderen südostasiatischen Funden, relativiert sich das Alter der Bronzen. So geht man davon aus, dass die früheste Bronzeverarbeitung um etwa 2000 v. Chr. eingesetzt hat.
Die Ausgrabungen zeigten ferner, dass der Reisanbau in bewässerten Feldern sowie Schweine- und Hühnerzucht die Lebensgrundlage der Menschen in Ban Chiang bildeten. Für die Reiskultivierung nutzten die Steinzeitmenschen sogar bereits den domestizierten Wasserbüffel.

Thung Yai und Huai Kha Khaeng 591

Die benachbarten Naturschutzgebiete bilden ein einmaliges Refugium für ungezählte Arten der südostasiatischen Flora und Fauna.

Lage: NW-Thailand, Grenze zu Myanmar
Ausdehnung: 3200 km² (Thung Yai) und 2574 km² (Huai Kha Khaeng)

Dicht bewaldetes Bergland an der Grenze zu Myanmar wechselt ab mit savannenartigen Hochflächen. Es gibt kaum eine in Südostasien beheimatete Pflanzenart, die in diesen beiden Naturschutzgebieten nicht vorkäme. Ausgedehnte Bambuswälder prägen das Bild. Das zweitwichtigste Nutzholz sind die Teakbäume. Eine gewissenhafte Forstarbeit gewährleistet das ökologische Gleichgewicht.
In den beiden Schutzgebieten, die bewusst nicht zu Nationalparks erklärt wurden, weil man sie dann für Besucher hätte öffnen müssen, finden 120 Säugetier-, 400 Vogel-, mehr als 100 Süßwasserfisch-, rund 50 amphibische und etwa 100 Reptilienarten einen sicheren Lebensraum. Nur von Rangern beobachtet, haben auch Säugetiere wie Tiger, Elefanten, Bären und Tapire in dem bis auf Höhen von 1980 m ansteigenden Gebiet ein weitgehend geschütztes Refugium.

Ayutthaya 576

Die zweite Hauptstadt des siamesischen Reiches, um 1350 gegründet, ist ein Freilichtmuseum buddhistischer Hochkultur. Vom ehemaligen Glanz zeugen Klöster, Chedis, Prangs sowie zahlreiche monumentale Skulpturen.

Lage: N-Thailand
Blütezeit: um 1350–1767

»Die Unbezwingbare«, so lautet die Übersetzung des Namens Ayutthaya, war in ihrer Glanzzeit bereits eine kosmopolitische Millionenstadt, zählte 375 Klöster und Tempel, 94 Stadttore und 29 Festungen. Gänzlich unbezwingbar war sie jedoch nicht, denn die Stadt unterlag 1767 dem Ansturm der Birmanen.
Ayutthaya war unter 33 Königen 400 Jahre lang der politische und kulturelle Mittelpunkt eines Königreiches, das das Erbe von Angkor angetreten hatte. Die bedeutendsten Baudenkmäler sind heute im historischen Zentrum der Ruinenstadt versammelt. Hoch aufragende Prangs, der hinduistischen Tradition entstammende Turmheiligtümer, sowie glockenförmige Chedis, halbkugelförmige buddhistische Stupas, überragen die Ruinen der zahlreichen Tempel und Großklöster, von denen Wat Si Sanphet, Wat Mahathat und Wat Rajaburana jeweils architektonische Besonderheiten aufweisen.

Karstfelsen und Höhlen bieten in der Bucht von Halong ein einzigartiges Naturschauspiel.

Laos

Luang Prabang 479

Buddhistische Tradition und königliche laotische Architektur fügen sich hier mit dem europäischen Kolonialstil zu einem baulich reichen Bilderbogen zusammen, der das Gesicht der Stadt bestimmt.

Lage: N-Laos, Mündung des Nam Khan in den Mekong
Blütezeit: 1350–1765

Mehr als jede andere Stadt des Landes verkörpert Luang Prabang das traditionelle Laos. Wenngleich die politische Macht stets von Vientiane ausgegangen war – kulturelle Hauptstadt war und ist Luang Prabang. Den Namen bekam der damals schon als religiöses Zentrum etablierte Ort erst im 16. Jh., als man ihn nach der hoch verehrten, aus Holz geschnitzten und vergoldeten Buddhastatue »Phra Bang« benannte.
Die alte Residenzstadt, die ein halbes Jahrhundert lang sogar ein eigenes Lao-Königreich bildete, birgt zahlreiche buddhistische Tempel und Kunstschätze. Die prächtigste Anlage ist der Königstempel Wat Chieng Thong aus dem 16. Jh., der für seine schönen Buddhafiguren, reichen Goldschmuck, Lackmalereien und Mosaiken berühmt ist.
Während die Tempel aus Stein errichtet wurden, hat man für die Profanbauten Holz verwendet. So prägen die unterschiedlichen traditionellen Bauten zusammen mit der historischen Kolonialarchitektur das Bild der Altstadt, die jedoch alles andere als museal wirkt.

Vietnam

Bucht von Halong 672

Die bizarr geformte Insellandschaft besteht aus rund 1600 Karstgipfeln. Entstanden vor Jahrmillionen, wurde dieses Kunstwerk der Natur in Jahrtausenden von Wind und Wetter geformt.

Lage: Golf von Tonkin
Größe: 1500 km²

An chinesische Landschaftsbilder fühlt man sich beim Anblick der turmartig bis zu 100 m aus dem Wasser aufragenden, unterschiedlich begrünten Karstfelsen erinnert. Die Bergformen zeigen eine erstaunliche Vielfalt: Von Pyramiden mit breiter Basis über hoch gewölbte »Elefantenrücken« bis hin zu schlanken Felsnadeln kommen zahlreiche Varianten vor. Menschen haben in diesen Formationen nicht nur die geologische Besonderheit gesehen, sondern vor allem das romantische Naturschauspiel, das die Fantasie anregte. So verwundert es nicht, dass es der Legende nach ein vom Himmel »herabgestiegener Drache« (Ha Long) war, der das Naturwunder geschaffen haben soll.
Die geologische Wirklichkeit ist weit nüchterner: Ein Teil der Erdplatte hat sich gehoben und die Erosion hat aus dem Sedimentgestein unterschiedlicher Härte bizarre Ke-

Kambodscha
Angkor

In Ayutthaya befinden sich die Ruinen von Hunderten von Tempeln, die dem Betrachter eine Vorstellung von der einstigen Glanzzeit dieser Stadt vermitteln. In den Tempelbauten sind wertvolle Buddhafiguren erhalten; sie stehen auch heute noch im Mittelpunkt religiöser Verehrung. Eine besondere Form der Opfergabe sind die zumeist gelben Stoffbahnen, Ehrentücher, die den Buddhastatuen eine Zeit lang als »Gewand« dienen.

gel geformt. Doch Massentourismus und Industriesiedlungen nahe der Bucht gefährden das Naturwunder. So sinkt die Wasserqualität von Jahr zu Jahr und auch die Fischbestände sind zurückgegangen.

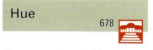

Hue   678

Hue war vom 15. Jh. bis zum Ende der Dynastie Nguyen im Jahre 1945 die Hauptstadt des feudalen Vietnam. Die weitläufige Kaiserstadt im Zentrum lehnt sich eng an die chinesische Bautradition an.

Lage: Zentral-Vietnam, Ostküste
Blütezeit: 18.–19. Jh.

Ganz im Stil chinesischer Palastanlagen ließ sich Nguyen Anh, der 1802 das zerstrittene Vietnam wieder vereinigt und als Kaiser Gia Long den Thron bestiegen hatte, seine Residenz im Herzen von Hue errichten. Seine Freude an der Nachahmung chinesischer imperialer Architektur erkennt man bis ins kleinste Detail des Dachschmucks.

In der befestigten Kaiserstadt Da Noi lebten der Hofstaat, höfische Künstler und die Bediensteten. Zentrum war die »Verbotene Stadt«, die allein dem Kaiser und seiner Familie vorbehalten war. Sie wurde auch »Purpurstadt« genannt, weil diese Farbe den Nordstern und damit den Angelpunkt des Universums symbolisiert – ein Symbol für den Kaiser. Im Unterschied zum chinesischen Kaiserpalast in Beijing wurde die Anlage in Hue nicht auf der traditionellen Süd-Nord-Achse, sondern schräg dazu versetzt erbaut. Von der Residenz ist das südliche Eingangstor, das Ngo mon, das am aufwändigsten gestaltete Bauwerk. Sehenswert sind auch die Mausoleen, die sich die verschiedenen Kaiser der Nguyen-Dynastie außerhalb von Hue haben bauen lassen.

Kambodscha

Angkor   668

Das wohl bedeutendste Kulturdenkmal Südostasiens besitzt mit den großartigen Bauten von Angkor Wat und Angkor Thom beredte Zeugnisse für die politische Macht, die religiöse Innigkeit und das künstlerische Vermögen der Khmer.

Lage: NW-Kambodscha
Blütezeit: 889–1431

Die Khmer-Kultur wurde stark von indischen Stämmen geprägt, die in der ersten Hälfte des 1. Jahrtsd.s nach Südostasien einwanderten. Sie konnte erst aufblühen, nachdem die Khmer die Vorherrschaft des chinesischstämmigen Reiches Funan abgeschüttelt hatten.

König Jayavarman II. begründete mit seiner Thronbesteigung im Jahr 802 nicht nur das mächtige Reich, sondern auch das Gottkönigtum. Der Herrscher fungierte als Mittler zwischen dem Himmel und der Erde; als Mensch lebte er in einem Palast, als Gott wurde er in Form einer Statue im Tempel verehrt. Jene Khmer-Herrscher, die sich am Hinduismus orientierten, ließen sich in Form eines Lingam Reverenz erweisen; die Anhänger des Buddhismus wurden als Bodhisattvas dargestellt.

Ein deutliches Beispiel hierfür findet man im Bayon-Tempel in Angkor Thom. Dort blickt Jayavarman VII. von 54 Türmen auf seine Untertanen herab; die jeweils vier monumentalen Gesichter wenden sich den Himmelsrichtungen zu.

Da ein Tempel nach dem Tod des Gottkönigs immer zum Grabmal für den Herrscher wurde, musste jeder König sich ein neues Heiligtum bauen lassen. Deshalb gibt es rund um die Hauptstadt Angkor so viele davon. Die mächtigste Anlage ist ohne Zweifel Angkor Wat. Dies war der Tempel Suryavarmans II., der zwischen 1113 und 1150 die Khmer-Kultur zur absoluten Höhe führte. Sein Mausoleum ist ein Stein gewordenes Zeugnis für die tiefe Religiosität und die enormen Fähigkeiten der damaligen Künstler.

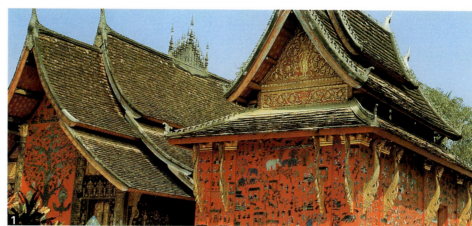

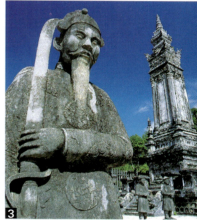

1 Der Tempel Wat Chieng Thong in Luang Prabang beherbergt die Buddhastatue, die der Stadt ihren Namen gab.

2 Ayutthaya: Buddha im Kreise seiner Jünger im Wat Yai Chai Mongkul aus dem 14. Jh.

3 Die steinernen Wächterfiguren der Kaisergräber von Hue. Die Anlage ist chinesischen Vorbildern nachempfunden.

4 Erst im 19. Jh. wurde die imposante Tempelanlage von Angkor Wat wieder entdeckt.

Philippinen
Reisterrassen

Philippinen

Reisterrassen 722

Die vor 2000 Jahren begonnenen Reisterrassen im Banaue-Tal demonstrieren, wie gut intensive landwirtschaftliche Nutzung und gleichzeitiger Schutz der Natur miteinander harmonieren können.

Lage: Provinz Ifugao, Luzon
Größe: 250 km²

Seit 2000 Jahren bauen die Igorot, ein altmalaiisches Bergvolk, ihre Reisterrassen an den Hängen der nordphilippinischen Kordilleren. Eine besondere Kunstfertigkeit erzielten dabei die Ifugao im 20 km langen Banaue-Tal. Das Wissen vom Terrassenbau haben sie von Generation zu Generation mündlich überliefert.
In Asien an sich nicht ungewöhnlich, nehmen diese Reisterrassen eine Sonderstellung ein. Die Millionen von einzelnen Terrassenflächen kleben über Hunderte von Metern bis in eine Höhe von 1500 m an den steilen Berghängen. Manche nur wenige Quadratmeter große Fläche wird durch eine Stützmauer von 6–10 m Höhe gesichert.
Hervorragend durchdacht ist das Bewässerungssystem der Nassreisfelder. Das Wasser wird von der Berghöhe durch Kanäle und Leitungen aus Bambusrohr in die oberste Terrasse geleitet, füllt diese und fließt dann, jede einzelne Fläche flutend, von Terrasse zu Terrasse ins Tal.

Philippinische Barockkirchen 677

Die spanischen Kirchen auf den Philippinen gelten als einzigartig, weil sich in ihnen der europäische Barock mit der lokalen Kunst- und Handwerkertradition zu einer glücklichen Synthese verbunden hat.

Lage: Manila, Paoay und Santa Maria (Luzon), Miagao (Mindanao)
Kolonialepoche: 16.–19. Jh.

Die spanische Kolonialarchitektur lässt sich im einzigen katholischen Land Asiens bestens studieren. Umgeben von buddhistischem und islamischem Einfluss, hatten es die katholischen Patres nicht leicht bei ihrer Missionsarbeit. Um das Vertrauen der Bevölkerung zu gewinnen, mussten sie in ihren Bauten Macht, Größe und Stabilität der Kirche demonstrieren. So wirken alle Gotteshäuser jener Zeit wie Trutzburgen des Glaubens. Deutlich veranschaulicht dies die 1797 geweihte, mit einem Glockenturm wie eine Festung bewehrte Kirche St. Thomas von Villanueva in Miagao.

Harmlose Ungetüme: Komodowarane werden über 100 Jahre alt.

Auch die Kirche Unserer Lieben Frau in Santa Maria gibt sich mit ihrem Rundturm wehrhaft. Die Fassade der um 1700 gebauten Kirche St. Augustinus in Paoay steigt auf wie eine befestigte Pyramide. Lediglich St. Augustinus im Altstadtviertel Intramuros in Manila – 1626 geweiht – gibt sich städtisch-elegant.

Tubbataha-Park 653

Der Meeres-Nationalpark besteht aus zwei ringförmigen Atollen, die für ihre Korallenriffe und eine faszinierende Unterwasserwelt berühmt sind. Sie bieten Wasservögeln sowie Meeresschildkröten Nist- und Brutplätze.

Lage: Sulu-See, südöstl. v. Palawan
Größe: 332 km²

Rund 180 km vor der Südküste der Insel Palawan gelegen, bilden zwei Atolle den Mittelpunkt des Meeresparks. Sie sind schwierig zu erreichen, ragen nur rund 1 m aus dem Wasser und bieten darum verschiedenen Lebewesen einen fast ungestörten Lebensraum: den selten gewordenen Karett- und den Suppenschildkröten, verschiedenen Schwalben- und Tölpelarten sowie Korallen, die mit über 40 Arten vertreten sind.
Das Norddriff, die »Vogelinsel«, bildet ein etwa 16 km langes und 4,5 km breites Oval, das eine Lagune aus Korallensand umschließt und so einen idealen Nistplatz bildet. Im Lauf der Jahre hat sich ein Großteil der Vogelpopulation von Ursula Island hier niedergelassen, wozu auch der farbenprächtige Große Nashornvogel gehört. Das südliche Atoll ist kleiner und durch einen rund 8 km breiten Meeresarm vom Nordriff getrennt. Es besitzt mit etwa 380 Fischarten die reichere Unterwasserwelt.

Indonesien

Nationalpark Ujung Kulon 608

Indonesiens bekanntestes Reservat weist nicht nur in seinem Regenwald eine reiche Flora und Fauna auf, sondern ist mit seinem Vulkangebiet der vorgelagerten Inseln auch von geologischem Interesse.

Lage: SW-Spitze d. Insel Java
Größe: 760 km²

Der Nationalpark umfasst die Halbinsel Ujung Kulon sowie die Inseln Krakatau, Panaitan und Peucang in der Sunda-Straße. Somit schützt er das Leben in den Regenwäldern des Tieflands auf Java, die Korallenriffe der Küstenzone und die sensible Flora und Fauna der Vulkaninsel Krakatau.
Das am meisten gefährdete Tier im Regenwald, der 1921 zum Naturschutzgebiet und 1980 zum Nationalpark erklärt wurde, ist das Javanische Nashorn. Es ist kleiner als seine Verwandten, die Panzernashörner. Wilderer dezimierten den Bestand auf 25 Exemplare; im Park soll sich die Population inzwischen wieder auf 60 Tiere erhöht haben.
Häufiger – 400 Tiere – kommt das scheue Javanische Wildrind vor. Daneben gibt es Hirsche, Affen, Leoparden, Leistenkrokodile, die bis zu 7 m lang werden können, und Nashornvögel. Der Javanische Tiger ist ausgestorben.

Borobudur 592

Auf dem buddhistischen Tempelberg konnten sich die Gläubigen, von Stufe zu Stufe emporschreitend, der Erkenntnis nähern.

Lage: Zentral-Java, Progo-Tal
Gründung: 8. oder 9. Jh.

Die strenge Symmetrie fällt beim Borobudur, einem der größten buddhistischen Baudenkmäler, als Erstes auf. Die Anlage, auf einem rund 30 m hohen Hügel errichtet, versinnbildlicht die kosmische Ordnung. Über einem quadratischen Grundriss bauen sich fünf »irdische« Galerien auf. Hier erzählen Reliefs vom Lebensweg Buddhas und Jataka-Legenden. Auf der Plattform über den Galerien erheben sich drei »himmlische« Rundterrassen. Diese tragen insgesamt 72 Stupas, die einst jeweils eine Statue des Buddha Mahavairocana umschlossen und auf der Hauptstupa auf der obersten Terrasse hin ausgerichtet sind.
Der Borobudur gleicht einem großen Mandala. Die Gläubigen, die den Berg im Uhrzeigersinn rituell umschreiten, erfuhren so Schitt für Schritt eine Unterweisung in der buddhistischen Lehre.

Prambanan 642

Die einstmals bedeutendste Kultstätte des Hinduismus auf Java war den Göttern Brahma, Vishnu und Shiva geweiht.

Lage: Zentral-Java, Yogyakarta
Gründung: 10. Jh.

Die Tempelanlage bei Prambanan, das größte hinduistische Heiligtum Indonesiens, hat zwei Vollendungen erlebt: die erste nach ihrer Errichtung im 10. Jh., die zweite Mitte des 20. Jh.s, als die äußerst schwierigen Restaurierungs-

Indonesien
Komodo

Borobudur: Räume der Andacht wird man hier vergeblich suchen. Die ganze Anlage wurde wie eine Schale über einen 42 m hohen Hügel gelegt und wirkt wie ein Meditationsbild, dessen Terrassen und offene Galerien die verschiedenen Bewusstseinsstufen versinnbildlichen. Zur Unterweisung dienen auch die zahlreichen Steinreliefs an den Mauern mit Szenen aus buddhistischen und hinduistischen Legendensammlungen wie dem Ramayana.

arbeiten weitgehend abgeschlossen waren. Seit ein Erdbeben die Tempelstadt 1549 in ein Trümmerfeld verwandelt hatte, war sie bis 1937 als Steinbruch genutzt worden. Weithin sichtbar überragen die hohen, Prang genannten Tempeltürme die weitläufige Anlage des Candi Lara Jonggrang. Die Tempelanlage ist der Trimurti, der Dreiheit der hinduistischen Hauptgottheiten, Brahma, Vishnu und Shiva, gewidmet.

Der Candi auf Prambanan ist der Tempel Shivas: Er gilt hier als Mahadeva, als mächtigste Gottheit. Deshalb taucht überall und in hundertfacher Ausfertigung sein Symbol, der Phallus (Lingam), auf. Brahma und Vishnu besitzen jeweils ihre eigenen, kleineren Tempeltürme, die ebenfalls durch exzellent gearbeitete, erzählende Reliefs bestechen.

Sangiran 593

Am Fundort des Pithecanthropus grub man rund 50, also fast die Hälfte aller auf der Welt entdeckten Spuren dieses frühen Menschen aus.

Lage: Zentral-Java
Alter: rund 1 Mio. Jahre

Die Heimat des Pithecanthropus, der auch Java-Mensch genannt wird, liegt bei Sangiran. Das Alter der Schädeldecke und der zahlreichen Knochenreste, die man bei Ausgrabungen zwischen 1936 und 1941 hier fand, schätzt man auf etwa 1,3 Mio. Jahre. Der javanische Urmensch gehört zur Art des Homo erectus. Für ihn nehmen die Wissenschaftler den aufrechten Gang an, zweifeln aber, ob er Werkzeuge oder Jagdgeräte herstellen konnte. Das Fehlen solcher Geräte in der Umgebung der Fundstelle kann aber auch durch die Anpassung der Hominiden an ihre Waldumgebung begründet sein, in der sie Werkzeuge aus – vergänglichem – Holz vorfanden.

Nationalpark Komodo 609

Die Insel ist das Schutzgebiet des Komodowarans, der nur noch hier vorkommt und im Regenwald und der Savanne ideale Voraussetzungen für die Jagd auf Wildschweine oder Hirsche findet.

Lage: Kleine Sunda-Inseln
Ausdehnung: 2200 km²

Berühmt gemacht haben die Insel Komodo ihre Warane, die größte Echsenart der Welt, die seit 60 Mio. Jahren existiert, aber in neuerer Zeit vom Aussterben bedroht ist. Die Parkverwaltung schätzt den Bestand im Schutzgebiet auf etwa 5700 dieser bis zu 4 m langen »Drachen«; auf der Insel selbst sollen rund 2900 Exemplare leben. Wissenschaftler sprechen aber von insgesamt höchstens 1000 Exemplaren. Man kann die Warane in Begleitung von Wildhütern besuchen. Fütterungen haben manche der Großechsen bereits zu trägen Müßiggängern gemacht.
Der Nationalpark reicht über die 36 km lange und 25 km breite Insel Komodo weit hinaus und schließt kleinere Nachbarinseln sowie die Westküste von Flores ein. Dadurch wird gewährleistet, dass nicht nur die Warane und die sie umgebende Fauna und Flora der Inseln geschützt sind, sondern auch die den Küsten vorgelagerten Korallenriffe. Die Flora wird bestimmt von tropischem Monsunregenwald, Grasland und Savanne. An manchen Orten gibt es auch Mangrovenwälder.

1 Selbst kleinste Flächen an den Hängen des Banaue-Tals werden für den Reisanbau nutzbar gemacht.

2 Borobudur: Jeder der 72 Stupas auf den drei Terrassen enthielt einst eine Buddhafigur.

3 Die Architektur des Tempelbergs von Borobudur ist durch und durch Symbol der buddhistischen Kosmologie.

4 Prambanan: der Tempel des Gottes Shiva mit seinem mächtigen, 46 m hohen Turm

Australien Ozeanien

Eine einzigartige Tier- und Pflanzenwelt bevölkert grandiose Landschaften, in denen die Mythen der Ureinwohner weiterleben.

Australien
Kakadu

Australien

Nationalpark Kakadu

Der nach dem hier siedelnden Gagadju-Stamm benannte Nationalpark ist ein Refugium für viele bedrohte Tier- und Pflanzenarten.

Lage: N-Australien, Northern Territory
Ausdehnung: 17 553 km²

Das Naturschutzgebiet umfasst fünf unterschiedliche Landschaftszonen. Im Gezeitenbereich der Flüsse haben sich Mangroven mit ihren Stelzwurzeln im Schlamm verankert und schützen das Hinterland vor der zerstörerischen Wirkung des Wellenschlags. Die küstennahen Gebiete verwandeln sich während der Regenzeit in einen bunten Teppich aus Seerosen, Schwimmfarnen und Lotosblumen. Seltene Wasservögel, wie Brolgakraniche, Weißwangenreiher, Indische Großstörche und Schlangenhalsvögel, finden hier ebenso eine Heimat wie das Leistenkrokodil und das Australische Krokodil.

Das sich anschließende Hügelland mit seiner abwechslungsreichen Vegetation aus offenen tropischen Wäldern, Savannen und Grasebenen erstreckt sich über den größten Teil des Nationalparks und ist Rückzugsgebiet für bedrohte Tierarten wie Dingos und Wallabys. Im Escarpment, einer Steilklippe, den den Park von Südwesten nach Nordosten durchzieht, sowie auf den kargen Sandsteinplateaus von Arnhem Land leben einige der seltenen Känguruarten.

Bekannt wurde der Kakadu-Nationalpark in den 60er-Jahren, als bei Grabungen mindestens 30 000 Jahre alte Steinwerkzeuge gefunden wurden. Zahlreiche Felsmalereien geben Aufschluss über die Jagdgewohnheiten, Mythen und Bräuche des heute noch hier lebenden Gagadju-Stammes.

Shark Bay

Artenreiche Seegraswiesen, Stromatolithenkolonien und die größte Dugongpopulation der Welt sind die Besonderheiten dieses Schutzgebiets.

Lage: W-Australien
Ausdehnung: 21 000 km²

Der Naturpark Shark Bay, ein Küstenabschnitt mit Steilklippen, Lagunen und Sanddünen, ist die Heimat vieler bedrohter Meeres- und Landbewohner. Eindrucksvoll sind die bis zu 4800 km² großen Seegraswiesen, die zu den artenreichsten der Welt zählen. Vor allem für kleine Fische, Krabben und Krebse bieten die Wiesen einen geschützten Lebensraum. Darüber hinaus fördern sie das Wachstum von Stromatolithen. Diese über 3,5 Mrd. Jahre alten Kleinstorganismen bilden im seichten und stark salzhaltigen Lagunen-

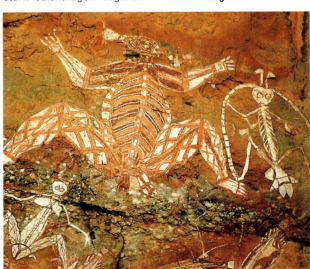
Nationalpark Kakadu: Felszeichnung im Röntgenstil

wasser blumenkohlartige Kalkknollen, die an manchen Stellen über den Wasserspiegel hinausragen.

Im Sommer lassen sich in der Shark Bay Buckelwale bei der Paarung, Meeresschildkröten bei der Eiablage und Gabelschwanzseekühe bei der Aufzucht ihrer Jungen beobachten. Diese Meeressäuger, die als ausgestorben galten, sind hier mit einer Herde von rund 10 000 Tieren vertreten.

Die Inseln und Steilklippen des Nationalparks sind Heimat vieler seltener Seevögel. Australtölpel, Fischadler und Elsterscharben fischen in den nahrungsreichen Gewässern. Die vorgelagerten Inseln und das Gebiet rund um Cape Peron sind der Lebensraum der Shark-Bay-Maus, die früher weite Teile Australiens bewohnt hat.

Nationalpark Uluru-Kata Tjuta

Die spektakulären geologischen Formationen des Ayers Rock und der Olgas sind seit vielen Jahrhunderten das spirituelle Zentrum der Anangu-Aborigines.

Lage: Zentral-Australien
Ausdehnung: 1326 km²

Inmitten der kargen Trockensavanne liegt »das rote Herz Australiens«, der Uluru-Kata-Tjuta-Nationalpark. Mit den beiden einzigartigen Felsformationen des Ayers Rock und der Olgas – in der Sprache der Ureinwohner Uluru und Kata Tjuta genannt – besitzt er die bekanntesten Sehenswürdigkeiten Australiens. Ihre Entwicklungsgeschichte, die bereits vor 570 Mio. Jahren begann, ist eng mit der erdgeschichtlichen Entstehung des australischen Festlands verbunden. Das äußerst widerstandsfähige Gestein der Felsen verwitterte im Gegensatz zu den sie umgebenden Gesteinsmassen sehr langsam und so ragen sie heute als versteinerte Zeugen des Erdaltertums aus der Ebene empor.

Der Ayers Rock wird als heilige Stätte verehrt, da er der Aborigines-Mythologie nach der Treffpunkt aller Vorfahren ist, die während ihrer Wanderungen in der Traumzeit das Land und alles Lebendige schufen. Trotz der trockenen und unwirtlichen Umgebung leben die Anangu seit vielen Tausend Jahren hier.

Wet Tropics

Eine der wenigen Regionen Australiens, in der noch ursprünglicher Regenwald existiert, ist die Heimat der Kuku-Yalanji-Aborigines.

Lage: NO-Australien
Ausdehnung: 9200 km²

Einst bedeckte tropischer Regenwald fast lückenlos den gesamten australischen Kontinent. Heute sind es nur noch Teile der Gebirgsrücken der Great Dividing Range, der Senken des Great Escarpment und der Küstenregion von Queensland, wo im Gegensatz zu anderen Regionen Australiens das tropische Klima über Jahrmillionen stabil geblieben ist. So konnte sich ungestört eine enorm artenreiche Tier- und Pflanzenwelt entwickeln. Die Bäume – über 800 verschiedene Arten – bilden einen stockwerkartigen Regenwald. Unter dem fast lichtundurchlässigen Kronendach der bis zu 50 m hohen Baumriesen wachsen über 350 verschiedene höhere Pflanzen; vor allem Farne, Orchideen, Moose und Flechten.

Auch die Fauna ist äußerst vielfältig. Etwa ein Drittel aller australischen Beuteltier- und Reptilienarten sowie zwei Drittel aller Fledermaus- und Schmetterlingsarten leben in diesem kleinen Gebiet, das nur einen verschwindend geringen Bruchteil der Kontinentalfläche einnimmt. Typische Vertreter sind der Kurzkopfgleitbeutler, das Leistenkrokodil, der Ulyssus-Falter und der Schwarzschopf-Wippflöter. Zu den seltenen Tierarten gehören der Grüne Baumpython, das Moschus-Rattenkänguru und die Boyds-Winkelkopfagame.

Regenwälder der Ostküste

Die sieben Schutzgebiete sind vor allem wegen ihres Vogelreichtums, der unterschiedlichen Regenwaldarten und der Vulkanlandschaft bekannt.

Lage: O-New South Wales
Ausdehnung: 2036 km²

Hinter den entlang der Küste verlaufenden Great Dividing Ranges liegen die sieben UNESCO-Schutzzonen Tweed Volcano, Washpool/Gibralta Ranges, Iluka, New England Plateau, Hastings Group, Barrington Tops und Mount Dromedary. Alle befinden sich im Übergangsbereich vom tropischen zum warmgemäßigten Klimagürtel, so dass sich auf kleinstem Raum eine abwechslungsreiche Vegetation entfaltet.

Im Süden, besonders im Gebiet der Barrington Tops und der Hastings Group, wächst artenarmer, warmgemäßigter Wald mit Südbuchen. Auf den Hochplateaus erstrecken sich einzigartige Hochmoore mit Surenbäumen und Zwiebelhölzern. In den nördlicheren Border Ranges und den Vulkanplateaus dominiert bereits der artenreichere subtropische Regenwald mit Würgefeigenbäumen, Orchideen und Farnen. In den Höhenlagen bis

Australien
Großes Barriere-Riff

Traumpfade: Die Mythen der Ureinwohner Australiens handeln hauptsächlich von den Wanderungen der Vorfahren, die, erwacht aus ihrem ewigen Schlaf, Berge, Flüsse, Menschen und Tiere, aber auch Riten und Naturphänomene erschaffen haben. Alle Orte, an denen der mündlichen Überlieferung nach die Schöpferwesen wirkten, sind genau lokalisierbar; sie gelten den Aborigines als heilige Plätze. Die Trennung vom durch den Mythos bekannten Ort hat einen Verlust der religiösen Identität zur Folge.

1500 m ist subalpiner Wald mit Eukalyptusbäumen anzutreffen. Berühmt sind die Regionen der Barrington Tops und der Border Ranges vor allem wegen ihres Vogelreichtums. Seidenlaubenvögel, Blauwangenloris, Königssittiche und Kookaburras sind oft, Schwarzleierschwänze eher selten zu beobachten.

Fraser Island 630

Die größte Sandinsel der Welt, teilweise noch mit ursprünglichem Tiefland-Regenwald bewachsen, ist ein idealer Lebensraum für seltene Vögel und Frösche.

Lage: SO-Queensland
Ausdehnung: 1600 km²

Die 122 km lange Insel besitzt die höchsten Küstendünen der Erde. Die Oberfläche dieses kleinen Eilandes am Südende des Großen Barriere-Riffs ist seit mehr als 140 000 Jahren in Bewegung. Bis zu 240 m hohe Sicheldünen, angetrieben durch die beständig wehenden Südostpassate, ziehen jedes Jahr bis zu 3 m nach Nordwesten.

Schon bald nach der Entdeckung Fraser Islands im Jahre 1836 begannen die Europäer die artenreichen tropischen Regenwälder zu plündern. Neben dem Queenslandkauri, der Araukarie, dem Tallow- und dem Blackbutt-Eukalyptus wurde besonders häufig der bis zu 70 m hohe Satinay geschlagen. Heute werden nur noch kleine Gebiete im Inneren der Insel von Regenwald bedeckt.
Die übrige Landschaft ist sehr abwechslungsreich und bietet über 240 Vogelarten eine Heimat. In den Mangroven an der Küste lebt der Mangrovenhonigesser; der seltene Erdsittich kommt in den küstennahen Heidegebieten vor; in den tropischen Wäldern sucht der rotgrüne Königssittich nach Nektar; die Schwarzbrustwachtel schließlich ist in den feuchten Moorgebieten beheimatet. Viele Zugvögel, wie der Isabellabrachvogel und der Mongolenregenpfeifer, machen auf ihrem Weg an den vielen glasklaren Süßwasserseen im Inselinneren halt.

Großes Barriere-Riff 154

Das Große Barriere-Riff ist das größte Korallenriff der Erde. Seit etwa 8000 Jahren bauen Steinkorallen-Polypen an dieser einzigartigen Unterwasserwelt.

Lage: vor der Ostküste von Queensland
Ausdehnung: 48 700 km²

Über eine Länge von beinahe 2000 km folgt das Riff, das sich aus 2500 Einzelriffen und 500 Koralleninseln bildet, der australischen Küstenlinie. Seine Baumeister sind Steinkorallen-Polypen, die in Gemeinschaft mit blaugrünen Algen leben. Im Frühling schlüpfen die bereits schwimmfähigen Polypenlarven, nisten sich auf dem Riff nahe der Wasseroberfläche ein, bilden ihr Skelett aus und schließen sich mit Artgenossen zu einer Kolonie zusammen. Nach einiger Zeit sterben sie ab und ihre Kalkröhren werden zu feinem Sand zermahlen. Die Algen verbacken den Sand zu einer weiteren Riffschicht, auf der sich im nächsten Jahr neue Jungpolypen ansiedeln können. Auf diese Weise sind im Lauf der letzten 8000 Jahre die Riffe und Inseln, die von zahlreichen Tier- und Pflanzenarten bevölkert werden, gewachsen.

1 Regenzeit im Nationalpark Kakadu: Lotosblumen bedecken die großen Feuchtgebiete.

2 In der Umgebung der Kata-Tjuta-Felsen in Zentralaustralien finden sich zahlreiche Felsmalereien.

3 Shark Bay: Bei Ebbe wird die größte Stromatolithenkultur der Welt sichtbar.

4 In den Regenwäldern Australiens wachsen auch Pflanzen, die man bereits für ausgestorben hielt.

Welten im Meer
Korallenriffe

Winzige Organismen haben in Jahrtausenden Lebensräume geschaffen, die neben den tropischen Regenwäldern zu den vielfältigsten und produktivsten Ökosystemen der Erde gehören.

Korallen gibt es in fast allen Meeren der Welt. Sie benötigen Temperaturen über 20° C, viel Licht sowie sauerstoff- und kalziumreiches Wasser. Oft gehen Steinkorallenpolypen mit winzigen, einzelligen Algen eine für beide Seiten vorteilhafte Lebensgemeinschaft ein. Mit der Energie des Sonnenlichts wandeln die Algen die Abfallstoffe der Polypen in Nährstoffe um. Die Algen entziehen ihrem Wirt auch Kohlendioxid und fördern dadurch die Abscheidung von kristallinem Kalk. Bis zu 26 cm jährlich können beispielsweise Horn- oder Geweihkorallen ein Riff wachsen lassen.
Die Korallenbänke wachsen vom Meeresboden empor und bilden, wenn sie die Wasseroberfläche erreichen, eine Riffbarriere, an der sich die Wellen brechen. Auf der der Küste zugewandten Seite entsteht ein vom offenen Meer abgegrenzter Lagunenkanal.

Da die Riffe für ihr Wachstum viel Licht, Wärme und Sauerstoff brauchen, ist ihr Vorkommen auf tropische Gewässer beschränkt. Die Atolle der Lakkadiven und der Malediven im Indischen Ozean sind ausnahmslos Schöpfungen von Korallen, ebenso die Riffe vor den südostasiatischen Inseln. Im Atlantik hängt das Auftreten von Riffen mit den Meeresströmungen zusammen; an der afrikanischen Westküste gibt es infolge des kalten Benguelastroms keine Riffe.
Viele leuchtend bunte Fische, Schalentiere und Würmer sind zwischen den Korallenstöcken heimisch. Auf dem Meeresboden der Lagunen leben bis zu 250 kg schwere Riesenmuscheln. Auch Haie, Delphine, Buckelwale, Seekühe und Meeresschildkröten besuchen die Riffe.
Doch diese Unterwasserparadiese sind bedroht – durch den Menschen, aber auch durch den natürlichen Feind der Korallen, den Dornenkronen-Seestern. Er stülpt seinen Magen über die Korallen und verdaut die lebenden Polypen.

1 Gr. Bild: Schulen von mehreren Tausend Blaustreifenschnappern sind nicht selten.

2 Kl. Bild: das Große Barriere-Riff vor der Küste Australiens

3 Korallen und Polypen von unglaublicher Vielfalt leben auf den Riffen nebeneinander.

4 Junker ernähren sich vielfach von Zooplankton, das sie über den Riffen aufnehmen.

5 Anemonenfische entfernen sich selten aus ihrer »Burg«.

6 Seepferdchen leben meist zwischen Seegras oder Algen.

7 Seesterne verdauen ihre Beute außerhalb des Körpers.

Australien
Willandra-Seen

In den Gewässern des Großen Barriere-Riffs gibt es etwa 1500 Fischarten, darunter farbenprächtige und exotische Arten wie den Gauklerfisch, den Riffbarsch, den Papageifisch oder den Stachelrochen. Des weiteren leben hier rund 240 Vogel-, 400 Korallen- und 4000 Weichtierarten.

Willandra-Seen 167

Die vor etwa 15 000 Jahren rasch verlandete Seenkette von Willandra interessiert sowohl Geologen als auch Prähistoriker. Hier fand man die ältesten Spuren des Homo sapiens sapiens in Australien.

Lage: SW-New South Wales
Ausdehnung: 6000 km²

Am ehemaligen Ufer des noch bis vor 24 000 Jahren Wasser führenden Lake Mungo wurden 1968 in einer »Chinesische Mauer« genannten Sicheldüne Aufsehen erregende frühgeschichtliche Funde gemacht. Neben 18 000 Jahre alten Steinwerkzeugen fand man 35 000–40 000 Jahre alte menschliche Skelette, die ältesten jemals in Australien gefundenen Spuren des Homo sapiens sapiens, des neuzeitlichen Menschen.
Auf eine weitere wissenschaftliche Sensation stieß man bei der Untersuchung einer 30 000 Jahre alten Feuerstelle. In den Überresten fand man Beweise, dass sich das Erdmagnetfeld über einen Zeitraum von 2500 Jahren um 120 Grad nach Südosten verlagert hatte.
In die Grassteppen rund um das Willandra-Seengebiet haben sich vor allem seltene Tiere zurückgezogen – so der Emu, mit einer Länge von 2 m der größte australische Laufvogel, sowie das Rote und das Östliche Riesenkänguru. Tausende von Papageien und Wellensittichen bevölkern die Wasserlöcher und die Warane wärmen sich in der Mittagssonne.

Riversleigh/Naracoorte 698

Riversleigh und Naracoorte gehören zu den zehn spektakulärsten und bedeutendsten Fossilienfundorten der Erde.

Lage: NW-Queensland (Riversleigh), S-Australien (Naracoorte)

Die Victoria-Karsthöhle in der Nähe von Naracoorte ist eine wahre prähistorische Schatzkammer. In mühevoller Kleinarbeit wurden Knochen von Lungenfischen, Reptilien, Kloaken-, Beutel- und Säugetieren ausgegraben und deren Skelette rekonstruiert. Unter den Fundstücken befanden sich auch Schnabeligel und Schnabeltier, so genannte Brückentiere, die eine Weiterentwicklung von den Reptilien zu den Säugetieren belegen. Viele Fragen zur Entwicklung der Beuteltierarten wurden durch Rekonstruktionen von Skeletten bereits ausgestorbener Arten, wie dem mit Greifhänden ausgestatteten Beutellöwen oder dem Blätter fressenden und bis zu 3 m großen Kurzgesicht-Riesenkänguru, geklärt.
Die Funde der Fossilienstätten von Riversleigh haben zum Verständnis der vor 45–50 Mio. Jahren beginnenden Kontinentalverschiebung beigetragen. Man fand Knochen von über 100 Tierarten aus der Zeit, als Australien noch Teil des Superkontinents Gondwanaland war, sowie Beweise für die Zuwanderung südostasiatischer Tiere über eine damals existierende Landbrücke.

Fjordland: der Mitre Peak am Milford Sound

Lord-Howe-Inseln 186

Die Inselgruppe wurde 1982 unter Schutz gestellt und besitzt eine einzigartige Landschaft, eine artenreiche Vogelwelt sowie Korallenriffe vor der Küste.

Lage: etwa 700 km vor der Ostküste Australiens
Ausdehnung: 16 km²

Vor etwa 7 Mio. Jahren erhob sich vor der Ostküste Australiens in der Tasmanischen See ein mächtiger und vermutlich bis zu 2000 m hoher Schildvulkan aus dem Meer. Durch die erodierende Kraft von Regen, Wind und Wellenschlag sind von dem einstigen Riesen heute nur noch – als letzte Reste – die 28 Inseln der Lord-Howe-Gruppe erhalten.
Aufgrund der isolierten geografischen Lage hat sich hier eine eigenständige Pflanzen- und Tierwelt entwickeln können. Die dichten Nebelwälder mit ihren schätzungsweise 220 Pflanzenarten, von denen rund ein Drittel ausschließlich hier vorkommen, sind der Lebensraum vieler bedrohter Vogelarten geworden. Hier kann man den Keilschwanz-Sturmtaucher, den an Steilhängen brütenden Kermadec-Sturmvogel, den auffällig gefärbten Weißbauch-Meerläufer und das flugunfähige Lord-Howe-Waldhuhn beobachten.
Vor der Südwestküste der Lord-Howe-Insel, dem größten der 28 Eilande, wächst das südlichste Korallenriff der Erde. Es ist das fantastische Werk von Steinkorallen und Kalk-Rotalgen. Im Wasser zwischen den Riffstöcken leben zahlreiche exotische Fische wie der bunte Gaukler, der Papagei- und der Säbelfisch.

Naturschutzgebiete Tasmaniens 181

Die Nationalparks Westtasmaniens gelten mit ihren kühlgemäßigten Regenwäldern und der einzigartigen Tierwelt als eines der letzten unberührten Ökosysteme der Welt.

Lage: W-Tasmanien
Ausdehnung: 10 813 km²

Dieser vier Schutzgebiete umfassende Naturraum liegt zwischen dem Cradle Mountain und dem Südwestkap von Tasmanien. Tiefe Schluchten, trogförmige Seen, tobende Wasserfälle, abgeschliffene Hochebenen und steile Bergspitzen sind typisch für das durch Gletscher geformte Landschaftsbild. In den Niederungen erstrecken sich ausgedehnte Feuchtgebiete, in höheren Lagen Moore und Heiden.
Obwohl der kühlgemäßigte Regenwald durch intensiven Holzeinschlag stark abgenommen hat, sind Restbestände dieser großartigen Mischwälder mit subarktischen und australischen Baumarten erhalten. In der vielgestaltigen Landschaft lebt eine einzigartige Tierwelt: Der Orangebauch-Papagei, das Schnabeltier, die Pedra-Branca-Echse, der Beutelteufel und der Riesenbeutelmarder sind ausschließlich auf Tasmanien heimische Arten.
Zahlreiche archäologische Funde – Felsmalereien, Steinwerkzeuge und Überreste von Kanus – belegen die menschliche Besiedlung der Insel seit mehr als 31 000 Jahren. Mitte des 19. Jh.s wurden die hier ansässigen tasmanischen Ureinwohner »entdeckt«. Innerhalb von nur 46 Jahren haben die weißen Siedler diesen uralten Volksstamm durch Verfolgung, Zwangsumsiedlung und Mord ausgerottet.

Neuseeland

Nationalpark Tongariro 421

Um diese einzigartige Vulkanlandschaft mit ihrer wichtigen kulturellen Bedeutung für die Maori zu bewahren, wurde der heutige Nationalpark bereits 1887 zum Naturschutzgebiet erklärt.

Lage: Nordinsel, südl. des Lake Taupo
Ausdehnung: 790 km²

Die Geschichte dieser Vulkanlandschaft begann vor 2 Mio. Jahren, als die Indisch-Australische und die Pazifische Platte miteinander kollidierten. Durch den enormen Widerstand der Platten wurde

Neuseeland
Te Wahipounamo

In den Nationalparks der Südwestküste Neuseelands lassen sich zahlreiche Zeugnisse der seit Millionen von Jahren stattfindenden erdgeschichtlichen Vorgänge finden. Eines der interessantesten Naturwunder sind die Pancake Rocks an der Westküste der Südinsel. An den aus erkalteter Lava entstandenen Felsformationen bricht sich die Brandung der Tasmanischen See.

viel Reibungswärme frei. Diese führte zum Aufschmelzen des umgebenden Gesteins. Es entstand heißes Magma und über den Reibungspunkten der Platten setzte starker Vulkanismus ein. Die drei Feuerspucker Tongariro, Ngauruhoe und Ruapehu sind noch heute Zeugen dieses erdgeschichtlichen Vorgangs; das zwischen ihnen gebildete Lavaplateau ist das gewaltigste der Welt.

Die Vegetation ist ebenso wie die Landschaft sehr vielfältig. Im Tieflandregenwald wachsen Rimu-, Matai- und Miro-Bäume. Daran schließt sich das Inaka-Buschland mit Tussockgras an und in den Asche- und Lava-Wüsten der höheren Lagen gedeihen Pilze, Flechten und Moose. Das Hochplateau ist vegetationslos.

Die Fauna zeigt hauptsächlich Vögel. Man findet so seltene Arten wie die Saumschnabelente, den Weißkopfnoddi, den Springsittich, den Langbeinschnäpper und den Kaka.

Bereits 1887 wurde dieses Gebiet auf Drängen des Maorihäuptlings Te Heuhu Tukino zum Naturschutzgebiet erklärt. Der weitsichtige Mann erkannte schon sehr früh die von den weißen Siedlern ausgehende Bedrohung für die Ureinwohner. Deshalb unterstellte er diese Region, die den zentralen Platz in der Religion der hier ansässigen Maori einnimmt, dem Schutz der britischen Krone.

Te Wahipounamo
551

In der entlegensten Region Neuseelands, an der Südwestküste der Südinsel, existieren auf dem Gebiet von vier Nationalparks neben einer von Gletschern geformten Landschaft noch viele archaische Pflanzen- und Tierarten.

Lage: Südinsel
Ausdehnung: 26 000 km²

Te Wahipounamo, eines der größten Naturschutzgebiete der Welt, umfasst die Gebiete der Nationalparks Westland, Mount Aspiring, Mount Cook und Fjordland.

Fjordland ist das größte der vier Schutzgebiete und erstreckt sich über weite Teile der Südwestküste Neuseelands. Seinen Namen verdankt es den Küstenfjorden, die in bis zu 300 m tiefe Unterwassertäler auslaufen. In dieser von Gletschern gebildeten Landschaft fallen pro Jahr bis zu 10 000 mm Regen und Schnee – ideale Voraussetzungen für das Gedeihen subtropischen Regenwalds. Hier existieren noch viele Pflanzen- und Tierarten, die bereits vor Millionen von Jahren in Gondwanaland, dem einstigen Südkontinent, heimisch waren.

Die Bäume werden oft von riesigen Flechtenteppichen und Schlingpflanzen überwuchert, im Unterholz wachsen unzählige Farnarten. Eine einzigartige Vogelwelt lebt in diesem scheinbar undurchdringlichen Dickicht. Zu den stammesgeschichtlich sehr alten Arten zählen die Blaue Bergente, der Kakapo, der flugunfähige Takahe und der nachtaktive Kiwi, der das Wappentier Neuseelands ist. Auch der Kea, ein äußerst neugieriger und geselliger Bergpapagei, lebt in den unwirtlichen und schlecht zugänglichen Bergregionen. Im glasklaren Wasser der Fjorde, den von Gletscherzungen tief ausgeschabten Tälern, leben neben Delphinen auch Ohrenrobben sowie der nur hier heimische Dickschnabelpinguin.

Im Zentrum der Southern Alps erhebt sich der Mount Cook, der höchste Berg Neuseelands, den die Maori Aorangi nennen. Die Höhenlagen der Gebirgslandschaft werden von Gletschern beherrscht, insbesondere dem Tasman. Die malerischen Seen zu Füßen des Mount Cook, Tekapo und Pukaki, sind als äußerst fischreich bekannt. Ihre Uferlandschaften erblühen im Frühsommer in ungeahnter Pracht, zu der auch die heimische Mount Cook Lily beiträgt.

Die Nationalparks Westland und Mount Aspiring sind ebenfalls fantastische Glaziallandschaften. Die Zungen des Fox- und des Franz-Joseph-Gletschers im Westland-Nationalpark wälzen sich durch die trogförmigen Täler hinab.

1 Die Lord-Howe-Insel in der Tasmanischen See ist vulkanischen Ursprungs.

2 Mount Cook: Der mit 3764 m höchste Berg Neuseelands wird von einem weitläufigen Gletschergebiet umgeben, das im Westland fast bis auf Meeresniveau heruntereicht.

3 Mount Ruapehu, mit 2797 m der höchste der drei aktiven Vulkane im Nationalpark Tongariro, gilt dem Tuwharetoa-Stamm als heilige Stätte.

Afrika

Zu den Wundern Afrikas gehören die Werke der Ägypter und der Römer ebenso wie die Reiche Schwarzafrikas und die faszinierende Tierwelt der vielgesichtigen Naturlandschaften.

Marokko
Fès

Marokko

Fès 170

Obwohl im 20. Jh. die Hauptstadt Rabat der alten königlichen Metropole im Herzen Marokkos den Rang ablief, gilt Fès immer noch als das geistige und kulturelle Zentrum des Landes, in dessen Architektur sich die verschiedenen Herrscherepochen widerspiegeln.

Lage: Oued-Sebou-Becken
Gründung: 8. Jh.

Fès wurde von den Herrschern der Idrissiden-Dynastie bereits als Doppelstadt an einer der wichtigen Handelsrouten von der Sahara zum Mittelmeer gegründet. Der älteste Teil der Stadt, Fès el Bali, wurde von andalusischen Flüchtlingen aus dem maurischen Teil Spaniens und etwa 300 Familien aus dem heute tunesischen Kairouan besiedelt. Deren Qarawiyin-Moschee, eine der größten Nordafrikas, bietet über 20 000 Gläubigen Platz und bildet das Zentrum der 959 gegründeten Universität, die innerhalb der islamischen Welt einen ausgezeichneten Ruf besitzt. Auch die Moschee der Andalusier stammt aus der Frühzeit.
Unter den Merinidenherrschern erlebte Fès im 14. Jh. eine Blütezeit. Aus dieser Epoche datieren der Königspalast, die Große Moschee und die Mellah, das Judenviertel. Zahlreiche Koranschulen, Moscheen und die Merinidengräber bezeugen die Bedeutung des Fès el Jedid genannten Teils der Altstadt, der vor allem Handwerker- und Handelszentrum war.
Als 1911 die Franzosen kamen, bewahrten sie die historischen Viertel und errichteten eine moderne Neustadt. Das von einer mächtigen Stadtmauer mit zwölf imposanten Toren umgebene alte Fès fasziniert auch durch seine nach Handwerkszweigen geordneten Suks.

Meknès 793

Eine der vier ehemaligen Königsstädte und Handelszentren Zentralmarokkos zeichnet sich durch eine historische Medina aus, vor allem aber auch durch die Ruinen von Sultan Mulai Ismails riesigem Palastviertel.

Lage: westl. v. Fès
Gründung: 10. Jh.

Die um ein altes Berberfort entstandene Residenz wurde von Herrschern der Almoraviden, der Almohaden und Meriniden mehrfach erobert und zerstört, bis sie unter dem Hasaniden-Sultan Moulay Ismail (1672–1727) ihre glorreiche Blütezeit erlebte. Er machte Meknès zu seiner Hauptstadt, das als »marokkanisches Versailles« seine europäischen Zeitgenossen beeindruckte. Der machtvolle Despot, der zahlreiche rebellierende Stämme in ganz Marokko unterwarf, ließ von einer großen Schar marokkanischer und christlicher Sklaven eine riesige Stadtanlage errichten, die Paläste, aber auch Unterkünfte, Stallungen, Werkstätten und Freizeitanlagen für seine Elitetruppen und den großen Hofstaat umfasste. Nach Mulai Ismails Tod verfiel Meknès, zudem zerstörte das Erdbeben von 1755 viele seiner Schöpfungen. Standgehalten haben die Mauern, die die zinnengekrönte Festungsstadt umgaben sowie die prachtvollen Monumentaltore. Ein architektonisches Juwel ist das hufeisenförmige Tor Bab el Mansur, das im 18. Jh. errichtet wurde und als schönste Anlage dieser Art in Marokko gilt. Erhalten sind auch ein riesiger Getreidespeicher, die Medrese Bu Inania und das Mausoleum Mulai Ismails.

Marrakesch 331

Das Wahrzeichen der südlichsten der vier Königsstädte Marokkos, die von ausgedehnten Palmenhainen umgeben wird, ist das Minarett der Kutubiya-Moschee. Die Oasenstadt war einst ein bedeutendes Zentrum des Handels durch die Sahara und diente den Herrschern verschiedener Dynastien als Hauptstadt.

Lage: nördl. d. Hohen Atlas
Gründung: 11. Jh.

Von den Bauwerken aus der Frühzeit der historischen Medina blieb die 12 km lange Stadtmauer mit 20 Toren und 200 Türmen erhalten. Ebenfalls aus der Almoravidenzeit stammt die Koubba, eine Kuppel über Anlagen, die der rituellen Waschung dienten.
Die Almohaden-Sultane hinterließen Marrakesch mit der Kutubiya-Moschee und ihrem Minarett eines der schönsten Bauwerke. Das Minarett, ein Meisterwerk spanisch-maurischer Baukunst, ist über 77 m hoch und dient bis heute als Vorbild für Bauten dieses Typs in Marokko. Hinter der Moschee befindet sich das Grab des Stadtgründers Yusuf Ibn Taschfin.
Ein anderer architektonischer Schatz ist die im 14. Jh. unter dem »Schwarzen Sultan«, einem Meriniden, entstandene Medrese Ben Yusuf. Im 16. Jh. entwickelten die Herrscher der saaditischen Dynastie nochmals eine eifrige Bautätigkeit. Aus dieser Zeit stammen die gut erhaltenen Saadier-Gräber, obwohl oder gerade weil Sultan Mulai Ismail, um jede Erinnerung an seine großen Vorgänger auszulöschen, die Eingänge des Mausoleums zumauern ließ.

Marrakesch: Festtag in der Nähe der alten Stadtmauer

Aït-Ben-Haddou 444

Eines der schönsten und besterhaltenen Wehrdörfer befindet sich im Süden Marokkos.

Lage: am S-Rand des Hohen Atlas
Gründung: 16. Jh.

Das an der strategisch wichtigen Route von Marrakesch nach Ouarzazate gelegene Wehrdorf (Ksar) thront wie ein Sperrfort im Gelände und besteht aus insgesamt sechs ineinander verschachtelten Kasbahs. Die gelben Stampflehmbauten der Stadt werden von den Türmen der Kollektivspeicher überragt. Die teilweise erhaltenen, kunstvoll verzierten Gebäude und das verfallene Agadir, die Speicherburg, zeugen von der Vergangenheit der pittoresken Berbersiedlung.

Mauretanien

Nationalpark Banc d'Arguin 506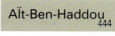

Das Reservat zählt zu den größten Brutgebieten Westafrikas, in dem zahlreiche Zugvogelarten Eurasiens überwintern.

Lage: an der Küste südl. v. Nouadhibou
Ausdehnung: 12 000 km²

Vor allem Wasservögel brüten in den ruhigen, nährstoffreichen Küstenabschnitten. Sie bevölkern die Sanddünen am Ufer, das flache Wasser oder die kleinen, sandigen, der Küste vorgelagerten Inseln, die sich um die Hauptinsel Tidra gruppieren. Unter anderem bevölkern Flamingos, Pelikane, Reiher, Kormorane, verschiedene Seeschildkrötenarten und Delphine die fischreichen Gewässer.

Ouadane, Chinguetti, Tichitt, Oualata 750

Die teilweise nur mehr als Ruinen vorhandenen Festungsstädte (Ksar) an ehemals wichtigen Karawanenrouten durch die Sahara, die seit dem Mittelalter blühten, versinken allmählich unter dem Sand der Wüste.

Lage: N-, Zentral- und SO-Mauretanien
Gründung: ab dem 11. Jh.

Oualata, im äußersten Südosten des mauretanischen Sahel gelegen, war schon früh eine Handelsmetropole und mit seiner berühmten Koranschule und der angeschlossenen Bibliothek ein Bollwerk islamischer Gelehrsamkeit. Die eng aneinander gebauten, ein- bis zweistöckigen Wohnhäuser aus Stein, die mit rotbraunem Lehm verputzt sind, werden

Algerien
Beni Hammad

Seiner Rolle als Zentrum des marokkanischen Handels und Handwerks wird Fès noch heute gerecht. So haben zahlreiche alte Handwerkstraditionen überlebt. Besonders beeindruckend ist das Treiben der Gerber, die das Leder noch auf althergebrachte Art bearbeiten. Äußerst lohnenswert ist auch ein Besuch im Museum für marokkanische Volkskunst im ehemaligen Wesirspalast.

traditionsgemäß an den Außenfassaden, Türeinrahmungen, Fensternischen und in den Innenräumen mit symbolträchtigen rotbraunen Ornamenten auf weißem Untergrund bemalt.

Auch in der Ruinenstadt Tichitt, einem um 1150 entstandenen wichtigen Handelsplatz auf halbem Weg zwischen Timbuktu und dem Atlantik, besticht die traditionelle Architektur durch ihre Einfachheit und Ursprünglichkeit. Das Baumaterial der steinernen Wohnburgen waren helle und grünliche Sedimentgesteine.

Ouadane, der einstmals bedeutende Kamelkarawanenknotenpunkt im Handel mit Salz, Datteln und Gold von den Staaten Westafrikas zum Norden, liegt ebenfalls in Trümmern. Den ältesten Kern der Stadt bildete der Ksar el Khali, eine Verteidigungs- und Wehranlage.

Chinguetti wurde im 13. Jh. gegründet und ist die berühmteste der alten Wüstensiedlungen im Landesinneren. Die Etappenstation der Kamelkarawanen war Sammelpunkt der Mekkapilger und wurde als eine der sieben heiligen Städte des Islam anerkannt. Ihre Wohnbezirke scharen sich um eine der ältesten Moscheen des Landes. Typisch ist das aus Steinplatten gefügte Minarett mit Ziernischen und Straußeneiern, die als Abschluß der Zinnen auf Eisenstangen montiert sind. In der Hauptbibliothek werden etwa 1300 alte Manuskripte aufbewahrt. Die Stadt ist für ihre mittelalterliche Architektur der kubischen Steinhäuser mit Nischenornamenten berühmt.

Algerien

Algier 565

Die malerische Kasbah der algerischen Hauptstadt thront über der Bucht von Algier, einer der schönsten Hafenstädte des Mittelmeerraums.

Lage: Mittelmeerküste
Gründung: 10. Jh.

Die ursprünglich phönizische Siedlung, die zur Römerzeit Icosium hieß, entwickelte sich erst nach der arabischen Eroberung zu einem wichtigen Handelszentrum, das immer wieder fremde Mächte anlockte. Im 16. Jh. bemächtigten sich die Spanier der Stadt, die daraufhin den Piraten Barbarossa zu Hilfe rief.

Über lange Zeit blieb die osmanisch dominierte Stadt ein Seeräubernest, um das sich die europäischen Staaten stritten. 1830–1962 okkupierten die Franzosen die strategisch wichtige Metropole. Erst ab dem Ende des 19. Jh.s wuchs Algier über die Mauern, die die Kasbah mit der Zitadelle umschlossen, hinaus. Eine der ältesten Moscheen ist die Djama-el Kebir, die an Stelle einer christlichen Basilika entstand.

Kala'a des Beni Hammad 102

Die einstige Hauptstadt der Ziridendynastie am Fuß der Hodna-Berge ist seit ihrer Zerstörung und Brandschatzung im 12. Jh. ein Ruinenfeld.

Lage: Hodna-Ebene
Gründung: 1007

Die Ziridenresidenz, die der ehrgeizige Dynastiebegründer Hammad ben Bodoghine im 11. Jh. erbauen ließ, zeugt noch in ihren Ruinen von der Blütezeit Nordafrikas. In den Prunkbauten, Palästen und Gartenanlagen mit Wasserspielen fanden die wichtigsten nordafrikanischen Kunststile der Zeit ihren Niederschlag. Eines der prächtigsten Bauwerke war der um ein riesiges Wasserbecken errichtete Dâr-Al-Bahr oder Seepalast. Das ursprünglich 25 m hohe Minarett der Großen Moschee, das als Vorbild der Moscheentürme in Marokko und Spanien diente, ist nur teilweise erhalten.

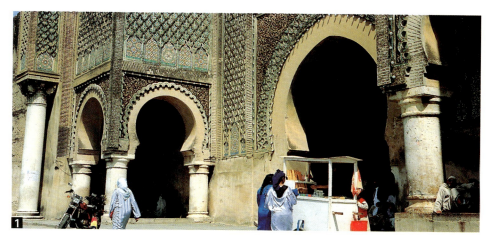

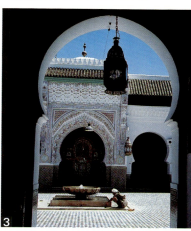

1 Der Bau des gewaltigen Tors Bab el Mansur, das einst in die Stadt Meknès führte, wurde 1732 vollendet.

2 Wie in vielen Städten Marokkos finden sich auch in Fès pittoreske Handwerkerviertel.

Im Gerberviertel reihen sich die Fässer mit den Gerbstoffen aneinander.

3 Medina von Fès: Innenhof der Moschee Al-Qarawiyin, die auch Sitz der islamischen Universität der Stadt ist

4 Trotzig erhebt sich eines der beeindruckendsten Wehrdörfer Marokkos wie eine Fata Morgana in den Weiten der Wüste. Doch viele der reich ornamentierten Gebäude Aït-Ben-Haddous sind heute vom Verfall bedroht.

Algerien
Tipasa

Tipasa

Der Küstenort phönizischen Ursprungs war eine der wichtigsten frühchristlichen Siedlungen, die erst nach der arabischen Eroberung in Vergessenheit geriet.

Lage: westl. v. Algier
Blütezeit: 1. Jh. v. Chr. – 6. Jh. n. Chr.

Die ursprünglich punische Handelsniederlassung wurde im 1. Jh. römische Kolonie und nach der Ausbreitung des Christentums eines der wichtigsten nordafrikanischen Zentren der neuen Religion. Im Jahre 430 bemächtigten sich die arianischen Vandalen der Stadt, was zur Flucht der bislang hier ansässigen Christen nach Spanien oder zu ihrer Verfolgung durch die Häretiker führte. Nach der byzantinischen Machtübernahme im 6. Jh. verlor die Stadt an Bedeutung und verfiel.
Aus der Römerzeit sind die Reste eines Forums, des Amphitheaters, von Villen, Bädern und einer Garum-Fabrik erhalten, in der diese würzige Fischsauce produziert wurde. Direkt am Meer steht die christliche neunschiffige Große Basilika mit schönen Mosaikfußböden. Westlich davon befindet sich im christlichen Friedhof ein Mausoleum aus dem 5. Jh.

Djemila

Der kleine Ort auf 900 m Höhe birgt die Überreste der ehemaligen römischen Militärkolonie Cuicul.

Lage: N-Algerien
Gründung: 1. Jh. n. Chr.

Eine der prächtigsten und der am besten erhaltenen Ruinenstädte des Landes wurde vom römischen Kaiser Nerva als Garnisonsstadt gegründet. Bereits im 2. Jh. betrug die Stadtbevölkerung über 10 000 Einwohner. Im 3. Jh. erlebte Cuicul seine Blütezeit. Es wuchs über seine ursprünglichen Mauern hinaus und ein neues, von prächtigen Gebäuden umgebenes Forum entstand.
Mit dem Christentum folgte im 4. Jh. eine neue Bauwelle. Ab dem 5. Jh. begann der Niedergang. Seit 1909 wurden die gut erhaltenen sakralen und administrativen Bauwerke, die teilweise noch die Originalmosaiken zeigen, freigelegt. Vom außerhalb der Stadtgrenzen gelegenen Theater aus genießt man einen herrlichen Blick über die zahlreichen Monumente.

Timgad

Unter dem römischen Kaiser Trajan entstand die klimatisch günstig gelegene Veteranensiedlung, die ab 1880 ausgegraben wurde.

Lage: nördl. d. Aurès-Gebirges
Gründung: um 100 n. Chr.

Die planmäßig nach dem letzten Stand der zeitgenössischen Technik angelegte Militärkolonie diente dem angenehmen Ruhestand der Legionäre. Das Theater, ausgedehnte Thermenanlagen – das große Nordbad hatte über 30 Räumlichkeiten –, die öffentliche Bibliothek, Forum und Sertius-Markt sowie alle profanen und sakralen Gebäude sollten den verdienten Soldaten das tägliche Leben verschönen.
Im 6. Jh. zerstörten die Berber Timgad, die Byzantiner bauten es wieder auf, doch während der arabischen Invasion wurde es im 7. Jh. neuerlich zerstört und aufgegeben. Die lange vom Saharasand bedeckte Stadt vermittelt ein anschauliches Bild des Alltagslebens vor 2000 Jahren.

M'zab

In den von Mozabiten der Ibadhitensekte in einem Saharatal erbauten fünf Städten scheint die Zeit stillzustehen.

Lage: N-Sahara
Gründung: 1012–1048

Die als letzte erbaute und größte Stadt im Tal des nur einmal im Jahr Wasser führenden Oued M'zab heißt Ghardaia. Wie die anderen Mozabitenstädte entstand sie um eine Moschee als Zentrum auf einer Felskuppe.
Gärten und Palmenhaine, die durch ein ausgeklügeltes Bewässerungssystem am Leben erhalten werden, befinden sich außerhalb der Mozabitensiedlungen. Die Häuser, deren Architektur wohl durchdacht ist, sind von großer Einfachheit und schmucklos. Die erdfarbenen Gebäude sind perfekt dem Wüstenklima und den traditionellen Familienstrukturen angepasst. Sie sind fensterlos, eine Öffnung im Dach, das den Frauen als Aufenthaltsort vorbehalten ist, dient als Lichtquelle. In der ärgsten Hitze entfliehen die Familien in die Kühle ihrer palmbestandenen Oasen.

Tassili N'Ajjer

In der wild zerklüfteten Mondlandschaft des Hoggar-Gebirges haben sich zahlreiche steinzeitliche Felszeichnungen aus der Frühzeit der menschlichen Entwicklungsgeschichte erhalten.

Lage: SO-Algerien
Entstehungszeit: vermutl. ab 8000 v. Chr.

In einer der unwirtlichsten Gegenden der Sahara erstreckt sich das Tassili-N'Ajjer-Hochplateau über eine Fläche, die ungefähr der Größe Englands entspricht. In dieser Felslandschaft entdeckte man 1933 eine große Zahl von Höhlenmalereien. Über 1500 Felszeichnungen und -gravierungen dokumentieren entscheidende Etappen menschlicher Kultur zu einer Zeit, als das heutige Wüstengebiet noch tropisch-feuchtes Klima aufwies. Auf den im Schutze der Felsklüfte und Höhlen dargestellten Felszeichnungen machen die frühen Jäger noch Jagd auf Herden von Elefanten, Giraffen und Büffeln und Hirten lassen in den Savannen ihre Viehherden grasen.

Mali

Timbuktu

Die Stadt galt einst als »Hafen« des Transsaharahandels am Südrand der Wüste und war zu ihrer Blütezeit im späten 15. Jh. ein kulturelles Zentrum der islamisch geprägten Wissenschaft und Bildung.

Lage: Zentral-Mali
Gründung: vermutl. 12. Jh.

Ab 1330 wurde Timbuktu unter der Herrschaft von Mali zu einer bedeutenden Handels- und Kulturmetropole Westafrikas. Die älteste Moschee der Stadt, die Djingerber, ist ein Sakralbau aus Lehm und eines der eindrucksvollsten Zeugnisse ihrer Vergangenheit. Um 1440 entstand das kleinste Bethaus, die Sidi-Yahia-Moschee. Den Mittelpunkt der nördlichen Stadtteile bilden die mittelalterliche Universität und die in Lehm- und Holzbauweise errichtete Sankoré-Moschee mit ihrem wuchtigen, pyramidenförmigen Minarett. Sie gilt als Prototyp der islamischen Bauten Schwarzafrikas. Bürgerpaläste mit maurischen Rundbogenfenstern und Holztüren, die mit Ziernägeln und Eisenbeschlägen verziert sind, prägen weiter das Bild der Lehmstadt. Die Innenräume sind traditionell dem Wüstenklima angepasst, wobei die Dachterrasse in der heißen Jahreszeit als Schlafplatz benutzt wird.
Die einst berühmte Handels- und Gelehrtenmetropole ist heute eine unbedeutende Provinzstadt und wird von hohen Sanddünenwällen bedroht.

Timbuktu: charakteristische Lehmarchitektur

Bandiagara

Der Ort im Gebiet des gleichnamigen Felsplateaus gehört zum Siedlungsraum des Gur sprechenden Bauernvolkes der Dogon, das sich etwa ab

Von den Jahrhunderten, in denen Tipasa eines der wichtigsten christlichen Zentren Nordafrikas war, zeugt die erst zu einem Teil ausgegrabene Nekropole, die um eine dreischiffige Pfeilerbasilika aus dem 4. Jh. entstand. Hunderte von reich ornamentierten Sarkophagen wurden in Gräbern oder aber auch einfach unter offenem Himmel aufgestellt. Das eindrucksvolle runde Mausoleum, das für kurze Zeit die Gebeine einer Märtyrerin barg, gilt als eines der wichtigsten archäologischen Denkmäler.

Mali
Djenné

dem 10. Jh. auf der unwegsamen Hochfläche ansiedelte und eine eigene Architektur entwickelte.

Lage: Bandiagara-Hochfläche
Gründung: vermutl. 11. Jh.

In der globalen Weltsicht der Dogon stehen alle Elemente des Universums durch ein dichtes Netz von symbolischen Verbindungen untereinander in Beziehung. Die Baukunst der Wohnhäuser, der kultischen Bauten und Versammlungsplätze ist durch religiös-mythologische Anschauungen geprägt. Eine Hausfassade, das Dorf, der Garten, das Feld oder eine Totendecke weisen daher gleich strukturierte Muster auf.

Beim Etagenhaus der Großfamilie (Ginna) symbolisieren die Nischen in der Frontfassade des viereckigen Lehmgebäudes mit acht Lehmzinnen die 80 Ahnen des Volkes. Auch die Aufteilung der Innenräume folgt einer mythischen Symbolik. Die Gehöfte und Hirsespeicher, die tempelartigen mit Rundtürmen ausgestatteten Binu-Heiligtümer und die Ratsdächer aus Hirsestroh über den Versammlungsstätten der alten Männer (Toguna) in den Dogonsiedlungen haben in der Regel mythologische Bezüge. Eng mit dem Mythos verknüpft ist auch das Maskenwesen der Dogon, das eine zentrale gesellschaftliche Rolle spielt. Dank der isolierten Lage des Siedlungsgebiets konnten sich diese besonderen religiösen und sozialen Traditionen bis in die Neuzeit hinein behaupten.

Djenné 116

Die Drehscheibe des Handels im Nigerbinnendelta, die Nordafrika mit tropischen Lebensmitteln, feinen Baumwollgeweben, Gold und Sklaven versorgte, dokumentiert in seiner Lehmarchitektur eindrucksvoll die wirtschaftliche Blüte der Mali- und Songhai-Reiche.

Lage: S-Mali
Gründung: um 800 n. Chr.

Die an einem Nebenarm des Bani gelegene Stadt pflegte jahrhundertelang über Timbuktu, das man auf dem Wasserweg erreichte, weit verzweigte Handelsverbindungen. Auch als Djenné im 15. Jh. dem Songhai-Reich einverleibt wurde, dauerte die wirtschaftliche und geistige Blüte an. Eine feste, 2,5 km lange Lehmmauer, mehrstöckige zinnengeschmückte Paläste mit prächtigen Portalen und die berühmte Große Moschee wurden gebaut. Zu Beginn des 19. Jh.s ließ ein radikal islamischer Regent, der einen Gottesstaat errichten wollte und dem sich die weltlich orientierte Handelsstadt widersetzte, das altehrwürdige Gotteshaus sowie die anderen kleineren Moscheen niederreißen. In den Jahren 1907–1909 wurde die Große Moschee nach dem Vorbild des Baus aus dem 15. Jh. im traditionellen sudanischen Stil neu errichtet. Sie gilt als architektonisches Meisterwerk.

In den ältesten Stadtvierteln befinden sich die klassischen Bürgerhäuser der Händler und Handwerker aus dem 16.–19. Jh. Der typische Djenné-Stil, in dem die ein- oder zweistöckigen Flachdachbauten mit einer prächtig gestalteten Straßenfront ausgeführt sind, weist zahlreiche nordafrikanische Stilelemente auf.

1 In Djemila beeindrucken die Reste der römischen Garnison Cuicul, die im 1. Jh. n. Chr. als Veteranenkolonie gegründet wurde. Die Lage an einem Berghang verhinderte die sonst übliche streng symmetrische Bauweise.

2 Die römische Siedlung Timgad wurde schon kurz nach ihrer Gründung zu klein: Das große Kapitol entstand Mitte des 2. Jh.s bereits vor den Mauern der von römischen Militäringenieuren geplanten Veteranenstadt.

3 Ghardaia: Zentrum der Städte im M'zab-Tal ist stets die auf einem Hügel erbaute Moschee.

4 Die Hauptmoschee Djennés, zu Beginn des 20. Jh.s neu errichtet, ist ein Meisterwerk nordafrikanischer Baukunst.

Niger
Aïr und Ténéré

Niger

Nationalpark Aïr und Ténéré

Das Aïr-Gebirgsmassiv und das Sandwüstengebiet der Ténéré an der Sahara sind von großer landschaftlicher Schönheit und bieten neben der typischen Vegetation und Tierwelt auch Zeugnisse prähistorischer Felsbildkunst.

Lage: Zentral-Niger
Ausdehnung: 77 300 km²

Das Aïr-Bergland, das sich über 400 km von Nord nach Süd erstreckt, ist vulkanischen Ursprungs. Es besteht aus einer Serie von steil aufragenden, einzelnen Massiven, die durch sanderfüllte Täler (Koris) voneinander getrennt sind und im Mont Gréboun mit 2310 m die höchste Erhebung erreichen. In der Ténéré gehen flache Kies- und Sandebenen in ein Dünenmeer im Zentralteil über. Oft fällt jahrelang kein Regen und es herrschen extreme Temperaturunterschiede.
Am feuchteren Südwestabhang des Aïr gibt es Grasprärien. In den Grundwasser speichernden Koris wachsen Palmen und Akaziengestrüpp, in den Gebirgsregionen der wilde Ölbaum und Zypressen. Hier leben Aïr-Mufflon, Wildesel und Wüstenfuchs.
Im nördlichen Teil des Gebirges schufen prähistorische Künstler sehenswerte Felsgravuren. Die ältesten Bilder aus der neolithischen Rinderhirtenperiode weisen auf das damals noch feuchtere Savannenklima hin. Im frühen Quartär war die Ténéré in manchen Teilen ein flaches Binnenmeer. Aus diesem Erdzeitalter stammen zahlreiche Fossilienfunde (Saurier, Schildkröten, Krokodile, ausgestorbene Fischarten). Felszeichnungen und Pfeilspitzenfunde belegen die Existenz einer blühenden Jäger- und Hirtenkultur um 7000–3000 v. Chr.

Nationalpark »W«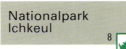

Das einzige große Länder übergreifende Naturreservat Westafrikas, in dem noch die typische Tierwelt der Savanne heimisch ist, leitet seinen Namen von den Mäandern des Nigerzuflusses Tapoa an der Nordgrenze des Parks her, die die Form eines »W« bilden.

Lage: am Mékrou und Niger
Ausdehnung: 10 000 km²

Etwa 150 km südlich von Niamey befindet sich im Grenzland von Niger, Burkina Faso und Benin der Eingang zum Nationalpark, dessen Fläche im nigrischen Teil rund 3000 km² beträgt. An der östlichen Parkgrenze bildet der Mékrou-Fluss in der Nähe des tiefer gelegenen Nigerflussbettes durch einen Einschnitt im Sandgestein eine malerische Schlucht. In der Regenzeit ist er ein tosendes Wildwasser, während der Trockenzeit tümpeln Seerosen in den verbliebenen Wasserresten. In der üppigen Ufervegetation dieses und anderer Nigerzuflüsse leben Paviane, grüne Meerkatzen und zahlreiche Vögel. In der Trockensavanne und den Galeriewäldern entlang den Wasserläufen sind Büffel und Elefantenherden heimisch. Auch zählen verschiedene Antilopenarten zum Wildtierbestand der Region, selten sind Großkatzen und Hyänen anzutreffen.

Tunesien

Nationalpark Ichkeul

Der Nationalpark am Südende des Sees, den der 511 m hohe Djebel Ichkeul überragt, ist der Lebensraum für etwa 180 Vogelarten, eine Vielzahl interessanter Sumpfpflanzen und die vom Aussterben bedrohten Wasserbüffel.

Lage: südwestl. v. Biserta
Ausdehnung: 126 km²

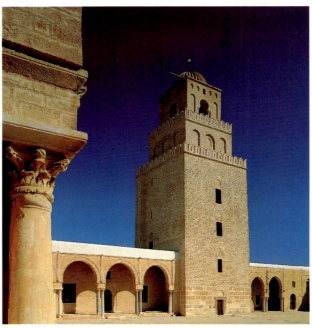

Kairouan: das Minarett der Großen Moschee aus dem 9. Jh.

Der etwa 110 km² große fischreiche See wird von Bächen aus dem Mogodbergland gespeist und ist mit dem See von Biserta über den Oued Tindja verbunden. Er besteht sowohl aus Süß- wie auch aus Salzwasser. In den trockenen Sommermonaten steigt der Salzwassergehalt, bei starken Regenfällen nimmt der Süßwasseranteil zu.
In der Sumpfoase wachsen unter anderem verschiedene Binsenarten, Sumpf- und Schwertlilien, Schilfrohr und Seerosen. Tunesiens größte Säugetiere, die Wasserbüffel, die ein Gewicht bis zu 1200 kg erreichen können, und unzählige Wasservögel haben im Schutzgebiet ihre Heimat. In den Wintermonaten ist es das Quartier Hunderttausender von Zugvögeln aus Europa und nirgendwo in Nordafrika gibt es so viele Graugänse wie hier.

Karthago

Von der einst berühmtesten Stadt Nordafrikas, der Phöniziergründung Kart Hadascht, die bis zur vollständigen Zerstörung durch Rom mit Griechen und Römern um die Vormachtstellung im Mittelmeergebiet wetteiferte, sind nur spärliche Überreste erhalten.

Lage: nördl. v. Tunis
Gründung: etwa 9. Jh. v. Chr.

In der Antike nahm Karthago, so der römische Name der Handelsmetropole, das Ende einer leicht zu verteidigenden Halbinsel ein. Eine über 40 km lange solide Wehrmauer mit Türmen, Gräben und Erdwällen schützte das Stadtgebiet und die umliegenden landwirtschaftlich genutzten Flächen. Unter den Magoniden – Hamilkar, Hasdrubal und Hannibal gehörten dem Geschlecht an – wurde es zur unumschränkten Handelsmacht im Mittelmeer.
Als 146 v. Chr. der Erzfeind Rom siegreich aus dem Dritten Punischen Krieg hervorging, wurde die Stadt geplündert und geschleift. 100 Jahre später wurde das Gebiet von den Römern neu besiedelt und erlebte als Hauptstadt der Provinz Africa eine Renaissance. Anfang des 4. Jh.s wurde der Bischofssitz Mittelpunkt des christlichen Afrika. Nach der byzantinischen Herrschaft eroberten und zerstörten die Araber die einstige Weltstadt.
Ausgrabungen der punischen Stadt befinden sich auf dem Byrsa-Burghügel, den heute die katholische Kathedrale St. Louis krönt. Ebenso beim Tophet, dem heiligen Bezirk, wo vom 6.–3. Jh. v. Chr. dem damals verbreiteten Kult entsprechend den Göttern Baal und Thanit Menschenopfer dargebracht wurden, und dem aus zwei Becken bestehenden Hafen. Aus römischer Zeit stammt die gewaltige Ruinenanlage der Antonius-Pius-Thermen mit einer Fläche von 18 000 m². Weitere Sehenswürdigkeiten sind Villen, mit der die punische Nekropole überbaut wurde, das Theater für 5000 Besucher und das Amphitheater für 50 000.

Tunis

Erst nach der Eroberung durch die Araber im 7. Jh. prosperierte der Ort, der sich mit der Ez-Zitouna-Moschee als städtischem Mittelpunkt zum zweitwichtigsten Zentrum nach Kairouan entwickelte.

Lage: am Golf von Tunis
Gründung: 7. Jh. v. Chr.
Blütezeit: 13.–15. Jh. n. Chr.

Das antike Tunes, eine der ältesten Naturhafenstädte des Mittelmeerraumes, das die Numider besiedelten, entwickelte sich seit dem 10. Jh. n. Chr. rasant. Während der Blütezeit unter den Hafsiden-Herrschern lebten hier über 100 000 Menschen.
Im 16. Jh. eroberten die Osmanen die von ausländischen Mächten begehrte Metropole. Zu Beginn des 17. Jh.s brachten 80 000 spanische Mauren

Römische Badekultur: Die verbliebenen Säulenkapitelle zeugen von der verschwenderischen Pracht der Thermen des Antonius Pius in Karthago. Die Kultur der antiken Badeanlagen übernahmen die Römer von den Griechen und entwickelten sie zu Stätten gesellschaftlicher Begegnung. Sie waren auch fester Bestandteil im Bild der großen Städte der römischen Kolonien und Provinzen.

Tunesien
Kairouan

einen neuen wirtschaftlichen Aufschwung. 1881 mussten die Husseiniten, die eine Vormachtstellung im Maghreb anstrebten, der Kolonialmacht Frankreich weichen.
Rund um die Ölbaummoschee (Ez-Zitouna) aus dem 7.–8. Jh., deren 184 Säulen aus Gebäuden des antiken Karthago stammen, breiteten sich im Lauf der Jahrhunderte die Altstadtviertel aus. In einem der vielen Suks wurde im 17. Jh. von den Türken die Sidi-Yussuf-Moschee erbaut, die mit ihrem achteckigen, grün gekachelten Minarett wegweisend für viele türkische Moscheen war.

Sousse

Das antike Hadrumet war eine bedeutende phönizische Niederlassung, die unter den Einfluss Karthagos geriet und nach wechselvoller Geschichte Ende des 7. Jh.s von den Arabern völlig zerstört wurde. 200 Jahre später entstand die Hafenstadt unter den Aghlabiden neu.

Lage: am Golf von Hammamet
Gründung: 9. Jh. v. Chr.

Die im 9. Jh. n. Chr. entstandene Medina, die im Lauf der Jahrhunderte kaum verändert wurde, ist von der originalen Stadtmauer umgeben und zählt zu den bedeutendsten Zeugnissen arabischer Baukunst. Die Große Moschee wurde kurz nach der Neugründung der Stadt durch die Aghlabiden erbaut. Unweit des Medinaeingangs erhebt sich der Turm des Ribat. Er war Teil einer um 800 entstandenen Küstenbefestigung, die aus Wehrklöstern (Ribats) bestand, in denen »Krieger-Mönche« lebten, die von hier aus ihre heiligen Angriffs- und Verteidigungskriege führten und gleichzeitig der Bevölkerung im Umkreis Schutz boten.
Im Südwesten der Altstadt befindet sich die Kasbah, die die militärische Funktion des Ribat übernahm, wobei ihr Khalef el Fatah genannter Turm heute noch als Leuchtfeuer dient.

Kairouan

Die strategisch günstig gelegene Stadt wurde von Okba Ibn Nafi als Vorposten des muslimisch-arabischen Erobererheeres gegründet. Das kulturelle und religiöse Zentrum Tunesiens, das bis heute diese Stellung bewahrt hat, durchlief unter verschiedenen Dynastien eine wechselvolle Geschichte.

Lage: westl. v. Sousse
Gründung: 671 n. Chr.

Die Altstadt der vierten heiligen Stadt des Islam ist noch von der ursprünglichen Stadtmauer umgeben und wuchs rund um die Große Moschee, die noch im Gründungsjahr entstand. Als bedeutendstes und ältestes Bauwerk Nordafrikas wurde sie Vorbild für die gesamte maurische Sakralarchitektur. Der Gebetssaal ist ein Wald aus Marmorsäulen, die aus antiken Ruinenstätten des Landes stammen. Das gewaltige Minarett wurde im frühen 8. Jh. errichtet.
Die Aghlabiden-Bassins datieren aus dem 9. Jh. und wurden über ein Aquädukt mit Wasser versorgt; eines der Becken hat einen Durchmesser von 128 m. Die Barbiermoschee (Zaouia Sidi Sahab) ist ein Mausoleums- und Medresenkomplex aus dem 17. Jh., die über dem Grabmal eines Gefährten Mohammeds entstand, der ständig drei Barthaare des Propheten bei sich getragen haben soll.
Die Moschee des Sidi Abid el Ghariani birgt die Grabstätte eines Heiligen aus dem 14. Jh. Einer der ältesten Bauten, die Moschee der Drei Tore, wurde 866 von einem Gelehrten aus Córdoba gestiftet. In der Medina befindet sich ein Schöpfbrunnen aus dem 17. Jh., dessen Göpelwerk von einem Dromedar angetrieben wird.

1 Die Ruinen vermitteln nur einen schwachen Eindruck von der einstigen Größe der Thermen Karthagos, die über einen 132 km langen Aquädukt gespeist wurden, der bis zu 32 Mio. Liter Wasser pro Tag in die Stadt zu leiten vermochte.

2 Teile der einstmals mächtigen Verteidigungsanlagen und Wehrmauern der Stadt Sousse, die im 9. Jh. entstanden, sind noch erhalten. So auch der Turm des Ribat, der zu den ältesten Bauten dieser Art in Nordafrika gehört.

3 Blick über eine Dachterrasse in der Medina auf die Große Moschee: Das auch »Ölbaummoschee« genannte Bethaus – 864 fertig gestellt und bis ins 20. Jh. eine wichtige islamische Lehrstätte – bildet den Kern der Altstadt von Tunis.

Tunesien
Kerkouane

Kerkouane 332

Die einzige gut erhaltene punische Stadtanlage, die wohl bereits im 6. Jh. v. Chr. eine Fischer- und Färbersiedlung war, wurde im Dritten Punischen Krieg von den Römern völlig zerstört, anschließend jedoch nicht wieder aufgebaut, so dass die Siedlungsstruktur bestehen blieb.

Lage: am Kap Bon
Gründung: 6. Jh. v. Chr.

Die archäologisch bedeutende Stätte dürfte schon vor der Gründung Karthagos ein phönizischer Ankerplatz gewesen sein. Die hufeisenförmig angelegte Stadt, deren ursprünglicher Name unbekannt ist, grenzte mit ihrem Ostteil ans Meer und war durch eine doppelte Mauer geschützt. Grundmauern und Fundamente der um einen Innenhof mit Brunnen errichteten Häuser und das alte Straßennetz wurden freigelegt. Fast jedes Haus besaß ein eigenes Bad und verfügte über ein hoch entwickeltes Abwassersystem. In einer Purpurmanufaktur wurde der begehrte Farbstoff gewonnen, auf den die Phönizier das Monopol besaßen. Etwas außerhalb der Stadt wurde die Nekropole entdeckt.

El Djem 38

Überragt wird die Stadt vom römischen Amphitheater, das vom Wohlstand und von der Bedeutung des einstmals wichtigsten Olivenanbauzentrums zeugt.

Lage: südl. v. Sousse
Gründung: 3. Jh. v. Chr.

Die Puniersiedlung gewann erst zur Zeit Julius Caesars an Bedeutung, der hier 46. v. Chr. die an einer wichtigen Verkehrsstraße und inmitten eines großen Olivenanbaugebietes gelegene Stadt Thysdrus gründete. Von hier aus wurde Roms Bedarf an Olivenöl gedeckt. Noch vor Fertigstellung des Amphitheaters begann der Niedergang, da die Stadt in einen Aufstand der Großgrundbesitzer gegen die Einführung einer Olivenölsteuer verwickelt war, der niedergeschlagen wurde.

Das Theater wurde später zur Festung umgebaut und diente im 7. Jh. der Berberführerin Damia Kahina als Schlupfwinkel in ihrem Kampf gegen die arabischen Eroberer. Das viertgrößte Amphitheater des römischen Reiches, dessen ovaler Baukörper 148 m mal 122 m misst und das eine Höhe von 40 m hatte, konnte über 30 000 Zuschauer aufnehmen, die hier sportlichen Wettkämpfen, blutigen Gladiatorenspektakeln oder Tierhetzen beiwohnten. Obwohl das Theater über Jahrhunderte als Steinbruch missbraucht und im 17. Jh. teilweise gesprengt wurde, ist es besser erhalten als das Kolosseum in Rom.

Tadrart Acacus: prähistorische Jagdszenen

Libyen

Sabratha 184

Die ursprünglich phönizische Handelsniederlassung, eine Endstation des Transsaharahandels, wurde später Teil der drei Städte (Tripolis).

Lage: Küste, nördl. d. Djeffara-Ebene
Gründung: um 800 v. Chr.

Nach der Zerstörung Karthagos geriet Tripolitanien unter römische Herrschaft und blieb auch nach der Reichsteilung dem weströmischen Reich zugehörig. Aus der Römerzeit sind zahlreiche Überreste erhalten, so das unter Kaiser Augustus erbaute Amphitheater, der Antonius-Tempel und die Basilika aus dem 1. Jh. sowie öffentliche Bäder, Brunnen und weitere profane oder sakrale Bauten. Zu den bedeutenderen Funden gehören die zum Teil erstklassigen Mosaiken. Mitte des 5. Jh.s fielen die Vandalen ein, Byzanz eroberte die Stadt zurück, um sie dann im 7. Jh. an die Araber zu verlieren, denen im 16. Jh. die Osmanen folgten. Ausgrabungen begannen erst im 20. Jh. nach der Annexion durch die Italiener.

Leptis Magna 183

Die neben Sabratha und Oea am besten erhaltene der »Drei Städte«, Tripolis, verdankt ihre Gründung ebenfalls den Phöniziern. Sie wurde bald ein wichtiger Handelsknoten und Exporthafen für Getreide und Oliven nach Rom.

Lage: östl. v. Tripolis
Gründung: 7. Jh. v. Chr.

Die von Karthago aus verwaltete Stadt an der Mündung des Wadi Lebda geriet ab dem 1. Jh. v. Chr. in den römischen Einflussbereich und war seit Kaiser Trajan eine Colonia mit allen Rechten.

Trotz verschiedener Angriffe durch Wüstenstämme gedieh die Stadt und vergrößerte die Zahl ihrer Bevölkerung von etwa 10 000–15 000 zur Zeit des Dritten Punischen Krieges auf bis zu 80 000 zur Römerzeit. Ausgrabungen legten seit 1920 zahlreiche antike Bauten frei. Unter dem größten Sohn der Stadt, Kaiser Septimius Severus – er wurde 193 hier geboren –, erlebte die Stadt ihre größte Bautätigkeit. Die Hafenanlagen wurden erweitert und durch eine Säulenstraße mit dem Thermenviertel verbunden; ein neues, kaiserliches Forum wurde errichtet, das größte im südlichen Mittelmeerraum. Die wohl schönsten Thermen Nordafrikas, die eine Fläche von rund 3 ha bedeckten, wurden 123–127 erbaut und später vergrößert. Vandalen, Berber, Byzantiner und Araber bemächtigten sich der Metropole mit ihren Prachtbauten. Als der Saharahandel nachließ und die Flussmündung versandete, gaben die arabischen Stämme die Siedlung auf.

Kyrene 190

Die ehemalige griechische Kolonie in den Hügeln nahe der westlichen Wüstengrenze des Pharaonenreiches entwickelte sich bis zum 4. Jh. n. Chr. zu einer der größten Städte Afrikas.

Lage: östl. d. Großen Syrte
Gründung: 7. Jh. v. Chr.

Die durch Siedler von der griechischen Insel Thera (Santorin) bewohnte Stadt pflegte zunächst mit den ansässigen Libyern freundliche nachbarschaftliche Beziehungen. Als jedoch immer mehr Griechen einwanderten, kam es zu Spannungen, die im 6. Jh. v. Chr. in einer Revolte der einheimischen Bevölkerung gipfelte. Die Kolonisten drängten diese jedoch in die Wüstengebiete ab.

Während ihrer ersten Blütezeit war die Handelsstadt Mitglied einer aus fünf Städten gebildeten Föderation, die durch ein gemeinsames Münzwesen und Handelsabkommen verbunden war. Durch die reichen Ernten konnten sowohl das griechische Mutterland als auch die eigene Bevölkerung mit Nahrung versorgt werden.

Nach dem Tod Alexanders des Großen kam die Cyrenaica genannte Kolonie an die Ptolemäer und 75 v. Chr. an die Römer. Unter Kaiser Augustus erlebte die Stadt eine neuerliche Blüte. Als es zu Revolten kam, wurden diese von Kaiser Trajan 117 unterdrückt. Nach einem neuerlichen Aufstieg unter Kaiser Hadrian setzte sich der Verfall fort und um das 4. Jh. war die einst blühende Stadt verlassen.

Aus der Frühzeit wurden das Apolloheiligtum, die Agora im Zentrum mit Geschäften, Tempeln, Gerichtsgebäuden und dem Grab des legendären Stadtgründers Battos sowie das Theater aus der Römerzeit freigelegt. Eine riesige, sich über 50 km² erstreckende Nekropole, die von 700 v. Chr.– 400 n. Chr. als Begräbnisstätte diente, befindet sich außerhalb der Stadt.

Ghadames 362

Die kleine Oasenstadt antiken Ursprungs an der Grenze zu Algerien und Tunesien zeichnet sich durch ihre für die Sahara typische Architektur aus.

Lage: NW-Libyen
Gründung: 19 v. Chr.

Leptis Magna: Kaiser Septimius Severus stammte aus der Stadt und sorgte dafür, dass die römische Kolonialsiedlung zu einer der bedeutendsten Metropolen der Provinz Africa aufstieg. Von den einstmals prachtvollen Straßenzügen und öffentlichen Gebäuden sind einige gut erhaltene Ruinen verblieben, darunter auch die Überreste des gewaltigen Theaters. Vom Forum, das neben einem Tempel eine prächtige Basilika enthielt, führte eine Prachtstraße zu den Thermen des Hadrian.

Die antike Stadt Cydamus wurde von den Römern als Garnison gegründet, unter den Byzantinern Bischofsstadt und von den arabischen Invasoren unter Oqba Ibn Nafi auf deren Eroberungszug nach Tunesien im 8. Jh. islamisiert. Der alte Karawanenknoten unterhielt Handelsbeziehungen nach Timbuktu und bis an die Küste Marokkos. Bis der Sklavenhandel zum Erliegen kam und der Niedergang der Berberstadt einsetzte, brachten die Karawanen aus dem Süden Sklaven, Gold, Leder und Elfenbein im Tausch gegen Baumwolle, Zucker und europäische Handelswaren.

Die schönen und praktischen zweistöckigen Lehmbauten sind den klimatischen Verhältnissen bestens angepasst. Traditionell ist es den Frauen vorbehalten, vor ihrer Heirat die weiß gekalkten Innenräume, die durch eine zentrale Öffnung im Dach Licht empfangen, mit roten Ornamenten auszuschmücken. Ein kleiner Raum (Kubba) wird nur zweimal während des Lebenszeit der Hausbewohner, zur Hochzeitsfeier und beim Tod des Ehemannes von der Witwe zum Empfangen der Trauergäste, genutzt.

Die dicht aneinander gebauten Häuser werden von mattengedeckten Gassen getrennt, in deren Halbdunkel es relativ kühl bleibt. Die Bewässerung des Ackerlandes erfolgt durch artesische Brunnen, wobei die Gärten etwa 5 m tiefer als die Siedlung selbst liegen, um dem Grundwasserspiegel näher zu sein.

Tadrart Acacus 287

Die prähistorischen Felsbilder, die teilweise erst in den 60er-Jahren des 20. Jh.s entdeckt wurden, lassen vermuten, dass noch die Römer im heißen Fessan ein feuchteres Klima vorfanden.

Lage: SW-Libyen
Blütezeit: 6000–3000 v. Chr.

In den ältesten Fels- und Höhlenbildern verewigten Jäger und Sammler Antilopen, Elefanten und giraffenähnliche Tiere. Die jüngeren Bilder der »Hirtenkunst«, deren Alter man auf etwa 6000 Jahre schätzt, zeigen scheckige Hausrinder oder Schafe und ihre Hirten. Darstellungen religiösen Inhalts aus jüngerer Zeit sind vom pharaonischen Ägypten beeinflusst. Aus der Zeit Herodots (5. Jh. v. Chr.) dürften die Felsbilder mit Pferden stammen.

Ägypten

Abu Mena 90

Die Gotteshäuser einer der wichtigsten frühchristlichen Pilgerstätten, dem Grab des hl. Menas, wurden im Stil der ägyptischen Christen, der Kopten, errichtet.

Lage: südwestl. v. Alexandria
Gründung: 5.–6. Jh.

Den Grund dafür, dass sich das Grab des Heiligen ausgerechnet hier befindet, nennt die Legende: Das Kamel, das den Leichnam des aus Ägypten gebürtigen Legionärs, der 296 in Kleinasien den Märtyrertod erlitt, in die Heimat bringen sollte, weigerte sich schlicht, weiterzugehen. Bald verbreiteten sich entlang der Karawanenstraße Berichte von Wunderheilungen am Grab des Märtyrers und von der Segenswirkung einer unweit davon entspringenden Quelle. Nachdem diese jedoch im 12. Jh. versiegte, verfiel das Wallfahrtsziel.

Die bei Ausgrabungen in der Stadt Menas freigelegten Basiliken zeigen typische Stilelemente der Koptenarchitektur, die das ägyptische Tempelschema übernahm, indem sie die Gotteshäuser streng nach Osten ausrichtete. Die Kirchen waren meist dreischiffig und mit einem überhöhten Mittelschiff versehen.

Ägypten
Abu Mena

1 Eines der größten Amphitheater des römischen Imperiums wurde in der Stadt Thysdrus, dem heutigen El Djem, errichtet.

2 Das Apolloheiligtum in Kyrene stammt aus der Zeit zu Beginn der griechischen Kolonialisierung.

3 Seit 46 v. Chr. gehörte Tripolitanien zum römischen Imperium. Vom Ausmaß des einstigen Forums, dem Markt- und Versammlungsplatz, in Sabratha zeugen die Ruinen des Südtempels.

4 Leptis Magna: Die reich ornamentierten Säulen der Ruinen der Gymnastikhalle sind typisch für die von Septimius Severus gestifteten Bauten.

Das Reich der Pharaonen
Ägypten

Um 3000 v. Chr. erwuchs am Nil aus neolithischen Wurzeln eine Hochkultur, traten Königtum, Verwaltung, Schrift, Kunst und Religion voll ausgebildet ins Licht der Geschichte.

Für die Ägypter selbst war das entscheidende Ereignis dieser Aufbruchszeit die Vereinigung von Ober- und Unterägypten durch König Menes. Schon im Altertum teilte man die Reihe der Herrscher, die im Verlauf von drei Jahrtausenden die Doppelkrone der Pharaonen trugen, in Dynastien ein.
Mit der 3. Dynastie setzt das Alte Reich (2670–2150 v. Chr.) ein; Memphis wird Hauptstadt. Die erste Pyramide, das Grab des Königs Djoser, bezeichnet den Übergang vom Bauen mit Ziegeln, Holz und Schilfrohr zur monumentalen Steinarchitektur. Unter den Königen der 4. Dynastie entstanden die gewaltigsten Bauwerke des Altertums, die Pyramiden von Dahschur und Giseh.
Der Pharao war absoluter Herrscher, die Inkarnation des Himmelsgottes Horus und zugleich Hohepriester der Götterkulte des Landes. Radjedef, der Nachfolger Cheops, führte als Erster den Titel »Sohn des Re«. Der Sonnengott Re begann alle anderen Götter an Bedeutung zu überflügeln.
Die fest gefügte Ordnung der »Pyramidenzeit« löste sich in der 6. Dynastie mehr und mehr auf. Es folgte eine Zeit der Wirren, bis es dem in Theben herrschenden Fürstenhaus gelang, das Land erneut zu einen und die Zentralgewalt wiederherzustellen.

Das Mittlere Reich (2040–1650 v. Chr.) erlebte seinen Höhepunkt unter den Herrschern der 12. Dynastie. Ihre Macht reichte von Nubien über die Sinai-Halbinsel bis nach Vorderasien. Der in Theben verehrte Gott Amun stieg zum Reichsgott auf.
Verhältnisse, wie sie einst am Ende des Alten Reiches geherrscht hatten, führten in der 13. Dynastie den Niedergang des Mittleren Reiches herbei. Im Nildelta errichteten asiatische Eroberer die Fremdherrschaft der Hyksos. Wiederum waren es thebanische Fürsten, die zur Tat schritten, die Hyksos vetrieben und das Neue Reich (1550–1070 v. Chr.) gründeten. Seine erste, die 18., Dynastie brachte bedeutende Herrscher hervor wie Thutmosis III., Hatschepsut und den »Ketzerkönig« Echnaton. Den durch ihn drohenden Untergang konnte die 19. Dynastie abwenden. Tatkräftige Könige wie Sethos I. und sein Sohn Ramses II. verhalfen dem Neuen Reich zu weiteren zwei Jahrhunderten Dauer.
Die wechselvolle Geschichte der Spätzeit war von Fremdherrschaft bestimmt. 332 v. Chr. machte sich schließlich Alexander der Große zum Herrn über Ägypten. Einer seiner Feldherren begründete das Königshaus der Ptolemäer. Kleopatra war die letzte dieses Geschlechts. Nach ihrem Tod im Jahre 30 v. Chr. wurde Ägypten römische Provinz.

1 Gr. Bild: Die Fassade des Hathor-Tempels, den Ramses II. im 13. Jh. v. Chr. anlegen ließ

2 Kl. Bild: Darstellung einer Barke auf dem unterirdischen Nil in einem Grab bei Theben

3 Vier Kolossalstatuen Ramses' II. bewachen den Eingang des Felstempels in Abu Simbel.

Ägypten
Kairo

Kairo

Die aus mehreren mauerumgürteten Teilstädten nordöstlich der ersten Hauptstadt Fustat entstandene islamische Metropole birgt mehr als 600 sehenswerte Bauwerke aus allen Stilepochen.

Lage: südl. d. Nildeltas
Gründung: 969

Erst der Fatimide Gauhar legte den Grundstein der neuen Kalifenresidenz, die den Namen Al-Kahira (»die Siegreiche«) erhielt. Von dieser Zeit an entstanden alle bedeutenden sakralen und profanen Bauwerke. 970 wurde hier mit dem Bau der dritten Moschee Ägyptens begonnen: der Al-Ashar-Moschee, an der bis heute weiter gebaut, vergrößert und renoviert wird. Sie beherbergt seit 989 die Universität für islamisches Recht und arabische Sprache. Der Rektor dieses Weltzentrums der sunnitischen Tradition stellt auch die höchste theologische Autorität Ägyptens dar.
Seit 1382 grenzt an die Moschee der Basar Khan el-Khalili an. Das Wahrzeichen der Stadt, die Zitadelle, wurde 1183 unter dem Kurden Saladin begonnen und 1207 beendet. Die den Mokattam-Bergen vorgelagerte Festung galt als die mächtigste im islamischen Raum, bis das Gebäude 1825 durch eine Pulverexplosion zerstört wurde. An seiner Stelle entstand 1830 die Moschee des Statthalters Mohammed Ali, die so genannte Alabastermoschee.
Eines der ältesten Bethäuser, das durch seine Größe und Einfachheit besticht, ist die 876 nach dem Vorbild der mesopotamischen Moschee von Samarra errichtete Ibn-Tulun-Moschee. Bemerkenswert ist auch die Sultan-Hasan-Moschee aus dem 14. Jh. mit ihren zwei Minaretten; eines davon ist über 81 m hoch.
In Alt-Kairo steht die erste Moschee des Landes, die des Eroberers Amr Ibn el-As aus dem Jahre 641. Eines der späteren aber schönsten Gebetshäuser, die El-Muaijad-Moschee aus dem frühen 15. Jh., ist ebenfalls erwähnenswert.

Nekropolen um Memphis

Memphis, die »Waage der beiden Länder« an der Nahtstelle zwischen Ober- und Unterägypten, war Hauptstadt des Alten Reiches. Von hier aus lenkten die Pharaonen im 3. Jahrtsd. v. Chr. die Geschicke des Landes. In der Nähe befinden sich mit den Gräberfeldern, die sich über rund 30 km am westlichen Nilufer erstrecken, die wohl monumentalsten Zeugnisse der ägyptischen Hochkultur.

Lage: südl. Nildelta
Gründung: um 2900 v. Chr.

Der legendäre König Menes soll die Stadt gegründet haben, als er die beiden Reichshälften einte, wahrscheinlich aber wuchsen die Teilstaaten allmählich zusammen. In der einstigen Residenzstadt blieben nur die kolossale Kalksteinfigur Ramses' II., die riesige Alabastersphinx (15. Jh. v. Chr.) sowie an die 50 t schwere Opfertische zur Balsamierung der Apis-Stiere erhalten. Memphis war viele Jahrhunderte hindurch eine wichtige Kultstätte. Ein viel besuchtes Pilgerziel war das Serapeum, wo die im Tempel des Gottes Ptah in Memphis gehaltenen Apis-Stiere, die man als seine Manifestation verehrte, nach ihrer Einbalsamierung beigesetzt wurden.
In der gigantischen Totenstadt Sakkara steht der älteste steinerne Monumentalbau der Menschheit, das Grabmal des Pharaos Djoser. Die vom königlichen Baumeister Imhotep errichtete Pyramide ist gestuft und weist noch nicht die Regelmäßigkeit der späteren Bauten auf.
Mehr als 20 Könige wurden in dem sich über mehr als 7 km Länge erstreckenden Nekropolengelände bestattet. Das beeindruckendste Gräberfeld liegt bei Giseh mit insgesamt neun Pyramiden, weiteren Tempeln und Beamtengräbern. Bedeutendstes Monument ist die heute noch 137 m hohe Cheopspyramide, die um 2560 v. Chr. errichtet worden sein dürfte. Sie wird flankiert von den beiden kleineren Pyramiden des Mykerinos und des Chephren, der auch die gewaltige Sphinx unweit des Totentempels errichten ließ. Nach wie vor beschäftigt die Wissenschaft die Frage, wie die über 2 Mio. Kalksteinquader – jeder einzelne bis zu 3 t schwer – aufeinander geschichtet worden sind.
Im Dorf Sakkara westlich von Memphis befinden sich noch zahlreiche weitere Grabdenkmäler aus fast allen Epochen der ägyptischen Geschichte. Ausgrabungen bei Abu Sir, etwa 11 km südlich von Kairo, förderten vier Pyramiden sowie ein Beamtengrab aus der Zeit der 5. Dynastie zu Tage. Aus der Frühzeit des ägyptischen Reiches stammt eine große Friedhofsanlage in der Nähe. Weiter südlich, bei Dahschur, stehen zwei Pyramiden des Königs Snofru und dazugehörige Tempelanlagen, ferner drei Pyramiden aus der 12. Dynastie.

Theben

Ab 2040 v. Chr. entwickelte sich die Amun-Stadt zu einem bedeutenden Kult- und Verwaltungszentrum. Zum Gebiet

Kairo: Das Brunnenhaus im Innenhof der Alabastermoschee wurde im 19. Jh. errichtet.

der Metropole gehörten die Tempelanlagen von Luxor und Karnak sowie die Nekropole im Tal der Könige.

Lage: Oberägypten
Blütezeit: um 2000 v. Chr.

Am Ostufer des Nils wurden gegen Ende des 3. Jahrtsd.s v. Chr. die Tempel, Paläste und Wohnviertel Thebens gegründet. Gemeinsam mit der Stadt stieg auch der seit der 11. Dynastie aus dem anfangs nur regional bedeutenden Wind- und Fruchtbarkeitsgott Amun und dem Sonnengott Re gebildete Amun-Re auf. Er trat als Reichsgott an die Spitze der ägyptischen Götterwelt. Seine Heimat Theben besaß während seiner Glanzzeit eine Bevölkerung von 1 Mio. Menschen.
Unter den sich weitläufig erstreckenden Tempeln von Luxor und Karnak nahm das Amunheiligtum eine zentrale Position ein. Die Herrscher zahlreicher Dynastien erweiterten und erneuerten die Anlage immer wieder, bevor sie im Neuen Reich an Bedeutung verlor.
Das Kerngebiet der Nekropolen auf dem anderen Nilufer umfasst 25 km². In den Felsengräbern der gewaltigsten Totenstadt Ägyptens, die von der 11. Dynastie bis zur Perserzeit genutzt wurde, befinden sich 64 Grablegen für Könige, Königinnen und hohe Beamte.

Abu Simbel

Die beiden Felstempel Ramses' II. in Abu Simbel und die Tempelbauten von Philae wurden 1965–1968 vor den Fluten des neu errichteten Assuanstaudamms in Sicherheit gebracht und umgesetzt.

Lage: 280 km südl. v. Assuan
Gründung: 1260 v. Chr.

Ohne die Hilfe der UNESCO wären die unersetzlichen Kultbauten im damals weltweit größten künstlichen Wasserreservoir versunken – so aber wurden sie vermessen, fotografiert, registriert, abgebaut, ausgelagert und umgesetzt.
Die bekanntesten der geretteten Bauwerke sind die beiden von Pharao Ramses II. errichteten, vollständig aus dem Felsen herausgearbeiteten Tempel. Der dem Amun-Re ge-

Leben im Jenseits: Diese Darstellung aus dem Grab des Nekropolenarbeiters Sennodjem zeigt den Grabherrn mit seiner Frau bei der Feldarbeit. Solchen detailgetreuen Abbildungen schrieb man eine reale Wirkkraft zu. Sie sollten die Versorgung des Toten im Jenseits sicherstellen, denn nicht nur die Bewahrung der körperlichen Unversehrtheit durch Mumifizierung war für ein statthaftes Leben nach dem Tode erforderlich. Diese Darstellungen vermitteln uns heute ein lebendiges Bild des altägyptischen Alltagslebens.

weihte Sonnentempel mit seinen vier Kolossalstatuen besaß auch einen Kultplatz für den König. Der kleinere, der Göttin Hathor geweihte Tempel, hatte Raum für den Kult der Nefertari, der Gemahlin Ramses' II.

Von der spektakulären Rettungsaktion waren auch das Isisheiligtum aus der Ptolemäerzeit (332–30 v. Chr.) sowie andere Tempelanlagen aus der Römerzeit betroffen.

Senegal

Nationalpark Djoudj 25

Im alten Deltagebiet des Senegal zwischen dem Zufluss Gorom und dem Hauptstrom konzentriert sich eine in Westafrika einmalige Zahl verschiedener Vogelarten.

Lage: N-Senegal
Ausdehnung: 160 km²

Je nach Jahreszeit leben hier einheimische Vögel, aber auch viele Arten von Zugvögeln aus Europa und Nordasien, die an den an Nahrung reichen Gewässern ihr Winterquartier beziehen. Wenn zur Trockenzeit die Nebenarme im Mündungsgebiet austrocknen, werden die Vögel von den wenigen verbliebenen Wasserstellen, dem ganzjährig Wasser führenden Gorom und den Armen des Djoudj-Sees angezogen. 1,5 Mio. Flamingos, Reiher, Gänse, Enten, Wasserläufer, andere seltene Vogelarten sowie die mit etwa 10 000 Tieren größte westafrikanische Pelikankolonie bevölkern die weitläufige Wasserlandschaft dieses Vogelparadieses.

Nationalpark Niokolo-Koba 153

Eines der größten Tier- und Pflanzenreservate Westafrikas ist das letzte Refugium für Savannentiere, deren Lebensraum in früheren Jahrhunderten bis in die Küstenregionen reichte. Durch die unkontrollierte Jagd nach Fleisch oder Elfenbein wurden andernorts die großen Säuger wie Elefanten, Büffel und Antilopen fast völlig ausgerottet.

Lage: SO-Senegal
Ausdehnung: 8 500 km²

Ein Großteil des Nationalparks liegt im Übergangsbereich von der Trockensavanne zur feuchten Guinea-Waldzone. Er wird im Süden vom Oberlauf des Gambia und dem Staatsgebiet Guineas begrenzt, im Norden geht er in die ostsenegalesische Trockensavanne über.

Drei große Flüsse des Gambiasystems, darunter der Koulountou im Westen und der Niokolo-Koba im Nordosten, entwässern das Gebiet in endlosen Mäandern und mit schwachem Gefälle. Während der Regenzeit bedecken Morast und Schlamm den Park. Entlang der Flussläufe verdichtet sich die Baumsavanne zur üppigen tropischen Vegetation der Galeriewälder. Es leben Elefanten, Büffel, Flusspferde, Antilopen, Löwen, Panther, Geparde, Schakale, Hyänen, Affen, Klippschliefer und Mangusten, über 200 Vogelarten sowie etwa 60 Fischarten in dem geschützten Habitat.

Senegal
Niokolo-Koba

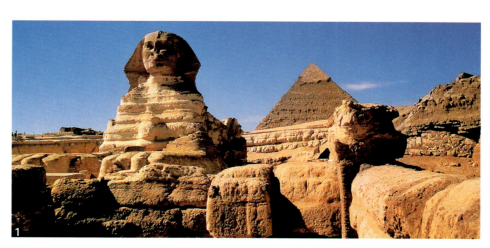

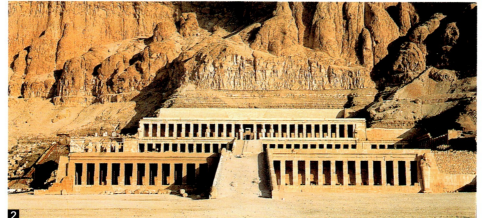

1 Der Pharao Chephren ließ die große Sphinx – 57 m lang und 20 m hoch – um 2500 v. Chr. nahe der Cheopspyramide in Giseh errichten.

2 Ein beeindruckendes Monument des Neuen Reiches sind die Reste des Terrassentempels der Hatschepsut im westlichen Theben, 1490–1468 v. Chr. erbaut.

3 Zahlreiche Obelisken, Tore, Säulen, Höfe und Säle gehörten zum Amunheiligtum von Karnak, zu dem auch Bauten im entfernten Luxor zählten.

4 Die Kolossalstatuen Ramses' II. vor dem Großen Tempel in Abu Simbel zeugen von der Machtfülle und dem Selbstverständnis des Pharaos.

Senegal
Gorée

Gorée 26

Die von den Portugiesen im 15. Jh. entdeckte Insel war jahrhundertelang ein wichtiger Stützpunkt verschiedener europäischer Mächte, die von hier aus den Sklavenhandel nach Amerika organisierten.

Lage: am Kap Verde
Gründung: 1444

Vom 15.–19. Jh. war Gorée, das von der jeweils herrschenden Macht (Portugal, Holland, England, Frankreich) und deren Handelskompanien stark befestigt wurde, die wichtigste Etappenstation, von der aus man schätzungsweise 60 Mio. afrikanische Sklaven nach Amerika transportierte. Auf jeden verschleppten Afrikaner, der sein Ziel lebend erreichte, dürften vier bis fünf Tote gekommen sein.
Die Bevölkerung der kleinen, vulkanischen Insel war schon frühzeitig ethnisch stark gemischt und im 18. Jh. ging aus der mulattischen Bevölkerung das heimische Sklavenhändlertum hervor. Diese Händler, unter ihnen viele Frauen, ließen sich herrschaftliche Häuser errichten, deren feudale Obergeschosse sie selbst bewohnten, während in den Zellen darunter ihr menschliches Frachtgut auf seine Verschiffung wartete.

Guinea

Nationalpark Nimba-Berge 155

Das Inselgebirge ist zu einer Schutzzone für die letzten tropischen Regenwälder des Grenzgebietes zu Liberia und Côte d'Ivoire geworden.

Lage: S-Guinea
Ausdehnung: 171 km²

Die höchste Erhebung des Landes, der Richard-Molard-Berg (1752 m), befindet sich im letzten geschlossenen Waldgebiet der ehemals ausgedehnten tropischen Regenwälder. In diesem streng geschützten Reservat überleben Elefanten, Büffel, Antilopen, Löwen und Leoparden. Guineapaviane, Hyänen, Aasvögel und Schlangen kommen noch häufiger vor. In den Gewässern finden sich Flusspferde und Krokodile.

Côte d'Ivoire

Comoé-Nationalpark 227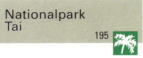

Das größte und artenreichste Wildreservat des Landes entstand 1968 in einer Savannen-

Flusspferde verbringen den größten Teil ihres Lebens im Wasser.

landschaft, die der Comoé durchfließt.

Lage: NO-Côte d'Ivoire
Ausdehnung: 11 500 km²

Der 100–200 m breite Strom, der den Park auf einer Länge von etwa 230 km in Nord-Süd-Richtung durchquert, wird von dichten Galeriewäldern gesäumt und führt das ganze Jahr über Wasser. Flusspferde und Krokodile sowie zahlreiche Vogelarten leben in Wassernähe. Büffel, Warzenschweine, verschiedene Affenarten und etliche Antilopenarten bevölkern das Reservat. In den Wäldern im Südteil halten sich Elefanten auf. Der Bestand an Raubtieren wie Löwen, Leoparden und Hyänen ist nur gering.

Nationalpark Tai 195

Dieses Naturreservat erstreckt sich über einen der letzten westafrikanischen Primärurwälder im größten geschützten Regenwaldgebiet.

Lage: SW-Côte d'Ivoire, Grenze zu Liberia
Ausdehnung: 3300 km²

In dem Urwaldreservat lässt die dichte tropische Vegetation der über 50 m hohen Urwaldriesen mit ihrem Dach aus Blattwerk und Lianen so gut wie kein Sonnenlicht bis zum Boden durchdringen. Hier leben neben vielen Vögeln auch Waldelefanten, Zwergflusspferde, Leoparden, Büffel sowie über zehn verschiedene Affenarten, wobei im Park vor allem das Leben der Schimpansen erforscht wird.

Ghana

Bauwerke der Aschanti 35

Die Aschanti, deren Reichtum sich auf die Goldproduktion und den Handel mit dem Edelmetall gründete, entwickelten eine eigenständige Kultur und eine traditionelle Baukunst.

Lage: Kumasi
Blütezeit: 18.–19. Jh.

Das stolze Kriegervolk der Akangruppe, das um 1700 seine Unabhängigkeit erlangte, besiegte alle benachbarten Stämme und wurde von den Briten erst um 1900 nach insgesamt sieben Kriegen unterworfen. Die Hauptstadt des Reiches, Kumasi, wurde in diesen Kriegen zerstört, wobei unwiederbringliche historische Zeugnisse in Rauch und Flammen aufgingen. Paläste, Kultstätten und Wohnviertel wurden vernichtet.
Der goldene Stuhl, ein Symbol der Reichseinheit, das jedem Aschanti heilig ist, blieb jedoch angeblich erhalten. Heute erinnern die Museen im Kulturzentrum der Stadt sowie das geplünderte Mausoleum der Aschantikönige an die glorreiche Vergangenheit. Die Herrscher hatten ihr Reich im 18. Jh., nach Erlangung der Unabhängigkeit vom Brudervolk der Denkyira, bis in die Savannengebiete des Nordens ausgedehnt. Als Überreste der großartigen Zivilisation findet man in manchen Dörfern des Hinterlandes nordöstlich von Kumasi die typischen, aus Lehm und Flechtwerk errichteten, mit Palmblättern gedeckten Wohnhäuser.

Forts und Burgen Ghanas 34

Die Baudenkmäler der kolonialen Vergangenheit wurden von den Portugiesen und anderen Handelsnationen im Wettlauf um die Vorherrschaft an der Westküste errichtet.

Lage: S-Ghana, Golf von Guinea
Gründung: 15. Jh.

Zunächst wurden die Stützpunkte zur Sicherung des Handels mit Gold, Pfeffer und Elfenbein errichtet. São Jorge da Mina (Elmina) war 1482 die erste Festungsanlage, mit der die Portugiesen Rivalen von ihren Märkten fern zu halten versuchten. Der einträgliche Menschenhandel – ab 1505 begannen die Sklaventransporte nach Amerika – lockte bald andere europäische »Kaufleute« an die Küste Guineas. Im 17. Jh. eroberten die Holländer Portugals Feste. Engländer, Schweden und Dänen entrissen in der Folgezeit im gierigen Konkurrenzkampf einander Burgen und Wehranlagen. An der insgesamt etwa 500 km langen Küstenlinie entstanden unzählige Forts und Handelsposten. Die am besten erhaltenen Burgen, die ab 1630 beinahe ausschließlich dem Sklavenhandel dienten, sind das erwähnte St.-Georgs-Kastell in Elmina, die Christiansborg in Accra und das Cape Coast Castle in der gleichnamigen Stadt.

Benin

Abomey 323

Die einstige Hauptstadt des Fon-Königreiches Dahomey beherbergt die reich geschmückten Palastanlagen der Feudalherrscher.

Lage: 140 km nordwestl. v. Cotonou
Gründung: frühes 17. Jh.

Farbig bemalte Reliefs zieren die Lehmmauern der Paläste in Abomey, der ehemaligen Hauptstadt des Königreichs Dahomey. In den Kassetten werden zumeist mythische Tiere wie der Leopard dargestellt, der der Überlieferung nach der Begründer der ersten Herrscherdynastie war. Diesem Tier galt einer der wichtigsten Staatskulte. An der Spitze des straff zentralistisch organisierten Reiches stand ein König, der als göttlicher Herrscher absolut regierte.

Äthiopien
Simen

Das im Gebiet der noch heute bestehenden Stadt Abomey entstandene Königreich konnte seinen Machtbereich seit der Zeit König Agadjas (reg. 1708–1728) ausweiten.

Da der Herrscher zu wenig geeignete männliche Rekruten für sein Heer fand, stellte er eine Amazonentruppe auf, mit deren Hilfe er die Handelsniederlassungen der Portugiesen, Franzosen, Holländer und Engländer eroberte, von denen aus die Europäer seit dem 16. Jh. den Sklavenhandel betrieben hatten.

Unter König Ghezo wurden im 19. Jh. die Reichsgrenzen weiter nach Norden ausgedehnt und um Sklaven zu gewinnen mehrere Kriege gegen die Yoruba in Nigeria geführt. Besonders verdienstvoll schlug sich das straff organisierte Amazonenheer. Rituelle Bräuche, die der Königsverherrlichung dienten, forderten zweimal jährlich und darüber hinaus beim Tod des Königs Menschen- und Tieropfer, die erst König Ghezo unterband. Bemerkenswert ist der zentrale Palast, den zahlreiche Reliefs und mächtige Königsstatuen schmücken. Zur Verschönerung der Hütten und Möbel wurden Türen und Türpfosten mit Holzskulpturen verziert.

Kamerun

Tierreservat Dja 407

Das fast vollständig vom Dja-Fluss eingeschlossene Reservat zeichnet sich besonders durch seine vielfältige Tierwelt aus, darunter auch so seltene Arten wie Gorillas und Waldelefanten.

Lage: S-Kamerun
Ausdehnung: 5260 km²

In einer natürlichen Schleife des Flusses Dja liegt das nach ihm benannte Tierreservat. 1950 bekam es diesen Status vom französischen Hochkommissar zuerkannt. Zum schützenswerten Lebensraum wurde Dja 1981 ernannt und 1987 erfolgte die Aufnahme in die Liste des Welterbes. 1986 war es eines von drei Gebieten, die Aussichten hatten zum Nationalpark ernannt zu werden. Diesen Status hat es aber bis heute nicht erhalten.

Das Dja-Tierreservat ist nur äußerst schwer zu erreichen. Dadurch hat sich hier einer der größten Regenwälder der Erde erhalten. In dem aus 46 verschiedenen Baumarten bestehenden Wald lebt eine immense Vielfalt von Tieren. Besonders wertvoll machen das Reservat die Menschenaffenpopulationen (Gorillas und Schimpansen) sowie der äußerst seltene Waldelefant.

Eine wirkliche Bedrohung dieses lediglich von einigen Pygmäen bewohnten Gebietes geht nur von Buschbränden aus. Darüber hinaus sind viele der wild lebenden Tiere eine begehrte Beute von Wilderern.

Äthiopien

Nationalpark Simen 9

Der Park umfasst einen Teil des Hochplateaus mit bis zu 1500 m tiefen Abgründen und reißenden Flüssen. Er dient sehr seltenen Tierarten, wie dem nur hier lebenden Walia-Steinbock, als Zufluchtsort.

Lage: N-Äthiopien
Ausdehnung: 220 km²

Das Simen-Massiv wurde durch den Einfluss starker Erosion zu einer der eindrucksvollsten Landschaften der Welt. Gipfel mit Höhen um 4400 m, Basaltschluchten mit reißenden Flüssen zwischen zerklüfteten Felsen und scharfe Klippen mit Abgründen von bis zu 1500 m Tiefe prägen das Bild. Das alles überragt der Ras Dashan, der mit seinen 4620 m der vierthöchste Berg Afrikas ist.

1 Auf der stark befestigten Insel Gorée sind noch Reste der Gebäude des Sklavenmarktes erhalten, von dem aus im Laufe der Jahrhunderte Abertausende von Menschen in die Kolonien der Neuen Welt verschleppt wurden.

2 Der vom Aussterben bedrohte Waldelefant, eine kleinere Unterart des Afrikanischen Elefanten, lebt im Waldgebiet des Kongo und in den Regenwäldern Westafrikas. Die äußerst scheuen Tiere wurden erst 1899 entdeckt.

3 Eine beeindruckende afroalpine Landschaft erstreckt sich im äthiopischen Nationalpark Simen. Seit Beendigung des Jahrzehnte währenden Bürgerkriegs ist der Park nun wieder für die Öffentlichkeit zugänglich.

Äthiopien
Aksum

Der nach dem Gebirgsmassiv benannte Nationalpark bietet ein Refugium für sehr seltene Arten, darunter sind auch drei ausschließlich hier vorkommende Säugetiere: der Gelada-Pavian, der Simen-Rotfuchs und der Walia-Steinbock.

Aksum

Die Hauptstadt des einstmals mächtigen Königreiches von Aksum war bis ins 10. Jh. das politische und kulturelle Zentrum des antiken Äthiopien. Unter den Ruinen der Herrscherresidenzen beeindrucken besonders die enormen Stockwerkstelen.

Lage: N-Äthiopien
Gründung: 1. Jh. v. Chr.

Das Königreich von Aksum war bis ins 10. Jh die beherrschende Macht im Herzen des alten Äthiopien. Historische Quellen bezeugen sein Bestehen seit dem 2. Jh., bereits im 4. Jh. wurde es unter König Ezana christianisiert.
Die Ruinen der gleichnamigen Hauptstadt, die vom vergangenen Glanz als Handels- und Kulturmetropole zeugen, werden beherrscht von etwa 130 riesigen Stelen, obeliskartigen Monolithen aus Trachyt, von denen einige heute noch stehen. Die größte der intakten Stelen misst nahezu 23 m in der Höhe. Die höchste der Stockwerkstelen, ganze 33 m hoch, war zur Zeit ihrer Auffindung allerdings bereits zu Boden gestürzt und zerbrochen.
Diese monolithischen Pfeiler gelten als Nachbildungen der bis zu neunstöckigen Geisterwohnungen im Hadramaut, von wo aus um das 7. Jh. Einwanderer nach Nordäthiopien kamen. Die Kathedrale Maria Zion, die nach zweimaliger Zerstörung 1665 wieder aufgebaut wurde, war ehemals der Krönungsort der Monarchen. Hier wird der Sage nach die heilige Bundeslade aufbewahrt. Im Schatzhaus der Kirche befinden sich über 40 klerikale Kronen.

Fasil Ghebbi

Die Festungsstadt von Fasil Ghebbi und die Umgebung der benachbarten Stadt Gondar beheimaten einmalige königliche Gebäude, die sich durch verschiedenartige Einflüsse auszeichnen.

Lage: N-Äthiopien
Gründung: um 1632

Am Fuße des Simengebirges und am Nordende des Tanasees in der Gondar-Region liegt die Festungsstadt Fasil Ghebbi, errichtet unter Kaiser Fasilidas im 17. Jh. Innerhalb ihrer 900 m langen Mauer befinden sich zahlreiche öffentliche und private Gebäude. Paläste, Kirchen und Klöster, zunächst von indischen und arabischen Einflüssen geprägt, wurden später durch den von portugiesischen Missionaren eingeführten Barockstil verändert.
Besonders sehenswert sind das Schloss Fasilidas', die älteste erhaltene Anlage, sowie der prunkvolle Palast seines Enkels Yasu des Großen, die Bibliothek des Kaisers Tsadik Yohannes und die etwa 1 km außerhalb gelegene Kirche Debre Berhan Selassie, die sich durch prächtige religiöse Wandmalereien auszeichnet.

Lalibela

Im Herzen Äthiopiens befinden sich die elf mittelalterlichen, aus dem gewachsenen Felsboden gegrabenen Höhlenkirchen, die noch heute ein beliebtes Wallfahrtsziel sind.

Lage: Zentral-Äthiopien
Entstehung: 12.–13. Jh.

In einer Höhe von 2600 m befinden sich die berühmten Felsenkirchen von Lalibela. Sie entstanden ab dem Ende des 12. Jh.s während der Regierungszeit Lalibelas, des bedeutendsten Königs der Zagwe-Dynastie, zu dessen Ehren die ehemalige Hauptstadt Roha umbenannt wurde. Die elf in das Tuffgestein gehauenen Gotteshäuser sind wahre architektonische Meisterwerke. Sie alle werden durch ein Labyrinth aus in den Fels gegrabenen Pfaden und Tunneln miteinander verbunden.
Das beliebteste Ziel der immer noch sehr zahlreich nach Lalibela reisenden Pilger ist die Beta Maryam, die Marienkirche. Die größte Kirche ist die Beta Medhane Alem mit ihren insgesamt fünf Schiffen. Im Inneren der Gotteshäuser Lalibelas hüten Priester die aus Manuskripten, Kreuzen und Wandmalereien bestehenden Kunstschätze.

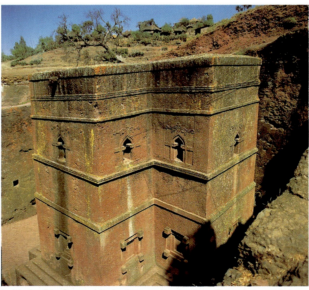
Lalibela: Die Georgskirche ist nur durch einen Tunnel zu erreichen.

Unteres Tal des Awash

In diesem ostafrikanischen Tal wurden archäologische Funde von einzigartiger Bedeutung gemacht, die Licht in eine zentrale Phase der Menschheitsentwicklung bringen. Darüber hinaus finden sich im Awash-Nationalpark über 400 Vogelarten und fast alle Tiere der afrikanischen Steppe.

Lage: O-Äthiopien
Alter der Funde: 3,5 Mio. Jahre

Hauptsächliche Bedeutung erlangte das Tal am Unterlauf des Awash als Fundort von Hominidenskeletten der Spezies Australopithecus afarensis und ist damit ein wichtiger Standort paläontologischer Studien. Aus den 1974 an der Grabungsstätte geborgenen Überresten konnten die Anthropologen ein in groben Zügen vollständiges Skelett eines aufrecht gehenden Urzeitmenschen rekonstruieren, der bereits vor 3,5 Mio. Jahren hier gelebt hat, als das Tal eine baumbestandene Savanne war, die von Elefanten, Urpferden, Nashörnern und gefährlichen Säbelzahntigern durchstreift wurde. Von dieser Umgebung geprägt, entwickelten die Vorfahren des modernen Menschen den aufrechten Gang und lernten die Hände nicht ausschließlich zur Fortbewegung zu benutzen.
Mit Ausnahme von Giraffen, Büffeln und Nashörnern kommen im 756 km² großen Nationalpark am unteren Ende des Awash-Flusses eine Vielzahl der Tierarten der afrikanischen Steppe vor. Einen besonderen Blickfang bietet der Kegel des Fantalle-Vulkans. Auch die blasenförmigen Felsformationen und die bei Filwoha gelegenen heißen Quellen sind vulkanischen Ursprungs.

Unteres Tal des Omo

Im Gebiet der Nationalparks am Unterlauf des Omo, Lebensraum zahlreicher Wildtiere, fand man fossile Hominidenskelette und Steinwerkzeuge, die zusammen etwa 3 Mio. Jahre Menschheitsgeschichte dokumentieren.

Lage: S-Äthiopien
Ausdehnung: 4068 km²

Als Fundort prähistorischer Überreste ist der Unterlauf des Flusses weltbekannt. Der Omo ist etwa 800 km lang und mündet an der Südgrenze Äthiopiens in den Turkanasee. Die Sedimentablagerungen des Flusses sind bis zu 4 Mio. Jahre alt und bergen zahlreiche Tier- und Hominidenfossilien aus dem Pliozän und dem Pleistozän. Die gefundenen Skelettreste, die ältesten von ihnen etwa 3 Mio. Jahre alt, weisen auf einen Australopithecinen hin. Des weiteren wurden Steingeräte gefunden, die auf ein Alter von ungefähr 2,5 Mio. Jahren datiert und vom Homo habilis verwendet wurden. Zu den Spuren jüngerer Hominiden, die am Omo geborgen wurden, zählen Überreste des Homo erectus und einer frühen Homo-sapiens-Art.
Die beiden Nationalparks Omo und Mago, zu beiden Seiten des Omo gelegen, sind der Lebensraum vieler Wildtiere. Giraffen, Büffel- und Zebraherden leben hier ebenso wie Löwen, Geparde und Leoparden.

Tiya

In Tiya zeugen aufwendig gestaltete steinerne Stelen von

*Ä*thiopiens Jerusalem: Zu den herausragenden Kunstschätzen der Felsenkirchen von Lalibela, deren Errichtung mehr als einhundert Jahre dauerte, gehören die Reste farbenprächtiger Wandmalereien. Während in der Kunst der äthiopischen Christen die Skulptur vernachlässigt erscheint, hat sich eine eigenständige Form der Malerei entwickelt. Neben Ornamenten wurden der Lebensweg Christi und andere biblische Themen dargestellt.

Kongo (Zaire)
Garamba

einer kaum bekannten vorchristlichen Kultur.

Lage: S-Äthiopien
Kultur: vorchristlich

In der südlich von Addis Abeba gelegenen Sodo-Region wurden bisher ungefähr 160 archäologische Fundorte ausgemacht; Tiya gehört zu den wichtigsten. Hier befinden sich 36 Monumente einer alten äthiopischen Kultur aus vorchristlicher Zeit, über die bislang so gut wie nichts bekannt ist.

Es handelt sich hierbei um 32 sehr aufwendig gestaltete steinerne Stelen. Diese obeliskartigen Monolithe sind reich mit in Stein gemeißelten Symbolen verziert, deren Bedeutung längst in Vergessenheit geraten ist. Eine Entzifferung stellt sich als äußerst schwierig dar. Auch das Alter dieser untergegangenen Kultur konnte bisher nicht bestimmt werden.

Zentralafrikanische Republik

Nationalpark Manovo-Gounda-St. Floris 475

Die Bedeutung dieses Nationalparks liegt im Reichtum an Pflanzen- und Tierarten begründet. Er ist Lebensraum einer großen Vielfalt von Wasservögeln und Säugetieren.

Lage: N der Zentralafrikanischen Republik
Ausdehnung: 17 400 km²

Das Gebiet lässt sich in drei Vegetationszonen einteilen: die in der Regenzeit überschwemmten Grasebenen des Nordens, die leicht hügeligen Savannen der Übergangszone und das zerklüftete Sandsteingebirge im Süden. In dem bereits 1933 zum Nationalpark erklärten Gebiet finden sich zahlreiche Pflanzen- und Tierarten. Neben den vielfältigen Wasservogelarten der nördlichen Ebene – darunter Marabu und Rosapelikan – leben hier unter anderen Leoparden, Geparde, Wildhunde und Büffel. Besonders schützenswert sind die Elefanten und die nahezu gänzlich ausgerotteten Schwarzen Nashörner. Diese seltenen Tierarten fielen in der Vergangenheit immer wieder skrupellosen Wilderern zum Opfer. Die Einrichtung eines speziellen Nashornreservats erwies sich aber als Fehler, da dieses Gebiet die besondere Aufmerksamkeit der Wilderer erregte.

Demokratische Republik Kongo

Nationalpark Garamba 136

Neben anderen Großsäugetieren beheimatet Garamba auch das sehr selten gewordene Weiße Nashorn, von dem nur noch etwa 30 Exemplare hier überlebt haben.

Lage: NO d. Landes
Ausdehnung: 4920 km²

Weite Savannen und Grasländer, Waldgebiete und sumpfige Tiefländer: Der Nationalpark Garamba im ehemaligen Zaire bietet eine außergewöhnliche Vielfalt verschiedener Lebensräume. Bereits 1938 wurde dieses abwechslungsreiche Gebiet zum Nationalpark erklärt. Im kaum zugänglichen Schutzgebiet leben nicht weniger als 44 Säugetierarten. Dazu gehören beispielsweise der Afrikanische Elefant und das Flusspferd. Die eigentliche Einrichtung

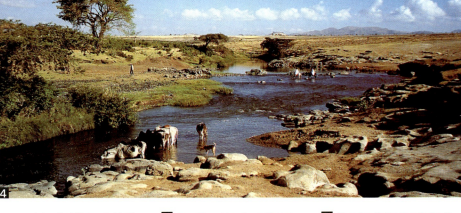

1 Das Buschland am Unterlauf des Omo ist der Lebensraum zahlreicher Tierarten.

2 Gondar: Direkt neben dem Palast Fasilidas' ließ sein Enkel Yasu Ende des 17. Jh.s seine eigene Residenz errichten.

3 Von der Palaststadt Fasil Ghebbi stehen heute nur noch die nackten Mauern einstmals prachtvoller Gebäude.

4 Awash: Umfangreiche Funde geben einen Einblick in die Frühgeschichte des Menschen.

Kontinent mit tausend Gesichtern
Afrikanische Kulturen

Afrika, wo die Geschichte der Menschheit ihren Anfang nahm, hat über Jahrtausende eine Fülle bedeutender Kulturen und mächtiger Reiche hervorgebracht. Ihr Erbe ist bei vielen Völkern des Schwarzen Kontinents noch heute lebendig.

Früheste Zeugnisse afrikanischer Kulturen finden sich im lebensfeindlichen Hochland des Tassili-Gebirges in der Sahara. Als Europa am Ende der Eiszeit vor 10 000 Jahren größtenteils von Gletschern bedeckt war, herrschte im Gebiet der Sahara feuchtheißes Klima. Das Land war mit üppiger Vegetation bedeckt und bot günstige Lebensbedingungen für steinzeitliche Jäger. Um 4000 v. Chr. erfolgte der Übergang zu Viehzucht und Ackerbau. An vielen Stellen hinterließen Jäger und Rinderhirten Felsbilder, die Einblick in ihre Lebensweise geben. Die Felsgravuren und -malereien in Tassili N'Ajjer im heutigen Algerien zählen zu den bedeutendsten Werken prähistorischer Kunst.

Am mittleren Nil, in Nubien, entstand um 2500 v. Chr. das Königreich von Kerma, das ein Jahrtausend lang existierte, bis es von den Pharaonen der frühen 18. Dynastie erobert wurde. Um 900 v. Chr. trat dort ein neues Reich hervor, dessen Könige zeitweise sogar über Ägypten herrschten. Seine Metropole war bis um 300 v. Chr. Napata, dann Meroë. Es war ein Staat nach ägyptischem Zuschnitt.

Meroë erlag um 300 n. Chr. den Angriffen der Könige von Aksum. Dieses äthiopische Reich, das zur gleichen Zeit auch nach Südarabien ausgriff, gehörte neben Rom und Persien zu den Großmächten der Spätantike. Seine Handelsbeziehungen reichten von Indien bis zum Mittelmeerraum. 330 n. Chr. nahm König Ezana das Christentum an. Äthiopien wurde ein Teil der frühchristlichen Welt.

Das älteste Königreich Westafrikas war Gana im Grenzgebiet des heutigen Mauretanien und Mali. Im 4. Jh. n. Chr. gegründet, verdankte es seine Blüte reichen Goldvorkommen und dem Ansteigen des Transsaharahandels nach der arabischen Eroberung Nordafrikas. Die Nachfolge trat im 13. Jh. das Reich Mali an, eine Grün-

dung der Malinke. Seine Zentren waren Djenné und Timbuktu. Die muslimische Oberschicht holte Gelehrte ins Land; Timbuktu, am Schnittpunkt von fünf Karawanenwegen gelegen und sehr wohlhabend, wurde eine Hochburg islamischer Gelehrsamkeit.

Unter den Angriffen der Tuareg und Songhai schrumpfte Mali im 15. Jh. zu einem Kleinstaat. Die Songhai, mit der Hauptstadt Gao, konnten ihre Herrschaft vom Tschadsee bis an den Senegal ausdehnen. Ihr Reich brach zusammen, als ein marokkanisches Heer 1591 nach Gao vorstieß. Damit ging die Zeit der sudanesischen Großreiche zu Ende, die sich vor allem durch Besteuerung des Transsaharahandels finanziert hatten.

Dieser verlor an Bedeutung, seit die Europäer an der Westküste Stützpunkte errichteten um die Plantagen der Neuen Welt mit Sklaven zu versorgen. Die Staaten im Hinterland verlegten sich mehr und mehr auf den Sklavenhandel.

Benin, ein im 12. Jh. gegründeter Stadtstaat der Yoruba, erlebte im 17. Jh. seine Blütezeit. Während der König in Benin residierte, hatte das geistliche Oberhaupt, der Oni, seinen Sitz in der heiligen Stadt Ife. Vom hohen Stand des Kunsthandwerks zeugen großartige Bildwerke aus Bronze, Terrakotta und Elfenbein. Auch die Militärstaaten Dahomey und Aschanti an der Goldküste gelangten ab dem 17. Jh. durch den Sklavenhandel zu beträchtlichem Reichtum.

Besonders eindrucksvolle Monumente afrikanischer Kulturgeschichte finden sich in Simbabwe. Hier errichteten Baumeister der Shona vor vielen Jahrhunderten die Steinbauten von Groß-Simbabwe, nach den Pyramiden die größten Steinmonumente Afrikas. Von ihnen leitet sich der Name des Landes ab: Simbabwe, »Häuser aus Stein«.

1 Gr. Bild: Eines der Hauptmonumente im Ruinenfeld Simbabwe aus dem 10.–12. Jh. ist die Akropolis.

2 Kl. Bild: In der für Mali typischen Lehmbauweise sind Moscheen in Djenné und in Timbuktu entstanden.

3 Die Ruinen der Steinhäuser in Groß-Simbabwe sind Zeugnisse für die einstige Glanzzeit der Shona.

4 Mali: Dogon-Dorf mit Kornspeichern am Fuß der Steilstufe von Bandiagara, dem Hauptort der Region

5 Aksum war einst die Krönungsstadt der äthiopischen Kaiser. Hier befinden sich etwa 130 künstlerisch wertvolle Stockwerkstelen aus vorchristlicher Zeit.

153

Kongo (Zaire)
Okapi

dieses Parks fand jedoch zum Schutz der Giraffen und insbesondere des Weißen Nashorns statt. Diese nördliche Unterart des Breitmaulnashorns, einem ausgesprochen harmlosen Vertreter seiner Art, ist nahezu ausgestorben. Es existieren nur noch etwa zwei Dutzend Exemplare dieser Gattung. Wie gut die Überlebenschancen der Tiere angesichts der innenpolitisch wenig stabilen Lage sind ist leider fraglich.

Eines der Probleme des Tierschutzes in der neu gegründeten Demokratischen Republik Kongo ist die Finanzierung. Ein Großteil der benötigten Gelder kann nur durch den Tourismus aufgebracht werden. Die Parkverwaltung erleichtert den Besuch des mit mannshohem Gras bewachsenen Gebiets, indem sie Elefanten als Reittiere anbietet. Die sanftmütigen Riesen werden hierfür in Garambas einzigartiger Elefantenschule erzogen.

Okapi-Tierreservat 718

Die Heimat einer ganzen Anzahl bedrohter Primaten- und Vogelarten ist der Lebensraum von etwa 5000 Okapis, ungefähr einem Sechstel der noch in Freiheit lebenden Kurzhalsgiraffen.

Lage: NO d. Landes
Ausdehnung: 13 726 km²

Das Okapi-Tierreservat wurde 1992 offiziell zum Schutzgebiet erklärt und erstreckt sich über etwa ein Fünftel des Ituri-Regenwaldes im Nordosten des Landes. Wald und Reservat liegen im Becken des Zaire-Flusses, eines der größten Drainagesysteme des afrikanischen Kontinents. Verschiedene vom Aussterben bedrohte Affen- und Vogelarten leben im Reservat, das ausgesprochen malerische Landschaften zu bieten hat, darunter die Wasserfälle der Flüsse Ituri und Epulu.

Der Grund zur Einrichtung dieses Reservats ist jedoch das Okapi, das erstmalig 1860 von Sir Henry Stanley erwähnt wurde. Dieser beschrieb es etwas vage als eselähnliches Tier der Pygmäen. Der britische Gouverneur Sir Harry Johnston ordnete das Okapi anhand von Knochenfunden jedoch den Giraffen zu. Erst 1901 bekam man erste lebende Exemplare zu Gesicht. Schätzungsweise 30 000 Exemplare der lediglich im Kongo vorkommenden Kurzhalsgiraffen leben noch in freier Wildbahn, etwa 5000 davon allein im Okapi-Tierreservat.

Nationalpark Virunga 63

Virunga bietet mit seiner Mischung sehr verschiedener

Die scheuen Okapis geben Zoologen immer noch Rätsel auf.

Landschaftsformen vielen Tieren eine Heimat, so auch den seltenen Berggorillas.

Lage: NO d. Landes
Ausdehnung: 7900 km²

Virunga ist ein Teil des Gebietes des allerersten afrikanischen Nationalparks, der 1925 gegründet wurde. Im Laufe der Zeit ist ein Großteil dieses Parks zu Ackerland umgewandelt worden.

Der Nationalpark Virunga birgt Lebensräume in einer kaum zu übertreffenden Vielfalt: Sümpfe, Steppen, Savannen, Lavaebenen und die Schneefelder des 5119 m hohen Ruwenzori sowie erloschene und noch tätige Vulkane. Etwa 20 000 Flusspferde bevölkern die Flüsse des Nationalparks. Damit besitzt Virunga den weltweit größten Bestand dieser Gattung. Zugvögel aus Sibirien und Europa verbringen den Winter im Schutzgebiet.

Der stark vom Aussterben bedrohte Berggorilla hat hier eine seiner letzten Zufluchten gefunden. Von der nicht einmal mehr 300 Exemplare zählenden Gesamtpopulation der Menschenaffen lebt etwas mehr als die Hälfte in Virunga.

Die Demokratische Republik Kongo, Ruanda und Uganda haben spezielle Patrouillen eingesetzt um diesen nahen Verwandten des Menschen vor der vollständigen Ausrottung zu bewahren. Auch die geschützten Okapis haben sich im Park angesiedelt.

Nationalpark Salonga 280

Salonga ist das größte zusammenhängende Regenwaldgebiet Zentralafrikas und bietet als solches eine Vielfalt von Lebensräumen für zahlreiche gefährdete Tierarten. Hier leben so seltene Tiere wie der Zwergschimpanse und der Waldelefant.

Lage: W d. Landes
Ausdehnung: 36 560 km²

Salonga gehört zu den vier Schutzgebieten in der Demokratischen Republik Kongo, die 1970 gleichzeitig zu Nationalparks ernannt wurden. Zusammen mit dem Nationalpark Maiko wurde Salonga unter Schutz gestellt um repräsentative Teile der Urwaldregionen zu erhalten. Große Teile der Regenwälder des Landes wurden bereits ein Opfer von Waldbränden und der sich ausbreitenden Landwirtschaft.

Der Park ist das größte tropische Regenwaldreservat und liegt sehr isoliert im Herzen Zaires. Er ist nur über den Wasserweg erreichbar und damit für Menschen weitgehend unzugänglich. Der Salonga-Nationalpark ist Lebensraum für viele gefährdete und seltene Tierarten. Dazu zählen unter anderem der Waldelefant, das Okapi, die Bongo-Antilope, die Wasserzivette und der Kongo-Pfau.

Von den hier lebenden Tierarten dürfte der Zwergschimpanse eine der interessantesten sein. Der auch Bonobo genannte Vertreter der Menschenaffen ist nur in den Schutzgebieten des Kongobeckens anzutreffen. Nur wenig kleiner als sein bekannter Vetter, ist er jedoch wesentlich schlanker und lebhafter. Der in den Ästen der größeren Bäume lebende Zwergschimpanse ist in der Lage einfache Werkzeuge herzustellen. So knackt er Nüsse mithilfe eines Steins und benutzt zum Trinken eine Art Schwamm aus zerkauten Blättern.

Nationalpark Kahuzi-Biega 137

Einige der letzten noch existierenden Gruppen von Berggorillas haben in den Wäldern an den Hängen der erloschenen Vulkane Kahuzi und Biega ihre Heimat.

Lage: i. d. Mitte d. Landes
Ausdehnung: 6000 km²

Ebenso wie der Nationalpark Virunga ist auch Kahuzi-Biega vor allem zum Schutz der letzten noch verbliebenen Berggorillas eingerichtet worden. In Höhen um 2100–2400 m leben diese imposanten Vertreter der Menschenaffen in kleinen Gruppen.

Die »sanften Riesen« sind Vegetarier und können bis zu 40 Jahre alt werden; die älteren Männchen besitzen eine silbergraue Rückenbehaarung – sie schüchtern ihre Rivalen ein, indem sie sich aufrichten und sich brüllend auf die Brust schlagen. Gorillas sind tagaktiv: Bis zum Sonnenuntergang sammeln sie Pflanzennahrung, nachts schlafen sie in Nestern aus Zweigen und Blättern.

Darüber hinaus beherbergt das Schutzgebiet im Schatten der beiden erloschenen Vulkane Kahuzi und Biega mit den Schimpansen noch eine weitere Primatenart. Diese »kleinen Kletterer« sind die nächsten Verwandten des Menschen und eine der wohl beliebtesten Wildtierarten überhaupt. Neben den ebenfalls vorkommenden natürlichen Feinden der Schimpansen, den Leoparden, leben in den Schutzgebieten Elefanten, Büffel und zahlreiche andere Tierarten.

Uganda

Nationalpark Bwindi 682

Bwindi ist bekannt für seine Vielfalt an Baumarten und

Uganda
Ruwenzori

Drei der imposanten Vulkane auf dem Gebiet des Nationalparks Virunga sind noch aktiv. Frühere Ausbrüche haben fruchtbare Lavaflächen entstehen lassen, die die Grundlage für eine einmalige und vielfältige Vegetation bilden. Äquatorialwälder werden ab einer Höhe von 2700 m von Bergwäldern abgelöst; Gräser und Moose bedecken Höhen von über 4300 m. Wie die Tierwelt hat auch die Flora stark unter den Folgen der jüngsten Bürgerkriege gelitten.

Farngewächsen sowie für seine seltenen Vogel- und Schmetterlingsarten. Der seltene Berggorilla ist hier ebenfalls heimisch.

Lage: SW-Uganda
Ausdehnung: 320 km²

Im Übergangsgebiet von der Steppe zum Bergland liegt der unzugängliche Nationalpark Bwindi. Herausragend ist die Artenvielfalt, die hier sowohl Flora als auch Fauna aufweisen. Mehr als 160 Baumarten bilden den Bergwald des Nationalparks und gezählte 104 Arten von Farngewächsen sind hier heimisch.
Die Fauna hat ebenfalls eine große Zahl seltener Arten zu bieten. Von den hier dokumentierten rund 300 Vogelarten nehmen die Waldvögel etwa zwei Drittel ein. Ungefähr 200 Schmetterlingsarten machen das Gebiet zu einem einzigartigen Lebensraum. In den Höhenlagen lebt mit schätzungsweise 300 Tieren etwa die Hälfte der Weltpopulation der Berggorillas.

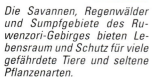
Nationalpark Ruwenzori 684

Die Savannen, Regenwälder und Sumpfgebiete des Ruwenzori-Gebirges bieten Lebensraum und Schutz für viele gefährdete Tiere und seltene Pflanzenarten.

Lage: SW-Uganda
Ausdehnung: 2200 km²

An der Grenze zwischen dem ehemaligen Zaire und Uganda, zwischen Albert- und Edward-See, liegt das Ruwenzori-Gebirge. Die durch Erdverschiebungen entstandene Gebirgskette ist etwa 120 km lang und rung 50 km breit. Ihre höchste Erhebung ist mit 5109 m der Margherita-Gipfel des Mount Stanley, Afrikas dritthöchster Berg. Neben den Gletschern, Seen und Wasserfällen der höheren Lagen gibt es in den Tälern und Ausläufern des Ruwenzori weite Sumpfgebiete, in denen hoch wachsende Pflanzenarten wie Papyrus den hier lebenden Elefanten den nötigen Schutz bieten.
In den üppig mit Gras bewachsenen Kratern finden unzählige Gazellen, Antilopen und Büffel ihre Nahrung.
In Höhen um 2000 m wachsen Bambusstauden. Sie sind der Lebensraum des inzwischen fast ausgerotteten Leoparden. Auch der Kapklippschliefer ist hier ansässig. Dieser nahe Verwandte des Elefanten, der mit einer Länge von 45–55 cm und den ausgeprägten Schneidezähnen äußerlich einem Nagetier gleicht, findet Schutz in den zahlreichen Felsspalten.
Die fast durchgängig nebelverhangenen tropischen Bergwälder der höheren Lagen warten mit einer Pflanzenwelt von ungewöhnlichen Ausmaßen auf. Lobelien, Glockenblumengewächse, deren normales Wachstum bei etwa 30 cm endet, erreichen hier eine Höhe von 6 m. An geschützten Stellen finden sich Farnarten von über 10 m Höhe und auch einige Formen des Heidekrauts präsentieren sich in einer baumartigen Größe von bis zu 12 m. Zurückzuführen ist dieses immense Pflanzenwachstum auf das Zusammentreffen von besonders mineralreichen Böden, hoher Luftfeuchtigkeit, der gleichbleibenden Temperatur und der hohen ultravioletten Strahlung der oberen Lagen.

1 Bedrohte Riesen: Nur in den Regenwäldern an den Hängen des Virunga-Gebirges sind die Berggorillas noch anzutreffen. Ihre ohnehin geringe Population ist in den letzten Jahren durch Bürgerkriege immer weiter geschrumpft.

2 Bis zu 6 m hoch wachsen Schopfbäume, Riesenlobelien, in die Höhe. Sie prägen die hoch gelegene Vegetation des Ruwenzori-Gebirges.

3 Das Ruwenzori-Gebirge verdankt seinen Namen »Regenmacher« den massiven Niederschlägen an seinen Hängen.

4 Kuhreiher folgen großen Grasfressern wie dem Flusspferd um so einfacher an Nahrung zu gelangen.

Tansania
Serengeti

Tansania

Nationalpark Serengeti

In den weiten Savannen der Serengeti leben die weltweit größten Herden von Gnus, Gazellen und Zebras. Ihrem jährlichen Zug folgen Raubtiere wie Löwen, Leoparden, Geparde und Hyänen.

Lage: N-Tansania
Ausdehnung: 15 000 km²

Gewaltige Herden von insgesamt mehr als 2 Mio. Huftieren ziehen auf der Suche nach Wasser alljährlich durch die Steppen- und Savannenlandschaften des Serengeti-Nationalparks und legen dabei teilweise Strecken von ungefähr 1500 km zurück. Zebras, Gnus, Gazellen, Antilopen und Giraffen wandern stets auf den gleichen Routen und überwinden größte Hindernisse. Ihr steter Kampf ums Überleben zeigt die Natur in all ihrer Pracht und vermeintlichen Grausamkeit. Immer auf der Suche nach Wasserlöchern und Futter, ziehen die Herden durch die weite Ebene, dem Wechsel von Regen- und Trockenzeit unterworfen. Ihnen folgen ihre natürlichen Feinde: Löwen, Leoparden, Geparde und Hyänen.
In Jahrtausenden hatte sich hier ein Lebensraum gebildet, der sich vollständig im Gleichgewicht befindet. Dies änderte sich jedoch mit dem Eintreffen der Europäer am Ende des 19. Jh.s. Ihre Großwildjagden fügten der Tierwelt einen kaum wieder gutzumachenden Schaden zu. Bereits 1921 war es daher nötig die Serengeti unter Schutz zu stellen.

Naturschutzgebiet Ngorongoro

Das Reservat um den riesigen Ngorongoro-Krater ist der Lebensraum von Gnus, Zebras, Gazellen und Elefanten.

Lage: N-Tansania
Ausdehnung: 8300 km²

Die Landschaft eines der größten Vulkankrater der Erde, des Ngorongoro, war lange Zeit Teil des Nationalparks Serengeti. 1974 wurde das Gebiet ein selbstständiges Wildschutzgebiet. Zu diesem neu eingerichteten Naturpark gehören der mit einem Süßwassersee gefüllte Krater des Empakaai und der noch tätige Vulkan Oldonyo Lenga sowie die Olduvaischlucht, Fundort von Spuren eines der frühen Vorfahren des Menschen, des Homo habilis.
Im riesigen Ngorongoro-Krater erstrecken sich neben den Savannen und Steppen, dem Lebensraum zahlreicher wild lebender Tiere, auch vereinzelte Sumpfgebiete und kleine Akazienwälder. Der größtenteils mit Gras bedeckte Kraterboden ist das Weidegebiet der großen Rinderherden der Massai und durch die intensiv betriebene Viehwirtschaft des traditionellen Hirtenvolks stark überweidet.
Die im Ngorongorogebiet beheimatete Wildtierpopulation besteht vorwiegend aus Gnus, Gazellen, Elenantilopen, Wasserböcken und Zebras. Auch der Elefant, das Flusspferd und das Schwarze Nashorn haben hier ihren Lebensraum. Löwen, Hyänen und einige Leoparden komplettieren den Querschnitt durch Afrikas vielfältige Tierwelt.

Nationalpark Kilimandscharo

Das Vulkanmassiv des Kilimandscharo ist der höchste Punkt Afrikas. In den ihn umgebenden Regenwäldern und Savannen lebt eine Vielzahl von bedrohten Säugetieren.

Lage: NO-Tansania
Gipfelhöhe: 5895 m

Der Kilimandscharo besteht aus drei Hauptkegeln und zahlreichen kleineren Gipfeln vulkanischen Ursprungs. Im Westen liegt der 4000 m hohe Schira, im Zentrum der Kibo, mit 5895 m der höchste Punkt Afrikas, und im Osten der Mawenzi mit einer Höhe von 5270 m.

Vallée de Mai: Die Seychellenpalme erreicht eine Höhe von 30 m.

Die Nebengipfel liegen auf einer Gebirgsspalte, die von Südosten nach Nordwesten verläuft. Obwohl unweit des Äquators gelegen, werden die Gipfel des Kilimandscharo von ewigem Schnee bedeckt.
Das Bergmassiv inmitten der Savanne weist sehr unterschiedliche Klima- und damit auch Vegetationszonen auf. Oberhalb der Grassavanne beginnt das Gebiet des ackerbaulich genutzten Kulturlandes, ehemals eine Baumsavanne, die inzwischen nur noch an den Nordhängen zu finden ist. Diese Zone geht in den bis in 3000 m Höhe reichenden Bergwald über. Ihm folgt ein weites Höhengrasland, das wiederum von der Kältewüste der Gipfelregion verdrängt wird.
Der Nationalpark Kilimandscharo ist der Lebensraum zahlreicher Säugetierarten, von denen viele als gefährdet gelten. Zu den typischen Bewohnern des Schutzgebiets zählen Gazellen, Nashörner, Elefanten, Büffel, Warzenschweine und verschiedene Affenarten.

Wildschutzgebiet Selous

Das größte Wildreservat Afrikas beheimatet schätzungsweise eine Million Tiere. Hierzu gehören unter anderen Elefanten, Geparde, Giraffen, Flusspferde, Krokodile und Spitzmaulnashörner.

Lage: S-Tansania
Ausdehnung: 50 000 km²

Das seit Anfang des 20. Jh.s bestehende Selous-Wildreservat ist das größte Tierschutzgebiet Afrikas und das zweitgrößte weltweit. Ein großer Teil des Reservats wird vom Rufiji, einem der wasserreichsten Flüsse Ostafrikas, und seinen Zuflüssen durchzogen.
Aufgrund der auftretenden Tsetsefliegenplage wird das Gebiet kaum von Menschen bewohnt und bietet somit einen recht ungestörten Lebensraum für ungefähr 1 Mio. wild lebende Tiere. Mehr als 150 000 Gnus, etwa 105 000 Elefanten, um die 160 000 Büffel, jeweils gut 50 000 Zebras und Antilopen sowie rund 18 000 Flusspferde hat man gezählt. Hier lebt die weltweit größte Krokodilpopulation; eine große Zahl von Geparden, Leoparden, Löwen und Giraffen bevölkern die verschiedenen Vegetationszonen des Selous-Wildreservats.
Diese umfassen Steppen und Savannen, bewaldete Grasländer sowie das dichte Unterholz der Galeriewälder an den Ufern des Rufiji und seiner Quellflüsse Luwegu und Kilombero.

Kilwa Kisiwani, Songo Mnara

Auf zwei kleinen Inseln vor der Küste Tansanias befinden sich die Ruinen der beiden ostafrikanischen Hafenstädte, die einst die Zentren des frühen Asienhandels waren.

Lage: Südküste v. Tansania
Gründung: 9. oder 10. Jh.

Perser aus Shiraz werden als die Gründer des Stadtstaates auf der Insel Kilwa Kisiwani angesehen. Bereits aus dem Jahr 800 datieren im Ort Kilwa Spuren einer ersten Besiedlung, jedoch begann der Aufstieg der Stadt erst ab etwa 1000, als Kilwa zu einem bedeutenden Handelsplatz der Region wurde.
Bis zum 16. Jh. wurde ein Großteil des Handels mit den Ländern des Indischen Ozeans über Kilwa abgewickelt. Zum Handelsgut gehörten üblicherweise Kostbarkeiten wie Gold, Silber und Perlen oder Porzellan aus China, Steingut aus Persien und Töpferware aus Arabien. Ende des 14. Jh.s begann der Niedergang der Stadt, der mit dem Ansturm der Portugiesen im Jahre 1505 vollendet war. Der Versuch Kilwa im 18. und 19. Jh. durch den Handel mit Sklaven zu altem Ruhm zurückzuführen schlug fehl.
Von den hier noch erhaltenen Baudenkmälern sind insbesondere die Ruinen von Husuni Kubwa interessant. Der von 1310–1333 errichtete Sultanspalast ist das größte Bauwerk vorkolonialer Zeit im äquatorialen Afrika. Weitere histo-

Erst kamen die Großwildjäger auf der Suche nach eindrucksvollen Trophäen, dann die Wilderer auf der Jagd nach dem kostbaren Elfenbein. Seit es jedoch gelungen ist, dass sich die Populationen der Elefanten in einigen Parks wieder erholen, treten neue Probleme auf: Größere Elefantenherden hinterlassen gewaltige Flurschäden. Um die Umsiedlung der Dickhäuter in andere Gebiete zu finanzieren, greifen die finanzschwachen Länder Afrikas nun auf das konfiszierte Elfenbein zurück.

Seychellen
Vallée de Mai

risch bedeutende Gebäude sind das Gereza-Fort, die kleine Kuppelmoschee und die Freitagsmoschee.
Südlich von Kilwa Kisiwani liegt die Insel Songo Mnara. Die sich hier befindenden Überreste von Bauwerken, die unter der Herrschaft der Sultane von Oman errichtet wurden, blieben lange Zeit unter einer dichten Vegetationsdecke verborgen.

Seychellen

Aldabra-Atoll 185

Für die Allgemeinheit nicht zugänglich sind die vier Inseln des größten Korallenatolls der Erde, das die Heimat von etwa 152 000 Riesenschildkröten und zahlreichen Seevögeln ist.

Lage: westl. Inseln d. Seychellen
Ausdehnung: 350 km²

Die vier Koralleninseln des Aldabra-Atolls umschließen eine seichte Lagune und werden ihrerseits von einem Korallenriff umgeben. Aufgrund dieser geographischen Gegebenheiten ist das Atoll nur sehr schwer zu erreichen und so konnte eine vom Menschen weitgehend ungestörte Naturlandschaft bewahrt werden. Heute ist der Zugang zum Atoll strengstens untersagt.
Das 1976 zum Schutzgebiet erklärte Aldabra-Atoll besitzt für eine ozeanische Insel eine erstaunliche Vielfalt an Flora und Fauna. Beispielsweise dient es zahlreichen Seevögeln als Nistplatz. Seinen eigentlichen Ruhm verdankt das Atoll jedoch der riesigen Population von Seychellen-Riesenschildkröten. Schätzungsweise 152 000 dieser Tiere, die ein Alter von 150 Jahren erreichen können, besuchen Aldabra um ihre Eier abzulegen. Das Atoll weist darüber hinaus eine Reihe weiterer endemischer Tier- und Pflanzenarten auf.

Naturreservat Vallée de Mai 261

Ein Hochtal im Herzen der Insel Praslin ist die Heimat der Seychellenpalme. Der Baum mit den größten Samen im gesamten Pflanzenreich kann mehrere Hundert Jahre alt werden.

Lage: Insel Praslin
Ausdehnung: 0,18 km²

Etwa nördlich der Hauptinsel Mahé liegt Praslin, die zweitgrößte Insel der Seychellen. Im Herzen dieser Granitinsel wurde 1966 das Naturreservat Vallée de Mai eingerichtet. Das Schutzgebiet dient dem Erhalt der Seychellenpalme. Die Pflanze ist ein Relikt frühzeitlicher Vegetation. Lange Zeit kannte man nur ihre gewaltigen Samen, von denen der portugiesische Weltumsegler Magellan glaubte, dass es sich um die Früchte eines auf dem Meeresgrund wachsenden Baumes handeln müsse. Diese »Cocos de mer« genannten Nüsse können bis zu 18 kg wiegen. Die Lage des Naturreservats in einem abgelegenen Hochtal gewährleistet den sicheren Bestand der etwa 4000–5000 Palmen.
Die Tierwelt im Vallée de Mai wartet mit verschiedenen Gecko- und Schlangenarten auf. Das Naturreservat ist auch der Lebensraum einer nur hier beheimateten Chamäleonart.

1 Ngorongoro: Im Herzen des gleichnamigen Naturschutzgebiets befindet sich der Vulkankrater mit einem Durchmesser von 22 km.

2 Kaum ein Tier ist so charakteristisch für die afrikanische Savanne wie die Giraffe, mit fast 6 m das »höchste« Landsäugetier der Erde.

3 Die »Königin der Savanne«: Schirmakazien entwickeln nur kleine Blätter um die Verdunstungsmenge gering zu halten.

4 Der »Berg des bösen Geistes«: Der Kilimandscharo wird von vielen Bewohnern Kenias und Tansanias auch heute noch als heilig verehrt. Der eisbedeckte Kibo, der höchste der drei Gipfel, ist noch vulkanisch aktiv.

Rund um den Kilimandscharo

Die Savannen Ostafrikas

Savannenlandschaften sind immer auch Großwildlandschaften. Herden von Huftieren ziehen über unendliche Grasfluren und Raubkatzen dösen lauernd im Schatten einzelner Bäume.

Der weitaus größte Teil Ostafrikas wird von Savannen bedeckt – ausgedehnten Graslandschaften mit vereinzelten Akazien, deren Kronen schirmartig ausgebildet sind. Die Zahl dieser Bäume ist abhängig von der Menge der Niederschläge. Ähnliches gilt für die Gräser. Im feuchten Süden Tansanias werden sie teilweise bis zu 3 m hoch, in den trockenen Ebenen des Nordens bestimmen Kurzgräser das Landschaftsbild.

Während der Regenzeit ist die Savanne von unglaublicher Schönheit. Die ausgedörrte Erde verwandelt sich in ein Meer aus Gras und Wildblumen. Störche bevölkern die Seen und Tümpel, Turmfalken ziehen ihre Kreise und Abertausende kleinerer Zugvögel aus Europa und Asien schwirren umher.

Eine spektakuläre Erscheinung der Savanne sind die saisonalen Wanderungen der Streifengnus. Im Mai, zu Beginn der Trockenzeit, legen Herden von Zehntausenden der Tiere bis zu 1600 km auf der Suche nach Wasser und Weidegründen zurück.

Zu den faszinierendsten Tieren der ostafrikanischen Savannen gehört das Großwild. Der Afrikanische Elefant lebt in großen Herden. Der Tagesrhythmus der Dickhäuter beginnt noch vor Sonnenaufgang; bis Mitternacht sind sie mit der Nahrungssuche beschäftigt.

Wild lebende Nashörner sind selten geworden. Während das Spitzmaulnashorn sofort angreift, wenn es sich bedroht fühlt, ergreift das Breitmaulnashorn eher die Flucht.

Büffel leben in festen Herdenverbänden; die Bullen verteidigen sie mit ihren mächtigen Hornwülsten erfolgreich gegen angreifende Räuber. Sie entfernen sich nie weit von einer Wasserstelle.

Der Leopard jagt zumeist nachts. Er pirscht sich an seine Beute heran und beschleunigt beim Angriff in wenigen Sekunden auf fast 100 km/h. Ist das Opfer nach etwa 800 m nicht erlegt, gibt der Kurzstreckensprinter auf.

Der Löwe, das größte Raubtier Ostafrikas, lebt in Rudeln von meist drei Männchen, rund 15 Weibchen sowie deren Jungtieren. Es jagen hauptsächlich die Weibchen; oft tun sie dies in Gruppen, wobei sie die Beute einander zutreiben.

1 Gr. Bild: Der Afrikanische Elefant verschlingt täglich etwa 170 kg Pflanzenkost.

2 Der Kibo ist der höchste Gipfel des Kilimandscharo.

3 Breitmaulnashörner ernähren sich ausnahmslos von Gras.

4 Der Leopard ist ein hervorragender Kletterer.

5 Männliche Löwen jagen seltener als die Weibchen.

6 Die aggressiven Kaffernbüffel sind keine leichte Beute.

Sambia
Victoriafälle

Sambia

Victoriafälle

Über eine Reihe von Basaltklippen stürzen die Wassermassen des Sambesi in die Tiefe und bilden eines der eindrucksvollsten Naturschauspiele der Welt.

Lage: S-Sambia/Simbabwe
Entdeckt: 1855

Bereits aus einer Entfernung von 35 km ist der erste Vorbote der Victoriafälle zu entdecken: eine Sprühnebelwolke von bis zu 200 m Höhe. Mit ohrenbetäubendem Lärm stürzt der Sambesi, Grenzfluss zwischen Sambia und Simbabwe, durchschnittlich 100 m in die Tiefe. Dieses Naturschauspiel findet seinen Widerhall im Namen der Fälle: Mosi-Oa-Tunya, »donnernder Dampf«.
Fünf Fälle werden im März und im April, zur Hochwasserzeit, zu einem fast 2 km breiten Wasservorhang. Den Rest des Jahres über, wenn der Sambesi weniger Wasser führt, bilden sich die einzelnen Fälle heraus. Der höchste unter ihnen ist der Rainbow Fall mit ungefähr 110 m.
In und um den Fluss haben etwa 30 Arten großer Säugetiere, 65 Reptilien- und 21 Amphibienarten ihren Lebensraum gefunden.

Simbabwe

Nationalpark Mana Pools

An den Ufern des Sambesi findet sich eine bemerkenswerte Anzahl und Vielfalt wild lebender Tiere.

Lage: Simbabwe
Ausdehnung: 2196 km²

1963 wurde der Nationalpark Mana Pools eingerichtet. Bereits ein Jahr später wurden die Safarigebiete Sapi und Chewore unter Schutz gestellt, die dem Park angeschlossen sind. Zusammen erstrecken sich die drei Gebiete über eine Fläche von 6766 km², wobei Chewore mit 3390 km² den größten Teil davon einnimmt. Im Norden bildet der Sambesi die natürliche Grenze des Nationalparks. Der Strom überflutet regelmäßig das Grasland und die Waldgebiete des Nationalparks.
In dieser fruchtbaren Landschaft hat sich eine Vielzahl von Tieren angesiedelt. Ungefähr 400 Vogelarten bevölkern die Wälder. Mehr als 6500 Ele-

Victoriafälle: Der Sambesi stürzt hier fast 110 m in die Tiefe.

fanten durchwandern das Gebiet. Büffel- und Zebraherden verheißen reiche Beute für Leoparden und Geparden.
Im Safarigebiet Chewore hat eine der größten Populationen von Breitmaulnashörnern ihren Lebensraum. Die Ufer des Sambesi sind die Heimat einer großen Zahl von Nilkrokodilen, deren Bestand andernorts immer mehr abnimmt.

Khami

Von höchstem archäologischem Interesse sind die Ruinen von Khami. Die Mitte des 17. Jh.s verlassene Stadt erwies sich als ehemals wichtiges Handelszentrum.

Lage: SW-Simbabwe
Gründung: 15. Jh.

Die zweitgrößte Ruinenstadt Simbabwes wurde nach dem Fluss benannt, an dessen Ufer sie liegt. Die Anlage entstand etwa 400 Jahre nach Groß-Simbabwe. Die Gebäudereste, die sich über ein Gebiet von mehr als 40 ha verteilen, bestehen aus massiven Steinmauern, die ohne Mörtel zusammengefügt wurden.
Archäologische Grabungen förderten Porzellan aus der Regierungszeit des chinesischen Wanli-Kaisers zu Tage. Diese und verschiedene andere Objekte aus Asien und Europa belegen, dass Khami einst ein wichtiges Handelszentrum war. So erscheint es möglich, dass portugiesische Händler zu den Besuchern der Stadt gehörten; ein riesiges, aus Granitblöcken bestehendes Kreuz legt die Vermutung nahe, dass auch Missionare den Weg nach Khami fanden.

Ruinen von Groß-Simbabwe

Der Legende nach die einstige Residenz der Königin von Saba, besitzt die Ruinenstadt den größten Gebäudekomplex Afrikas aus vorkolonialer Zeit.

Lage: SO-Simbabwe
Gründung: 11. Jh.

1871 entdeckte Karl Mauch die Ruinen von Groß-Simbabwe. Lange hielt man fremde Kulturen wie die Phönizier oder arabische Stämme für die Gründer der einstigen Handelsmetropole. Archäologische Untersuchungen ergaben jedoch, dass es sich hierbei um Relikte der Shona-Kultur handelt. Diese zur Bantuzivilisation zählende Volksgruppe besiedelte das Gebiet erstmals im 11. Jh. 200 Jahre später begann die Ummauerung der Siedlung.
Der elliptische Mauerring ist mit einer Länge von etwa 250 m, einer Höhe von teilweise über 10 m und einer Basisbreite von 5,5 m der größte Bau Schwarzafrikas aus vorkolonialer Zeit. Die Mauer wurde aus sorgfältig behauenen Granitsteinen ohne Mörtel aufeinander geschichtet. Den oberen Abschluss bildet ein Zickzackfries, das mit Steinpfeilern und Vogelfiguren aus Speckstein geschmückt war. Innerhalb dieses Ringes befindet sich eine weitere, parallel verlaufende Mauer, die wahrscheinlich die aus Lehm und Flechtwerk errichteten Rundhäuser des Herrschers umgab.
Werkzeug- und Schmelztiegelfunde belegen, dass in Simbabwe bereits damals Gold, Kupfer und Eisen abgebaut und verarbeitet wurden. Außerdem blühte der Handel mit den an der Ostküste Afrikas ansässigen Arabern. Zum Warenangebot gehörte syrisches Glas ebenso wie chinesisches Porzellan.
Nach seiner Blütezeit im 14. und 15. Jh., aus der auch die meisten der Gebäude stammen, begann ein rascher Verfall dieses ehemaligen Zentrums der Shona-Kultur.

Malawi

Nationalpark Malawi-See

Im Nationalpark am Südende des drittgrößten Sees Ostafrikas sind mehrere Hundert Buntbarscharten heimisch. Ein Großteil der gut angepassten Fische kommt ausschließlich in diesem See vor.

Lage: Zentral-Malawi
Ausdehnung: 94 km²

Der Malawi-See, auch als Njassa-See bekannt, liegt im Grenzgebiet zu Tansania und Mosambik. Bereits 1616 berichtete der Portugiese Caspar Boccaro von der Existenz dieses riesigen Wasserreservoirs. Der berühmte britische Forscher und Missionar David Livingstone erreichte 1859 das Seeufer.
Ununterbrochen wird der Malawi-See von 14 Zuflüssen mit Wasser versorgt. Der größte Strom ist der Ruhuhu. Einziger Abfluss ist der den Süden Malawis durchquerende Shire, ein Nebenfluss des Sambesi. 1980 wurde am Südende des Sees der Nationalpark eingerichtet – der erste der Welt, der gänzlich dem Schutz von Süßwasserfischen dient. Im erstaunlich klaren Wasser des bis zu 706 m tiefen Sees haben sich über 200 verschiedene Fischarten entwickelt; rund 80 % davon sind nur hier zu finden. Damit ist der See von

Nachtgeister: Die nur noch auf Madagaskar und den Komoren vorkommenden, zumeist nachtaktiven Halbaffen, von den ersten Entdeckern aufgrund ihrer großen Augen Lemuren (»Geister«) genannt, waren einmal auf der ganzen Erde verbreitet. Die bekannteste Art ist der gesellige Katta, der durch seine schwarzweiße Zeichnung auffällt. Auch Katzenmakis und Fingertiere, die Ayeaye, sind in den Waldgebieten Madagaskars zu finden.

Madagaskar
Tsingy de Bemaraha

einer Bedeutung für das Studium der Evolution, wie sie sonst nur die Galápagosinseln haben.

Der Grund für die örtliche Konzentration einzigartiger Fischarten sind die Kabalega-Fälle, die eine unüberwindbare natürliche Trennlinie zur Sambesi-Fauna bilden.

Neben einigen wasserabhängigen Tierarten, wie Flusspferden, Krokodilen, Kormoranen und Fischadlern, leben in der Umgebung des Sees unter anderem auch Elefanten und Impala-Antilopen.

Mosambik

Insel Mosambik 599

Die Stadt Mosambik auf der gleichnamigen Insel diente den Portugiesen seit dem 16. Jh. als Handelsniederlassung. So stammt die Mehrzahl der Bauten aus der Kolonialzeit.

Lage: Nordostküste
Gründung: 10. Jh.

Die Inselstadt Mosambik im Indischen Ozean ist durch eine 5 km lange Brücke mit dem Festland verbunden. Bereits im 10. Jh. befand sich hier eine arabische Handelsniederlassung. Auch die im Jahre 1508 hier eintreffenden Portugiesen benutzten die Stadt als Handelsposten, nachdem sie die ursprünglichen Bewohner der Insel größtenteils vertrieben hatten. Mosambik war nun ein wichtiger Standort am Seeweg nach Indien.

Zwischen 1558 und 1620 errichteten die Portugiesen die Festung São Sebastião, die beispielhaft ist für den seit dem 16. Jh. fast durchgehend gleich bleibenden barocken Baustil. Das Festhalten an immer gleicher Bautechnik und gleichem Baumaterial, verziert nach stets wiederkehrenden Dekorationsprinzipien, verleiht Mosambik eine erstaunliche architektonische Einheit, die ihresgleichen sucht. Noch bis ins Jahr 1897 war die Festungsstadt die Hauptstadt der Kolonie Portugiesisch-Ostafrika.

Madagaskar

Naturschutzgebiet Tsingy de Bemaraha 494

Bizarre Kalkfelsen und unberührte Wälder, Seen und Mangrovensümpfe gehören zu diesem Naturparadies, der Heimat von seltenen Halbaffen und zahlreichen Vogelarten, von Orchideen, Aloen und anderen Liliengewächsen.

Lage: Westküste
Ausdehnung: 1520 km²

Die Hochebene von Bemaraha hat einige beeindruckende Karstlandschaften zu bieten. Herausragend sind der Canyon des Manambolo-Flusses und der »Tsingy«, ein Wald aus Kalksteinnadeln. Die unberührten Wälder, Seen und Mangrovensümpfe des Schutzgebiets sind das Habitat seltener Pflanzen, vor allem unzähliger Orchideenarten.

Besonders wichtig ist das Reservat von Bemaraha jedoch als Lebensraum der fast nur auf Madagaskar vorkommenden Lemuren. Diese einzigartige Halbaffenart gelangte bereits vor über 40 Mio. Jahren auf die Insel und fand hier nahezu perfekte Umweltbedingungen vor. In der natürlichen Abgeschiedenheit Madagaskars entwickelten sich etwa 40 verschiedene Lemurenarten. Viele der geschickten Kletterer sind jedoch seit dem Beginn der Besiedlung Madagaskars vor etwa 1500 Jahren durch die Jagd ausgerottet worden. Auch die Zerstörung ihres Lebensraumes durch Feuerholzeinschlag und die gedankenlose Brandrodung zur Gewinnung neuen Ackerlandes bedeuten eine ernst zu nehmende Gefahr für den Fortbestand der Arten.

1 Einen erstaunlichen Reichtum an Fischarten birgt der Malawi-See, der als einziger See Afrikas zum Teil unter Naturschutz gestellt wurde. Prähistorische Funde weisen auf eine Besiedlung der Ufer bereits vor Jahrtausenden hin.

2 Im 19. Jh. räumten Archäologen erst einmal den »Schutt« ab, überzeugt, darunter die Reste einer phönizischen oder sabäischen Siedlung zu finden. Bis ins 20. Jh. konnten manche Forscher kaum glauben, dass die Steinbauten Groß-Simbabwes wirklich von Angehörigen der einheimischen Shona-Kultur errichtet wurden.

3 An den fruchtbaren Ufern des träge dahinfließenden Sambesi findet sich eine reiche Flora und Fauna.

Amerika

In der atemberaubenden Landschaft Amerikas erblühten großartige indianische Hochkulturen, bevor die europäischen Kolonisten und Eroberer dem Kontinent ein neues Gesicht gaben.

Kanada
Nahanni

Kanada

Nationalpark Nahanni 24

Der South Nahanni River, einer der wildesten und schönsten Flüsse dieser Erde, gab dem schwer zugänglichen Nationalpark seinen Namen.

Lage: Northwest Territories, Verwaltungsbezirk Mackenzie
Ausdehnung: 4765 km²

Den wilden Fluss entlang erstreckt sich eine atemberaubende Landschaft, die auch heute noch nur per Flugzeug erreichbar ist und durch die Abgeschiedenheit ihre einzigartige Schönheit bewahren konnte. Der South Nahanni River entspringt einem Nebengebirge der Mackenzie Mountains; das Gebiet des Nationalparks, das sich auf einem relativ schmalen Streifen 320 km entlang beiden Ufern erstreckt, beginnt erst südlich des Mount Wilson.
Die heißen Mineralquellen dieser Region sorgen für ein gemäßigtes Klima, das eine für diese nördliche Lage außergewöhnliche Vegetation ermöglicht. Zahlreiche Farne und sogar Orchideengewächse sind hier zu finden. Über 120 km schlängelt sich der Fluss durch eine mit Gräsern, Flechten und Zwergsträuchern bewachsene Tundra, in der Karibus, die nordamerikanischen Rentiere, leben.
Der Fluss jagt über zahlreiche Stromschnellen hinweg; mit über 90 m Höhe zählen die Virginia Falls zu den beeindruckendsten Katarakten. Atemberaubend sind auch die drei Hauptcanyons. Bis zu 1300 m ragen deren Seitenwände steil nach oben. Höhlen und bizarre Felsformationen kennzeichnen die Landschaft. An bis zu 2700 m hohen Gipfeln fließt der South Nahanni River vorbei, bis er sich unweit der Südgrenze des Nationalparks in zahlreiche Nebenarme teilt.

Der Park bietet vielen Tierarten ein Refugium. So leben hier unter anderem Elche, Weißwedelhirsche, Braun- und Grislibären, Wölfe, Dallschafe, Schneeziegen, Biber sowie einige seltene Raubvogelarten.

Nationalparks Kluane und Wrangell-Saint Elias 71

Das grenzübergreifende Naturschutzgebiet weist trotz eiszeitähnlicher Klimabedingungen eine faszinierende Vielfalt an Pflanzen- und Tierarten auf.

Lage: SO-Alaska (USA), Yukon Territory und British Columbia (Kanada)
Ausdehnung: 98 391 km²

Der Mount Assiniboine im gleichnamigen Provinzpark

Die vier National- und Provinzparks Wrangell-Saint Elias, Kluane, Glacier Bay und Tatshenshini-Alsek an der Grenze Alaskas und Nordwestkanadas sind geprägt durch Eisfelder, Gletscher, Hochgebirge, reißende Flüsse, zahllose Seen sowie ausgedehnte Wälder und weitläufige Tundren.

Trotz der von langen Wintern bestimmten Klimabedingungen ist die Flora erstaunlich artenreich. Bis in 1100 m Höhe finden sich große Waldgebiete mit Birken- und Beerensträuchern sowie diverse Laub- und Nadelbaumarten, von denen die bis zu 90 m hohe Sitka-Fichte besonders beeindruckt. In den subalpinen Höhen um 1100–1600 m findet man vor allem verschiedene Weidenarten und Bergwiesen mit Hartgräsern. Bergheide, Wildblumen, Flechten, flachwüchsige Sträucher und Krüppelbirken prägen die alpine Tundra (1600–2000 m).
Interessant ist auch die Artenvielfalt der Tierwelt. Insbesondere Schwarz-, Braun- und Grislibären profitieren von dem Fischreichtum der Flüsse. Das seltene Dallschaf und die Schneeziege teilen sich den Lebensraum im Hochgebirge. Über 170 Vogelarten, Rotwild, Wölfe, Rotfüchse, Luchse, Bisamratten, Schneehasen sowie Erd- und Streifenhörnchen sind ebenfalls in den Parks beheimatet. In der Küstenregion der Glacier Bay leben Seehunde, Seelöwen und Walrosse.

Nationalpark Wood Buffalo 256

Kanadas größtes Naturschutzgebiet wurde 1922 eingerichtet um die letzte Herde Waldbisons (»wood buffalos«) zu schützen.

Lage: Grenzgebirge Alberta und Northwest Territories
Ausdehnung: 44 840 km²

Das Berggebiet gliedert sich in drei Lebensräume: ein durch Waldbrände gelichtetes Prärichochland, ein kaum trockengelegtes Plateau mit mäandernden Flüssen, Salzebenen, Morast- und Sumpfgebieten sowie das Delta der Flüsse Peace und Athabasca, eine Wasserwelt aus Schilfwiesen, Marschland und flachen Seen.
So ist der Park ein Refugium für eine vielfältige Fauna: Der Bestand der Bisonherde hat sich inzwischen auf 5000 Tiere erhöht; Elche, Karibus, Wölfe und Schwarzbären sind ebenfalls zahlreich. In den Feuchtgebieten leben Moschusratten, Biber und Nerze, in den Waldgebieten Füchse, Luchse, Hermeline und rote Eichhörnchen.
Das Delta ist ein idealer Lebensraum für viele Vogelarten. Über eine Million Wildgänse, Enten und Schwäne nutzen dieses Gebiet jährlich als Raststation auf ihrer Wanderung. Eine Besonderheit sind die Nistgebiete der Schreikraniche.
Das Gebiet ist seit dem Ende der Eiszeit bewohnt; die Kulturen der hier zuletzt nomadisch lebenden Cree, Chipewyan und Biber-Indianer waren diesem Ökosystem angepasst; ihre Nachfahren siedeln noch heute hier.

Anthony Island 157

32 verwitterte Totempfähle und zehn erhaltene Zedern-
holzhäuser sind Zeugnisse der untergegangenen Kultur der Haida-Indianer.

Lage: British Columbia, südl. d. Queen-Charlotte-Inseln

Gut 2000 Jahre reichte die Geschichte der Haida-Kultur zurück, als um 1880 die letzten 25 Bewohner des Dorfes Ninstints die kleine Insel Anthony verließen. Zurück blieben die wohl eindrucksvollsten Zeugnisse der vom Fischfang und der Jagd lebenden Indianer. Besonders die kunstvoll gestalteten, oft mehrere Meter hohen, geschnitzten und bemalten Pfähle erzählen die Geschichte des einstmals stolzen Volkes.
Spezialisierte Kunsthandwerker schufen diese Totem- und Begräbnispfähle zu Ehren bedeutender Persönlichkeiten. Die Schnitzereien zeigen Szenen aus dem Leben dieser Menschen, Fabeltiere und mythische Figuren. In den Grabpfählen wurde eine Öffnung für die Asche der Verstorbenen eingearbeitet; die Spitze der Pfähle zierte das Wappen der jeweiligen Sippe. Wind und Wetter haben von der ursprünglich sehr farbigen Bemalung kaum etwas übrig gelassen.

Kanadische Rocky Mountains 304

Die vier Nationalparks Banff, Jasper, Yoho und Kootenay wurden eingerichtet um die einmalige Naturlandschaft der kanadischen Kordilleren mit ihrer unberührten Tier- und Pflanzenwelt zu bewahren.

Lage: Grenzregion zwischen Alberta und British Columbia
Ausdehnung: 23 000 km²

Die kanadischen Rocky Mountains sind ein 2200 km langer Abschnitt der Kordilleren, die den amerikanischen Doppelkontinent von Alaska bis Feuerland durchziehen. Der größ-

Kanada
Dinosaurierpark

Früher streiften Millionen von Bisons auf der Suche nach Nahrung durch die nordamerikanische Prärie. Nachdem die ersten weißen Kolonisten die großen Grasfresser beinahe ausgerottet hatten, ist es mittlerweile gelungen schätzungsweise rund 20 000 Tiere in Reservaten anzusiedeln. Obwohl die Bisons Herdentiere sind, bringen die Kühe ihre Kälber weit entfernt von der Gruppe zur Welt. Erst nach der Geburt kehren sie wieder zur Herde zurück.

te und nördlichste der vier Nationalparks ist der Jasper National Park mit zahlreichen schneebedeckten Dreitausendern, heißen Schwefelquellen, dem mehr als 20 km langen Maligne-See und dem größten zusammenhängenden Gletscherfeld der Rocky Mountains.

Südlich schließt sich der bereits 1885 gegründete Banff National Park an, den der Bow River durchfließt. Unter dem 3364 m hohen Mount-Victoria-Gletscher liegt der malerische Lake Louise, westlich davon erstrecken sich die Nationalparks Kootenay und Yoho. Die Fälle des Yoho River gehören zu den höchsten Wasserfällen der Erde.

Die durch Gletscher, Hochwälder und Gießbäche geprägten Gletscherlandschaften der vier Rocky-Mountains-Parks bieten zahlreichen selten gewordenen Tieren einen ungestörten Lebensraum. Unter anderem sind hier Grislibären, Elche, Schneeziegen, Luchse, Wölfe, Biber und Steinadler zu finden.

Head-Smashed-In Buffalo Jump 158

An eine besondere Variante der Bisonjagd erinnert eine über 10 m hohe Sandsteinwand in den Porcupine Hills. Die Herden wurden von den Indianern über die Steilkante in den Abgrund getrieben.

Lage: SOW-Alberta
Gründung: 4. Jahrtsd. v. Chr.

Eine unvermutet in der leicht hügeligen Prärie auftauchende Steilwand diente mehr als 5000 Jahre lang den hier ansässigen Indianern als besonders effektives Mittel zur Bisonjagd. Ganze Herden der Wildrinder wurden von Treibern auf den Abgrund zugehetzt. Im schnellen Lauf stürzten die Tiere in die Tiefe. Unten hatten die Jäger ein Schlachtlager eingerichtet. Die Bisons wurden zerlegt, das Fleisch wurde getrocknet, die Felle verarbeitete man zu Kleidung und Zelten. Die Knochen dienten als Rohstoff für allerlei Waffen und Gerätschaften.

Diese Jagdmethode wurde bis zur Verbreitung von Gewehren betrieben. 1850 sollen an dieser Stelle zum letzten Mal Bisons in den Tod gestürzt sein. Die hier gemachten Funde geben heute den Archäologen wichtige Auskünfte über das Leben der Indianer in präkolumbischer Zeit. Die ältesten zurückgelassenen Artefakte werden auf etwa 3600 v. Chr. datiert. Das örtliche Museum vermittelt einen interessanten Eindruck über diese grausame Art der Jagd.

Dinosaurierpark 71

Vor 65 Mio. Jahren lebten riesige Dinosaurier in dieser bizarren Landschaft um den Red Deer River, die damals eine üppige Fauna aufwies.

Lage: SO-Alberta
Ausdehnung: 66 km²

Während der Kreidezeit, also vor etwa 65 Mio. Jahren, bevölkerte eine Vielzahl von Saurierarten den nordamerikanischen Kontinent. Bis auf 15 m Höhe brachten es beispielsweise besonders stattliche Exemplare des Triceratops, die wie andere Dinosaurierarten auch bereits gegen Ende des Erdmittelalters ausstarben.

In keiner anderen Region der Welt wurden so viele Überreste dieser Riesenechsen gefunden wie hier. Auch zahllose Fossilien von Schildkröten, Fischen, Beuteltieren und Amphibien gestatten den Paläontologen Einblicke in die Fauna von vor 200 Mio. Jahren. Aber auch landschaftlich hat die Gegend ihre besonderen Reize. Die Badlands sind eine vegetationslose Erosionszone, in der Wind und Wetter die Felsen in eine bizarre, außerirdisch wirkende Landschaft verwandelt haben. Trotz des wüstenähnlichen Klimas hat sich an den Flussufern eine ansehnliche Vegetation erhalten können, die einigen Rotwildarten, vor allem aber zahlreichen Vögeln, einen optimalen Lebensraum bietet.

1 Die Gletscher im amerikanischen Saint-Elias-Nationalpark gelten als die höchsten Küstengebirge der Welt.

2 Banff-Nationalpark: Zum Schutz der kanadischen Rocky Mountains konzentrieren sich die Millionen von Besuchern auf wenige Plätze.

3 Die Takakkaw-Fälle im Yoho-Nationalpark sind 384 m hoch. In der Sprache der Cree drückt das Wort »Yoho« höchste Bewunderung aus.

Kanada
L'Anse aux Meadows

L'Anse aux Meadows

Das Wikingerdorf gilt als die erste europäische Siedlung in Nordamerika. Die Überreste der Erdhäuser der nordischen Seefahrer beweisen, dass Kolumbus nicht der erste Europäer in der Neuen Welt war.

Lage: N-Neufundland
Gründung: um 1000 n. Chr.

Wollte die Mythologie schon lange von den Entdeckungsfahrten des legendären Leif Eriksson ins Vinland gewusst haben, so wurde 1960 der wissenschaftliche Beweis für die Atlantiküberquerung norwegischer Seefahrer vor bereits etwa 1000 Jahren erbracht. Archäologen entdeckten Reste einer Siedlung, die Anfang des 11. Jh.s von Wikingern bewohnt worden war.
Drei der acht ausgegrabenen Häuser wurden inzwischen rekonstruiert und vermitteln zusammen mit einigen gefundenen Werkzeugen ein Bild von dem mühseligen Leben der ersten Europäer in Nordamerika. Irgendwann verschwanden die europäischen Siedler dann wieder von der Bildfläche; vermutlich bestand die Siedlung nur wenige Jahre.

Nationalpark Gros Morne

Schon vor 4500 Jahren siedelten in dieser abwechslungsreichen Landschaft Dorset-Eskimos, bevor die Wikinger als erste Europäer hier landeten.

Lage: Westküste v. Neufundland
Ausdehnung: 1805 km²

Der 806 m hohe Gros Morne gab dem Park seinen Namen. An diesen großen Hügel schließt sich ein 600 m hoch gelegenes Kalksteinplateau an, das durch verschlungene Wasserläufe, Moorseen und Moränen charakterisiert ist. Das subarktische Klima bringt eine Tundravegetation hervor, die so weit südlich sonst nirgends zu finden ist.
Karibus, Alpenschneehühner, Polarhasen und Luchse sind hier anzutreffen. Die Long Range Mountains sind vor allem für die Geologen interessant, da die hier anzutreffenden Gesteinsformationen wertvolle erdgeschichtliche Erkenntnisse vermitteln.
Die malerischen Fjorde sind während der letzten Eiszeit entstanden. Ein besonderes Naturschauspiel bietet der Western Brook Pond, ein von 600 m hohen Steilwänden umschlossener Binnensee. Die Küstenregion zeichnet sich durch steile Klippen, Wanderdünen und eine große Zahl von Vogelarten aus, die ebenso wie die Seehunde den Fischreichtum des Meeres zu schätzen wissen.
Archäologische Funde belegen, dass auf dem Gebiet des heutigen Parks bereits um 2500 v. Chr. Siedlungen bestanden. Die Dorset-Eskimos wurden um 800 n. Chr. von den Beothuk-Indianern abgelöst, die von den ersten Europäern wegen ihrer Körperbemalung Rothäute genannt wurden. Vieles spricht dafür, dass diese Kultur bereits mit den Wikingern in Berührung kam.

Québec

Die erste französische Stadtgründung in Amerika ist bis heute das Zentrum der Frankokanadier geblieben und hat sich das Flair einer französischen Stadt des 18. Jh.s bewahren können.

Lage: SO-Kanada
Gründung: 1608

Die ehemalige Pelzhändlersiedlung am St.-Lorenz-Strom entwickelte sich rasch zum Hauptumschlagplatz des Warenaustausches der Neuen Welt mit dem französischen Mutterland.
Der Place Royale und die Rue Notre-Dame bilden das Zentrum der Unterstadt mit ihren original erhaltenen und liebevoll restaurierten Häusern aus der Gründerzeit. Kirchen, Militäreinrichtungen, Klöster und Schulen waren in der befestigten Oberstadt konzentriert. Im französisch-englischen Kolonialkrieg wurde die Stadt mehrfach erobert; letztlich siegten die Engländer. In der Folge entstand als Schutz vor Angriffen der Armee der jungen Vereinigten Staaten eine Befestigungsanlage, die in Nordamerika einmalig ist.
Das Wahrzeichen der Stadt ist ein 1892 von einer Eisenbahngesellschaft errichtetes Gebäude, das Hotel Château Frontenac. Dieses fast überladen wirkende Bauwerk überragt auf dem Kliff die Unterstadt.

Lunenburg

An der Küste Neuschottlands gründeten Einwanderer aus Deutschland und der Schweiz eine Kolonialsiedlung, die sie nach der alten Hansestadt Lüneburg nannten.

Lage: Nova Scotia
Gründung: 1753

In den Wirren der Kolonialkriege zogen im Jahre 1753 deutsche Siedler aus um etwa 100 km südwestlich von Halifax eine neue Siedlung zu gründen. Sie fanden beste Bedingungen vor: Die dicht bewaldete Halbinsel bot ausreichend Holzvorkommen, das Meer sichere Fischereierträge und die fruchtbaren Böden ließen sich landwirtschaftlich vortrefflich nutzen.
Die neue Stadt Lunenburg wurde nach den kolonialen Bauvorschriften der Briten errichtet, die eine streng geometrisch gegliederte Anlage vorsahen. Jeder Siedler erhielt die gleichen Startvoraussetzungen. Heute ist diese alte Struktur teilweise noch erkennbar. Von den Gebäuden der Pioniere sind noch acht Holzhäuser und Reste der Verteidigungsanlage erhalten.
Die 1754 gebaute St. John's Anglican Church ist die zweitälteste protestantische Kirche Kanadas. Der größte Teil der historischen Bausubstanz, die heute das Stadtbild prägt, stammt aus dem 19. Jh., als der Wohlstand des Fischereihafens auch in der Architektur sichtbar wurde. Holz blieb auch bei den viktorianischen, etwas verspielten Bürgerhäusern und der St. Andrew's Presbyterian Church das bevorzugte Baumaterial.

International Peace Park Waterton-Glacier

1932 wurden der US-amerikanische Glacier-Nationalpark und der kanadische Nationalpark Waterton Lakes zum ersten grenzüberschreitenden »Friedenspark« zusammengelegt.

Lage: Alberta (Kanada), Montana (USA)
Ausdehnung: 4600 km²

Vor 360 Mio. Jahren entstanden durch Bewegungen der Erdkruste die Rocky Mountains, die ihr heutiges Gesicht in der letzten Eiszeit vor etwa 3 Mio. Jahren erhielten. Immense Gletscher bearbeiteten die Gebirgsgrate und die breiten Täler und ließen rund 650 Seen entstehen.
Die Bergwiesen, Prärien und Nadelwälder weisen über 1000 Pflanzenarten, 60 Säugetierspezies und 240 Vogelarten auf. Als die ersten weißen Pelztierjäger die Gegend Anfang des 18. Jh.s betraten, war das Gebiet bereits seit 8000 Jahren besiedelt. 212 archäologische Ausgrabungsstätten geben Aufschluss über die Lebensverhältnisse der Ureinwohner. Erzsucher, Glücksritter und Siedler verdrängten im vorigen Jahrhundert die No-

Mikroorganismen verleihen der heißen Grand Prismatic Spring ihre bunten Farben.

Québec war 1608 die erste Stadtgründung Frankreichs in der Neuen Welt. Der Name leitet sich vom indianischen »Kebek« ab, was soviel wie »Zusammenfluss der Wasser« bedeutet. Tatsächlich erhebt sich die Provinzhauptstadt über dem St.-Lorenz-Strom, der an dieser Stelle mit dem St. Charles zusammenfließt. In der Altstadt rund um das Château Frontenac fühlt man sich in eine französische Stadt aus der Zeit von vor 250 Jahren zurückversetzt.

madenvölker der Flathead, Kootenai, Kalispel, Assiniboine und Blackfoot in unwürdige Reservate.

USA
Yellowstone

Vereinigte Staaten von Amerika

Nationalpark Olympic 151

Bis zu 90 m hoch in den Himmel ragen die Wipfel der Nadelbäume in den Wäldern, die sich in den Tälern der Olympic Mountains erstrecken.

Lage: NW-Washington
Ausdehnung: 3450 km²

Der Park auf der Olympic-Halbinsel hat aufgrund seiner besonderen geografischen Lage eine ganz eigene Flora und Fauna hervorgebracht. Hier sind kirchturmhohe Nadelbaumriesen zu Hause, deren Stämme bis zu 7 m Umfang aufweisen. Den Rekord hält der »Big Cedar Tree« mit einem Durchmesser von 20 m. 13 Pflanzenarten, meist Wildblumen, sind nur in dieser Region heimisch. Auch einige Tierarten wie der Breithandmaulwurf oder das Backenhörnchen haben endemische Merkmale ausgebildet.

Das Gebiet lässt sich in drei ökologische Zonen gliedern. Der Regenwald mit Sitka-Fichten, Hemlock- und Riesentannen, Douglasien, Breitblattahorn und Riesenlebensbäumen ist der Lebensraum für Wapitis, Pumas, Schwarzbären, Biber und Minks.

Das Hochgebirge rund um den Mount Olympus ist eine Gletscherlandschaft von ausgesuchter Schönheit. Der etwa 80 km lange Pazifikküstenstreifen ist der optimale Lebensraum für Muscheln, Krabben, Seeigel, Seesterne und die Vogelarten, die sich von ihnen ernähren. Zweimal jährlich ziehen an diesen urtümlichen Stränden die Grauwale auf ihrem Weg nach Alaska und Baja California vorbei.

Nationalpark Yellowstone 28

Der älteste Nationalpark der Welt bietet einmalige vulkanische Schauspiele: Geysire, heiße Quellen und Sinterterrassen.

Lage: NW-Wyoming
Ausdehnung: 8983 km²

Das Kernstück des Parks ist das 2000 m hoch gelegene Yellowstone-Plateau, das von bis zu 4000 m hohen Bergen umgeben wird. Der vulkanische Ursprung der Landschaft ist allerorten zu erkennen. Fossile Waldgebiete zeugen von den Lavaströmen und Ascheregen, die vor 600 000 Jahren zum letzten Mal über der Region niedergingen.

Doch die Erde ist noch nicht zur Ruhe gekommen: Über 200 Geysire sind im Yellowstone Nationalpark aktiv. Besonders bekannt ist der Old Faithful, der etwa jede Stunde eine 60 m hohe Fontäne in die Höhe schießt. Auch die Quellseen mit farbigem, kochendem Wasser, zerplatzende Schlammblasen und die heißen Dämpfe der Felsspalten zeugen von den Gewalten, die unter der Erdoberfläche lauern.

Der Park heißt wie der Fluss nach den gelben Felsen an den Ufern des Yellowstone River. Hier und bei den drei gewaltigen Wasserfällen leben Marder, Streifenhörnchen und Biber. Am Yellowstone Lake hat sich eine einzigartige Vogelwelt mit über 200 Arten erhalten. Der König der Wälder ist der Grisli, dessen Bestand von noch etwa 300 Tieren unter Schutz gestellt wurde.

1 Der 1910 gegründete Glacier-Nationalpark in Montana (USA) wurde 1932 mit dem kanadischen Waterton-Lakes-Park zusammengelegt.

2 Majestätischer Ausblick: Auf einer Landzunge am Upper Waterton Lake liegt das Hotel »Prince of Wales«.

3 Auch in den gemäßigteren Klimazonen entstanden Regenwälder, wie der bereits 1909 zum Schutzgebiet erklärte Olympic-Nationalpark beweist.

Der raue Westen
Rocky Mountains

Die »Rockies«, ein die Westküste des nordamerikanischen Kontinents begleitendes Gebirgsband, sind Heimat vieler bedrohter Tiere, darunter Wölfe, Elche, Biber und Grislibären.

Über 4500 km ziehen sich die nördlichen Kordilleren von Alaska über Kanada bis nach New Mexico an der Westküste entlang und bilden das Rückgrat des nordamerikanischen Kontinents. Geologisch sind die Rocky Mountains ein junges Faltengebirge. Vor etwa 120 Mio. Jahren begann ihre Entstehungsgeschichte durch plattentektonische Bewegungen der Erdkruste und dadurch bedingte Auffaltungen. Unterirdische Vulkantätigkeit begleitete diese gewaltigen Erdkrustenbewegungen; flüssiges Magma drang in die Erdkruste ein, erstarrte dort zu Granit oder anderen Tiefengesteinen oder trat als Lava an die Erdoberfläche.

Das heutige Landschaftsbild der Rocky Mountains wurde erst durch die gewaltigen Gletscher der vor 2 Mio. Jahren einsetzenden Eiszeit geformt. Teilweise mehrere Tausend Meter dicke Eisströme schoben sich über die Berghänge ins Tal. Dabei schnitten sie messerscharfe Grate ins Gestein, hobelten vorstehende Felsnasen ab, polierten Berghänge und gruben mit ihren Gletscherzungen tiefe Wannen aus, die sich später mit Schmelzwasser füllten und Bergseen entstehen ließen.

Die Naturlandschaften der Rocky Mountains sind äußerst vielfältig. Neben den Gletscherlandschaften des Nordens gehört auch der Grand Canyon im Nordwesten Arizonas dazu. Hier hat der Colorado River im Lauf der Jahrtausende eine etwa 400 km lange, 6–30 km breite und bis zu 1800 m tiefe Schlucht durch die Gesteinsschichten des Plateaus gefräst.

Die Rocky Mountains sind Lebensraum für viele wild lebende Tiere. Der Weißkopfseeadler ist hier der König der Lüfte, doch auch der seltene Schreikranich findet ein Refugium. In der Wildnis der Nationalparks leben vor allem Elche, Wapitis, Dickhornschafe, Schneehasen und Biber. Luchse, Füchse, Pumas und Wölfe durchstreifen die Berge nachts auf der Suche nach Beute.

Das Symbol der nordamerikanischen Wildnis ist der riesige Grislibär, eine Unterart des Braunbären; er ist jedoch vom Aussterben bedroht. Weniger als 1000 Tiere leben noch in Nordamerika. Vor der Erschließung des Kontinents durch die europäischen Siedler waren es noch mehr als 50 000 Grislis; ihr Lebensraum erstreckte sich von Alaska bis hinunter nach Mexiko und vom Pazifik bis in die endlosen Weiten der Great Plains.

1 Gr. Bild: Mount Assiniboine in Alberta, Kanada (3618 m)

2 Kl. Bild: Der höchste Berg Nordamerikas ist der Mount McKinley (6193 m).

3 Gletscherlandschaft im Nationalpark Glacier Bay

4 Die Teton-Kette im US-Bundesstaat Wyoming

5 Elchhirsche kämpfen erbittert gegen ihre Rivalen.

6 Grislibären sind gute Kletterer und Schwimmer.

USA
Redwood

Nationalpark Redwood 134

Die größten Pflanzen der Welt sind die Sequoia-Bäume, wegen ihres rötlichen Holzes auf Englisch »redwood« genannt. Die Baumriesen gaben dem Park seinen Namen.

Lage: NW-Kalifornien
Ausdehnung: 429 km²

Einst war Sequoia sempervirens in ganz Nordamerika verbreitet. Heute gibt es nur noch einen geringen Bestand dieser Urzeitriesen an der amerikanischen Westküste. Um die bis zu 100 m hohen Verwandten der Sumpfzypressen vor dem Abholzen zu schützen, wurde 1968 der Redwood-Nationalpark eingerichtet. Etwa ein Drittel der Parkfläche besteht aus Sequoia-Wäldern. Der Versuch einer weiteren Wiederaufforstung wird aber noch lange auf Erfolg warten müssen, denn die Bäume werden bis zu 2000 Jahre alt und sind erst mit etwa 300 Jahren ausgewachsen.

An dem Pazifikküstenstreifen leben Seehunde, Seelöwen und zahlreiche Seevögel. In den Höhenlagen wachsen neben den zahlenmäßig überwiegenden Mammutbäumen auch andere Riesen wie Sitka-Fichten, Douglasien, Hemlocktannen, Breitblattahorn und kalifornischer Lorbeer. In den Mischwäldern leben Pumas, Stinktiere, Wapitis und Weißwedelhirsche, Schwarzbären, Otter, Biber und Graufüchse. Archäologische Funde belegen auch eine menschliche Besiedlung in prähistorischer Zeit.

Nationalpark Yosemite 308

Die Gebirgslandschaft mit ihren ausgedehnten Nadelwäldern und den kristallklaren Gletscherseen gehört zu den schönsten Hinterlassenschaften der Eiszeit.

Lage: Kalifornien
Ausdehnung: 3083 km²

Der Nationalpark Yosemite gehört zur Sierra Nevada und zählt zu den schönsten Granitplateaus der Erde. Eiszeitliche Gletscher haben diese bezaubernde Landschaft mit ihren ausgekerbten Tälern, glatt geschliffenen Bergkegeln, Gletscherseen und Wasserfällen gestaltet.

Zahlreiche Monolithfelsen prägen das Tal des Merced River. Besonders eindrucksvoll ist der 2695 m hohe Half Dome, der als Wahrzeichen des Parks gilt. In kaum einer Region der Welt konzentrieren sich derart viele große Wasserfälle. So sind die Yosemite Falls mit ihren 739 m Höhe die zweitgrößten Wasserfälle Amerikas, doch es gibt noch weitere beeindruckende Naturschauspiele dieser Art.

Die Vegetation ist äußerst vielfältig. 37 Baumarten wurden hier gezählt, darunter bis zu 3000 Jahre alte Mammutbäume mit einem Stammdurchmesser von etwa 10 m. Eine große Anzahl von Kräutern und Wildblumen ist auf den Bergwiesen vertreten, während in den Hochlagen nur ein spärlicher Bewuchs von Kräutern und Gräsern anzutreffen ist. Von den ursprünglich hier heimischen Tieren hat der Mensch manche verdrängt. So wurden Grislis und Wölfe ausgerottet, doch Schwarzbären, Erd- und Backenhörnchen, Fischmarder, Maultierhirsche, Pumas, Pfeifhasen sowie Vielfraße sind noch häufig anzutreffen.

Nationalpark Grand Canyon 75

Das gigantische Schluchtenpanorama, das der Colorado River in Jahrmillionen in die Felsen gegraben hat, ermöglicht einen eindrucksvollen Einblick in die Erdgeschichte.

Lage: NW-Arizona
Ausdehnung: 4932 km²

Die genaue Entstehungsgeschichte des Colorado Canyon ist noch immer nicht genau erforscht. Wahrscheinlich begann der Fluss sich vor ungefähr 10 Mio. Jahren seinen Weg durch das Felsplateau zu suchen. Im Laufe der Zeit entstand dann die 1800 m tiefe, 350 km lange und bis zu 30 km breite Schlucht. Wind und Wetter trugen das ihre dazu bei den Felswänden ihre bizarren Formen zu geben. Die Abfolge der unterschiedlichen Gesteinsschichten in den Felswänden zeigt die verschiedenen Perioden der Erdzeitalter. Hier gefundene Fossilien geben wichtige Informationen über das Leben der Urzeit.

Im Canyon selbst können nur sehr widerstandsfähige Pflanzen und Tiere überleben. So finden sich hier diverse Kakteenarten, Dornbüsche, Klapperschlangen, Schwarze Witwen und Skorpione. Der Fluss selbst bietet nur wenigen Fischen eine Möglichkeit zu überleben. An seinen Ufern findet man Leguane, Kröten und Frösche. Lediglich die Wälder am Nord- und Südrand stellen für eine größere Zahl von Pflanzen und Tieren einen geeigneten Lebensraum.

Chaco 353

Die mehrstöckigen Steinpueblos sind beeindruckende Zeugnisse der hoch entwickelten Chaco-Kultur.

Lage: NW-New-Mexico
Blütezeit: 900–1150

Das Volk der Anasazi bewohnte vor über 1000 Jahren weite Teile des Südwestens Nordamerikas. Als eine ihrer Blütezeiten gilt die Chaco-Kultur, die nach den Siedlungen im Chaco Canyon benannt wurde. Die Siedlungen waren durch ein gut angelegtes Straßennetz miteinander verbunden und archäologische Funde lassen auf ein ausgeprägtes wirtschaftliches und kulturelles Leben schließen. Warum diese Kultur Anfang des 12. Jh.s plötzlich verschwand, wird wohl ein Rätsel bleiben.

Im Chaco Canyon finden sich zwölf Großpueblos und zahlreiche kleinere Siedlungen, die insgesamt 6000–10 000 Menschen Platz boten. Die »pit houses« der frühen Zeit sind halb versenkte Rund- und Ovalbauten. Die vollständig unterirdisch angelegten »Kivas« dienten möglicherweise kultischen Zwecken und hatten einen Durchmesser von bis zu 22 m.

Die bekannteste Siedlung im Historischen Nationalpark, das Pueblo Bonito, entstand auf einer halbkreisförmigen Grundfläche von 12 000 m² und weist 36 zum Teil oberirdische Kivas auf. Auf vier Stockwerken verteilten sich etwa 800 Räume. Die letzte Bauphase, die so genannte Mc-Elmo-Zeit, zeichnet sich durch kompakte Gebäude auf rechteckigen Grundrissen ohne Innenhöfe aus.

Mesa Verde 27

Im Nationalpark befinden sich die in Felsnischen gebauten Lehmziegelhäuser der Anasazi, die zu den beeindruckendsten vorkolonialen Baudenkmälern Nordamerikas zählen.

Lage: SW-Colorado
Blütezeit: 12. Jh.

Die sesshaften Anasazi bevölkerten 600–1300 n. Chr. weite Teile des Südwestens der heutigen USA. Man unterscheidet verschiedene Bauphasen, von denen die Adobe-Bauweise in der Mesa Verde einen Höhepunkt darstellt. Um sich vor Feinden und Witterung zu schützen, wurden die mehrstöckigen Pueblos in teilweise extremen Lagen in die Felsen gebaut. So sind die

Grand Canyon: Blick in die grandiosen Schluchten des Colorado River

USA
Carlsbad

Dorfkultur: Die Pueblo-Indianer, Nachfahren der vorgeschichtlichen Anasazi, leben auch heute noch vom Maisanbau. Im Gegensatz zu anderen Indianervölkern, die zumeist halb nomadisch lebten, waren die Pueblo-Indianer immer schon sesshaft. Die modernen Fenster- und Türrahmen zeigen, dass die Adobebauten im Taos-Pueblo, die bis zu fünf Stockwerke aufweisen, bis heute bewohnt werden.

über 4000 Ruinenstätten der Mesa Verde besonders gut erhalten.
Die drei größten Felsensiedlungen in der Adobebauweise sind der vierstöckige Cliff Palace, dessen 220 Räume und 23 Kivas (Kulträume) über 200 Bewohnern Platz boten, das Long House im Rock Canyon mit 181 Räumen und 15 Kivas und das für etwa 110 Menschen angelegte Spruce Tree House mit 114 Räumen und acht Kivas. Warum die Felsenhäuser gegen Ende des 13. Jh.s verlassen wurden weiß man nicht.

Taos-Pueblo 492

Noch heute leben die Taos-Indianer wie vor Hunderten von Jahren in ihren typischen Lehmziegelbauten und halten auch modernen Einflüssen zum Trotz an ihren Traditionen fest.

Lage: N-New-Mexico
Gründung: 13.–14. Jh.

Die älteste Bausubstanz des Taos-Pueblos stammt noch aus der Zeit der Gründung um 1350. Seither wird die Anlage ununterbrochen von den Taos-Indianern bewohnt, die sich trotz verschiedener Einflüsse durch die Flachland-Indianer, Spanier und Amerikaner ihre überlieferte Lebensweise bewahrt haben.
Das Baumaterial der Häuser sind luftgetrocknete Lehmziegel (Adobes), die Decken bestehen aus Holzbalken, Flechtwerk und gestampftem Lehm. Die quaderförmigen Wohneinheiten der beiden mehrstöckigen, verwinkelten Hauptgebäudekomplexe, des Nord- und des Südhauses, waren von außen ursprünglich nur über Strickleitern und Dachluken erreichbar. Zu jedem Hauptgebäude gehören drei Kivas, in denen noch heute kultische Zeremonien abgehalten werden, wenngleich die etwa 1000 zur Tiwa-Sprachgruppe zählenden Bewohner durchaus auch Weihnachten feiern.

Carlsbad-Höhlen 721

Vor über 60 Mio. Jahren entstand ein weit verzweigtes Labyrinth bizarrer Tropfsteinhöhlen, das Forscher und Besucher des Nationalparks gleichermaßen fasziniert.

Lage: SO-New-Mexico
Ausdehnung: 189 km²

Der erste Blick auf die Wüsten- und Waldlandschaft rund um die Guadelupe Mountains mag enttäuschend sein, doch der eigentliche Reiz des Nationalparks verbirgt sich in den ausgedehnten Höhlensystemen innerhalb der Berge. Bisher wurden 81 Höhlen entdeckt, doch noch sind die Forscher nicht überallhin vorgedrungen. Nur zwei Höhlen sind für Besucher zugänglich.
Die Carlsbad Caverns bergen riesige Hallen mit pittoresken Tropfsteinformationen, die bis zu 5 m Umfang und 30 m Höhe erreichen. Die Bat Cave ist Schlafstätte unzähliger Fledermäuse. Hier wurden auch Höhlenmalereien aus präkolumbischer Zeit gefunden.
Die New Cave bietet ebenfalls ein faszinierendes Schauspiel von Stalagmiten und Stalaktiten. Doch werden noch weitere Naturwunder auf die Forscher warten, denn die Ausdehnung der Tropfsteinwelt ist noch unbekannt.

1 Die Anasazi bauten ihre Häuser im Schutz überhängender Felsen. Diese erstaunlichen Zeugnisse einer vorgeschichtlichen indianischen Kultur waren zum Zeitpunkt ihrer Wiederentdeckung bereits seit mehr als 600 Jahren verlassen.

2 Blick auf den El Capitán: Das 13 km lange und rund 1,5 km breite Yosemite Valley ist der Mittelpunkt des gleichnamigen Nationalparks.

3 Von Gletschern glatt gehobelte Granitfelsen wie der berühmte Half Dome (2695 m) prägen das Gesicht des Yosemite-Nationalparks.

4 Pueblo Bonito: Die vor über 1000 Jahren errichteten Häuser im Chaco Canyon boten einigen Tausend Bewohnern Platz.

USA
Freiheitsstatue

Freiheitsstatue

Seit über 100 Jahren begrüßt Miss Liberty die Schiffsreisenden in New York. Für Millionen von Einwanderern war sie das Symbol für eine demokratische Zukunft und ein Leben in Freiheit.

Lage: Liberty Island, New York
Einweihung: 28. 10. 1886

Frankreich gab die monumentale Skulptur 1871 bei dem elsässischen Bildhauer Frédéric Auguste Bartholdi in Auftrag um sie den Vereinigten Staaten von Amerika zum 100. Jahrestag der Unabhängigkeitserklärung zu schenken. Doch aus Geldmangel wurde die Statue erst 1884 fertig gestellt und es sollte nochmals zwei Jahre dauern, bis auf die Initiative des Zeitungsverlegers Joseph Pulitzer hin das Geld für den Bau des Sockels gesammelt war.

Das Stahlskelett der 47 m hohen und 225 t schweren Dame konstruierte Gustave Eiffel. Die Symbolik der Skulptur ist deutlich: Miss Liberty liegen die gesprengten Ketten der Gewaltherrschaft zu Füßen, in der linken Hand hält sie eine Tafel mit dem Datum der amerikanischen Unabhängigkeitserklärung und mit der rechten reckt sie eine Fackel mit dem Licht der Freiheit in den Himmel. Die gigantische Skulptur ist begehbar: Über 365 Stufen gelangt man zur Besucherplattform in der Krone.

Independence Hall

In dem roten Backsteinbau wurde vor über 200 Jahren eine der wichtigsten Nationen der Neuzeit geboren: die Vereinigten Staaten von Amerika.

Lage: Philadelphia, Pennsylvania
Erbaut: 1749

Das zweistöckige Gebäude im typisch amerikanischen Kolonialstil wurde 1749 als Sitz des Parlaments der englischen Kolonie Pennsylvania fertig gestellt. Am 4. Juli 1776 wurde in diesem Haus an der Chestnut Street Weltgeschichte geschrieben: Die 13 Kolonien lösten sich mit der von Thomas Jefferson formulierten Unabhängigkeitserklärung vom englischen Mutterland.
1787 wurde hier die Verfassung der Vereinigten Staaten von Amerika verabschiedet. 1790–1800 war Philadelphia die Hauptstadt des jungen Bundesstaates. In dieser Zeit tagten in der benachbarten Congress Hall Senat und Repräsentantenhaus, in der Old City Hall saß das Oberste Gericht. Mit der Tagung des 1. Kontinentalkongresses 1774 in der Carpenters' Hall begann der Kampf um die Unabhängigkeit und im Graff House formulierte Jefferson die Unabhängigkeitserklärung. Das populärste Symbol des Freiheitskampfes, die Liberty Bell, wird heute vor der Independence Hall ausgestellt.

Cahokia Mounds

Eine im Dunkel der Geschichte verschollene Zivilisation hinterließ mit den Erdhügeln von Cahokia Zeugnisse einer hoch entwickelten Kultur, die vor über 1000 Jahren am Mississippi angesiedelt war.

Lage: SW-Illinois
Blütezeit: 1050–1250

15 km östlich von Saint Louis haben Archäologen die Spuren einer präkolumbischen Kultur gefunden, die vor 1000 Jahren ihre Blütezeit erlebte. Die Siedlung beim Ort Cahokia wurde zwischen 900 und 1600 von mehreren Tausend Menschen bewohnt.
Die 120 aufgeschütteten Erdhügel (»mounds«) dienten als Grabstätten oder wurden als Terrassenfundamente für die Wohnhäuser errichtet. Gegen eine Bedrohung von außen sollte ein Befestigungswall schützen, das innere Zentrum der Siedlung war nochmals durch Palisaden befestigt.
Der größte dieser Erdhügel ist der Monks Mound, der mit einer rechteckigen Grundfläche von rund 65 000 m² und einer Höhe von mehr als 30 m als die größte präkolumbische Konstruktion Nordamerikas gilt. Über das Alltagsleben dieser Kultur können nur Mutmaßungen angestellt werden. Fest steht, dass es sich um ein hoch entwickeltes Gemeinschaftswesen gehandelt hat, das eine ertragreiche Landwirtschaft betrieb.

Symbol der Hoffnung: die Freiheitsstatue in der Hafeneinfahrt von New York

Monticello und die Universität von Charlottesville

Der Architekt der amerikanischen Unabhängigkeitserklärung war auch im alltäglichen Leben ein begabter Baumeister. Zu den von Thomas Jefferson entworfenen Bauten gehören sein Wohnsitz Monticello und die Universität von Charlottesville.

Lage: Charlottesville, Virginia
Bauzeit: Ende d. 18. Jh.s

Der dritte Präsident der Vereinigten Staaten von Amerika war nicht nur ein politisches Talent. Thomas Jefferson formulierte zwar mit bereits 33 Jahren die Unabhängigkeitserklärung, war Gouverneur von Virginia, Botschafter in Frankreich, Außenminister und Vizepräsident, erfand aber auch den Blitzableiter und tat sich als Architekt hervor. Sein Privathaus wurde nach seinen Plänen erbaut. Inspiriert hat ihn die Villa Capra in Vicenza, die Andrea Palladio im 16. Jh. errichtete. Und so hielt der italienische Klassizismus Einzug in Virginia. Durch einen kleinen Park führt der Weg zur Ziegelvilla mit ihrer achteckigen Kuppel. Beeindruckend ist die auf Funktionalität hin angelegte Inneneinrichtung.
Auch das Gebäude der Universität von Virginia in Charlottesville wurde von Jefferson entworfen. Das Hauptgebäude ist eine Rotunde nach dem Vorbild des römischen Pantheons, um die sich Unterrichts- und Wohnräume auf dem Campus gruppieren. 1825 wurde Jefferson Rektor der von ihm 1819 gegründeten Universität.

Mammoth Cave

Die Mammuthöhlen sind das größte und am weitesten verzweigte Höhlensystem der Welt. Die dunklen Gänge bieten mehr als 200 Tierarten einen Lebensraum.

Lage: SW-Kentucky
Ausdehnung: 212 km²

Zunächst erscheint das Karstgebiet an den Ufern des Green River nur wenig spektakulär. Aber die besonderen Reize liegen unter der Erde. Die mehrere Hundert km langen Gänge führen den Besucher in eine Welt bizarrer Kalksteinformationen, die steter Tropfen in Jahrmillionen aus dem porösen Gestein gestaltet hat.
Die riesigen Säle mit ihren bezaubernden Stalagmiten, Stalaktiten und auskristallisierten Gipsdecken entstanden vor über 300 Mio. Jahren, im Erdzeitalter des Karbon. Durch eine durchlässige Sandsteinschicht sickerte Wasser in die darunter liegende Kalksteinschicht. Durch chemische Prozesse entstanden Hohlräume, die durch Absinken des Grundwasserspiegels austrockneten. Hier ließ das herabtropfende, mineralhaltige Wasser in der Folge die säulenförmigen Kalkspatgebilde entstehen.
Die Mammoth Caves beheimaten so außergewöhnliche Tiere wie den Höhlenblindfisch, die Kentucky-Höhlenkrabbe oder die Höhlengrille. Fledermäuse fühlen sich in den lichtlosen Höhlen besonders wohl.

USA
Everglades

Wildwechsel der besonderen Art: Jeder, der schon einmal mit dem Auto durch die Sumpfgebiete der Everglades gefahren ist, kennt die gelben Schilder, die vor Krokodilen auf der Straße warnen. Einzelne Exemplare dieser lange Zeit vom Aussterben bedrohten Tiere verirren sich auch schon einmal in Wohngebiete und besetzen dort den Swimmingpool. Da sie grundsätzlich harmlos sind, wenn sie sich nicht bedroht fühlen, gibt es kaum Probleme sie wieder in ihr angestammtes Territorium zurückzubringen.

Nationalpark Great Smoky Mountains

In den südlichen Appalachen hat sich dank der Errichtung des Nationalparks eine Urwaldlandschaft erhalten, deren Tier- und Pflanzenvielfalt ihresgleichen sucht.

Lage: Tennessee, North Carolina
Ausdehnung: 2091 km²

Der 1934 zum Nationalpark erklärte Höhenzug weist 16 Gipfel über 1800 m Höhe, Bergflüsse und Bäche mit einer Gesamtlänge von 3000 km sowie zahlreiche Wasserfälle auf. Im Hochwald, der ein Drittel der Gesamtfläche bedeckt, findet man an die 130 Nadel- und Laubbaumarten sowie eine unglaubliche Vielzahl von Sträuchern, Flechten, Moosen und Pilzen.
Entsprechend artenreich ist auch die Tierwelt. Weißwedelhirsche, Schwarzbären, zahlreiche Vogel- und Reptilienarten leben hier ebenso wie über 40 einheimische Fischarten. Besonders erfreulich ist, dass nach der hemmungslosen Jagd in der Vergangenheit viele Pelztiere in den Great Smoky Mountains wieder heimisch geworden sind: Waschbär, Opossum, Rotfuchs, Waldmurmeltier, Luchs, Biber, Otter, Nerz und Bisamratte haben es auf ansehnliche Populationszahlen gebracht.

Nationalpark Everglades

Undurchdringliche Mangrovenwälder und mit Seegras bewachsene Sumpfflächen bieten einer faszinierenden Tierwelt einen idealen Lebensraum. Die Everglades sind auch das Rückzugsgebiet der Seminolen-Indianer.

Lage: S-Florida
Ausdehnung: 5929 km²

Geringe Höhen und mangelnde natürliche Entwässerung haben zum Stau der in dieser Region hohen Niederschläge und damit zur Bildung von Sumpfgebieten geführt. Das komplexe Ökosystem der Everglades wird jedoch zunehmend durch eine intensive Landwirtschaft, den immens hohen Trinkwasserverbrauch der benachbarten Städte sowie rücksichtslosen Fischfang gefährdet. So ist die einzigartige Tier- und Pflanzenwelt trotz intensiver Bemühungen noch immer bedroht. Allein in den letzten 50 Jahren sind 90 % der Vogel- und 80 % der Fischarten ausgestorben.
Die endlosen Riedgrassavannen werden unterbrochen von Bauminseln, den so genannten Hammocks, die von Zypressen, Pinien und Mahagonibäumen bestanden sind. Zur Küste hin bieten ausgedehnte Mangrovenwälder einen idealen Lebensraum für Mikroorganismen, Amphibien, Schnecken und Fische. Zahlreiche Reiherarten schätzen den Fischreichtum der Mangrovensümpfe.
Insgesamt finden sich in den Everglades etwa 1000 Pflanzen- und 700 Tierarten. Während die Bestände der Alligatoren, Weißkopfseeadler und Otter wieder größere Tierzahlen aufweisen, werden etwa 50 Tierarten als stark gefährdet geführt, darunter Florida-Panther, Manatis, Weißwedelhirsche und Fischadler.

1 Die Great Smoky Mountains in den südlichen Appalachen machen ihrem Namen »Große rauchende Berge« alle Ehre. Die urwüchsige Landschaft des Nationalparks ist die Heimat einer vielfältigen Tierwelt.

2 Eine Italienreise inspirierte Thomas Jefferson dazu sein Landhaus Monticello nach dem Vorbild der palladianischen Villen des Veneto zu gestalten.

3 Independence Hall: Hier wurde einer der größten und einflussreichsten Staaten der Neuzeit geboren.

4 Die Sumpfgebiete der Everglades sind durch groß angelegte Entwässerungsprojekte gefährdet, die vielen Tierarten den Lebensraum entziehen.

USA
San Juan

San Juan 266

Die malerische Altstadt von San Juan mit ihren zahlreichen historischen Bauwerken wird von einer massiven Verteidigungsanlage umgeben, die jahrhundertelang als uneinnehmbar galt.

Lage: Nordküste v. Puerto Rico
Gründung: 1521

Welchen Stellenwert der Hafen und die Stadt von San Juan für die Spanier besaßen, zeigt die gewaltige Festungsanlage, deren militärischer Charakter unübersehbar ist. Um 1530 wurde mit dem Bau von La Fortaleza begonnen, der etwa zehn Jahre dauern sollte. In den folgenden Jahrhunderten wurde die Festungsanlage mehrfach umgebaut und erweitert. Mitte des 19. Jh.s wurde schließlich die Fassade im klassizistischen Stil umgestaltet. Seit 1822 ist die Festung Sitz des Gouverneurs von Puerto Rico.
Einer der Erbauer La Fortalezas, Diego de Arroyo, hat auch beim Bau der beiden bedeutendsten Sakralbauten San Juans mitgewirkt. Die 1540 errichtete Kathedrale wurde nach starken Beschädigungen durch Wirbelstürme im frühen 19. Jh. umgebaut. 1532 entstand die Dominikanerkirche Iglesia de San José.

Nationalpark der Vulkane auf Hawaii 409

Nirgendwo sonst auf der Welt kann man den Vulkanismus besser beobachten als hier, wo die Lava die Landschaft bis heute ständig verändert.

Lage: Insel Hawaii
Ausdehnung: 929 km²

An der Südostküste der Hauptinsel gestalten die Vulkane Mauna Loa (4168 m) und Kilauea (1227 m) mit ihren Eruptionen die Landschaft immer wieder neu. Die beiden aktiven Vulkane spucken in relativ kurzen Abständen glühende Lava, die sich ins Meer ergießt und die Insel in den letzten 30 Jahren um 81 ha vergrößert hat. Während einige Insulaner die Eruptionen auf die Launen der Feuergöttin Pele zurückführen, sind die Ausbrüche für den Geologen von wissenschaftlicher, für den Touristen von ästhetischer Einmaligkeit. Der Mauna Loa entstand im Laufe der Zeit Schicht um Schicht aus erstarrter Lava. Die Hänge des aktiveren Kilauea geben einen guten Einblick in die unterschiedlichen Formen vulkanischer Vegetation.

Mexiko

El Vizcaíno 554

Die vielfältige Tier- und Pflanzenwelt allein rechtfertigt bereits einen Nationalpark, doch einzigartig macht die Halbinsel der alljährliche Besuch paarungswilliger Grauwale.

Lage: Baja California
Ausdehnung: 5548 km²

Zwischen März und Dezember tummeln sich unzählige Grauwale in den seichten Lagunen von Ojo de Liebre und San Ignacio. 8000 km haben sie von der arktischen Beringsee bis hierher zurückgelegt um sich zu paaren oder ihre Kälber zur Welt zu bringen. Nahezu die Hälfte aller Grauwale erblickt hier das Licht der Welt – ein Umstand, den sich Walfänger rücksichtslos zu Nutze gemacht haben. Nachdem Grauwale 1947 unter Schutz gestellt wurden, stieg die Population wieder an.
Auch die übrige Pflanzen- und Tierwelt ist beeindruckend. Auf diesem Abschnitt der Baja California leben Seehunde, Seeelefanten, Seelöwen, seltene Schildkrötenarten, Mausohrfledermäuse, Dickhornschafe und Kitfüchse.

Sierra de San Francisco 714

In den Höhlen der kargen Felslandschaft haben sich mit den Malereien einer unbekannten Kultur einige der bedeutendsten Zeugnisse präkolumbischer Kunst erhalten.

Lage: Baja California
Entstehung: 100 v. Chr.– 1300 n. Chr.

Der südliche Teil der Halbinsel Baja California ist eine unwirtliche Wüstengegend, dennoch war hier in präkolumbischer Zeit eine blühende Kultur angesiedelt, von der heute so gut wie nichts mehr bekannt ist. In schwer zugänglichen Höhlen haben diese Menschen jedoch Malereien hinterlassen, die sich infolge des trockenen Wüstenklimas hervorragend erhalten haben.
Dargestellt sind vor allem Menschen und Tiere. Die überdimensionalen, farbenprächtigen Bilder spiegeln eine erstaunlich entwickelte Maltechnik wider. Für die Farben wurde gemahlenes Vulkangestein verwendet; Umrisszeichnungen, Farbgrundierungen und Schattierungen sorgen für einen plastischen Bildeindruck.

Zacatecas 676

Die reichen Silbervorkommen ließen eine Metropole entstehen, die zu den schönsten Zeugnissen spanischer Kolonialarchitektur in der Neuen Welt zählt.

Lage: Hochland von Mexiko
Gründung: 1546

Als die ersten spanischen Konquistadoren auf der Suche nach Edelmetallen an den 2700 m hohen Cerro de la Bufa gelangten, gründeten sie dort eine Stadt. Die überaus reichen Silbervorkommen machten die Siedlung bald zu einem wirtschaftlichen Zentrum der spanischen Krone in Übersee; dieses wurde zum Ausgangspunkt der intensiven Missionsbemühungen verschiedener Orden. So entstanden neben prächtigen Profanbauten auch Kirchen und Klöster im Stil des Churriguerismus, einer besonders prunkvollen Variante des Barock.
Der bedeutendste Sakralbau ist die Kathedrale, deren überladene Fassade eine interessante Mischung aus christlicher und indianischer Ornamentik aufweist. Kunsthistorisch bedeutend sind auch die Innenausstattung von Santo Domingo sowie verschiedene Klosteranlagen.
Vom einstigen Reichtum Zacatecas zeugt auch die Industriearchitektur, so das Aquädukt aus dem 18. Jh. und die 1888 entstandene Eisenkonstruktion des Mercado González Ortega.

Guanajuato 482

Nachdem die Spanier die reichen Silbervorkommen entdeckt hatten, entstand eine Stadt im mexikanischen Hochbarock, die noch heute die Atmosphäre der Kolonialzeit lebendig werden lässt.

Lage: Hochland von Mexiko
Gründung: frühes 16. Jh.

Die Blütezeit des auf 2084 m Höhe gelegenen Guanajuato begann 1548, als die Spanier hier reiche Silberadern entdeckten. Der aus dem Bergbau resultierende Wohlstand fand seinen Niederschlag auch in der Architektur. So entstanden pompöse Kirchenbauten wie die neoklassizistische Basilika Nuestra Señora oder die spätbarocke Franziskanerkirche San Diego.
Die Jesuiten weihten 1767 den Templo de la Compañía und ein reicher Mäzen finanzierte den 1765 begonnenen Bau von

Hawaii: Der Kraterkessel des Vulkans Kilauea im Herzen des Parks hat einen Durchmesser von 4 km.

Zorn der Feuergöttin: Mit dem Mauna Loa und dem Kilauea befinden sich auf der Hauptinsel des Hawaiiarchipels zwei der aktivsten Vulkane der Erde. An den Hängen des Kilauea existieren verschiedene Vegetationsformen, die von tropischem Regenwald bis zu aridem Busch- und Grasland reichen. 95 % der blühenden Pflanzen sind nur auf Hawaii zu finden; als einziges wirklich einheimisches Säugetier gilt eine Fledermausart.

Mexiko
El Tajín

San Cayetano. Den Reichtum der Minenbetreiber spiegeln prachtvolle Villen wie die Casa Rul y Valenciana wider. Interessant ist auch die malerische Anlage der Altstadt. Anders als in der Kolonialzeit sonst üblich, wurde der Grundriss nicht rechtwinklig angelegt – hier sorgt ein Labyrinth enger Gassen für eine romantische Atmosphäre.
Auch im Unabhängigkeitskrieg spielte Guanajuato eine wichtige Rolle. 1810 war die Stadt der Hauptstützpunkt der Rebellen und während des Reformkrieges von Benito Juárez 1858 mehrere Wochen lang die Hauptstadt Mexikos.

Querétaro 792

Querétaro, eine im 15. Jh. von den Azteken eroberte Indiosiedlung, fiel 1531 in spanische Hände. Seine historische Bedeutung verdankt der Ort der Tatsache, dass hier 1810 die Kämpfe um Mexikos Unabhängigkeit von Spanien begannen.

Lage: Hochland
Gründung: 1446

Das historische Zentrum weist zahlreiche schöne Kolonialbauten und Plätze aus dem 18.–19. Jh. auf. Die Iglesia de San Francisco am Jardín Obregón wurde im 17. Jh. als Konvent der Franziskaner gegründet und beherbergt heute das Stadtmuseum.
An die Eroberung der Stadt durch die Spanier erinnert die Kirche des Convento de la Cruz: An diesem Ort ließen die Konquistadoren 1531 die erste Messe lesen. Im sich anschließenden Klostergebäude saß während des Freiheitskampfes Kaiser Maximilian ein, bevor er auf dem Cerro de las Campanas hingerichtet wurde. Prächtige Paläste im Barockstil umgeben die Plaza de Armas und den Jardín de la Corregidora. Im Palacio Municipal wurde die mexikanische Unabhängigkeitsbewegung geboren. Der noch heute funktionstüchtige, mächtige Aquädukt wurde in den Jahren 1726–1738 errichtet.

El Tajín 631

Zu Ehren des Gottes der Blitze veranstalteten die Totonaken ihr rituelles Pelotaspiel. Etwa 600 Jahre lang schlummerten die Ruinen der bedeutenden Kultstätte im Dschungel, bevor mit der Ausgrabung begonnen wurde.

Lage: Veracruz, Golfküste
Blütezeit: 600–1200

Obwohl die Dschungelstadt bereits 1785 entdeckt wurde, dauerte es noch bis 1934, bis man mit systematischen Ausgrabungsarbeiten begann. Bis heute sind erst etwa 10 % der Gesamtfläche freigelegt.
Entstanden ist die Anlage vermutlich zwischen 800 und 1200. Sicher ist nur, dass sie um 1200 zerstört und verlassen wurde. Die dem Regen- und Windgott geweihte Nischenpyramide besaß ursprünglich 365 reich verzierte Nischen, sodass der Schluss nahe liegt, dass das Bauwerk mit Kalenderberechnungen in Zusammenhang stand.
Das größte Gebäude ist eine 45 m hohe Säulenhalle, deren Reliefs wertvolle Erkenntnisse über das Kultleben der früheren Bewohner liefern. Die 17 bisher entdeckten Ballspielplätze lassen vermuten, dass die Ruinenstadt ein Zentrum des Pelotaspiels gewesen sein muss. Dieses Ballspiel wurde zu Ehren des Sturmgottes veranstaltet, dem man den unterlegenen Spieler opferte.

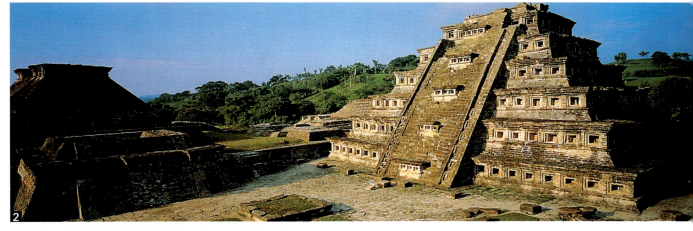

1 Die Wehrmauern der Festungsanlage La Forteleza schützten die Stadt San Juan jahrhundertelang vor Überfällen.

2 Das Wahrzeichen von El Tajín ist die Nischenpyramide. Ursprünglich waren die 365 Nischen reich und farbenfroh ornamentiert.

3 Bauten wie die Basilika **Nuestra Señora de Guanajuato** aus dem 17. Jh. und der **Templo de la Compañia** prägen das historische Zentrum Guanajuatos.

Mexiko
Morelia

Morelia

Die malerische Altstadt des einstigen Valladolid gehört zu den schönsten und ältesten erhaltenen kolonialen Stadtzentren des Kontinents. Der einheitliche Farbton der Gebäude verleiht dem Stadtbild zusätzlich Harmonie.

Lage: S-Hochland
Gründung: 1541

Kurz nach der Stadtgründung durch den Vizekönig Neuspaniens begann ein rasanter Aufstieg. 1546 wurde die erste Kirche eingeweiht, die Iglesia de San Francisco. Dem noch im Renaissancestil gehaltenen Gotteshaus war ein Kloster angeschlossen, das heute ein Museum für Kunsthandwerk beherbergt. Der Bau 20 weiterer Kirchen folgte. Erwähnenswert ist neben der Barockkirche Santa Rosa de Lima vor allem die Kathedrale an der Ostseite des Zócalo. Mit dem Bau wurde 1640 begonnen und es dauerte 100 Jahre bis zu seiner Fertigstellung. Die barocke Zweiturmfassade und die mit blau-weißen Kacheln gedeckte Vierungskuppel dominieren das Bild der Altstadt. Morelia heißt die Stadt erst seit 1828. Ihren Namen trägt sie zu Ehren des Freiheitskämpfers José María Morelos y Pavón. Zwei Museen dokumentieren den Kampf des Geistlichen gegen die spanischen Kolonialherren.

Teotihuacán

Einst war die Stadt ein bedeutendes Machtzentrum Mittelamerikas, doch die Frage, wer sie erbaut hat und warum sie verlassen wurde, konnte bis heute nicht beantwortet werden.

Lage: 50 km nordöstl. v. Mexiko-Stadt
Blütezeit: 1. Jh. v. Chr.– 7. Jh. n. Chr.

Als die Azteken die riesige Stadtanlage im 14. Jh. entdeckten, war diese schon über 700 Jahre verlassen. Niemand weiß, wie die Stadt ursprünglich hieß und wer ihre Bewohner waren.
Um 200 v. Chr. entstanden die Kernbereiche der bis heute erhaltenen Hauptbauten und die zentrale Nord-Süd-Achse. Etwa 200 Jahre später wurden der Quetzalcoatltempel und die großen Pyramiden errichtet. Um 350 n. Chr. war die Stadt mit 150 000 Einwohnern die größte auf dem amerikanischen Kontinent. Ihr Wohlstand gründete sich vorwiegend auf die Verarbeitung von Obsidian, einem Vulkangestein, aus dem Werkzeuge hergestellt wurden.
Zu den wichtigsten Bauwerken gehören neben der 2,3 km langen und 40 m breiten Straße der Toten die rund 65 m hohe Sonnenpyramide und die etwas kleinere Mondpyramide. Weitere Tempel wurden freigelegt, darunter der sorgfältig restaurierte Palast des Quetzal-Schmetterlings mit wunderschönen Wandmalereien und Steinmetzarbeiten.
Worin die Ursache für den plötzlichen Niedergang der Stadt im 8. Jh. lag wird man wahrscheinlich nicht mehr in Erfahrung bringen.

Mexiko-Stadt, Xochimilco

Bedeutende Bauwerke aus der Kolonialzeit erinnern an den Glanz der Spanier und die Reste der Stadt Tenochtitlán, die »schwimmenden Gärten« von Xochimilco an die einstige Macht der Azteken.

Lage: S-Hochland
Gründung: 1521

Die Azteken gründeten um 1370 hier ihre Hauptstadt Tenochtitlán, deren Zentrum ein Kultbereich mit riesigen Pyramiden und verschiedenen Tempelanlagen bildete. Als die Spanier die Stadt 1519 erreichten, fanden sie ein prosperierendes Gemeinwesen mit etwa 160 000 Einwohnern vor. Die »schwimmenden Gärten« im 50 km entfernten Xochimilco zeugen von einer komplexen Ackerbaukultur, die rares Agrarland durch Schilfinseln zu ersetzen verstand.
1521 zerstörten die Konquistadoren Tenochtitlán und begannen auf den Trümmern die Hauptstadt Neuspaniens zu errichten, deren Zentrum rasch wuchs. Bis Mitte des 16. Jh.s war die Stadt Bischofssitz, Residenz des Vizekönigs und Universitätsstadt geworden. Der mehrfach umgebaute Nationalpalast war von den Anfängen der Kolonialzeit bis ins 20. Jh. hinein Schauplatz politischer Entscheidungen.
Etwa 250 Jahre lang baute man an der Kathedrale, die trotz der Vermischung verschiedener Stile erstaunlich harmonisch wirkt. Zahlreiche prunkvolle Patrizierhäuser dokumentieren den wirtschaftlichen Aufstieg Mexikos. Architektonische Glanzpunkte des 20. Jh.s sind der Palast der Schönen Künste und das 1937 eröffnete Opernhaus.

Puebla

Die farbenfrohe Kachel- und Stuckornamentik, die die zahlreichen Kirchen und Profanbauten der Kolonialzeit ziert, verdeutlicht den einstigen Wohlstand und die anhaltende Lebensfreude der viertgrößten Stadt Mexikos.

Lage: südöstl. v. Mexiko-Stadt
Gründung: 1532

Zwischen den vier Vulkanen Popocatépetl, Ixtaccíhuatl, La Malinche und Citlaltépetl lag Cholula, eine der bedeutendsten aztekischen Kultstätten. 1519 setzten die Spanier der Aztekenkultur auch hier ein Ende und zerstörten die Stadt. Nur noch die mächtige Hauptpyramide zeugt von der einstigen Pracht. Die Spanier errichteten auf der Pyramide 1531 eine Kirche und demonstrierten dadurch, wer die neuen Herrscher waren.
Bald darauf gründete die spanische Krone nur wenige Kilometer entfernt Puebla, das sich bald zu einem florierenden Handelszentrum entwickelte. Einerseits wurden hier landwirtschaftliche Erzeugnisse umgeschlagen, andererseits brachte die Produktion der beliebten Talavera-Kacheln zusätzlichen Reichtum in die Stadt. Diese bunten Keramikfliesen prägen auch das Bild der Altstadt. Zahlreiche verschwenderisch dekorierte Profanbauten, wie die Casa del Dean oder das heute als Bibliothek dienende ehemalige erzbischöfliche Palais, verleihen der Stadt ihr heiterbuntes Gesicht. Die Kathedrale an der Plaza de la Constitución wurde 1649 nach 70-jähriger Bauzeit fertig gestellt und zählt zu den bedeutendsten Kirchenbauten Mexikos.

Puebla: Hinter der Kirche Nuestra Señora de los Remedios in Cholula erhebt sich der Popocatépetl.

Klöster am Popocatépetl

Franziskaner, Dominikaner und Augustiner setzten mit dem Bau von repräsentativen Klöstern an den Hängen des Popocatépetl das Signal zur Christianisierung Mittelamerikas.

Lage: S-Hochland
Gründung: Anfang d. 16. Jh.s

Die ersten Klostergründungen im Bergmassiv des Popocatépetl zu Beginn des 16. Jh.s waren die Ausgangsbasis für die Errichtung von Missionsstationen im ganzen Land. Auch architektonisch wurden die ersten Klosterbauten zum Vorbild. 1525 gründeten die Franziskaner ihr erstes Stammhaus in Cuernavaca. In ra-

Mexiko
Palenque

Die Kunst der Maya: Die Gebäude Palenques, der berühmtesten Ruinenstätte Mexikos, stammen aus der Blütezeit der Maya-Kultur. Der Sonnentempel (links) mit seinem charakteristischen Dachkamm wurde von dem Sohn des großen Herrschers Pacal errichtet, dessen Grabmal man erst spät unter dem Tempel der Inschriften (Mitte) entdeckt hat. Die Palastanlage (rechts), zwischen 650 und 770 errichtet, wird von einem viergeschossigen Turm überragt, der vielleicht astronomischen Beobachtungen diente.

scher Folge entstanden etwa 300 weitere Klöster, auch von Dominikanern und Augustinern. 14 der frühen Bauten wurden von der UNESCO als Repräsentanten der monastischen Architektur des 16. Jh.s ausgewählt.

Die Bauweise ist in den Grundzügen überall gleich. Um das ebenerdige Atrium wurde eine Mauer gezogen, an deren vier Ecken man Kapellen (Posas) errichtete, in denen liturgische Gegenstände aufbewahrt wurden. Die zumeist einschiffigen Hauptkirchen mit Tonnen- oder Rippengewölben sind oftmals von gewaltiger Größe. Dies ist darauf zurückzuführen, dass große Massen von Ureinwohnern in Großveranstaltungen durch die Pracht des neuen Glaubens beeindruckt werden sollten. So ermöglichen offene Kapellen auch Gottesdienste unter freiem Himmel.

Monte Albán, Oaxaca 415

Als die Spanier im 16. Jh. ihre Barockstadt gründeten, konnte die benachbarte Stadt auf dem Monte Albán bereits auf eine 2000-jährige Geschichte zurückblicken.

Lage: S-Mexiko
Gründung: um 500 v. Chr.

Der von den Spaniern »Weißer Berg« genannte Ort war schon seit Urzeiten besiedelt. Die erste Stadtanlage dürfte im 7. Jh. v. Chr. von den Olmeken errichtet worden sein. Um 200 v. Chr.–100 n. Chr. sind die ersten von der Maya-Kultur beeinflussten Monumentalbauten entstanden. Später herrschten dort bis etwa 800 die Zapoteken. Bis zu 50 000 Einwohner zählte die Stadt in ihrer Blütezeit. Dann setzte um 800 aus ungeklärten Gründen der Niedergang ein; es folgten Mixteken und Azteken.

Eine 300 m lange Esplande bildet das Zentrum, von dem noch eine riesige Freitreppe, mehrfach überbaute Pyramiden, Steinreliefs und Grabkammern erhalten sind. Der spektakulärste archäologische Fund ist der 1932 entdeckte Mixtekenschatz.

Im 16. Jh. setzten die Spanier der Azteken-Kultur ein Ende. 1529 begannen sie mit dem Bau von Oaxaca. Zwei monumentale Barockkirchen prägen das Stadtbild: die 1714 wieder aufgebaute Kathedrale und die Kirche Santo Domingo von 1666. Die barocken Bürgerhäuser in der Altstadt haben sich ihr koloniales Flair bis heute erhalten.

Palenque 411

Eine der eindrucksvollsten Maya-Städte lag 800 Jahre lang im Dornröschenschlaf. Die 1784 im Dschungel entdeckte Ruinenstätte wurde erst im 20. Jh. systematisch untersucht.

Lage: O-Mexiko
Gründung: um 300 n. Chr.

Ihre Blütezeit erlebte die Maya-Stadt vom 6.–8. Jh. Zu dieser Zeit entstanden auch die beiden bekanntesten Bauwerke. Die Glyphen im Tempel der Inschriften konnten entziffert werden und sind die wichtigsten schriftlichen Überlieferungen der Maya. 1952 hat man in der Pyramide die unversehrte Grabkammer des Mayafürsten Pacal entdeckt.

Neben einigen anderen Tempeln ist der so genannte Palast von Interesse. Der 15 m hohe Turm diente vermutlich zu astronomischen Beobachtungen, ein Tisch im Obergeschoss hatte wahrscheinlich die Funktion eines Altars.

1 Vermutlich gründeten Olmeken im 7. Jh. v. Chr. die Kultanlage von Monte Albán.

2 Die Nordseite des Zócalo im Herzen von Mexiko-Stadt wird von der ältesten amerikanischen Kathedrale und dem Sakramentshaus beherrscht. In der Nähe legte man 1978 Reste eines Azteken-Tempels frei.

3 Teotihuacán: Der Blick auf die Straße der Toten und die Sonnenpyramide lässt die einstige Größe der Stadt erahnen.

Pyramiden im Dschungel

Indianische Kulturen Mittelamerikas

Die alten Völker Mittelamerikas brachten eine Vielzahl von Kulturen hervor, die jedoch viele gemeinsame Züge aufweisen.

Um 1300 v. Chr. entwickelte sich in den Regenwäldern am Golf von Mexiko die Kultur der Olmeken. Sie erreichte ihren Höhepunkt 800–400 v. Chr. Die Olmeken waren nicht nur fähige Baumeister und Bildhauer, sie fanden auch die ersten Ansätze eines Kalenders und einer Schrift.

Diese Kultur erfuhr ihre Fortsetzung im zentralen Hochland. Hier entstand um 100 v. Chr. die Stadt Teotihuacán, die bis etwa 650 n. Chr. das gesamte Hochland beherrschte. Weiter südlich, im Oaxaca-Tal, schufen die Zapoteken auf dem Monte Albán ein bedeutendes Zeremonialzentrum. Auch Tula, die Hauptstadt der Tolteken, und viele andere Orte vom Hochland bis zur Ostküste erhielten großartige Sakralbauten.

Zwischen 300 und 900 n. Chr erlebten die Maya, das bedeutendste Kulturvolk Alt-Amerikas, ihre Blütezeit. Nun entstanden im bewaldeten Tiefland der Halbinsel Yucatán eine Reihe von städtischen Zentren wie Palenque, Copán und Tikal. Es waren reine Zeremonialstätten, nur von Priestern und Adligen bewohnt, während das einfache Volk in den umliegenden Dörfern siedelte. Den Mittelpunkt der Städte bildeten Tempelpyramiden, Paläste und Anlagen für das rituelle Ballspiel. Die Religion bestimmte das Leben der Maya; alles hing vom Willen der Götter ab — auch Menschenopfer gehörten zum Kult. Die Maya leisteten Erstaunliches auf dem Gebiet der Astronomie und Mathematik.

Aus bisher unbekannten Gründen verließen die Maya um 900 n. Chr. die Städte des Tieflands und zogen in den Norden Yucatáns. Dort vermischte sich ihre Kultur mit der toltekischer Eindringlinge aus dem Norden. In Chichén-Itzá erlebte diese Kultur im 12. Jh. ihre höchste Blüte.

Etwa zur gleichen Zeit wanderten die Azteken in das Hochland von Mexiko ein. Durch Handel, Diplomatie und rigorose Kriegsführung wurden sie zur beherrschenden Macht, der fast alle Völker zwischen Pazifik und Golfküste tributpflichtig waren. Ihre streng gegliederte Klassengesellschaft wurde von der Religion dominiert. Aus Furcht vor dem Ende der Welt brachten sie den Göttern zahlreiche Menschenopfer dar.

1519 erreichten die Konquistadoren Tenochtitlán, die Hauptstadt des Aztekenreiches. Die Bewunderung der Spanier für das »Venedig der neuen Welt« wich jedoch schnell ihrer Gier nach Gold. 1521 zerstörten sie die letzte indianische Hochkultur Mittelamerikas.

1 Gr. Bild: Chacmool-Figur mit Opferschale beim Tempel der Krieger in Chichén-Itzá

2 Kl. Bild: Schädelreliefs erinnern an die blutigen Opferbräuche in Chichén-Itzá.

3 »El Castillo« in Chichén-Itzá: Die dem Gott Quetzalcoatl geweihte Pyramide wurde nach astronomisch-astrologischen Überlegungen errichtet.

Mexiko
Uxmal

Uxmal 791

Die Ruinen in Uxmal und die Bauten der nahe gelegenen Städte Kabah, Labná und Sayil sind eindrucksvolle Höhepunkte der Maya-Architektur.

Lage: NW-Yucatán
Blütezeit: 600–950

Uxmal, im Norden des Mayareiches gelegen, hatte etwa 25 000 Bewohner, als die Stadt am Ende des 10. Jh.s verlassen wurde. Im Zentrum der Anlage steht die 38 m hohe »Pyramide des Wahrsagers«. Der imposante Bau, der dem Regengott Chac gewidmet war, ist die vierte Überbauung früherer Tempel.
Auf einem 15 m hohen Hügel liegt der weitläufige »Gouverneurspalast«, geschmückt mit einem beeindruckenden Mosaikfries. Reiche Steinmosaiken finden sich ebenso an den Vorderfronten des »Nonnenklosters«, dem »Haus der Schildkröten« sowie dem »Taubenschlag«.
Der große Palast von Sayil gehört zu den schönsten Bauten der Maya. Die eigentümlichen Friese der Fassade werden von den Säulenornamentierungen noch übertroffen.
Seltene Kostbarkeiten der Maya-Baukunst sind die an einst gepflasterten Straßen gelegenen Triumphbögen in Labná und Kabah. Der »Palast der Masken« in Kabah verdankt seinen Namen dem Schmuck der Vorderfront, etwa 250 steinernen Masken des Regengottes.

Die Kultstätte wurde vermutlich um 450 n. Chr. von den Maya gegründet. Um 975 übernahmen die Tolteken die inzwischen verlassene Stadt und leiteten eine zweite, 200 Jahre während Blütezeit ein. Als die Spanier 1533 in das Gebiet vordrangen, war es seit fast 300 Jahren verlassen.
Das bemerkenswerteste Gebäude Alt-Chichéns ist der »Caracol«, ein Observatorium, dass das Sonnenlicht so einließ, dass eine exakte Zeitberechnung möglich war. In Neu-Chichén fällt zunächst die neunstufige, 30 m hohe Pyramide auf. Ein Ballspielplatz, der »Tempel der Jaguare« und eine mit Schädelreliefs dekorierte Menschenopferstätte schließen sich an. Im Cenote, einem dem Regengott Chac geweihten Brunnen, wurden Menschen geopfert, wie archäologische Funde zeigten.

Havanna: das Gotteshaus an der Plaza de la Catedral

Chichén-Itzá 483

Diese eindrucksvollen Reste präkolumbischer Baukunst sind das Vermächtnis zweier Hochkulturen: der Maya und der Tolteken.

Lage: Yucatán
Blütezeit: 10.–13. Jh.

Sian Ka'an 410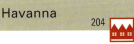

Das Naturschutzgebiet umfasst eine Vielzahl völlig unterschiedlicher Biotope. Regen- und Laubwälder, Mangrovensümpfe, Korallenriffe und Palmenhaine sind die Refugien einer reichen Tier- und Pflanzenwelt.

Lage: Ostküste d. Halbinsel Yucatán
Ausdehnung: 5280 km²

Das größte zusammenhängende Naturschutzgebiet Mexikos hat sich eine einzigartige Flora und Fauna erhalten. Dicht beieinander existieren hier 17 verschiedene Vegetationszonen. Immergrüner Wald, Mangrovensümpfe, Misch-, Regen- und Laubwälder, Palmensavannen, Schwemmland, ein Korallenriff und Lagunen sind die Heimat einer schier unzählbaren Vielfalt von Tier- und Pflanzenarten.
Seltene Raubkatzen, Brüll- und Klammeraffen, Krokodile sowie unzählige Amphibien- und Insektenarten haben hier ein Refugium. Das Meer nimmt rund ein Viertel der Parkfläche ein. Hier leben exotische Fischarten, Schildkröten und die bedrohten Manatis.

Kuba

Havanna 204

Der historische Teil der kubanischen Hauptstadt – lange ein Zentrum der Neuen Welt – besteht aus barocken und klassizistischen Bauwerken.

Lage: Nordküste v. W-Kuba
Gründung: 1519

Zum Schutz dieses wichtigen Handelshafens, von dem aus alle Gold- und Silbertransporte von Amerika nach Spanien erfolgten, dienten Festungsanlagen wie das Castillo de la Fuerza (1538–1544), das Castillo de las Tres Reyes de Morro (1589–1597), die Fortaleza de la Cabaña (1763–1774) und das Castillo de la Punta aus dem 16. Jh. Die Altstadt wurde im typisch kolonialspanischen Grundriss angelegt. Der Hauptplatz, die Plaza de Armas aus der ersten Hälfte des 16. Jh.s, besticht durch viele restaurierte kolonialzeitliche Bauwerke wie dem Palacio del Segundo Cabo. Einer der schönsten Barockbauten ist der Palacio de los Capitanes Generales. Sehenswert ist auch die Kathedrale (1704) mit ihrer Korallenkalkfassade und zwei asymmetrischen Türmen. Im Innenraum befindet sich ein Hochaltar mit Intarsien aus Gold, Silber und Onyx.

Trinidad 460

Eine der schönsten und zugleich ältesten Städte Kubas, deren koloniale Altstadt heute unter Denkmalschutz steht.

Lage: Südküste Zentral-Kubas
Gründung: 1514

Zu Wohlstand und Ansehen gelangte Trinidad durch Papier-, Tabak- und Zuckerhandel. Noch heute zeugen 56 historische Zuckerfabriken vom einstigen Reichtum.
Die spanische Kolonialarchitektur lässt sich besonders am Palacio Brunet, in dem sich jetzt ein historisches Museum befindet, sowie am Palacio Cantero bewundern.
Ausgezeichnet erhalten ist die Klosterkapelle La Popa mit ihrer schlichten Barockfassade. Die Plaza Mayor blieb mit ihren restaurierten Häusern fast unverändert erhalten.

Haiti

Historischer Nationalpark 180

Im 25 km² großen Park erinnern einzelne historische Gebäude an den Unabhängigkeitskampf der Haitianer.

Lage: südl. v. Cap Haïtien
Blütezeit: Anfang des 19. Jh.s

1804 wurde Haiti, die zweitgrößte Insel der Großen Antillen, unabhängig. Aus dieser Zeit stammen die Schlossruine von Sanssouci, die Wohngebäude von Ramiers und die Zitadelle La Ferrière, die heute zusammen den Historischen Nationalpark von Haiti bilden.
Der ehemalige Palast von Sanssouci umfasst ein 20 ha großes Gelände, auf dem früher der Regierungssitz, ein Krankenhaus und ein Waffenarsenal untergebracht waren. Der Palast wurde 1807–1813 erbaut und ist nur noch teilweise erhalten. Die Zitadelle wurde von afrikanischen Sklaven errichtet, die durch den Kampf um ihre Unabhängigkeit unter König Henri I. ihre Freiheit gewonnen hatten. Die Wohngebäude von Ramiers wurden nach dem Tod König Henris I. im Jahr 1820 größtenteils zerstört.

Dominikanische Republik

Santo Domingo 526

Die Stadt war Vorbild für alle Neugründungen im spanischen Kolonialreich.

Lage: Südostküste
Gründung: 1496

In der von Bartholomé Colón, einem Bruder Christoph Ko-

1511 nahmen die Spanier die Antilleninsel Kuba in Besitz und sorgten für eine blühende Plantagenwirtschaft, die durch die massenhafte Einfuhr afrikanischer Sklaven aufgebaut wurde. Eine ihrer ersten Gründungen war Trinidad. Der historische Kern der Stadt, wie hier an der Plaza Mayor, konnte bis heute bewahrt werden. Zahllose Bauten, Kirchen, Klöster und Wohnhäuser zeugen vom außergewöhnlichen Wohlstand, den die Kolonialherren durch den Handel mit den Luxusgütern Zucker und Tabak anhäuften.

lumbus', errichteten Stadt zeugt das historische Zentrum um den Parque Colón noch heute von ihrer einstigen Bedeutung. Beispielhaft ist die Catedral de Santa Maria la Menór. Mit den Bauarbeiten begann man bereits 1510, stellte die Kirche aber erst zwischen 1521 und 1541 fertig.
Die älteste Universität Amerikas, Santo Tomás de Aquino, wurde auf Erlass des Papstes Paul III. 1538 im hiesigen Dominikanerkloster gegründet. Die Ruinen des ältesten Krankenhauses, San Nicolás de Bari (1503), kann man heute noch besichtigen.
Liebevoll restauriert findet man auch den Alcázar de Colón, der Einflüsse aus der spanischen und der italienischen Renaissance aufweist. Hier residierte Diego Colón, der Sohn des Entdeckers.

Guatemala

Tikal 64

Tikal ist die größte und älteste Ruinenstätte der Maya-Kultur. Der Name bedeutet wörtlich übersetzt: »der Ort, an dem Geisterstimmen ertönen«.

Lage: N-Guatemala
Gründung: um 600 v. Chr.

Durch seine Lage inmitten des 576 km² großen Nationalparks, einem Urwald mit Brüllaffen, Vögeln und Baumfröschen, unterscheidet sich Tikal von den anderen Mayastätten.
Zur Blütezeit (550–900 n. Chr.) umfasste das Zentrum der Tempelstadt 16 km². Auf diesem Areal wurden bis heute über 3000 Bauwerke, von prunkvollen Palästen bis hin zu strohgedeckten Hütten, ausgegraben.
Unerreichte Meisterwerke sind die fünf gigantischen Tempelpyramiden, von denen eine mit über 60 m das höchste bislang entdeckte indianische Bauwerk ist. Die Kultstadt besaß im Jahr 800 n. Chr. zwölf Tempel auf einer riesigen Plattform.
Neben diesen überwältigenden Bauwerken wurden mehrere Hundert Werkzeuge, Kultgegenstände und Grabbeigaben freigelegt.

Quiriguá 149

Die monolithischen Denkmäler der Ruinenstadt gehören zu den großartigsten Schöpfungen der Maya. Die Stadt liegt in einer fruchtbaren Tiefebene inmitten eines 30 ha großen, prachtvollen tropischen Regenwaldparks.

Lage: O-Guatemala
Gründung: 5.–6. Jh. n. Chr.

Von dieser Kultstätte der Maya war lange nichts bekannt. Sie wurde erst 1840 durch den Archäologen und Forschungsreisenden John Lloyd Stephens entdeckt.
Besondere Beachtung verdienen die Stelen Quiriguás. Hier herrschte ein eher bodenständiger Skulpturenstil, der großen Wert auf eine feine Ausarbeitung der Details der Reliefs legte. Die größte bekannte Stele »E« wiegt fast 60 t und ist 10,60 m hoch.
Ab 780 n. Chr. gestalteten die Maya-Künstler große Sandsteinblöcke mit Darstellungen mythologischer Tierskulpturen, die sowohl Lebe- als auch Fabelwesen ähneln. Frösche, Schildkröten und Schlangen waren beliebte Motive.
Es existieren drei Gruppen von Ruinen, unterteilt in A, B und C, die der dreimaligen Verlegung des Siedlungsplatzes entsprechen.

Guatemala
Quiriguá

1 El Castillo: Im Zentrum des heiligen Bezirks von Chichén-Itzá steht die wahrscheinlich im 10. Jh. erbaute Stufenpyramide. Sie ist zum heiligen Brunnen hin ausgerichtet und war dem Gott Quetzalcoatl geweiht, den die Maya Kukulcán nannten.

2 Uxmal: Der lang gestreckte »Gouverneurspalast« weist eine meisterhafte Dekoration auf.

3 Tikal: Skulpturen schmücken den Dachkamm des so genannten Tempels der Masken, der um 700 n. Chr. entstand.

Die Eroberung der Neuen Welt
Die Entdeckung Amerikas

Mit der Ankunft Kolumbus' begann 1492 die europäische Eroberung Amerikas, die schließlich den gesamten Kontinent den Händen seiner Ureinwohner entreißen sollte.

Der erste Europäer in Amerika war der Wikinger Leif Eriksson, der um 1000 n. Chr. an der Nordostküste Neufundlands landete und dort eine kurzlebige Siedlung gründete, die aber bald wieder in Vergessenheit geriet. Die Ehre, der historisch bedeutendere Entdecker des amerikanischen Kontinents zu sein, gebührt jedoch dem Genueser Christoph Kolumbus. Im Auftrag Isabellas I. von Kastilien brach er im Sommer 1492 auf um den westlichen Seeweg nach Indien zu suchen.

Kolumbus glaubte, wie alle Gebildeten seiner Zeit, fest daran, dass die Erde eine Kugel sei, doch unterschätzte er die Entfernung zwischen Europa und Asien gewaltig. So hielt er das Land, das nach 61 Tagen beschwerlicher Überfahrt in Sicht kam, fälschlicherweise für Ostindien. Bis zu seinem Tode war ihm dieser Irrtum nicht bewusst.

Kolumbus landete auf der karibischen Insel Guanahani, später auf Kuba und Hispaniola. Von Isabella I. zum Vizekönig erhoben, unternahm er bis 1504 drei weitere Expeditionen, die ihn nach Jamaika, Trinidad und an die Ostküste Mittelamerikas führten.

Ausführlich erkundeten die Spanier nun die Neue Welt und begannen ihr Imperium zu errichten. Es begann das Zeitalter der Konquistadoren: Spanien wurde – auf Kosten der südamerikanischen Ureinwohner – zur reichsten Nation Europas. 1513 durchquerte Balboa die Landenge von Panama und erblickte den Pazifischen Ozean. Sechs Jahre später gelang es Hernán Cortés das Reich der Azteken in Mexiko zu erobern. Francisco Pizarro unterwarf 1532 das riesige Reich der Inka. Bald darauf folgten die Gründungen der Vizekönigreiche Neu-Spanien (1535) und Peru (1542). Kaiser Karl V. (reg. 1519–1556) war nun Herrscher über ein Reich, in dem »die Sonne niemals untergeht«.

Der sagenhafte Reichtum an Gold und Silber zog immer mehr Siedler an. Mit ihnen kamen auch die christlichen Missionare. Sie brachten mit ihren prachtvollen Kirchenbauten die barocke Architektur in die Neue Welt. In Paraguay versuchten Jesuitenpater in so genannten Reduktionen eine von der europäischen Zivilisation weitgehend unbeeinflusste Mission.

Doch nicht nur die Spanier waren an den Schätzen der Neuen Welt interessiert. An der brasilianischen Küste ließen sich die Portugiesen nieder. Das von Spanien unbeachtete Nordamerika wurde den Engländern und den Franzosen überlassen.

1 Gr. Bild: die Kirche Santa Maria La Menor in Santo Domingo, der ältesten europäischen Siedlung Amerikas. Hier wurde Christoph Kolumbus 1540 beigesetzt.

2 Kl. Bild: Während der Regierungszeit Kaiser Karls V. wurde Mexiko erobert.

3 Die Kirche São Francisco aus dem 18. Jh. in Salvador, das bis 1763 die Hauptstadt der Kolonie Brasilien war

4 Oaxaca: die Kirche Nuestra Señora de la Soledad

5 Zur Zeit des Silberbergbaus entstanden im bolivianischen Potosí zahlreiche Kirchen.

6 Antigua Guatemala: Der Ort war rund 350 Jahre lang die Hauptstadt des Landes.

Guatemala
Antigua Guatemala

Antigua Guatemala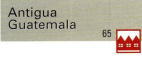

Die Ruinen der einstigen Hauptstadt Guatemalas sind aussagekräftige Zeugnisse der frühen spanischen Kolonialarchitektur.

Lage: westl. v. Guatemala-Stadt
Gründung: 1527

Die ehemalige Landeshauptstadt wird von den Vulkanen Agua, Fuego und Acatenango umgeben. 1541 wurde sie durch den Ausbruch des Agua zerstört. Der Wiederaufbau erfolgte bereits im Jahr 1543. Antigua galt durch die rasche Errichtung seines Bauensembles im Kolonialstil zwei Jahrhunderte lang als die schönste Hauptstadt der Neuen Welt und war wirtschaftliches, kulturelles und klerikales Zentrum des Subkontinents.
Auf dem Höhepunkt ihrer Glanzzeit verwandelte ein weiterer Vulkanausbruch die Stadt 1773 in einen Trümmerhaufen. So sind viele der einst so prachtvollen Gebäude heute nur noch als Ruinen erhalten wie die Kirche San Francisco aus der zweiten Hälfte des 17. Jh.s und die 1680 geweihte Kathedrale. Andere Kirchen wie beispielsweise die Nuestra Señora de la Merced mit ihren sehenswerten Stuckaturen wurden hingegen im 19. Jh. wieder aufgebaut. In der ersten päpstlichen Universität Lateinamerikas, San Carlos de Borromeo von 1675, befindet sich heute ein Museum.

Belize

Barriere-Riff von Belize

Das größte lebende Korallenriff der westlichen Hemisphäre birgt eine einmalige Unterwasserlandschaft und ist eines der artenreichsten Ökosysteme der Welt.

Lage: Küste von Belize
Länge: 300 km

Die Küste Belizes besteht zumeist aus sumpfigen Mangrovengebieten; ihnen vorgelagert ist das große Riffsystem. 220 verschiedene Fischarten, Meeresschildkröten, Krabben, Hummer, Austern und Wasserpflanzen haben hier ihren Lebensraum gefunden. Im Westen des Riffs befinden sich Dutzende von Cays genannte Koralleninseln. Half Moon Cay beispielsweise liegt auf dem berühmten, weit von der Küste entfernten Lighthouse Reef und steht unter Naturschutz.
Die Riffe reichen unter dem Meeresspiegel bis zu 60 m in die Tiefe. Dort begeistert eine paradiesische Welt der tropischen Fische, Pflanzen und vielgestaltigen Korallen. Erwähnenswert sind auch die aus einem Korallenatoll entstandenen Turneffe-Inseln.
Weit verzweigte Unterwasserhöhlen und Canyons, deren Wände mit bunten Schwämmen bedeckt sind, faszinieren am gesamten Riff.

Belize: das »Blue hole« am Lighthouse Reef

Honduras

Nationalpark Rio Plátano

Zentralamerikas erstes Biosphärenreservat ist mit weniger als drei Personen pro km² das am dünnsten besiedelte Gebiet des Subkontinents.

Lage: NO-Honduras
Ausdehnung: 1300 km²

Der küstennahe Nationalpark erstreckt sich entlang dem Rio Plátano und wird von Stämmen der Garifuna, der Mísquito und der Paya bevölkert. Die Indianer leben im Einklang mit der Natur und pflegen die Traditionen ihrer Vorfahren.
In diesem tropischen Regenwald wachsen neben einigen anderen exotischen Bäumen auch Balsa-, Mahagoni- und Rosenhölzer sowie Pinien und Zedern. Aufgrund der vielgestaltigen Landschaft eignet sich der Nationalpark hervorragend für Tierbeobachtungen. Die Fauna reicht von Wildkatzen wie Schwarzen Jaguaren, Ozelots und Pumas über Alligatoren, seltene Harpyien und bedrohte westindische Rundschwanzseekühe bis hin zu Wasserschildkröten, Ottern, Tapiren, den wieselartigen Tayra, Tukanen, Affen und vielen Vogelarten.
Das Reservat wird von zahlreichen Flüssen und Mangrovensümpfen durchzogen; die vielfältige Landschaft weist Steppen, Savannen sowie unberührte Waldgebiete auf.

Copán

Das 30 ha große Zeremonialzentrum wird von Streusiedlungen unbekannter Dimension umgeben und war vermutlich ein geistiger Mittelpunkt der Maya-Kultur.

Lage: W-Honduras
Gründung: 460 n. Chr.

Copán wurde im Jahr 1570 von Diego García de Palacio entdeckt, jedoch erst seit dem 19. Jh. freigelegt. Im Copán-Tal existieren Hunderte von Erdhügeln, unter denen man Ruinen vermutet. Das Zentrum der bisher ausgegrabenen Stadt bildet die Akropolis, ein Komplex aus Pyramiden, Tempeln und Terrassen. Beachtenswert ist der Altar »Q«, in den die Namen von 16 großen Könige von Copán eingemeißelt sind.
Die »Treppe der Hieroglyphen« wird als das bedeutendste Monument in Copán angesehen. Annähernd 2500 Glyphen bedecken die 63 Stufen und gelten damit als der längste bisher bekannte Text aus der Mayazeit. Er würdigt die Leistungen der Dynastie von ihrer Gründung bis zur Einweihung der Treppe im Jahr 755 n. Chr.
Bemerkenswert ist auch der Ballspielplatz mit drei Marksteinen, der in dieser Form nur in Copán zu finden ist. 14 Altäre und 20 Stelen, datiert zwischen 618 und 738 n. Chr., wurden restauriert. Im Fundament der Stele »H« fand man zwei Fragmente einer Goldfigur.

El Salvador

Joya de Cerén

Die spektakulärste und wichtigste Mayastätte El Salvadors aus historischer Sicht ist von mächtigen Vulkanen umgeben, die teilweise heute noch aktiv sind.

Lage: SW-El-Salvador
Blütezeit: 5.–6. Jh.

Um 600 n. Chr. begrub der Vulkan Loma Caldera die Siedlung unter einer meterhohen Ascheschicht. Bis zu diesem Zeitpunkt lebten die Bewohner von Joya de Cerén von der Landwirtschaft und bauten Mais, Kakao und Reis an.
1976 wurde diese archäologische Stätte entdeckt und man ist bis heute mit den Ausgrabungen beschäftigt. Durch die Konservierung im Lavastrom sind viele der landwirtschaftlichen Werkzeuge und Geräte nahezu unbeschädigt erhalten und lassen sich in ihrer Bedeutung mit den Ausgrabungen in Pompeji vergleichen.
Die Fundgegenstände vermitteln einen umfangreichen Einblick in das alltägliche Leben der ländlichen Bevölkerung im Zentralamerika der Mayazeit.

Costa Rica

Schutzgebiete Talamanca und La Amistad

Die Naturparks Costa Ricas und Panamas weisen den weltweit größten Artenreichtum auf. Die landschaftliche Vielfalt findet ihre Entsprechung in geschätzten 500 000 Tier- und Pflanzenarten, wobei sich Flora und Fauna Süd- und Nordamerikas hier kreuzen.

Lage: Costa Rica/Panama
Ausdehnung: 4800 km²

Copán, eine der imposantesten Maya-Stätten in Honduras, liegt im Dschungel an der Grenze zu Guatemala. Sie gilt als eine der größten der bisher entdeckten Maya-Städte und wurde im 5. Jh. n. Chr. gegründet. Von der ursprünglichen Stadt sind bemerkenswerte Bauwerke wie Tempel, Terrassen und Pyramiden erhalten. Besonders beeindruckend sind die aus verschiedenen Epochen stammenden Steinfiguren, die die Gebäude einst schmückten.

Panama
Darién

In der Cordillera de Talamanca, einer Granitgebirgskette, die sich geologisch völlig von dem Vulkangestein im Norden des Landes unterscheidet, wurde 1988 der Naturpark La Amistad unter Schutz gestellt. Hier befindet sich Costa Ricas höchster Punkt, der Mount Chirripó (3820 m), sowie die Wasserscheide zwischen Pazifik und Atlantik.
Neben Säugetieren wie Affen, Ameisenbären, Kojoten, Wildkatzen, Füchsen, Faultieren, Wieseln und Ottern lebt hier eine Vielzahl tropischer Vögel und Reptilien. Einzigartig für diese Region sind etwa 30 Vogel- und Säugetierarten.
Die Vegetation reicht von Gebieten mit immergrünen Eichen, tropischem Buschland und Mangrovengebieten bis hin zu Wäldern, die jahreszeitlich ihr Laub wechseln. Der größte Teil des Naturparks wird jedoch von tropischen Regenwäldern bedeckt, die sich in acht unterschiedliche Lebensräume untergliedern lassen.

Panama

Portobelo 135

Der Ort, einer der später wichtigsten Handelsstädte wurde von Christoph Kolumbus auf seiner vierten Fahrt 1502 entdeckt. Er gab ihr den Namen Portobelo, »schöner Hafen«.

Lage: Nordküste Panamas
Gründung: 1597

Am Nordende der alten Goldstraße gelegen, war Portobelo bis 1746 der einzige monopolisierte Umschlagplatz für den Warenhandel zwischen Spanien und Südamerika. Die Festungen von Portobelo und San Lorenzo wurden zum Schutz des transatlantischen Handels gegen Freibeuter erbaut und sind Zeugnisse hervorragender Militärarchitektur.
Die einst geschäftigste Stadt der Neuen Welt war berüchtigt für ihre jährlichen Märkte sowie ihre hohen Preise. Nach wiederholten Piratenangriffen und der Zerstörung durch Admiral Edward Vernon 1739 verlor die Stadt an Bedeutung. Sie wurde 1751 zwar wieder aufgebaut, doch die neue Route der spanischen Flotte um Kap Hoorn, der Bau der Eisenbahn ab den 50er-Jahren des 19. Jh.s sowie die Eröffnung des Panamakanals führten zu ihrem endgültigen Niedergang.
Heute leben nur noch einige Hundert Einwohner in Portobelo. Die Ruinen von drei Festungen, dem Schatzamt und dem Zollhaus lassen die Vergangenheit noch einmal lebendig werden.

Nationalpark Darién 159

Das Gefälle der abwechslungsreichen Landschaft des Nationalparks an der Nahtstelle zwischen Mittel- und Südamerika reicht vom höchsten Punkt in 1875 m bis auf Meeresniveau hinunter.

Lage: O-Panama
Ausdehnung: 5970 km²

In dem tropischen, äußerst feuchten Klima finden sich Regenwälder und Mangrovengebiete, aber auch unberührter Primärwald sowie steinige Felsenküsten und Sandstrände. Besonders bemerkenswert ist die große Verschiedenartigkeit der Tierwelt. Hier treffen Arten aus Süd-, Zentral- und Nordamerika aufeinander, für die dieses Gebiet einerseits die nördlichste, andererseits die südlichste Grenze ihres Lebensraums darstellt. Biologen sprechen von dieser Gegend als »einem Zentrum ökologischer Vielfalt, welches seine Biowellen nach Norden und Süden ausstrahlt«.
In der am wenigsten entwickelten Gegend von Panama leben die Chocó-Indianer. Ursprünglich stammen sie aus Kolumbien, ein Teil ist jedoch vor 200–300 Jahren nach Darién übergesiedelt. Die Verbindung mit den Indianern Südamerikas zeigt sich in den überlieferten Bräuchen wie dem Tragen von Lendenschurzen, der Verwendung von Giftpfeilen und der Kunst des Korbflechtens.

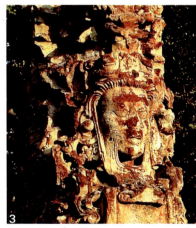

1 Costa Rica: In den Regenwäldern haben sich Fauna und Flora den nährstoffarmen Böden angepasst.

2 Erdbebengefahr: Antigua liegt unweit des Agua (3766 m) und zweier weiterer Vulkane.

3 Herrscherbildnisse: In der Maya-Ruinenstätte von Copán sind zahlreiche großartig ornamentierte Stelen erhalten.

4 Die Regenwälder Honduras' werden von zahlreichen Flüssen durchzogen.

Kolumbien
Cartagena

Kolumbien

Cartagena

Die karibische Hafenstadt, einst Sklavenumschlagplatz, besitzt eine beeindruckende Verteidigungsanlage und eine gut erhaltene Altstadt.

Lage: Karibikküste
Gründung: 1533

Cartagena, im Jahre 1533 gegründet, entwickelte sich, bedingt durch seine günstige Lage an der karibischen Küste, schnell zum florierenden Handelszentrum für Gold und Sklaven. Mitte des 16. Jh.s häuften sich Piratenüberfälle, sodass man mit dem Bau einer Festungsanlage begann. Als es dem englischen Freibeuter Sir Francis Drake 1586 gelang die Stadt einzunehmen, wurde eine 12 m hohe und bis zu 18 m dicke Schutzmauer errichtet – der mächtigste Verteidigungswall Südamerikas.
Die von Wehrmauern umgebene Altstadt gliederte sich in drei Bezirke. Die Herrschaftshäuser mit geschnitzten Balkonen, prächtigen Portalen und blumengeschmückten Innenhöfen in San Pedro waren der kolonialen Oberschicht vorbehalten. San Diego war das Wohn- und Geschäftsviertel der Kaufleute, während das gemeine Volk in Getsemaní leben musste.

Nationalpark Los Katios

Die unzugänglichen Sumpf- und Regenwälder im Grenzgebiet zu Panama bieten bedrohten Tierarten einen geschützten Lebensraum.

Lage: NW-Kolumbien
Ausdehnung: 720 km²

An der Grenze zwischen Panama und Kolumbien liegt der Los-Katios-Nationalpark. Er erstreckt sich über weite Teile der Sumpfgebiete des in den Golf von Darién mündenden Atrato und der schmalen und stark zerklüfteten Hügelkette der Serranía de Baudo, eines Ausläufers der westlichen Andenkordillere. Durch die hohen Niederschläge, die im Durchschnitt über 3000 mm im Jahr betragen, haben sich ausgedehnte Sumpf- und Regenwälder entwickeln können. Hier wächst noch eine Vielzahl wertvoller Hölzer wie der Balsa- oder der Kautschukbaum. Vor allem die Unzugänglichkeit dieser Urwaldregion hat zur Erhaltung der artenreichen Pflanzenwelt beigetragen.
Auch die Tiere profitieren von dieser Abgeschiedenheit. So leben in dieser Region noch Großkatzen wie der Puma und der Jaguar, ebenso der Ameisenbär, das Faultier, verschiedene Affenarten wie Brüll-, Kapuziner- und Wollaffen sowie der Tapir.

Kolumbien: die Kathedrale von Cartagena

Santa Cruz de Mompox

Vom 16.–19. Jh. war Santa Cruz de Mompox eine wichtige Handelsstadt. Heute fühlt sich der Besucher in der gut erhaltenen und malerischen Altstadt in die spanische Kolonialzeit zurückversetzt.

Lage: Zentral-Kolumbien
Gründung: 1537

An den Ufern des gewaltigen Río Magdalena, rund 250 km südlich von Cartagena, liegt Santa Cruz de Mompox – eine der ältesten und schönsten Kolonialstädte Kolumbiens. Lange Zeit war sie ein bedeutender Binnenhafen an der Handelsstraße nach Cartagena. Zudem spielte sie eine wichtige Rolle bei der spanischen Eroberung der weiter nördlich liegenden Gebiete. Als sich im 18. Jh. der Río Magdalena ein neues Flussbett grub, geriet die Stadt in eine isolierte Lage und verlor ihre Bedeutung als Handelsplatz.
Der historische Altstadtkern mutet mit der für Kolumbien einmalig geschlossenen Bebauung wie ein koloniales Freilichtmuseum an. Eindrucksvoll sind insbesondere die Harmonie und Einheitlichkeit der Gebäude, die alle im reinen spanischen Kolonialstil des Barockzeitalters erbaut sind. Zu den kulturhistorisch wichtigsten Bauwerken zählen die Kirchen Santa Bárbara mit ihrem achteckigen Turm, San Agustín, San Francisco und Santo Domingo.

San Agustín

Die bedeutendste archäologische Stätte Kolumbiens stellt mit ihren Steinskulpturen und Begräbnisstätten die Wissenschaft auch heute noch vor große Rätsel.

Lage: SW-Kolumbien
Blütezeit: 1. Jh.–8. Jh. n. Chr.

An der Nahtstelle zwischen Ost- und Mittelkordilleren befinden sich die wichtigsten archäologischen Stätten Kolumbiens. Bereits im 5. Jh. v. Chr. war die Region besiedelt. Aus dieser Zeit stammen einfache Gräber mit Holzsärgen.
In ihrer Blütezeit brachte diese rätselhafte Kultur Tumulus- und Hügelgräber hervor sowie die für die San-Agustín-Kultur so charakteristischen »Idolos«. Diese steinernen Menschen- und Tierfiguren erinnern an die Götterstandbilder der Maya in Mittelamerika. Man findet Darstellungen des Adlers und der Schlange, beides auch wichtige Göttertiere der Maya. Steinerne Menschengesichter mit raubtierhaften Reißzähnen scheinen eine oberste Gottheit zu symbolisieren.
Ab dem 8. Jh. beginnt der Niedergang dieser Kultur. Bis zu ihrem unerklärlichen Ende im 15. Jh. nehmen die Formen der meterhohen Steinfiguren immer realistischere und ausdrucksvollere Formen an. Man vermutet, dass die Bewohner von San Agustín zu den mittelamerikanischen Völkern gehören, die den südamerikanischen Kontinent von Norden her besiedelten und in Peru die so genannte Chavín-Kultur gründeten.

Tierradentro

Die Kulturdenkmäler von Tierradentro reichen von Steinfiguren und Keramikgefäßen bis hin zu großartigen unterirdischen Grabanlagen.

Lage: nördl. v. San Agustín
Blütezeit: 6.–10. Jh. n. Chr.
Entdeckung: 16. Jh.

Die Denkmäler dieser rätselhaften Kultur, große unterirdische Begräbnistempel, dienten der Aufbewahrung von Urnen. Man fand aber auch Schädel- und Knochenreste, sodass nicht mit einheitlichen Bestattungsbräuchen gerechnet werden kann. Die Gräber sind von unterschiedlicher Komplexität. Neben einfachen Schachtkammergräbern gibt es größere, halbkreisförmig aus dem Fels herausgeschlagene Gräber die über steinerne Wendeltreppen betreten werden konnten. Die archäologischen Untersuchungen deuten darauf hin, dass in manchen Gräbern Familien bestattet wurden.
Die bis zu 12 m breiten Wände der Hauptgrabkammern wurden mit roten, schwarzen und gelben geometrischen Figuren auf weißem Grund ausgemalt. In den hinteren Höhlenbereichen wurden in den Wänden Nischen mit Relieffiguren angelegt; Vertiefungen im Boden dienten der Urnenbeisetzung. In einigen dieser keramischen Urnen hat man goldene Schmuckstücke gefunden, die vermuten lassen, dass die Gräber reiche Grabbeigaben besaßen. Die meisten dieser Schätze gingen wahrscheinlich durch Plünderungen der spanischen Eroberer verloren. Über die Bewohner von Tierradentro ist wenig bekannt. Vermutlich lebten sie in einer der Kultur von San Agustín vergleichbaren Sozialstruktur, die auf Feldbau und einem hoch entwickelten Totenkult beruhte.

Venezuela

Coro

Im Zentrum der ehemaligen Hauptstadt der frühen Kolonie sind noch viele Bauwerke erhalten, die Stilelemente so-

*Z*ona colonial: Die Altstadt von Coro, der heutigen Hauptstadt von Falcón im Nordwesten Venezuelas, besitzt zahlreiche gut erhaltene Bauten aus der Kolonialzeit und hat sich so ein geschlossenes Stadtbild bewahren können. Manche der Gebäude Coros stammen aus der Zeit der Welser. Das Augsburger Handelshaus hatte hier in der ersten Hälfte des 16. Jh.s den Sitz seiner Hauptfaktorei.

Venezuela
Canaima

wohl des spanischen als auch des niederländischen Barock aufweisen.

Lage: NW-Venezuela
Gründung: 1527

Die zweitälteste Stadt Venezuelas wurde im Jahr 1527 von Juan de Ampiés gegründet. Die Sympathie, die er für die indianische Urbevölkerung empfand, hinderte ihn nicht daran Coro zu einer Basis für den Sklavenhandel mit Spanien und Kuba auszubauen. Ein Jahr später landete der Deutsche Ambrosius Dalfinger im Auftrag des Augsburger Patriziergeschlechts der Welser in Coro. Der bei den Schwaben hoch verschuldete Kaiser Karl V. hatte ihnen die Provinz Venezuela als Pfand überlassen müssen.
18 Jahre dauerte die Herrschaft der deutschen Kaufleute; sie endete erst, als Karl V. im Jahr 1546 den Welsern das Souveränitätsrecht wieder entzog. Daraufhin wurden die Provinzverwaltung und der Bischofssitz nach Caracas verlegt. Coro musste 1602 auch die Hauptstadtwürde an die im Osten aufblühende Stadt abtreten und verlor zunehmend an Bedeutung.
Erst im 18. Jh. setzte, ausgelöst durch den Handel mit den niederländischen Antillen, erneut ein wirtschaftlicher Aufschwung ein. Die meisten der in Coro noch erhaltenen Kolonialbauwerke stammen aus dieser Zeit, als die Stadt durch diese Handelsbeziehungen zu erneutem Wohlstand gekommen war. Die enge Bindung an die Holländer fand auch Einzug in die Architektur, niederländische Stilelemente in der Fassadengestaltung sind unverkennbar.
Zu den sehenswerten Gebäuden der Stadt zählen die festungsartig erbaute Kathedrale und die Plaza de San Clemente, auf der die erste Messe in Venezuela gelesen worden sein soll.
Die Casa de las Ventanas de Hierro, ein lang gestrecktes herrschaftliches Wohnhaus mit in Spanien gefertigten eisernen Fenstergittern und einem prachtvollen Portal, zählt zu den bedeutendsten barocken Bauwerken der Kolonialkunst; aber auch hier ist der holländische Einfluss – an den sich nach oben verjüngenden Zierpfeilern – zu erkennen.

Nationalpark Canaima 701

Die einzigartige Landschaft der Gran Sabana mit dem höchsten Wasserfall der Welt, dem Salto Angel, ist unbestritten eine der schönsten Gegenden Venezuelas.

Lage: O-Venezuela
Ausdehnung: 30 000 km²

Canaima – dieser Name verheißt in der Sprache der hier lebenden Kamarokoto-Indianer nichts Gutes: Er ist die Verkörperung der finsteren Gottheit, die alles Böse der Welt in sich vereinigt.
Doch der Eindruck täuscht: Der Nationalpark erstreckt sich über die grandiose Landschaft der Gran Sabana. Neben dem gewaltigsten Tafelberg der Welt, dem über 2000 m hohen Auyán-Tepuy, stürzt von dessen Nordostflanke der höchste Wasserfall der Welt, der Salto Angel, 948 m in die Tiefe. Der katalanische Kapitän Félix Cardona Puig war der erste Weiße, der den Cherún-Merú, wie der Fall in der Sprache der Eingeborenen heißt, entdeckte. Benannt aber wurde er nach dem amerikanischen Piloten Jimmy Angel, der ihn Mitte der 30er-Jahre von seiner einmotorigen Propellermaschine aus erblickte.
Zahlreiche weitere Wasserfälle sind im feuchten tropischen Regenwald des Parks verborgen – auch sie nicht minder spektakulär. Diese atemberaubenden Naturmonumente sind in die dichte Dschungelvegetation des tropischen Regenwaldes eingebettet – ein Naturpark von grandioser Schönheit, in dem zahlreiche Schmetterlinge, Kolibris, Papageien und schätzungsweise 4000 Orchideenarten zu Hause sind. Der weitaus überwiegende Teil der Tier- und Pflanzenarten in den höheren Lagen des Schutzgebiets kommt nur hier vor.

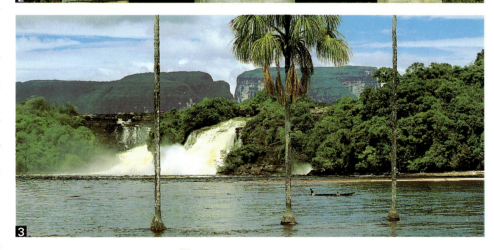

1 Kolumbien: Wasserfall im unzugänglichen Regenwald

2 San Agustín: Am Eingang der Dolmengräber stehen große Steinstatuen in Menschengestalt, vereinzelt sieht man auch Tierfiguren. Da nichts über die Mythologie von San Agustín bekannt ist, bleibt ihre Bedeutung rätselhaft.

3 Venezuela: die Lagune von Canaima im gleichnamigen Nationalpark, einem der größten Schutzgebiete der Welt

Ecuador
Galápagos

Ecuador

Galápagos-Inseln 1

Die rund 30 Vulkaninseln des Galápagosarchipels sind aufgrund ihrer isolierten Lage vor der Westküste Ecuadors ein lebendiges Schaubild der Evolution.

Lage: Pazifik, 1000 km westl. vor Ecuador
Ausdehnung: 7812 km²

Die Inseln vulkanischen Ursprungs haben sich vor mehreren Millionen Jahren aus dem Meer gehoben. Begünstigt durch die auf das Archipel zulaufenden Meeresströmungen und Passatwinde, setzte bald die Besiedlung durch Pflanzen und Tiere des südamerikanischen Festlands ein. Die geografische Isolation hat optimale Voraussetzungen für eine eigenständige Entwicklungsgeschichte von Flora und Fauna geschaffen.

Charles Darwin verhalf den Galápagos-Inseln mit seinem Besuch 1835 zu weltweitem Ruhm. Die Beobachtung an sich gleicher Finkenarten, die jedoch auf verschiedenen Inseln lebten und dabei ihrer Umgebung entsprechend unterschiedliche Schnabelformen entwickelten, verschaffte ihm neue Erkenntnisse, die in seine Evolutionstheorie eingingen.

Das nur sehr spärlich bewachsene Galápagos ist ein Vogelparadies. Nur wenige Säugetiere haben den Weg hierher gefunden. Dafür leben hier zahlreiche Reptilien. Die meisten der auf den Inseln lebenden Tiere sind endemisch, kommen also nur hier vor. Besonders interessante Arten sind der Galápagospinguin, der flugunfähige Stummelkormoran, der Drusenkopf und die sich von Tang ernährende Meerechse sowie die gefährdete Galápagos-Riesenschildkröte, die ein Alter von über 100 Jahren erreichen kann.

Quito 2

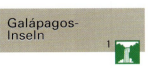

Von allen Hauptstädten Südamerikas hat sich die Altstadt von Quito bis heute am meisten den Charakter einer spanischen Kolonialstadt bewahrt.

Lage: N-Ecuador
Gründung: 1534

Quito ist mit 2850 m nach dem bolivianischen La Paz die am höchsten gelegene Hauptstadt Südamerikas. Schon vor der Inkazeit wurde hier ein Ort von Cara-Indianern bewohnt, doch erst unter dem Inkafürsten Huayna Cápac entwickelte sie sich zum zweitgrößten Verwaltungszentrum des Reiches. Auf der Flucht vor den spanischen Konquistadoren ließen die Inka die bedeutende Stadt zerstören.

1534 gründeten die Spanier über den Ruinen das heutige Quito. Die Altstadt, während der Kolonialzeit Wohnsitz der feineren Kreise, gilt heute als der Ort mit der größten Dichte bedeutender kolonialer Kunstschätze Südamerikas. Von herausragender Bedeutung ist die in der zweiten Hälfte des 16. Jh.s von Fray Jodoco Rike erbaute Kirche San Francisco. Sie ist das größte und älteste Gotteshaus und entstammt der barocken »Schule von Quito«, einem Mischstil verschiedener Epochen. Ebenfalls sehenswert sind die Kathedrale, die Santo-Domingo-Kirche mit der Rosenkranzkapelle sowie die Jesuitenkirche La Compañia de Jesús.

Nationalpark Sangay 260

In den Anden erstreckt sich der Sangay-Nationalpark über Höhen von 1000–5000 m. Hier leben viele seltene Pflanzen und Tiere.

Lage: Zentral-Ecuador
Ausdehnung: 2500 km²

Inmitten des auch heute noch kaum zugänglichen Naturschutzgebiets erheben sich die Vulkane Sangay (5230 m), El Altar (5319 m) und Tungurahua (5016 m). Die Niederschläge, die in dieser Region bei durchschnittlich 4000 mm pro Jahr liegen, lassen in Höhen von bis zu 3000 m ein fast undurchdringliches Dickicht aus Bäumen und Sträuchern entstehen. Daran schließt sich eine Graslandschaft an, die in Lagen ab 4000 m ewigem Schnee weicht.

Die Tierwelt im Park profitiert von der Isolation der ursprünglichen Landschaft. Durch die Urwälder streifen seltene Großkatzen wie Pumas, Jaguare und Ozelots. Auch Bergtapire und Brillenbären kann man mit etwas Glück beobachten.

Huarascán: Die Cordillera Blanca ist die höchste tropische Gebirgskette der Welt.

Peru

Nationalpark Río Abiseo 548

In der einzigartigen Naturlandschaft der charakteristischen Feuchtwälder hat man Gebäudereste einer Kultur der Vorinkazeit entdeckt.

Lage: W-Peru
Ausdehnung: 2745 km²

1983 wurde der auf der Ostabdachung der Zentralkordilleren gelegene Nationalpark eingerichtet. Zu schützen galt es vor allem die außergewöhnliche Flora und Fauna der für diese Region typischen Feuchtwälder. Viele der hier lebenden Pflanzen und Tiere sind endemisch. So war es eine kleine Sensation, als man hier vor einigen Jahren den bis dahin für ausgestorben gehaltenen Gelbschwanz-Wollaffen entdeckte.

Seit 1985 haben Archäologen im dichten Dschungel des Schutzgebietes in Höhen um 2500–4000 m 36 Gebäudekomplexe aus der Zeit vor der Inkaherrschaft ausgegraben, die Einblicke in die damalige Kultur und Gesellschaftsstruktur ermöglichen.

Chanchán 366

Zum Vermächtnis der Chimú-Indianer gehören fantastische Kostbarkeiten aus Gold und Silber und die größte Stadt der Welt, die jemals aus Lehmziegeln gebaut wurde.

Lage: NW-Peru, Pazifikküste
Blütezeit: 1000–1470 n. Chr.

Chanchán, die einstige Hauptstadt des Chimú-Reiches, erstreckte sich über eine Fläche von über 15 km² und wurde während ihrer Blütezeit von mehr als 100 000 Menschen bewohnt. Alle Bauwerke bestehen aus luftgetrockneten Lehmziegeln (Adobes) oder teilweise auch aus mit Muschelkalk durchsetzten Tonzementplatten, den Tapias.

Die Stadt besaß neben einem Hafen auch ein raffiniertes Kanal- und Aquäduktsystem, das die Wasserversorgung aus dem Hinterland gewährleistete. Das Zentrum der Stadt bestand aus zehn mit bis zu 12 m hohen Mauern umgebenen Stadtvierteln. Man vermutet, dass jedes dieser Ciudadelas genannten Viertel das Grabheiligtum eines Chimú-Herrschers darstellt.

Was sich im Baudekor der mit Modeln verzierten Adobemauern nur ansatzweise zeigt, kommt in der Keramik sowie der Gold- und Silberschmiedekunst der Chimú deutlicher zum Vorschein: ihr Sinn für plastische Formgebung. Sehr viele der damals aus Edelmetall gefertigten Kostbarkeiten fielen den spanischen Eroberern in die Hände. Aus Unwissenheit und Habgier schmolzen sie einen Großteil der gefundenen Totenmasken und Schmuckstücke ein. Heute können lediglich die histori-

Peru
Lima

Unweit von Trujillo befinden sich die Ruinen der Chimú-Hauptstadt Chanchán. Die im 12. oder 13. Jh. gegründete Stadt wurde zunächst von den Inka erobert und verfiel dann nach der Unterwerfung Perus durch die Spanier. Ausgrabungen förderten groß angelegte, labyrinthische Bauwerke zu Tage, die aus luftgetrockneten Lehmziegeln errichtet wurden. Die genaue Funktion der einzelnen Gebäude ist bis heute nicht eindeutig geklärt.

Nationalpark Huascarán 333

Das Schutzgebiet zwischen den verschneiten Gipfeln der Cordillera Blanca mit Höhen über 6000 m ist die Heimat einer der größten und ältesten Bromelienarten der Welt.

Lage: W-Peru
Ausdehnung: 3400 km²

Majestätisch erhebt sich der schneebedeckte Gipfel des 6768 m hohen Huascarán, des höchsten Bergs von Peru, in dem nach ihm benannten Nationalpark. Die Landschaft der Cordillera Blanca fasziniert durch ihre gigantischen Gletscher, stillen Bergseen, tiefen Schluchten und reißenden Wildbäche.
Die hier lebenden Tiere, vor allem Brillenbären, Chinchillas, Alpakas sowie der Andenkondor, haben sich im Laufe der Zeit optimal an die Gegebenheiten dieser kargen Bergwelt angepasst.
Die Vegetation, die bis in Höhen von 4000 m vorstößt, beinhaltet neben vielen seltenen Kakteen eine botanische Rarität, die Puya raimondii. Diese weltweit größte Bromelienart, die zur Familie der Ananasgewächse zählt, blüht nur einmal in ihrem Leben. Dabei bildet sie einen bis zu 10 m hohen Blütenstand mit über 20 000 leuchtend weißen Blüten aus, die von Kolibris bestäubt werden. Nach einer etwa dreimonatigen Blütezeit ist die Pflanze ausgezehrt und stirbt langsam ab.

Lima 500

Während der Kolonialzeit war Lima die größte Stadt Südamerikas. Trotz wiederholter Erdbeben blieben bis heute zahlreiche Kolonialbauten erhalten und vermitteln so ein Bild der einstigen Pracht.

Lage: W-Peru
Gründung: 1535

Lima wurde am Dreikönigstag des Jahres 1535 von Francisco Pizarro, dem Eroberer Perus, gegründet. Die Stadt entwickelte sich dank der küstennahen Lage rasch zur prächtigsten und kultiviertesten Metropole der »Gobernación de Nueva Castilla«. Die gefürchtete Inquisition hatte hier von 1570–1820 ihren Sitz. Aus dieser Zeit stammen auch die prachtvollsten der Herrscherhäuser, Klöster und Kirchen, denen Lima den Namen »Perle des Pazifiks« verdankt.
1672 wurde die Iglesia de San Francisco mit einem dazugehörigen Kloster vollendet. Sie ist Perus größter klerikaler Komplex der Kolonialzeit; ihre Vorderfront gilt als die schönste spanische Kirchenfassade Limas. Das sich anschließende Kloster ist ein eindrucksvolles Beispiel für den spanisch-maurischen Mudéjarstil, der sich durch hufeisenförmige Bögen, prachtvolle Holzdecken und aufwendig geschnitzte Balkone auszeichnet. Zu Beginn des 18. Jh.s setzte sich endgültig der Stil des Barock durch. Es entstanden unter anderem der Palacio de Torre Tagle mit den schönsten geschlossenen holzgeschnitzten Balkonen Limas, die den großen Einfluss der maurischen Kunst auf den andalusischen Barock erahnen lassen, sowie die Kathedrale, in der der Leichnam Pizarros beigesetzt wurde.

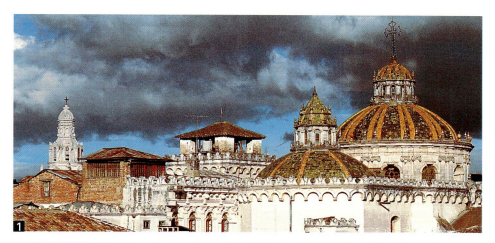

1 Die Altstadt von Quito gilt als das am besten erhaltene historische Zentrum einer lateinamerikanischen Stadt.

2 Galápagos: Die Meerechse ist die einzige Echse, die sich vorwiegend im Meer aufhält.

3 Auf den kleineren der 30 Galápagosinseln gibt es nur spärliche Vegetation.

4 Der Innenraum der Klosterkirche San Francisco in Lima ist mit Stuckornamenten im Mudéjarstil verziert.

Beherrscher der Anden
Das Reich der Inka

Das größte Reich Altamerikas, das sich entlang der südamerikanischen Westküste von Ecuador bis nach Mittelchile erstreckte, wurde 1532 von den Spaniern zerstört. Nur Ruinen zeugen noch von der faszinierenden Zivilisation in den Anden.

Ursprünglich war »Inka« der Name einer Fürstendynastie, die über das Gebiet um die Stadt Cuzco im Hochland von Peru herrschte. Im Jahre 1438 begannen die Inka mit einer gut ausgerüsteten Streitmacht ihre Nachbarvölker zu unterwerfen und sie in einem straff organisierten Großreich zu vereinen.

Der Herrscher, ebenfalls »Inka« genannt, besaß uneingeschränkte Macht. Man verehrte ihn als Herabkunft des Sonnengottes auf Erden. Alle Tempel im Reich waren ihm geweiht. Sein Herrschaftsgebiet war in Provinzen unterteilt, Statthaltern und einem effektiven Beamtenapparat war die Verwaltung übertragen. Eine einheitliche Amtssprache, Quechua, und ein gut ausgebautes Straßennetz gewährleisteten die Kontrolle des riesigen Staatsgebietes.

Zur Nachrichtenübermittlung bediente man sich Botenläufern, die in Stützpunkten entlang der Hauptstraßen stationiert waren und innerhalb weniger Tage Botschaften aus den entlegensten Gegenden des Reiches in die Hauptstadt tragen konnten.

Trotz dieser herausragenden Errungenschaften auf dem Gebiet der Verwaltung und Technik entwickelten die Inka nie eine Schrift. Stattdessen verwendete man die so genannten Quipus, farbige Knotenschnüre.

Der Großteil der Bevölkerung im Inkareich lebte von der Landwirtschaft. An Berghängen legte man Terrassenfelder mit Stützmauern an, die Schutz vor Erosion boten. Der Boden wurde von den Bauern eines Dorfes gemeinschaftlich bearbeitet, zwei Drittel ihrer Ernteerträge mussten sie an den Staat abführen.

Cuzco wurde zur repräsentativen Hauptstadt des Inkareiches ausgebaut. Hier konzentrierte sich die herrschende Elite des Landes. Handwerker fertigten Luxusgüter wie Gold-

und Silberschmiedearbeiten, Keramiken und Textilien für den Hof und die Oberschicht. Von den Palästen, Tempeln und Festungsanlagen Cuzcos sind nur Mauerreste erhalten geblieben, denn die Stadt wurde mehrfach von Erdbeben heimgesucht. Berichte der spanischen Eroberer schildern die prachtvolle Ausstattung der Paläste und sogar einen Tempelgarten voller Pflanzen aus purem Gold. All diese Kostbarkeiten wurden von den Konquistadoren geraubt und eingeschmolzen.
Die Bauten der Inka sind ebenso schlicht wie monumental. Mächtige, glatt behauene Steinblöcke fügen sich so nahtlos aneinander, dass die Fugen kaum wahrnehmbar sind. Charakteristisch ist die Trapezform der Fenster und Türen.
Besonders gut ist diese Architektur in Machu Picchu erhalten. 1911 wurde die verlassene Inkastadt im peruanischen Hochland entdeckt. Versteckt in 2700 m Höhe, war sie von den Verwüstungen der Spanier verschont geblieben.
Machu Picchu bildet den Endpunkt einer über 4000-jährigen Geschichte indianischer Hochkulturen in der Andenregion. In Ecuador fand man Terrakottafiguren, die sich bis etwa 3000 v. Chr. zurückdatieren lassen. Die Kulturen von Chavín (1250–400 v. Chr.) und Moche (200 v. Chr.–700 n. Chr.) hinterließen Pyramiden und Stadtanlagen. Die Nazca-Kultur (200 v. Chr.–600 n. Chr.) gibt mit ihren riesigen Erdzeichnungen der Wissenschaft noch immer Rätsel auf. Das Reich der Chimú (1000–1470) mit seiner Metropole Chanchán wurde schließlich von den Inka vereinnahmt. Kulturell hatten diese Völker den Boden für die Inka bereitet. 1532 endete dieses Kapitel amerikanischer Geschichte. Angelockt vom sagenhaften Goldreichtum, übernahmen die Konquistadoren die Herrschaft.

1 Gr. Bild: Hoch in den peruanischen Bergen liegt Machu Picchu, eine der großen Inka-Städte. Erst 1911 wurde die Ruinenstätte entdeckt.

2 Kl. Bild: »Haus der drei Fenster zur aufgehenden Sonne« am heiligen Platz von Machu Picchu

3 Die Ruinenstätte Pisac bei Cuzco in den Anden Süd-Perus war einst eine bedeutende Inka-Festung.

4 Cuzco, Ruinen der Festung Sacsayhuamán: Quechua, die Reichssprache der Inka, wird von den Bauern in den Anden noch heute gesprochen.

5 Die Inka verfügten über ein hervorragendes Wegenetz zum Transport von Waren, Nachrichten und Truppen.

Peru
Chavín

Chavín

Die Chavín-Epoche, eine der ältesten und bedeutendsten altamerikanischen Kulturen, beeindruckt durch ihre ausgereifte Architektur und perfekte Steinbearbeitung.

Lage: W-Peru
Gründung: um 1250 v. Chr.

Das Zentrum dieser Kultur, deren Einfluss sich im gesamten mittleren Andenraum nachweisen lässt, lag nahe dem heutigen Ort Chavín de Huantar auf 3200 m Höhe in den Cordillera Blanca. Die Blütezeit wird auf 1000–400 v. Chr. geschätzt.

Das Kultzentrum wurde um einen älteren Tempel herum im Laufe der Zeit mindestens zweimal erweitert. Die Zeremonialhandlungen wurden auf einem großen, quadratischen und leicht abgesenkten Platz vorgenommen. Von dort gelangt man durch ein imposantes Eingangstor, das von zwei reliefierten Rundsäulen flankiert wird, in den Haupttempel. Dessen Außenmauern wurden aus sorgfältig behauenen vulkanischen Steinblöcken erbaut, die in etwa 9 m Höhe mit raubtier- und vogelartigen Wesen geschmückt waren.

An das Castillo schließt sich ein älterer pyramidenartiger Tempelbau an. Davor liegt ein kleinerer Hof, der für religiöse Zeremonien genutzt wurde. Von dort gelangt man über Treppen in ein unterirdisches Gangsystem. Zwei der inneren Galerien kreuzen sich am so genannten großen Standbild, einer 4,53 m hohen Granitstele, die mit Chavín-Göttern, halb menschlichen Raubtiergestalten, verziert ist.

Nationalpark Manú

In diesem abgeschiedenen Urwald leben neben 850 Vogelarten auch so seltene Tiere wie der Riesenotter und die Flussschildkröte.

Lage: SO-Peru
Ausdehnug: 18 000 km²

Der 1973 eingerichtete und größte Nationalpark Perus erstreckt sich überwiegend entlang dem baumartig verzweigten Flusssystem des Río Manú, einem Nebenstrom des Amazonas, und des Río Alto Madre de Dios. Dieser weitgehend unberührt gebliebene Regenwald ist ein wahres Tierparadies. Im 365 km langen Manú leben noch die vom Aussterben bedrohten, bis zu 2 m langen Riesenotter sowie die andernorts längst ausgerotteten Flussschildkröten.

Auf den Bäumen dösen kopfüber hängend die dreizehigen Faultiere, die das Geäst nur einmal in der Woche verlassen um ihre Notdurft zu verrichten. Das Gürteltier, das sich bei Gefahr zusammenrollt, erbeutet Insekten und Würmer. Der Nasenbär durchstreift auf der Suche nach Früchten, Vögeln und Insekten in Gruppen von bis zu 30 Tieren die Bergwälder.

850 Vogelarten hat man bis heute im Manú-Nationalpark gezählt, darunter Harpyien, die größten Adler der Tropen, farbenprächtige Tukane oder bunte Aras, die in großen Schwärmen leben.

Machu Picchu

Inmitten einer faszinierenden Landschaft gelegen, ist Machu Picchu die vielleicht schönste Ruine einer Inka-Stadt in Südamerika.

Lage: S-Peru
Gründung: um 1450 n. Chr.

1911 wurde Machu Picchu von dem Amerikaner Hiram Bingham entdeckt. Rätselhaft wirkte alles an dieser im tropischen Urwald versteckten Inkastadt, die wie ein Adlerhorst auf einer abgeflachten Bergkuppe in 2430 m Höhe ruht. Die Faszination dieser 400 m über dem Tal des Río Urubamba liegenden Ansiedlung geht nicht allein von den gut erhaltenen Bauwerken aus, sondern auch vom einzigartigen Zusammenspiel von Architektur und Natur. Die Bauten passen sich in hervorragender Art und Weise den Bergrücken und Unebenheiten des Geländes an.

Nazca: Dieser »Kandelaber« könnte einen Lebensbaum darstellen.

Über die wahre Bedeutung dieser Stadt, deren Name in Vergessenheit geriet und die von den spanischen Eroberern nie entdeckt wurde, wird auch heute noch spekuliert. Vielleicht war es ein Versuch der Inka auch die östlichen Hänge der Anden zu kolonisieren. Sicher ist nur, dass die Stadt etwa um 1450 erbaut und bereits 100 Jahre später wieder verlassen wurde.

Die Anlage unterteilt sich in zwei Bereiche: in die Landwirtschaftszone mit am Berghang angelegten Terrassenfeldern und einem ausgeklügelten Bewässerungssystem sowie in den unbefestigten städtischen Bezirk mit Palästen, Tempeln und Wohnhäusern. Die beeindruckendsten Monumente sind zweifellos das Sonnenobservatorium und der Runde Turm.

Da mit der Geschichte der Stadt auch ihr Name in Vergessenheit geraten war, gab ihr Bingham in Anlehnung an die Lage unter dem Huayna Picchu, dem »jungen Gipfel«, den Namen Machu Picchu: »alter Gipfel«.

Cuzco

Gegen Ende des 12. Jh.s erklärte der legendäre Inkaherrscher Manco Capac diese Stadt zur Hauptstadt seines mächtigen Reiches.

Lage: S-Peru
Eroberung: 1533

Cuzco ist eine der ältesten noch bestehenden Städte der Neuen Welt. Bereits um das Jahr 1000 v. Chr. besiedelten Ackerbau treibende Völker diese Region, die 2000 Jahre später zum Kernland eines mächtigen Imperiums werden sollte. Zu Beginn des 12. Jh.s erklärte Manco Capac, der erste Inka, den Ort zur Hauptstadt. In den folgenden 300 Jahren entwickelte sie sich zur prunkvollsten Stadt im ganzen Reich.

Zahlreiche Paläste und Tempel sollen mit Gold- und Kupferplatten verkleidet gewesen sein. Cuzco war in damaliger Zeit das politische, religiöse und kulturelle Zentrum des bedeutendsten Staatswesens Südamerikas, das sich über Teile von Kolumbien, Ecuador, Bolivien, Argentinien, Chile und Peru erstreckte.

1533 eroberte der Spanier Francisco Pizarro die Stadt. Sie wurde zerstört und Missionare erbauten über den Ruinen der Inkastadt ihre Kirchen und Klöster. Über den Resten des Sonnentempels, dem zentralen Heiligtum des alten Tempelbezirks, wurde das Santo-Domingo-Kloster errichtet. Der Bau zeigt eindrucksvoll, wie die Spanier versuchten die Religion der Inka durch ihre eigene, christliche zu ersetzen.

Die Plaza de Armas, zur Inkazeit Mittelpunkt und Schauplatz religiöser Festlichkeiten, hat sich ihren kolonialzeitlichen Charakter bis heute bewahrt. Die Jesuitenkirche La Compañia, auf den Grundmauern des Palastes des Inka Huayna Cápac errichtet, ist mit ihrer Kuppel eine der schönsten Barockkirchen Perus.

Nazca

Die Hinterlassenschaften der Nazca-Kultur sind meisterhafte Keramiken und die rätselhaften gigantischen Scharrbilder an den Berghängen.

Lage: S-Peru
Blütezeit: 100–600 n. Chr.

Das Zentrum der Nazca-Kultur lag etwa 500 km südlich von Lima im Tal des Río Grande. Im hier herrschenden Wüstenklima haben sich viele Leichen und Trophäenköpfe erhalten. Letztere sind offenbar eine Besonderheit der Nazca-Kultur. Vermutlich glaubte man, dass die Kraft des Unterlegenen auf den Sieger überging, wenn man dessen Kopf am Gürtel oder am Knie trug.

Im 5.–6. Jh. erreichte die Herstellung bemalter Keramik ihren Höhepunkt. Die damals gefertigten Tongefäße zählen zu den kunstvollsten in Altperu. Im Mittelpunkt der abstrahierenden Darstellungen stehen fliegende Kreaturen, Tausendfüßler, Würmer und von Vogelklauen gefangene Menschen. Zum Bemalen der Tonware

Brasilien
Salvador de Bahia

wurden verschiedene Angussfarben verwendet, darunter weder Blau noch Grün.
Eines der größten archäologischen Geheimnisse der Nazca-Kultur sind die bis zu 2000 m langen linearen Scharrbilder geblieben. Die durch Abtragen der dunklen Kieskruste entstandenen Bilder, unter denen man auch Tierdarstellungen identifizieren kann, sind nur vom Flugzeug aus zu erkennen. Manche Forscher deuten sie als astrologisch-religiöse Darstellungen, die den Priestern als Kalendarium gedient haben könnten.

Brasilien

Olinda 189

Mit der von den Portugiesen gegründeten Stadt begann in dieser Region die Zuckerrohrindustrie, deren Höhepunkt erst im 18. Jh. nach der Eroberung durch die Holländer erreicht wurde.

Lage: NO-Brasilien
Gründung: 1535

Schnell entwickelte sich Olinda nach der Gründung durch die Portugiesen zum Zentrum der Kolonien in Nordost-Brasilien. Anfang des 17. Jh.s eroberten die Niederländer die Gebiete im Nordosten und damit auch Olinda. Zuerst brannten sie die Stadt nieder, bauten sie dann aber im holländischen Stil wieder auf. Während der niederländischen Kolonisation wurde Olinda zur vornehmen Metropole der »Mühlenherren«, wie die Herrscher aus Holland genannt wurden.
Nach der Niederlage der holländischen Kolonialtruppen bei Guararapes im Jahr 1654 beanspruchten die Portugiesen Olinda wieder für sich. Die meisten bedeutenden Bauwerke stammen aus dieser Zeit. Das Kloster São Francisco, 1585 gegründet, ist die älteste Franziskaner-niederlassung in Brasilien und wurde nach der Zerstörung durch die Holländer im 17. Jh. im portugiesischen Stil wieder aufgebaut und erweitert. Die Kathedrale Igreja da Sé beherbergte die erste Pfarrei des Nordostens. Das Benediktinerkloster São Bento ist mit seinen prachtvollen gold verzierten Innenräumen ein Meisterwerk des Spätbarock. Mit ihrem Nebeneinander von Kirchen, Klöstern und alten Kolonialhäusern sowie vielen gepflegten Gärten ist Olinda bis heute eine der schönsten Städte Brasiliens.

Salvador de Bahia 309

Bis 1763 war Salvador de Bahia die Hauptstadt Brasiliens. Ihr Wohlstand beruhte auf dem Handel mit Tabak, Zuckerrohr, Kakao und afrikanischen Sklaven.

Lage: NO-Brasilien
Gründung: 1549

1501 legte der italienische Seefahrer Amerigo Vespucci dort an, wo knapp 50 Jahre später Salvador de Bahia de Todos os Santos, die Stadt des »Erlösers der Allerheiligenbucht«, gegründet wurde. Die hier lebenden Ureinwohner kamen zumeist bei Strafexpeditionen ums Leben.
Zur Bewirtschaftung der ausgedehnten Zucker- und Tabakplantagen benötigte man zahlreiche Arbeitskräfte, die man nicht allein aus der indianischen Bevölkerung rekrutieren konnte. So »importierte« man Afrikaner. 1558 fand hier einer der ersten Sklavenmärkte der Neuen Welt statt.

1 Entlang den Ufern des Manú, einem Nebenfluss des Amazonas, erstreckt sich der riesige Nationalpark gleichen Namens.

2 Salvador de Bahia: Zahlreiche kleinere Kirchen bereichern das Stadtbild.

3 Olinda mit ihren barocken Kirchen und Klöstern ist eine der ältesten Städte Brasiliens.

4 Cuzco: Die Wehrmauern der Inka-Festung Sacsayhuamán waren im 16. Jh. kein Hindernis für die Konquistadoren.

193

Brasilien
Serra da Capivara

1624 nahmen die Holländer die Region um die Stadt Salvador im Handstreich ein, mussten sie aber bereits ein Jahr darauf wieder verlassen.

Das »Rom der Schwarzen«, Salvadors unschmeichelhafter Beiname aus der Zeit des Sklavenhandels, besteht aus einer Ober- und einer am Fuß der 80 m hohen Steilküste liegenden Unterstadt. Am Meer befand sich das Hafen- und Geschäftsviertel, darüber lagen hauptsächlich die Paläste und Kirchen.

Steile Treppen, Gassen und Pfade verbinden die Stadtteile auch heute noch miteinander. Salvadors Oberstadt ist das größte geschlossene Viertel barocker Baukunst in Brasilien. Die Behauptung, Salvador besäße so viele Kirchen wie das Jahr Tage, ist zwar übertrieben, doch zeugen immerhin 166 Kirchen von einer ruhmreichen Vergangenheit. Zu den beeindruckendsten Bauwerken zählen die Kathedrale mit ihren prunkvollen Seitenaltären, Sakralmalereien und der vergoldeten Kassettendecke, die Kirche São Francisco, die wegen ihrer gold gefassten Schnitzereien im Innenraum gerühmt wird sowie das Karmeliterkloster mit einer der schönsten Sakristeien Brasiliens.

Die Stadt am Meer ist die vielleicht exotischste und exzentrischste des Landes. Über zwei Drittel der Einwohner sind Nachfahren schwarzer Sklaven und so wurde die Stadt zum Schmelztiegel europäischer und afrikanischer Religionen, Riten und Kulte.

Nationalpark Serra da Capivara 606

In der Bergregion der Serra da Capivara hat man die ältesten archäologischen Siedlungsspuren des amerikanischen Kontinents gefunden.

Lage: NO-Brasilien
Alter: 50 000 Jahre

Prähistorische Menschen hinterließen in der Serra da Capivara, einer Gebirgskette im Nordosten des Landes, die ersten Spuren ihres Daseins auf diesem Kontinent: In den Höhlen von Piauí entzündeten sie nachweislich ein Feuer.
Dies sind die ältesten jemals in Amerika gefundenen Hinweise auf eine vorgeschichtliche Besiedlung. Das beweist, dass der Kontinent schon viel früher als bisher vermutet bewohnt war. Nach neuesten Grabungsfunden haben diese Ureinwohner nicht in Höhlen, sondern in offenen Siedlungen in der Savanne gelebt.
Sie gingen auf die Jagd und beherrschten das Töpferhandwerk, wie geborgene Tonscherben belegen. Außerdem wurden Felsmalereien entdeckt, die um 17 000 v. Chr. datiert werden können.

Brasília: das markante Parlamentsgebäude »Congresso Nacional«

Brasília 445

Brasília, nach den damals modernsten städtebaulichen Aspekten geplant, wurde Mitte der 50er-Jahre in nur drei Jahren Bauzeit aus dem Boden gestampft.

Lage: Zentral-Brasilien
Einweihung: 1960

Inmitten der savannenartigen Cerrados wurde 1960 nach nur dreijähriger Bauzeit die neue Hauptstadt Brasília eingeweiht. Oscar Niemeyer und Lucio Costa, die beiden Chefarchitekten und obersten Stadtplaner Brasiliens, wollten eine Metropole auf der Höhe der Zeit erschaffen: modern, progressiv, geradeaus, funktionell und grenzenlos.
Die Verlegung der Hauptstadt ins Landesinnere sollte einen spürbaren Impuls für die Erschließung des Binnenlandes geben.
Zweifellos imposant ist das scheinbar über dem Wasser schwebende Empfangsgebäude des Palacio do Itamarati, dem Sitz des Außenministeriums. Das Symbol Brasiliens, der Congresso Nacional, wurde in Form einer gigantischen Waage gebaut. Die Schale, das Abgeordnetenhaus, und die Kuppel, der Senat, werden durch die asymmetrische Anordnung zweier Türme in der Mitte optisch im Gleichgewicht gehalten. Gewiss sind viele der Bauwerke architektonische Meisterleistungen. Doch mit den futuristisch anmutenden Gebäuden, dem geometrischen Grundriss und der architektonischen Einförmigkeit ist Brasília heute ein Monument der vergangenen Zukunft.

Ouro Prêto 124

Die Goldvorkommen lösten Ende des 17. Jh.s in der Stadt Ouro Prêto einen wahren Goldrausch aus. Viele barocke Kunstschätze zeugen vom damaligen Reichtum.

Lage: SO-Brasilien
Gründung: 1701

Seine Gründung als Villa Rica, »reiche Stadt«, verdankt Ouro Prêto den enormen Goldvorkommen der Umgebung. Der Ort bekam 1712 die Stadtrechte verliehen und hatte bis 1897 als Hauptstadt der Kapitanie Minas Gerais großen Einfluss auf die Geschicke des Landes. In dieser Zeit entstanden viele einzigartige und kostbare Barockkirchen, die Vorboten des kolonialen Rokokostils sind, darunter die Igreja de São Francisco de Assis, der bedeutendste Sakralbau Brasiliens. Entworfen wurde dieses Meisterwerk von Antônio Francisco da Costa Lisboa (1730–1814), der zahlreiche Bauten in der Minas Gerais schuf.
In Ouro Prêto stammen noch weitere Kirchenbauten aus der Hand des genialen Architekten, so die Nossa Senhora do Monte do Carmo oder die Nossa Senhora da Conceição. Auch der Vater des Künstlers war in der Stadt bereits als Baumeister tätig; er schuf den früheren Gouverneurspalast.

Bom Jesus do Congonhas 334

Jedes Jahr im September ist die im kolonialen Rokokostil erbaute Kirche des Guten Herrn Jesus in Congonhas Ziel vieler Pilger.

Lage: südwestl. v. Ouro Prêto
Baubeginn: 1758

Unweit von Ouro Prêto, in Congonhas do Campo, dem geistigen und künstlerischen Zentrum der Minas Gerais, steht die kleine Wallfahrtskirche Bom Jesus do Congonhas. Das Kirchenschiff ist mit zahlreichen Tafelbildern und Deckenmalereien im Rokokostil ausgeschmückt, Figurengruppen in sieben angrenzenden Kapellen zeichnen mit sehr plastischen Schilderungen den Leidensweg Christi nach.
Die unübertroffenen Glanzstücke dieses kunsthistorischen Kleinods sind jedoch die lebensgroßen Apostelfiguren, die den Aufgang der Außentreppe säumen. Diese Meisterwerke einer spätbarocken, kolonialen Bildhauerei wurden von Antônio Francisco Costa di Lisboa im Alter von 61 Jahren geschaffen. Dieser für die Kapitanie Minas Gerais bedeutende Künstler, Sohn eines portugiesischen Architekten, wurde von seinen Zeitgenossen Aleijadinho, »Krüppelchen«, genannt, da Lepra und Skorbut seinen Körper entstellt hatten.
Obwohl er sich kaum fortbewegen konnte und mit seinen verkrüppelten Gliedmaßen Hammer und Meißel nur mühsam bewegen konnte und so auf Gehilfen angewiesen war, erschuf er Skulpturen und Bauwerke von Weltrang, die sich mühelos in die Tradition der großen italienischen, spanischen oder portugiesischen Bildwerke eingliedern lassen.

Nationalpark Iguaçu 355/303

Nur wenige Kilometer vor seiner Mündung in den Paraná stürzt der Iguaçu in eine über 80 m tiefe Schlucht. In zwei Parks – einer befindet sich in Brasilien, der andere auf ar-

Brasília: Die in der geografischen Mitte des Landes gelegene Hauptstadt Brasiliens wurde zwischen 1956 und 1960 nach modernsten städtebaulichen Aspekten konzipiert. Einen Großteil der repräsentativen Gebäude entwarf der brasilianische Architekt Oscar Niemeyer. Dazu zählt auch die wie eine Krone wirkende Kathedrale (links), die zu einem großen Teil unter der Erde liegt. Das Gebäude des Congresso Nacional (rechts) besteht aus zwei 28-stöckigen Türmen.

Bolivien
Jesuitenmissionen

gentinischem Staatsgebiet – wird dieses eindrucksvolle Naturmonument bewahrt.

Lage: Dreiländereck Brasilien–Argentinien–Paraguay
Ausdehnung: 2193 km²

Lange bevor man die Wasserfälle sieht, hört man sie. Erst ein leises Gurgeln, das schnell zu einem ohrenbetäubenden Grollen und Donnern anschwillt. Auf einer Breite von etwa 1 km nähert sich der von üppiger, tropischer Vegetation begleitete Iguaçu – in Argentinien heißt er Iguazú – der hufeisenförmigen Abbruchkante. Schließlich stürzen dort über eine Front von 2700 m Länge die brodelnden und schäumenden Wassermassen mit ungebändigter Gewalt in die Schlucht. Im Sprühnebel der dabei aufgewirbelten Wassertropfen bricht sich das Sonnenlicht und zaubert Regenbogen – ein Naturschauspiel der Superlative. Bis zu 275 einzelne Wasserfälle hat man gezählt.
Darüber hinaus bietet der Nationalpark vielen bedrohten Pflanzen- und Tierarten einen geschützten Lebensraum. Im Schutz der Bäume leben bunte Papageien sowie Steißhühner, während Mauersegler ihre Nester in die zerklüfteten Felsen zwischen die Wasserfälle bauen. Ozelot und Jaguar bevölkern gemeinsam mit Tapiren, Ameisenbären und Nabelschweinarten den üppig wuchernden Regenwald. Und in den unruhigen Gewässern geht der selten gewordene Riesenotter auf Fischfang.

Bolivien

Jesuitenmissionen der Chiquitos 529

Im 17. Jh. errichteten die Jesuiten in Bolivien zahlreiche Missionsdörfer, so genannte Reduktionen, die den hier lebenden, hauptsächlich zur Chiquito-Sprachgruppe gehörenden Ureinwohnern Schutz vor den spanischen Konquistadoren und den Sklavenhändlern bieten sollten.

Lage: O-Bolivien
Gründung: ab 1692

In den weiten Schwemmlandebenen Ostboliviens gründeten die Jesuiten bis 1760 zehn so genannte Reduktionen, Siedlungen in denen sie verschiedenen Indianervölkern Schutz boten. Als Verkehrssprache wurde das Chiquito üblich. Die Jesuiten nahmen den von der spanischen und der portugiesischen Krone übertragenen Missionsauftrag gegenüber den Indianern im theologischen Sinne sehr ernst. In der gemeinsamen Gestaltung des Alltags sahen die Jesuiten die Grundlage einer Bekehrung der Ureinwohner zum Christentum.
Das Leben in den Dörfern war durch Arbeitsteilung geprägt. Die wie Kinder behandelten »Chiquitos« bestellten die Felder, die Jesuiten übernahmen vor allem administrative Aufgaben. Die Gemeinschaften waren wirtschaftlich erfolgreich und zogen bald die Missgunst der Sklavenhändler auf sich. Von 1727–1731 wurden allein neun Reduktionen überfallen und über 60 000 Indios verschleppt. Viele Reduktionen sind nur noch als Ruinen erhalten, so auch San Francisco Javier, San Miguel, San Rafael und San José.

1 Den Treppenaufgang der barocken Wallfahrtskirche **Bom Jesus do Congonhas,** die um 1771 vollendet wurde, säumen lebensgroße Statuen der zwölf Apostel. Sie sind das Werk des Bildhauers und Architekten Aleijadinho.

2 Iguaçu: Rund um die einzigartigen Wasserfälle erstreckt sich der Nationalpark mit einem der reichsten Ökosysteme der Erde. Viele seltene Schmetterlings- und Kolibriarten sind im tropischen Regenwald heimisch.

3 Der einst bedeutende Goldgräberort Ouro Prêto wartet heute mit anderen Schätzen auf: Die großartigen Kunstwerke des Barock und des Rokoko sowie die architektonische Einheit machen die Stadt unverwechselbar.

Die Kordilleren Südamerikas
Die Anden

Die Hochgebirgskette erstreckt sich über das gesamte westliche Küstengebiet des südamerikanischen Kontinents. Sie entstand im Zuge lang anhaltender Bewegungen der Erdkruste.

Die »Cordilleras de los Andes« sind das längste Kettengebirge der Welt. Sie erstrecken sich von Feuerland bis nach Venezuela, wo sie in den Atlantik versinken, über eine Länge von gut 7500 km. Das Gebirge bedeckt eine Fläche von etwa 2 Mio. km². Fast immer ziehen sich zwei, bisweilen drei Kordilleren nebeneinander her – mit einer durchschnittlichen Breite von 250 km; im Dreiländereck Chile, Bolivien, Peru sind die Anden sogar 750 km breit. Die mittlere Höhe liegt bei 4000 m; etwa 40 Gipfel sind über 5000 m hoch.

Der höchste Gipfel der Anden ist mit 6959 m der Aconcagua. Über die Hälfte dieser Giganten sind vulkanischen Ursprungs, einige speien auch heute noch Feuer und Asche. So auch der Cotopaxi in Ecuador, mit 5897 m der höchst aktive Vulkan der Erde.

Die Anden sind ein sehr junges Gebirge. Beim Aufeinandertreffen zweier tektonischer Platten tauchte die leichtere, ozeanische unter die schwerere, kontinentale Platte ab. Dabei schoben sich riesige Gesteinsverbände zusammen und wurden dann in die Höhe gehoben. Der Prozess der Gebirgsbildung war von heftigen Erdbeben und Vulkanausbrüchen begleitet. Seinen Höhepunkt erreichte er vor rund 65 Mio. Jahren. Die vielen Vulkane, Geysire und Erdbeben der Anden zeigen deutlich, dass der südamerikanische Kontinent noch nicht zur Ruhe gekommen ist.

Zwischen der westlichen und der östlichen Kordillere erstreckt sich die durchschnittlich 4000 m über dem Meeresspiegel liegende Hochebene des Altiplano, die von Peru bis Bolivien reicht.

Diese Höhe und die damit verbundene dünne Luft und die Kälte machen es der Tierwelt nicht leicht sich anzupassen. Vikunjas, Guanakos und deren domestizierte Formen, die Alpakas und Lamas, haben sich gut auf diesen Lebensraum eingestellt. In den Bergwäldern findet man den Gebirgstapir; selbst in großen Höhen leben die durch ihr dichtes Fell geschützten Chinchillas. Der König der Anden ist natürlich der Kondor mit einer Flügelspannweite von 3 m.

1 Gr. Bild: Der Gletscher Perito Moreno im Nationalpark Los Glaciares kalbt im Sommer riesige Eisblöcke.

2 Kl. Bild: Mächtige Gletscher schieben sich von den Gipfeln wie dem Fitz Roy im argentinischen Nationalpark Los Glaciares herab.

3 Lamas und Alpakas in der Hochebene des Lauca-Nationalparks im Norden Chiles.

Bolivien
Sucre

Sucre
566

Sucre gewann Anfang des 19. Jh.s als ein Zentrum der Unabhängigkeitsbewegung an Bedeutung und wurde später zur Hauptstadt Boliviens.

Lage: S-Bolivien
Gründung: 1538

Nach der Eroberung der Inkastadt Cuzco im Jahr 1533 erließ Francisco Pizarro den Befehl im Süden eine neue Stadt zu gründen. Diese sollte die Lebensmittelversorgung der Kolonie sicherstellen. Sechs Jahre später wurde die Ciudad de la Plata de Nuevo Toledo gegründet. Rasch erblühte der Ort dank der fruchtbaren Böden, dem gemäßigten Klima und der reichen Silbervorkommen in der Umgebung und wurde 1559 zur Hauptstadt der Provinz Charcas.
Im Laufe der Zeit entwickelte sich hier ein geistiges Zentrum. 1624 wurde in einem Jesuitenkloster die Universität gegründet, eine der ältesten in Amerika. Anfang des 19. Jh.s wuchs die Unzufriedenheit gegenüber den spanischen Kolonialherren und so regte sich 1810 der erste Widerstand. Am 2. April 1825 besiegte Antonio José de Sucre die Spanier. Ihm zu Ehren erhielt die Stadt seinen Namen.
Mit dem wirtschaftlichen Zusammenbruch der nahen Silberstadt Potosí ging auch Sucres Blütezeit zu Ende. 1898 zog die Regierung nach La Paz; heute tagt nur noch der Oberste Gerichtshof in Sucre. Viele barocke Kirchen, wie San Miguel, La Merced und San Francisco, bestimmen das Bild der Altstadt.

Potosí
420

Die einstmals größte und reichste Stadt Boliviens verdankte ihren Reichtum den Silbererzen des 4829 m hohen Cerro Rico.

Lage: S-Bolivien
Gründung: 1545

Keine andere Stadt in Südamerika erinnert so sehr an die Zeit der Konquistadoren wie das auf 4040 m Höhe liegende Potosí. Bereits im 17. Jh. besaß sie über 200 000 Einwohner. Unter dem Joch der Spanier mussten Abertausende von Indios das Edelmetall unter menschenunwürdigen Bedingungen abbauen. Anschließend wurde es von Lama- und Maultierkarawanen nach Lima und von dort aus nach Spanien transportiert.
Als Mitte des 18. Jh.s die Silbervorräte erschöpft waren, wurde Potosí zu einer Geisterstadt mit nur mehr 8000 Einwohnern. Erst mit dem Beginn des Zinnabbaus am Anfang des 20. Jh.s wurden erneut Stollen in den Berg gegraben, der das bolivianische Staatswappen ziert. Von der reichen Vergangenheit der Stadt zeugen auch heute noch enge Gassen, wappengeschmückte Herrschaftshäuser, kolonialzeitliche Kirchen und die königliche Münze. Von der spanischen Ausbeutung hingegen die »Barrios Mitayos«, die armseligen Behausungen der gewaltsam rekrutierten Minenarbeiter.

Paraguay

Trinidad de Paraná
648

Die Ruinen barocker Kirchen und indianischer Siedlungen erinnern heute an die einstigen Jesuitenreduktionen.

Lage: S-Paraguay
Gründung: 17. Jh.

Die Geschichte Paraguays beginnt Ende des 16. Jh.s, als die

Kathedrale in der bolivianischen Hauptstadt Sucre

Spanier in das Landesinnere Südamerikas vordrangen. Empfangen wurden sie dort von friedfertigen Ureinwohnern. Der Stamm der Guaraní sah keinen Nachteil darin, sein Gebiet mit den Konquistadoren zu teilen. Da das Land weder Gold- noch Silbervorkommen besaß, bauten die Eroberer nur wenige Garnisonen. Ab Anfang des 17. Jh.s beauftragte das spanische Königshaus Jesuitenpatres die Ureinwohner zum christlichen Glauben zu bekehren. Die Priester bauten kleine, befestigte Siedlungen, so genannte Reduktionen, und lebten dort mit den Guaraní zusammen. Sie unterrichteten die Indios im christlichen Glauben und brachten ihnen handwerkliche und landwirtschaftliche Kenntnisse bei. Die zu dieser Zeit in großer Zahl entstandenen Missionsdörfer trugen der Region die Bezeichnung Jesuitenstaat ein.
1767 veranlasste König Karl III. von Spanien die Vertreibung aller Jesuiten aus den spanischen Kolonien. Damit fand eine über 150-jährige und vielfach vorbildliche Missionsarbeit ihr abruptes Ende. In der Folgezeit erlitten die Guaraní, die von den Jesuiten vor Ausbeutung und Versklavung geschützt worden waren, das gleiche traurige Schicksal wie andere Indianervölker Lateinamerikas.
In den ehemaligen Reduktionen Trinidad de Paraná und Tarangue kann man heute noch im guaraní-spanischen Barockstil erbaute Kirchen besichtigen.

Chile

Nationalpark Rapa Nui
715

Zeugnisse einer untergegangenen polynesischen Kultur sind die meterhohen Tuffsteinfiguren auf der Osterinsel.

Lage: Osterinsel, 3700 km westl. v. Chile
Ausdehnung: 117 km²

Vor rund 2 Mio. Jahren erhob sich inmitten der Weite des Pazifiks der Vulkan Kau. Die dabei entstandene Insel baut sich aus insgesamt 77 kleineren Kratern auf. Mit einer Entfernung von 3700 km zum südamerikanischen Festland und 4750 km nach Tahiti ist sie eine der einsamsten Inseln der Welt. Schon im 1. Jahrtsd. v. Chr. war das Eiland besiedelt. Eine zweite Besiedlung setzte zu Beginn des 12. Jh.s n. Chr. ein, als der sagenumwobene König Hotu Matua mit seinen Gefolgsleuten aus Polynesien hier eingetroffen sein wird.
Die Polynesier, die die Insel Rapa Nui, »Große Insel«, tauften, lebten in Stammesgemeinschaften und errichteten bis ins 17. Jh. Kultstätten. Die Spuren ihrer Kultur sind »Moais«, imposante, bis zu 10 m hohe Skulpturen aus schwarzem Tuffstein, die auf großen Plattformen, so genannten Ahus, stehen. Die Kombination von menschlichen und tierischen Formen in der Gestaltung der Figuren weist eine entfernte Ähnlichkeit mit Kunstwerken mittel- und südamerikanischer Kulturen auf.
Die Beschränktheit des Lebensraums auf der Insel führte im Laufe der Zeit immer wieder zu Stammesfehden, die 1680 in der Zerstörung der Kultstätten und schließlich in der Auslöschung aller Stämme gipfelten. Am Ostermontag des Jahres 1722 erreichte der Niederländer Jacob van Roggeveen die Insel und gab ihr ihren heutigen Namen. Im 19. Jh. verschleppten Sklaventreiber zahlreiche Osterinsulaner; 1822 lebten nur noch 111 Menschen, in Höhlen versteckt, auf Rapa Nui.

Argentinien

Guaraní-Missionen
275/291

In den fünf Missionen fanden die Guaraní-Indianer Schutz vor Sklavenhändlern. Unter Anleitung der Jesuiten lebten sie in den Siedlungen weitgehend selbstverwaltet.

Lage: NO-Argentinien/ S-Brasilien
Gründung: ab 1609

Die »Moai« genannten Steinfiguren bestehen aus schwarzem Tuffgestein. Die sich mit dem Gesicht zum Meer wendenden Statuen reihen sich an den Küsten der Osterinsel auf und gelten als die interessantesten Relikte dieser polynesischen Kultur. Nach internen Kriegen ging diese Kultur um 1750 unter. Auf der Osterinsel gibt es insgesamt etwa 800 solcher Statuen. Die Umstände der Fertigung und die Bedeutung der »Moai« liegen weiter im Dunkeln.

Uruguay
Colonia del Sacramento

Zu Beginn des 18. Jh.s lebten mehrere Tausend Ureinwohner in den Missionssiedlungen der Jesuiten. Neben dem Anbau der Teepflanze Mate, Zitrusfrüchten und Gemüse züchtete man Schafe, Ziegen und Rinder. So waren die christlich-indianischen Dorfgemeinschaften wirtschaftlich unabhängig.

Die jesuitischen Reduktionen San Ignacio Mini, Santa Ana, Nuestra Señora de Loreto und Santa María Mayor in Argentinien und São Miguel de Missões in Brasilien sind alle nur noch als Ruinen erhalten. Einzig San Ignacio Mini wurde bis heute wieder restauriert und kann so ein Bild von der Größe der ursprünglichen Siedlungen vermitteln.

Als der Jesuitenorden 1773 aufgelöst und die Patres vertrieben waren, zogen sich auch die letzten der bis 1812 in den Reduktionen verbliebenen Guaraní wieder in die unzugänglichen Wälder zurück. Ein Großteil der Indios ist in der mestizischen Bauernbevölkerung aufgegangen.

Nationalpark Los Glaciares 145

Alle drei, vier Jahre vollzieht sich im von Gletscherlandschaften dominierten Nationalpark eines der eindrucksvollsten Naturschauspiele der Welt – La Ruptura, der Bruch.

Lage: S-Argentinien
Ausdehnung: 6000 km²

Der Nationalpark zählt zu den atemberaubendsten Gletscherlandschaften Südamerikas. Mit einer Gletscherfläche von rund 20 000 km² wird Los Glaciares von der größten zusammenhängenden Eismasse nördlich der Antarktis bedeckt. Der bekannteste Gletscher in dieser glazialen Urwelt ist der 30 km lange und 5 km breite Perito Moreno, dessen Eismassen erst im 1414 km² großen Lago Argentino enden. Da der Gletscher auch heute noch wächst, schiebt sich seine Zunge langsam über einen Seitenarm des Argentino-Sees hinaus und versperrt auf diese Weise dem Schmelzwasser den Abfluss. Daraufhin steigt innerhalb von 3–4 Jahren der Wasserspiegel um bis zu 30 m an. Hält die zum Teil bis zu 60 m hohe Eismauer dem enormen Druck der Wassermassen nicht mehr stand, folgt ein eindrucksvolles Naturschauspiel: Wie eine gewaltige Explosion entlädt sich die aufgestaute Kraft des Wassers und bahnt sich ihren Weg durch die mächtige Eiswand.

Uruguay

Colonia del Sacramento 747

Trotz ihrer bewegten Geschichte hat sich die kleine Stadt ihren kolonialzeitlichen Charakter bis heute bewahrt.

Lage: SW-Uruguay, Río de la Plata
Gründung: 1679

Colonia del Sacramento, von den Portugiesen gegründet, ist die älteste europäische Siedlung auf dem Gebiet des heutigen Uruguay. Ihre strategisch günstige Lage in der Bucht des Río de la Plata führte immer wieder zu Territorialstreitigkeiten zwischen Spaniern und Portugiesen. Die Folge waren meist Belagerungen und Zerstörungen der Stadt. Erst 1828, mit der Gründung der unabhängigen Republik Uruguay, endete der ständige Streit der beiden Kolonialmächte.

Die auf einer kleinen Landzunge im Río de la Plata liegende Altstadt vermittelt mit kopfsteingepflasterten Straßen, geduckten Kolonialhäusern, schmiedeeisernen Fenstergittern, ruhigen Plätzen und viel Grün an jeder Ecke die Atmosphäre einer Miniaturstadt der Kolonialzeit.

Die zum Teil noch erhaltenen Bastionen San Miguel, San Pedro und Santa Rita sind Zeugnisse der bewegten Geschichte, ebenso wie die Reste der alten Stadtmauer. Als kulturhistorische Besonderheit gilt die aus dem 17. Jh. stammende Kathedrale, die älteste Kirche Uruguays.

1 In etwa 4000 m Höhe liegt die Silberstadt Potosí. Sie wurde nach der Entdeckung der Erzvorkommen in der Mitte des 16. Jh.s gegründet.

2 Nationalpark Los Glaciares: Eine gigantische Kulisse bildet der Gletscher Perito Moreno im argentinischen Teil Patagoniens.

3 Die monumentalen steinernen Moai-Köpfe sind über die gesamte Osterinsel verstreut; hier am Vulkan Raraku.

Atlas

Die in diesem Buch beschriebenen Kultur- und Naturmonumente des Welterbes verteilen sich über den ganzen Erdball. Der nachfolgende physische Atlas der Welt gibt auf zehn Kartentafeln umfassende Orientierung über deren Lage. Die in dem Atlas verwendeten Symbole haben folgende Bedeutung:

● Kreis = Naturmonument der UNESCO,
◆ Raute = Kulturmonument der UNESCO

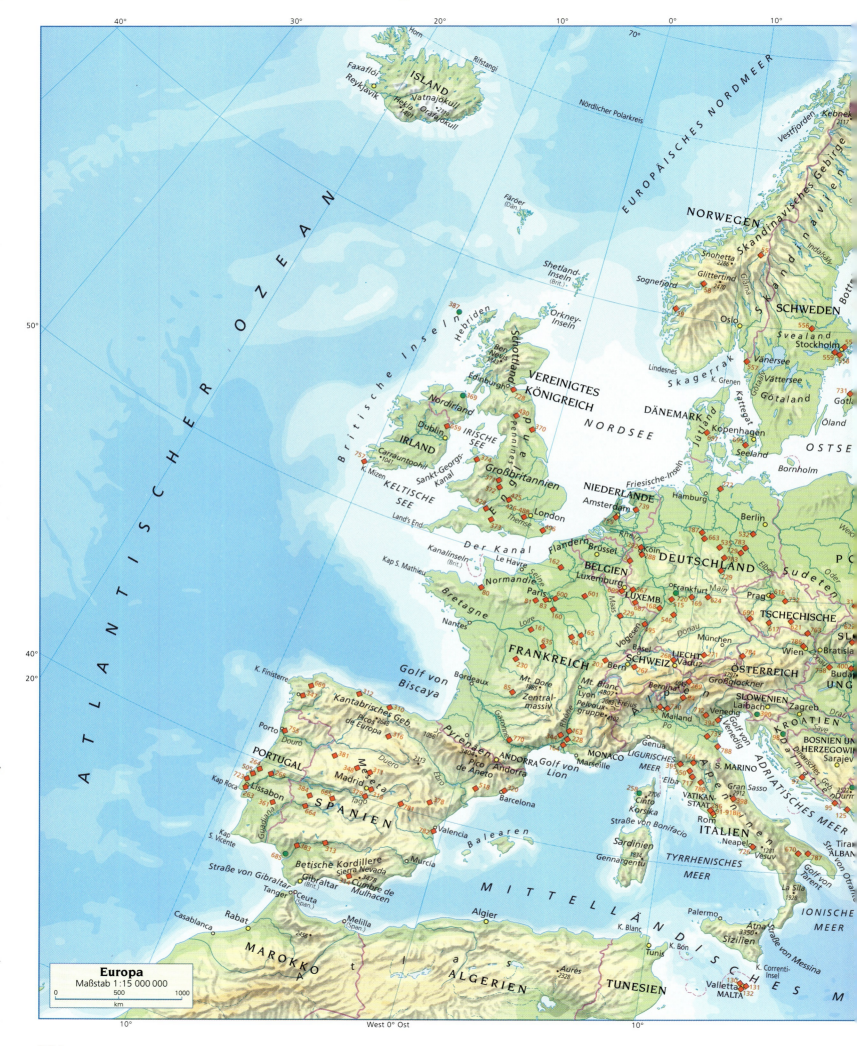

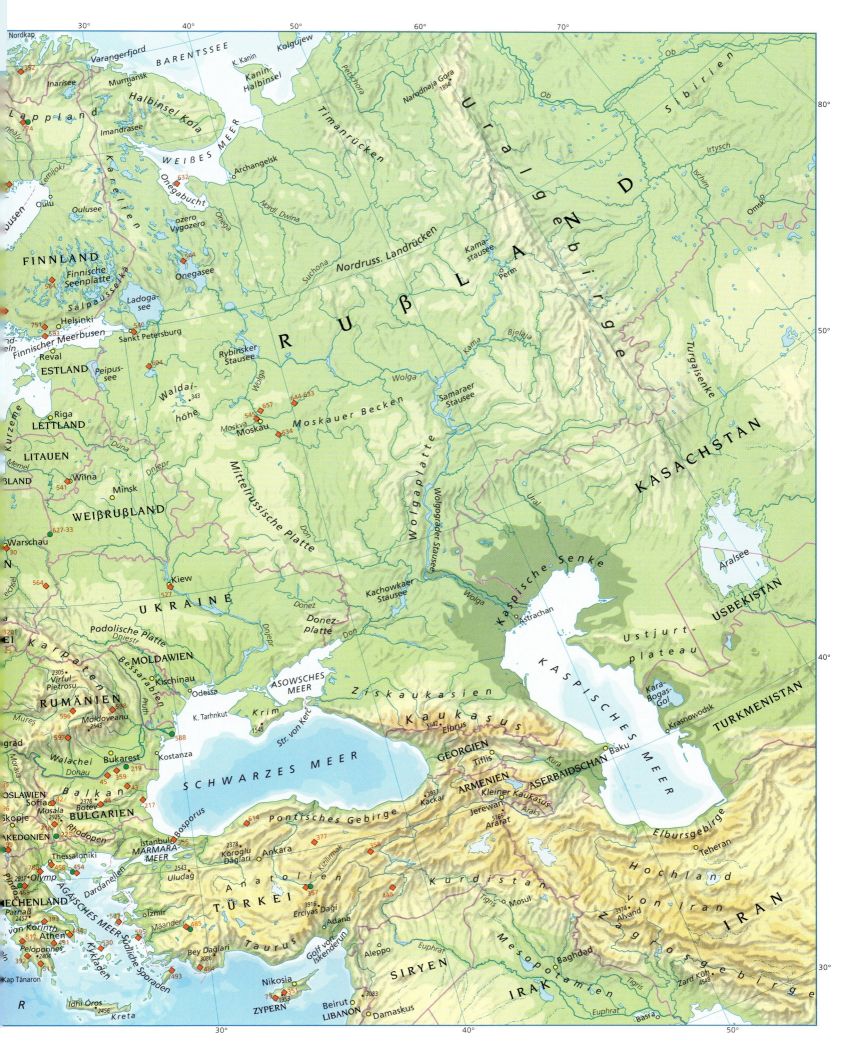

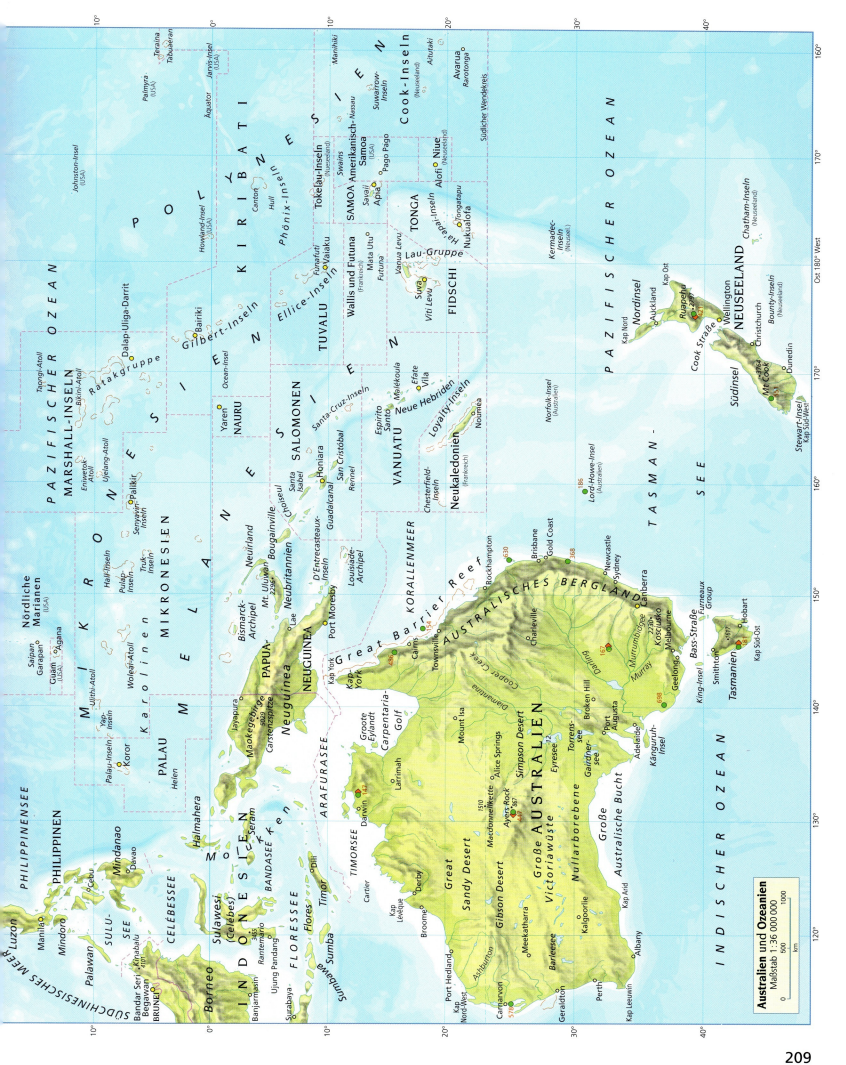

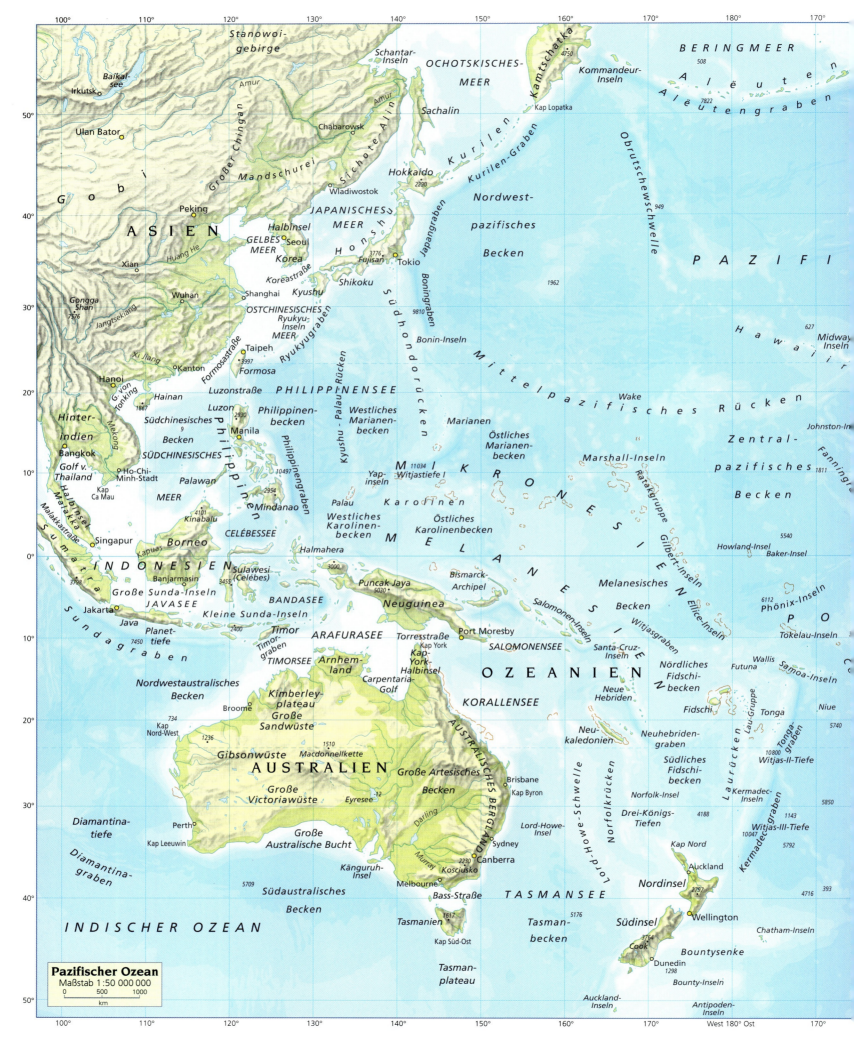

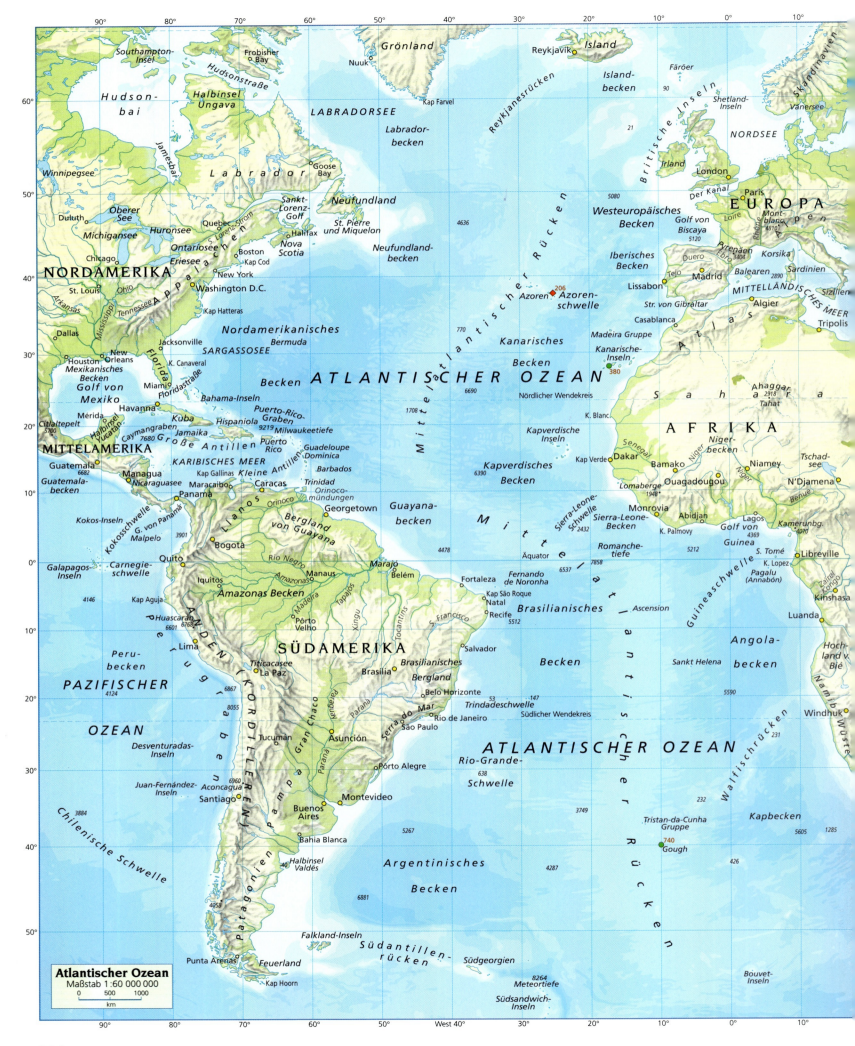

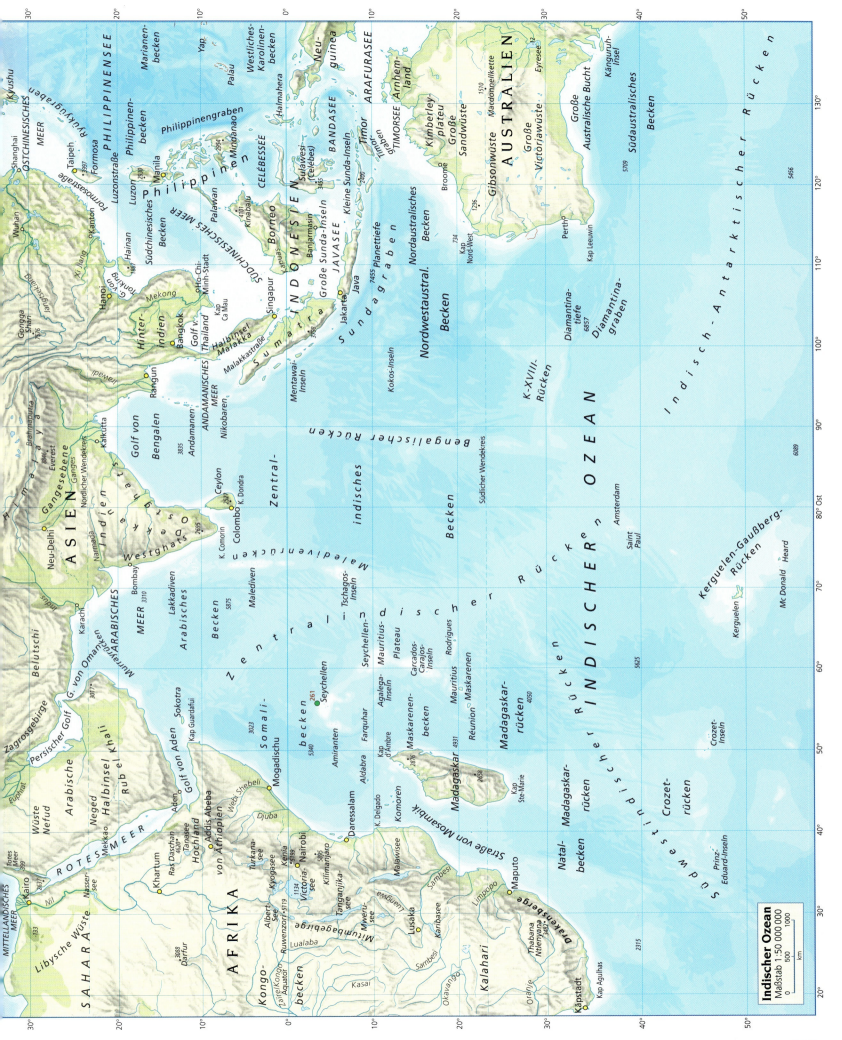

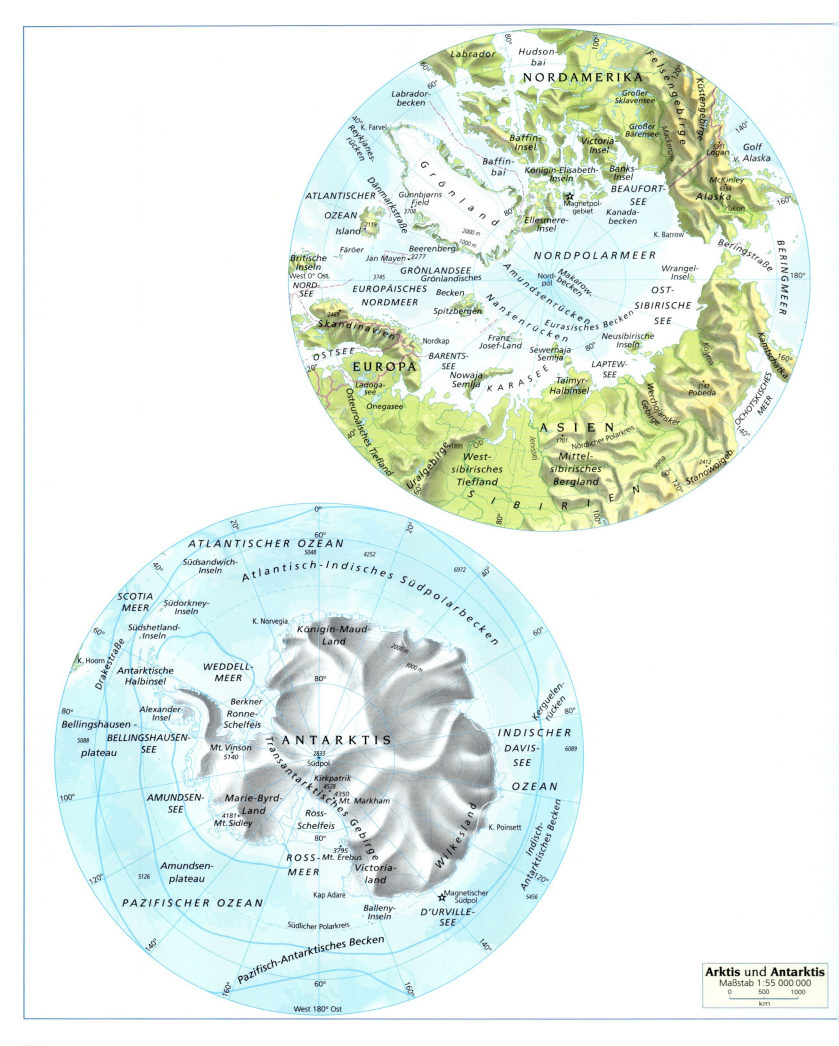

Register

In das Register wurde die vollständige Liste des Weltkulturerbes in alphabetischer Sortierung aufgenommen. Suchbegriffe sind die das jeweilige Monument charakterisierenden Eigen- oder Ortsnamen. Die den Begriffen beigegebenen Symbole haben folgende Bedeutung:

● Kreis = Naturmonument der UNESCO
◆ Raute = Kulturmonument der UNESCO

Die Stätten des Welterbes wurden mit der jeweiligen UNESCO-Ziffer versehen, die das betreffende Objekt auch im Atlas bezeichnet. Die angegebene erste Seitenzahl bezieht sich auf die Erwähnung des UNESCO-Monuments im Bild- und Textteil, die zweite Seitenzahl – nach dem Buchstaben »A« – auf die Darstellung des jeweiligen Standortes im Weltatlas.

Das Register der Monumente wird durch Namen bedeutender Personen, Städte, Regionen und Länder sowie durch wichtige Sachbegriffe ergänzt.

Aachen, Münster ◆3; 46, A:204
Abbas I., Safawiden-Schah 93
Abomey ◆323; 148, A:208
Abu Mena ◆ 90; 143, A:208
Abu Simbel ◆88; 144, 146, A:208
Accra 148
Achaimeniden 88, 94
Adelcrantz, Carl Fredrik 18
Adobebauweise 171, 188
Aggtelek-Karsthöhlen ●725; 66, A:205
Aghlabiden 141
Agra, Rotes Fort ◆251; 98, A:206
Agra, Taj Mahal ◆252; 99, A:206
Agrippa, röm. Kaiser 38
Aigaí 72
Aïr und Ténéré, Nationalpark ●573; 140, A:208
Aït-Ben-Haddou ◆444; 136, A:208
Ajanta ◆242; 101, A:207
Akbar, Mogulherrscher 95, 98
Akropolis von Athen ◆404; 74, 76, A:205
Aksum ◆15; 150, 152, A:208
Al-Ashar-Moschee (Kairo) 146
Alberobello, Trulli ◆787; 58, A:204
Alcobaça, Kloster ◆505; 40, A:204
Aldabra-Atoll ●185; 157, A:208
Aleijadinho, s. Costa Lisboa
Aleppo ◆21; 86, A:207
Alexander der Große 72, 73, 75, 142,
Algier ◆565; 137, A:208
Alhambra 40
Alpaka 197
Alta ◆352; 16, A:205
Altamira, Höhle ◆310; 26, 35, A:204
Altenmünster b. Lorsch 48
Amiens, Kathedrale ◆162; 24, A:204
Amsterdam, Verteidigungsanlagen ◆759; 24, A:204
Amun, ägypt. Gott 146

Anangu-Aborigines 128
Anasazi-Kultur 170f.
Anemonenfisch 130
Angel Falls 187
Angkor ◆668; 123, A:207
Angkor Thom, s. Angkor
Angkor Wat, s. Angkor
Angra do Heroismo ◆206; 44, A:204
Anjar ◆293; 87, A:207
Anthony Island ◆157; 164, A:210
Antigua Guatemala ◆65; 184, A:210
Antiochos I., König v. Kommagene 83
Anuradhapura ◆200; 105, A:207
Apoll, griech. Gott 76, 77, 78
Arc-et-Senans ◆203; 32, A:204
Arles ◆164; 33, A:204
Aschanti 153
Aschanti-Bauwerke ◆35; 148, A:208
Ashoka, ind. König 94, 100, 109
Aspiring, Nationalpark 133
Asplund, Erik Gunnar 18
Asturien, vorromanische Kirchen ◆312; 34, A:204
Athen, Akropolis ◆404; 74, 76, A:205
Athene, griech. Göttin 76
Athos ◆●454; 72, A:205
Augustus, röm. Kaiser 60
Augustusburg, Schloss 46
Auschwitz, Konzentrationslager ◆31; 49, A:204
Australische Ostküste, Regenwälder ●368; 128, A:212
Australopithecus 150
Avebury ◆373; 22, A:204
Avignon, Papstpalast ◆228; 34, A:204
Ávila ◆348; 36, A:204
Awash ◆10; 150, A:208
Ayers Rock, s. Uluru
Ayutthaya ◆576; 122, 123, A:207
Azteken 175, 176, 179

Baalbek ◆294; 90, A:207

Bab el Mansur (Fès) 136
Babylonien 88
Bagerhat ◆321; 110, A:207
Bagrati ◆710; 86, A:206
Bahia, s. Salvador de Bahia
Bahla ◆433; 92, A:206
Baikalrobbe 64
Baikalsee ●754; 64, A:206
Bamberg ◆624; 48, A:204
Bamberger Reiter 48
Ban Chiang ◆575; 122, A:207
Banaue, Reisterrassen ◆722; 124, A:207
Banc d'Arguin, Nationalpark ●506; 136, A:208
Bandiagara ◆●516; 138, A:208
Banff, Nationalpark ●304; 164, A:210
Banská Štiavnica ◆618; 66, A:204
Barcelona, Casa Milá ◆320; 36, A:204
Barcelona, Palacio Güell ◆320; 36, A:204
Bartholdi, Auguste Frédéric 172
Basiliuskathedrale (Moskau) 64
Bassai ◆392; 77, A:205
Bat ◆434; 92, A:206
Batalha, Kloster ◆264; 40, 42, A:204
Bath ◆428; 23, A:204
Bauhaus, Stätten ◆729; 46, A:204
Becket, Thomas 24
Beijing, Kaiserpalast ◆439; 111, 114, A:206
Belém, Hieronymitenkloster und Turm ◆263; 41, A:204
Belize, Barriere-Riff ●764; 184, A:210
Beloweshskaja Puschtscha ●627/33; 65, A:
Benares, s. Varanasi
Bend of the Boyne ◆659; 20, A:204
Beni Hammad, Kala'a ◆102; 137, A:208
Bergen, s. Bryggen
Berggorillas 154, 155
Berlin ◆532; 45, A:204
Bern ◆267; 52, A:204

Bernhard von Clairvaux 28f.
Bernini, Gianlorenzo 59
Bernward, Bischof 44
Bharal, Wildschafe 98
Bhir Mound 94
Biertan ◆596; 67, A:205
Birka ◆555; 18, A:204
Bison 164, 165
Blaue Moschee (Istanbul) 82
Blenheim Palace ◆425; 22, A:204
Bogazkale, s. Hattuša
Bojana, Kirche ◆42; 70, A:205
Bom Jesus do Congonhas ◆334; 194, A:211
Borobudur ◆592; 124, A:207
Bosra ◆22; 87, A:207
Bourges, Kathedrale ◆635; 32, A:204
Boyne-Kultur 20
Brahma, ind. Gott 102
Brasília ◆445; 194, 195, A:211
Breitmaulnashorn 151, 154, 158
Brihadishvara-Tempel ◆250; 104, A:207
Brillenbär 188, 189
Brühl, Schlösser ◆288; 46, A:204
Bryggen ◆59; 16, A:204
Buchara ◆602; 94, 95, A:206
Budapest ◆400; 66, A:204
Buddha 105, 106, 109, 119
Burgos, Kathedrale ◆316; 35, A:204
Butrinti ◆570; 72, A:205
Bwindi, Nationalpark ●682; 154, A:208
Byblos ◆295; 90, A:207

Cáceres ◆384; 38, A:204
Cahokia Mounds ◆198; 172, A:210
Canaima Nationalpark ●701; 187, A:211
Canal du Languedoc, s. Canal du Midi
Canal du Midi ◆770; 34, A:204
Canaletto 53
Canterbury ◆496; 24, A:204
Cape Coast Castle 148
Caracalla, röm. Kaiser 90
Carlsbad, Nationalpark ●721; 171, A:210
Cartagena ◆285; 186, A:211
Casa Milá ◆320; 36, A:204
Castel de Monte ◆398; 58, A:204
Český Krumlov ◆617; 51, A:204
Chaco ◆353; 170, A:210
Chalukya-Dynastie 104
Chambord, Schloss ◆161; 29, A:204
Chanchán ◆366; 188, 189, 191, A:211
Chandella-Dynastie 101
Charlottesville, Universität ◆442; 172, A:210
Chartres, Kathedrale ◆81; 28, A:204
Château Frontenac 166, 167
Chavín ◆330; 191, 192, A:211
Chefren-Pyramide 146
Chengde ◆703; 112, A:206
Cheops-Pyramide 146
Chewore, Safaripark 160
Chichén-Itzá ◆483; 179, 180, A:210
Chimú-Kultur 188, 189, 191
Chinguetti ◆750; 136, A:208
Chios, Insel 78
Chiquito, Jesuitenmissionen ◆529; 195, A:211
Chitwan, Nationalpark ●284; 110, A:207
Chiwa ◆543; 94, A:206
Chocó-Indianer 185
Chola-Dynastie 104
Cholula 176
Chongmyo-Schrein ◆738; 118, A:206
Churchill, Duke of Marlborough 22
Coco de mer 157
Colonia del Sacramento ◆747; 199, A:211
Colorado River 170
Comoé-Nationalpark ●227; 148, A:208
Conwy Castle 22, 23
Copán ◆129; 184, A:210
Córdoba ◆313; 39, A:204
Coro ◆658; 186, 187, A:211
Cortés, Hernán 183

Costa Lisboa, A. F. da 194
Costa, Lucio 194
Cotopaxi 197
Crespi d'Adda ◆730; 56, A:204
Cro-Magnon 32
Cuenca ◆781; 38, A:204
Cuzco ◆273; 190, 192, 193 A:211

Dahomey 148f., 153
Dahschur 144
Dalai Lama 110
Dallschaf 164
Damaskus ◆20; 87, A:207
Dambulla ◆561; 106, A:207
Daphni, Kloster ◆537; 78, A:205
Dareios I., Achaimenidenkönig 88, 94
Darién, Nationalpark ●159; 185, A:210
Delos ◆530; 78, A:205
Delphi ◆393; 74, 76, A:205
Dessau (Bauhaus) ◆729; 46, A:204
Dinosaurierpark ●71; 165, A:210
Diokletian, röm. Kaiser 61, 68, 69
Divrigi ◆358; 82, A:205
Dja, Tierreservat ●407; 149, A:208
Djemila ◆191; 138, A:208
Djenné ◆116; 139, A:208
Djoser, ägypt. König 144, 146
Djoudj, Nationalpark ●25; 147, A:208
Dogon 138f.
Doñana, Nationalpark ●685; 39, A:204
Donaudelta ●588; 68, 69, A:205
Doppelhornvogel 110, 120, 124
Dornenkronen-Seestern 130
Dorset-Eskimos 166
Douglasie 170
Drake, Sir Francis 186
Drottningholm, Schloss ◆559; 18, A:204
Drusenkopf 188
Dubrovnik ◆95; 68, A:204
Dunhuang ◆440; 110, A:206
Durham ◆370; 21, A:204

Durmitor, Nationalpark ●100; 69, A:204

Edinburgh ◆728; 20, 21, A:204
Edward I., engl. König 22
Eiffel, Gustave 172
Eisleben ◆783; 46, A:204
El Escorial ◆318 ; 36, A:204
El Tajín ◆631; 175, A:210
El Vizcaíno ●554; 174, A:210
Elefant, Afr. 158
Elephanta ◆244; 100, A:207
Ellora ◆243; 101, A:207
Emeishan ◆●779; 112, A:206
Engelsberg, Eisenhütte ◆556; 17, A:204
Epidauros ◆491; 77, A:205
Erechtheion 76
Eremitage (St. Petersburg) 63
Everglades, Nationalpark ●76; 173, A:210
Évora ◆361; 44, A:204

Falkenlust, Jagdschloss 46
Fasil Ghebbi ◆19; 150, A:208
Fasilidas, äthiop. Kaiser 150
Fatehpur Sikri ◆255; 98, A:206
Felsendom (Jerusalem) 90
Ferrara ◆733; 53, A:204
Fès ◆170; 136, A:208
Fischer von Erlach, Johann Bernhard 51, 52
Fjordland, Nationalpark 133
Florenz ◆174; 56, A:204
Fontainebleau, Schloss ◆160; 28, A:204
Fontenay ◆165; 28, A:204
Forum Romanum 58, 61
Fountains Abbey ◆372; 22, A:204
Franz I., franz. König 29
Fraser Island ●630; 129, A:209
Freiheitsstatue ◆307; 172, A:210
Friedrich I., Preußenkönig 45

Gagadju-Aborigines 128
Galapágosinseln ●1; 188, A:211
Galápagospinguin 188
Galle ◆451; 106, A:207
Gammelstad ◆762; 16, A:205

Ganesha, ind. Gott 102
Ganges 102
Gangesgavial 110
Garajonay, Nationalpark ●380; 40, A:204
Garamba, Nationalpark ●136; 151, A:208
Gaudí y Cornet, Antoni 36
Gebal, s. Byblos
Gelati ◆710; 86, A:206
Geysire 167
Ghadames ◆362; 142, A:208
Ghana, Forts ◆34; 148, A:208
Ghardaia 138
Ghiberti, Lorenzo 56
Gia Long, vietn. Kaiser 123
Giant's Causeway ●369; 20, A:204
Gigantija ◆132; 27, 59, A:204
Giseh 144, 146
Glacier Bay 164
Gnu 156
Goa ◆234; 104, A:207
Gokayama ◆734; 116, A:206
Gondar ◆19; 150, A:208
Goral, Ziegenantilopen 98, 110
Gorée ◆26; 148, A:208
Göreme, Nationalpark ◆●357; 82, A:205
Gorm, dän. König 20
Goslar ◆ 623; 44, A:204
Gough Island ●740; 24, A:204
Gozo, Insel 59
Grabeskirche (Jerusalem) 90
Granada ◆314; 40, A:204
Grand Canyon, Nationalpark ●75; 170, A:210
Grauwale 167, 174
Great Smoky Mountains, Nationalpark ●259; 172, A:210
Grislibär 164, 167, 168
Gros Morne, Nationalpark ●419; 166, A:210
Große Mauer ◆438; 111, A:206
Großes Barriere-Riff ●154; 129, 130, A:209
Groß-Simbabwe ◆364; 160, A:208
Guanajuato ◆482; 174, A:210
Guaraní-Missionen ◆291/275; 198, A:211
Gwynedd ◆374; 22, A:204

Hadrian, röm. Kaiser 21, 142
Hadrianswall ◆430; 21, A:204
Haein-Kloster ◆737; 118, A:206
Haghpat ◆777; 86, A:206
Hagia Sophia (Istanbul) 81, 82, 83
Hagion Oros, s. Athos
Haida-Indianer 164
Haiti, Historischer Nationalpark ◆180; 180, A:210
Hal Saflieni ◆130; 27, 62, A:204
Half Dome (Yosemite) 170
Halong-Bucht ●672; 122, A:207
Hammad ben Bodoghine, Ziridenherrscher 137
Hampi ◆241; 104, A:207
Han-Dynastie 114
Hanse 44
Hansestadt Lübeck ◆272; 44, A:204
Harald Blåtand, dän. König 20
Harappakultur 95
Harpyien 184
Hatra ◆277; 92, A:206
Hattuša ◆377; 82, 88, A:205
Havanna ◆204; 180, A:210
Hawaii-Vulkane, Nationalpark ●409; 174, A:210
Head-Smashed-In Buffalo Jump ◆158; 165, A:210
Henderson Island ●487; 24, A:213
Henri I., hait. König 180
Hethiter 88
Hierapolis 82
Hildesheim ◆187; 44, A:204
Himalaya 98, 107
Himeji-jo ◆661; 117, A:206
Hiroshima ◆775; 118, A:206
Höhlenblindfisch 172
Hollókö ◆401; 66, A:204
Hominiden 150
Horezu, Kloster ◆597; 68, A:205
Horyu-ji ◆660; 117, A:206
Hosios Lukas, Kloster ◆537; 78, A:205

Houses of Parliament, s. Westminster
Hovgården ◆555; 18, A:204
Hradschin (Prag) 50
Huai Kha Khaeng ●591; 120, 122, A:207
Huanglong, Naturpark ●638; 113, A:206
Huangshan ◆●547; 116, A:206
Huascarán, Nationalpark ●333; 189, A:211
Huayna Capac, Inkaherrscher 188, 192
Hue ◆678; 123, A:207
Huiyuan 116
Humayun, Grabmal des ◆232; 98, A:206
Humayun, Mogulherrscher 98
Hypogäum (Malta) 62

I Sassi di Matera ◆670; 58, A:204
Ichkeul, Nationalpark ●8; 140, A:208
Ifugao (Philippinen) 124
Iguaçu, Nationalpark ●355; 194, A:211
Iguazú, Nationalpark ●303; 194, A:211
Ijsselmeer 24
Independence Hall ◆78; 172, A:210
Induskultur 95
Inka 190
Ironbridge ◆371; 22, A:204
Isfahan ◆115; 93, A:206
Istanbul ◆356; 82, A:205
Itschan Kala ◆543; 94, A:206
Itsukushima ◆776; 118, A:206
Ivanovo, Felsenkirchen ◆45; 70, A:205

Jakobsweg ◆669; 34, A:204
Jakobus d. Ä. 34
Japanzedern 118
Jasper, Nationalpark ●304; 164, A:210
Java-Nashorn 120, 124
Jebel Harun 91
Jefferson, Thomas 172

Jelling ◆697; 20, A:204
Jerusalem ◆148; 90, A:207
Jesuitenreduktionen 183, 195, 198f.
Jiuzhaigou, Naturpark ●637; 113, A:206
Johanniterorden 62, 76
Joya de Cerén ◆675; 184, A:210
Justinian, röm. Kaiser 81

Kabah (Maya) 180
Kaffernbüffel 158
Kahuzi-Biega, Nationalpark ●137; 154, A:208
Kairo ◆89; 146, A:208
Kairouan ◆499; 141, A:208
Kakadu, Nationalpark ◆●147; 128, A:209
Kala'a des Beni Hammad ◆102; 137, A:208
Kali, ind. Göttin 102
Kalojankirche (Bojana) 71
Kamtschatka, Vulkane ●765; 64, A:206
Kanadische Rocky Mountains, Nationalparks ●304; 164, A:210
Kandy ◆450; 106, A:207
Kappadokien, s. Göreme
Karl der Große 46, 47
Karl V., Kaiser 183, 187
Karl VI., österr. Kaiser 52
Karnak 146
Karthago ◆37; 140, A:208
Kasanlâk, Thrakergrab ◆44; 70, A:205
Kata Tjuta 128
Katmandu-Tal ◆121; 107, A:207
Kaziranga, Nationalpark ●337; 100, A:206
Kentucky-Höhlenkrabbe 172
Keoladeo, Nationalpark ●340; 99, A:206
Kerkouane ◆332; 142, A:208
Khajuraho ◆240; 100, A:206
Khami ◆365; 160, A:208
Khmer 123
Kibo (Kilimandscharo) 156, 158
Kidekscha ◆633/644; 64, A:205

Kiew ◆527; 65, A:205
Kiewer Rus; 64, 65
Kilauea 174, 175
Kilimandscharo, Nationalpark ●403; 156, A:208
Kilwa Kisiwani ◆144; 156, A:208
Kishi Pogost ◆544; 62, A:205
Klagemauer (Jerusalem) 90
Kleopatra 144
Klippschliefer 155
Kljutschewskaja Sopka, Vulkan 64
Kluane, Nationalpark ●72; 164, A:208
Köln, Dom ◆292; 46, A:204
Kolomenskoje ◆634; 64, A:205
Kolosseum (Rom) 58, 61
Kolumbus, Christoph 180f., 183, 185
Komi-Forst ●719; 62, A:205
Komodo, Nationalpark ●609; 125, A:207
Konarak, Sonnentempel ◆246; 104, A:207
Kondor 197
Konfuzius 112
Königstiger 100
Konstantin, röm. Kaiser 31, 61, 81
Konstantinopel, s. a. Istanbul 81, 82
Konzentrationslager 49
Kootenay, Nationalpark ●304; 164, A:210
Kopten 143
Korsika 34
Kotor ◆125; 70, A:204
Krakau ◆29; 50, A:204
Kreml und Roter Platz, Moskau ◆545; 64, 65, A:205
Kutná Hora ◆732; 50, A:204
Kuttenberg, s. Kutná Hora
Kyoto ◆688; 116, A:206
Kyrene ◆190; 142, A:208

L'Anse aux Meadows ◆4; 166, A:210
La Amistad, Schutzgebiet ●552/205; 184, A:210
La Fortaleza ◆266; 174, A:210

La Girolata 34
La Gomera 40
La Scandola, Naturschutzgebiet ●258; 34, A:204
Labná 180
Lahore ◆171/172; 95, A:206
Lake Mungo 132
Lalibela ◆18; 150, A:208
Lappland ◆●774; 16, A:205
Lascaux 26, 32
Le Nôtre, André 28, 29
Lednice-Valtice ◆763; 51, A:204
Ledoux, Claude-Nicolas 32
Lemuren 161
Leonardo da Vinci: »Abendmahl« ◆93; 56, A:204
Leopard 158
Leptis Magna ◆183; 142, A:208
Lesczinski, Stanislas 28
Leshan ◆●779; 112, A:206
Lewerentz, Sigurd 18
Lighthouse Reef 184
Lima ◆500; 189, A:211
London, Tower ◆488; 22, A:204
London, Westminster ◆426; 23, A:204
Lonja de la Seda, s. Valencia
Lord-Howe-Inseln ●186; 132, A:209
Lorsch ◆515; 48, A:204
Los Glaciares, Nationalpark ●145; 199, A:211
Los Katios, Nationalpark ●711; 186, A:211
Louvre (Paris) 28
Löwe 158
Luang Prabang ◆479; 122, A:207
Lübeck ◆272; 44, A:204
Ludwig XIV., 28
Lunenburg ◆741; 166, A: 114
Lushan, Nationalpark ◆778; 116, A:206
Luther, Martin 46
Luther-Gedenkstätten ◆783; 46, A:204
Luxemburg ◆699; 24, 25, A:204

Luxor 146
Lykien 83

M'zab ◆188; 138, A:208
Machu Picchu ◆●274; 191, 192, A:
Mackenzie Mountains 164
Madara, Reiter von ◆43; 70, A:205
Mahabalipuram ◆249; 104, A:207
Mailand, »Abendmahl« 56
Malawi-See, Nationalpark ●289; 160, A:208
Mali 152f.
Malta, Insel 59
Mammoth Cave ●150; 172, A:210
Mana Pools, Nationalpark ●309; 160, A:208
Manas, Wildschutzgebiet ●338; 100, A:206
Manati 173, 180
Manila 124
Manovo-Gounda-St. Floris, Nationalpark ●475; 151, A:208
Manú, Nationalpark ●402; 192, A:211
Maori 133
Marrakesch ◆331; 136, A:208
Matera, I Sassi di ◆670; 58, A:204
Maulbronn, Kloster ◆546; 48, A:204
Mauna Loa 174, 175
Mawenzi (Kilimandscharo) 156
Maya 177, 179, 180, 181, 184, 185
Meerechse 188
Mekka 96
Meknès ◆793; 136, A:208
Memphis ◆86; 144, 146, A:208
Mérida ◆664; 38, A:204
Mesa Verde ◆27; 170, A:210
Messel, Grube ●720; 47, A:204
Meteora ◆●455; 73, A:205
Mexiko-Stadt ◆412; 176, A:210
Mezquita (Córdoba) 39
Miagao (Philippinen) 124
Michelangelo Buonarroti 54, 59

Minas Gerais 194
Ming-Dynastie 114
Moai 198, 199
Moche 191
Mogao-Grotten ◆440; 110, A:206
Mogulherrscher 95, 96
Mohammed, Prophet 96
Mohendjo-daro ◆138; 95, A:206
Moldau, Kirchen ◆598; 67, A:205
Mompox, s. Santa Cruz de Mompox
Monte Albán ◆415; 177, 179, A:210
Monticello ◆442; 172, A:210
Mont-Saint-Michel ◆80; 25, A:204
Morando, Bernardo 50
Morelia ◆585; 176, A:210
Mosambik ◆599; 161, A:208
Mosi-Oa-Tunya 160
Moskau, Kreml und Roter Platz ◆545; 64, A:205
Mount Cook 133
Mount Everest 107
Mudéjarstil 37f.
Müstair, Kloster ◆269; 52, A:204
Mystras ◆511; 76, A:205
Mzcheta ◆708; 86, A:206

Nabatäer 91
Nahanni, Nationalpark ●24; 164, A:210
Nancy ◆229; 28, A:204
Nanda Devi, Nationalpark ●335; 98, A:207
Naracoorte ●698; 132, A:209
Nazca ◆700; 191, 192, A:211
Nea Moni, Kloster ◆537; 78, A:205
Neapel ◆726; 58, A:204
Nemrut Dag ◆448; 83, A:205
Nessebâr ◆217; 71, A:205
Neumann, Johann Balthasar 46, 47
Ngorongoro, Naturschutzgebiet ●39; 156, A:208
Niemeyer, Oscar 194, 195
Nimba-Berge, Nationalpark

●155; 148, A:208
Nîmes 33
Niokolo-Koba, Nationalpark ●153; 147, A:208
Notre-Dame (Paris) 28
Nowgorod und Umgebung ◆604; 63, A:205

Oaxaca ◆415; 177, 179, A:210
Ohrid ◆●99; 72, 73, A:205
Okapi 154
Okapi-Tierreservat ●718; 154, A:208
Ölbaummoschee (Tunis) 140f.
Olgas 128
Olinda ◆189; 193, A:211
Olmeken 177, 179
Olympia ◆517; 74, 76, 77, A:205
Olympic, Nationalpark ●151; 167, A:210
Omajjaden 87, 91
Omo ◆17; 150, A:208
Orange ◆163; 32, A:204
Orang-Utan 120
Oryx-Antilope 92
Oryx-Nationalpark ●654; 92, A:206
Osmanen 82, 96
Osterinsel 198
Ouadane ◆750; 136, A:208
Oualata ◆750; 136, A:208
Ouro Prêto ◆124; 194, A:211

Paharpur ◆322; 110, A:207
Palacio Güell ◆320; 36, A:204
Palenque ◆411; 177, A:210
Palladio, Andrea 52f., 172
Pallava-Dynastie 104
Palmyra ◆23; 86, A:207
Pamukkale ◆●485; 82, A:205
Panda 113
Pannonhalma, Kloster ◆758; 66, A:204
Pantheon (Rom) 58
Panzernashorn 100, 110
Paoay (Philippinen) 124
Paphos ◆79; 78, A:205
Paris, Seine-Ufer ◆600; 28, A:204
Parthenon 76
Parther 92f.

Pattadakal ◆239; 104, A:207
Pelotaspiel 175
Pena, Schloss 41
Persepolis ◆114; 88, 94, A:206
Petäjävesi ◆584; 18, A:205
Peter der Große 62f.
Peterskirche 59
Petra ◆326; 91, A:207
Philipp II., maked. König 72, 75
Philipp II., span. König 36, 37
Philippinische Barockkirchen ◆677; 124, A:207
Philippinische Reisterrassen ◆722; 124, A:207
Phönizier 90, 142
Piazza del Duomo (dei Miracoli), s. Pisa
Pienza ◆789; 57, A:204
Pirin, Nationalpark ●225; 72, A:205
Pisa ◆395; 56, A:204
Pitcairninseln 24
Pithecanthropus 125
Pius II., Papst 57
Pizarro, Francisco 183, 189, 192
Plitvicer Seen, Nationalpark ●98; 68, A:204
Poblet ◆518; 36, A:204
Polonnaruva ◆201; 106, A:207
Pont du Gard ◆344; 33, A:204
Popocatépetl 176f.
Popocatépetl, Klöster ◆702; 176, A:210
Porto (Insel) 34
Porto ◆755; 40, A:204
Portobelo ◆135; 185, A:210
Potala ◆707; 110, A:206
Potosí ◆420; 198, A:211
Potsdam ◆532; 45, A:204
Prag ◆616; 50, 51, A:204
Prambanan ◆642; 124, A:207
Propyläen 76
Puebla ◆416; 176, A:210
Pueblo 170f.
Pueblo Bonito 170
Puerto Rico 174
Pulguk-Tempel ◆736; 119, A:206
Puya raimondii 189
Pythagoreion 78

Qianlong-Kaiser 112

Qin Shihuangdi, chin. Kaiser 112, 114
Qing-Dynastie 114
Québec ◆300; 166, A:210
Quedlinburg ◆535; 42, 44, A:204
Querétaro ◆792; 175, A:210
Qufu ◆704; 112, A:206
Quiriguá ◆149; 181, A:210
Quito ◆2; 188, A:211
Qusair Amra ◆327; 91, A:207
Qutub-Minar ◆233; 98, A:206

Ramiers 180
Rammelsberg ◆623; 44, A:204
Ramses II., ägypt. König 144, 146f.
Rapa Nui, Nationalpark ◆715; 198, A:211
Ras, s. Stari Ras
Rauma ◆582; 18, A:205
Ravenna ◆788; 31, 56, A:204
Red Deer River 165
Redwood, Nationalpark ●134; 170, A:210
Reims ◆601; 25, A:204
Rentiere 16
Rhodos ◆493; 73, A:205
Riemenschneider, Tilman 48
Riesenschildkröten 157, 188
Rila, Kloster ◆216; 71, A:205
Río Abiseo, Nationalpark ◆●548; 188, A:211
Río Alto Madre de Dios 192
Río Magdalena 186
Rio Plátano, Nationalpark ●196; 184, A:210
Riversleigh ●698; 132, A:209
Rom ◆91; 58, 60, A:204
Röntgenstil 27, 128
Røros ◆55; 16, A:204
Roskilde, Kathedrale ◆695; 19, A:204
Rossellini, Bernardo 57
Rotes Fort ◆251; 98, A:206
Ruwenzori, Nationalpark ●684; 155, A:208

Sabratha ◆184; 142, A:208
Sacsayhuamán 192
Safranbolu ◆614; 79, A:205
Sagarmatha, Nationalpark ●120; 107, A:207
Saint-Savin-sur-Gartempe ◆230; 32, A:204
Salamanca ◆381; 36, A:204
Salonga, Nationalpark ●280; 154, A:208
Saloniki ◆456; 72, A:205
Salto Angel 187
Salvador de Bahia ◆309; 193, A:211
Salzburg ◆784; 52, A:204
Sambesi 160
Sámi (Lappen) 16, 17
Sammaherrscher 98
Samos ◆595; 78, A:205
San Agustín ◆744; 186, A:211
San Gimignano ◆550; 56, A:204
San Juan ◆266; 174, A:210
San Miguel de Lillo (Asturien) 35
San Paolo fuori le mura 59
Sana ◆385; 92, A:206
Sanchi ◆524; 100, A:207
Sangay, Nationalpark ●260; 188, A:211
Sangiran ◆593; 125, A:207
Sanssouci (Haiti) 180
Sanssouci (Potsdasm) 45
Santa Cristina de Lena (Asturien) 35
Santa Cruz de Mompox ◆742; 186, A:211
Santa Maria (Philippinen) 124
Santa María da Vitória, s. Batalha
Santa María de Guadalupe, Kloster ◆665; 38, A:204
Santa María de Naranco (Asturien) 35
Santiago de Compostela ◆347; 34, 35, A:204
Santini, Giovanni 50f.
Santo Domingo ◆526; 180, A:210
Sapi, Safaripark 160
Sayil 180
Schabrackentapir 120
Schemnitz, s. Banská Štiavnica
Schinkel, Karl Friedrich 45

Schneeleopard 98, 110
Schokland ◆739; 24, A:204
Schönbrunn, Schloss ◆786; 52, A:204
Segovia ◆311; 36, A:204
Seidenstraße 94, 110
Selous, Wildschutzgebiet ●199; 156, A:208
Seminolen-Indianer 173
Septimius Severus, röm. Kaiser 90
Sequoia 170
Serengeti, Nationalpark ●156; 156, A:208
Sergjew Posad ◆657; 64, A:205
Serra da Capivara, Nationalpark ◆●606; 194, A:211
Sevilla ◆383; 38, A:204
Seychellenpalme 157
Shah Jahan, Mogulherrscher 95, 98, 99
Shark Bay ●578; 128, A:209
Shibam ◆192; 92, A:206
Shintoismus 118
Shira (Kilimandscharo) 156
Shirakami, Bergland von ●663; 116, A:206
Shirakawa-go ◆734; 116, A:206
Shiva, ind. Gott 100, 102, 104, 125
Shona 153, 160
Sian Ka'an ●410; 180, A:210
Siddharta (Buddha) 109
Siena ◆717; 57, A:204
Sierra de San Francisco ◆714; 174, A:210
Sigiriya ◆202; 105, A:207
Simbabwe 153
Simbabwe, Ruinenstadt ◆364; 160, A:208
Simen, Nationalpark ●9; 149, A:208
Simen-Rotfuchs 150
Sinanthropus pekinensis 111
Sinharaja, Waldschutzgebiet ●405; 106, A:207
Sintra ◆723; 41, A:204
Sirkap 94
Sirsukh 94
Sitkafichte 170

Sixtinische Kapelle 59
Skellig Michael ◆757; 20, A:204
Škocjan Höhlen ●390; 68, A:204
Skogskyrkogården ◆558; 18, A:205
Sokkuram-Grotte 119
Solowezki-Inseln ◆●632; 62, A:205
Song-Dynastie 114
Songhai 153
Songo Mnara ◆144; 156, A:208
Sophienkathedrale (Kiew) 65
Sophienkathedrale (Nowgorod) 63
Sopoćani, Kloster 69
Sousse ◆498; 141, A:208
South Nahanni River 164
Speyer, Dom ◆168; 48, 49, A:204
Spišský hrad ◆620; 66, A:205
Split ◆97; 68, A:204
Srebarna, Nationalpark ●219; 70, A:205
St. Gallen, Kloster ◆268; 52, A:204
St. Kilda, Inselgruppe ●387; 20, A:204
St. Margaret's Church, s. Westminster
St. Petersburg ◆540; 62, A:205
St. Stephen's Chapel, s. Westminster
Stari Ras ◆96; 69, A:205
Steingaden, Wieskirche ◆271; 48, A:204
Steinkorallen 129
Stephan Nemanja, serb. König 69
Stephens, John Lloyd 181
Stonehenge ◆373; 22, 27, A:204
Strasbourg ◆495; 32, 33, A:204
Straße des Riesen, s. Giant's Causeway
Stromatolithen 128, 129
Studenica, Kloster ◆389; 69, A:205
Studley ◆372; 22, A:204
Stummelkormoran 188
Sucre ◆566; 198, A:211
Sucre, Antonio José 198
Sukhothai ◆574; 119, A:207
Sultan-Ahmet-Moschee (Istanbul) 82
Sumerer 88
Sundarbans, Nationalpark ●452; 100, A:207
Suomenlinna ◆583; 19, A:205
Surya, ind. Sonnengott 104
Susdal ◆633/644; 64, A:205
Swanetien ◆709; 86, A:206
Swayambhunath 107
Sweschtari, Thrakergrab ◆359; 70, A:205

Tadrart Acacus ◆287; 143, A:208
Tai, Nationalpark ●195; 148, A:208
Taishan ◆●437; 112, A:206
Taj Mahal ◆252; 99, A:206
Takht-i-Bahi ◆140; 94, A:206
Talamanca, Schutzgebiet ●552/205; 184, A:210
Tang-Dynastie 114
Tanum ◆557; 17, A:204
Taos-Pueblo ◆492; 171, A:210
Tarkhanherrscher 98
Tasmanien, Naturschutzgebiete ◆●181; 132, A:209
Tassili N'Ajjer ◆●179; 27, 138, A:208
Tatshenshini Alsek 164
Tavarangue ◆648; 198, A:211
Taxila ◆139; 94, A:206
Te Wahipounamu ●551; 133, A:209
Telč ◆621; 51, A:204
Teltsch, s. Telč
Tempelberg (Jerusalem) 90
Ténéré-Wüste, s. Aïr und Ténéré
Tenochtitlán 179
Teotihuacán ◆414; 176, 179, A:210
Terrakotta-Armee ◆441; 112, A:206
Teruel ◆378; 37, A:204

Thatta ◆143; 98, A:206
Theben ◆87; 144, 146, A:208
Theoderich, Ostgotenkönig 31, 56
Thessaloniki, s. Saloniki
Thraker 70
Thung Yai ●591; 120, 122, A:207
Tianzishan, s. Wulingyuan
Tichitt ◆750; 136, A:208
Tierradentro ◆743; 186, A:211
Tiger 100
Tikal ◆●64; 181, A:210
Timbuktu ◆119; 138, A:208
Timgad ◆194; 138, A:208
Tipasa ◆193; 138, 139, A:208
Tiya ◆12; 150, A:208
Tokugawa-Shogune 116, 117
Toledo ◆379; 37, A:204
Tolteken 180
Tomar, Kloster ◆265; 40, A:204
Tongariro, Nationalpark ◆●421; 132, A:209
Totonaken 175
Tower of London ◆488; 22, A:204
Trajan, röm. Kaiser 138
Trier ◆367; 46, A:204
Trinidad (Kuba) ◆460; 180, 181, A:210
Trinidad de Paraná ◆648; 198, A:211
Tripitaka Koreana 118f.
Tróodos-Gebirge, Kirchen ◆351; 79, A:205
Trulli in Alberobello ◆787; 58, A:204
Tschoga Zanbil ◆113; 94, A:206
Tsingy de Bemaraha ●494; 161, A:208
Tubbataha-Park ●653; 124, A:207
Tunis ◆36; 140, A:208
Tyros ◆299; 90, A:207

Uffizien (Florenz) 56
Ujung Kulon, Nationalpark ●608; 120, 124, A:207
Uluru-Kata Tjuta, Nationalpark ◆●447; 128, A:209
Ungarischer Karst 66

Urnes, Stabkirche ◆58; 16, A:204
Ursula Island 124
Uxmal ◆791; 180, A:210

Val Camonica ◆94; 52, A:204
Valencia, Seidenbörse ◆782; 38, A:204
Valette, Jean de la 62
Vallée de Mai, Naturreservat ●261; 157, A:208
Valletta ◆131; 62, 63, A:204
Varanasi 102
Vatikanstadt ◆91 b; 59, A:204
Venedig ◆394; 53, A:204
Verbotene Stadt, s. Beijing
Vergina ◆780; 72, A:205
Verla ◆751; 19, A:205
Versailles, Schloss ◆83; 28, 29, A:204
Vézelay ◆84; 32, A:204
Vézère-Tal, Höhlen ◆85; 32, A:204
Vicenza, Palladiovillen des Veneto ◆712; 52, A:204
Victoriafälle ●509; 160, A:208
Vilnius ◆541; 62, A:205
Virunga, Nationalpark ●63; 154, A:208
Visby ◆731; 18, A:204
Vishnu, ind. Gott 102
Vlkolínec ◆622; 66, A:204
Völklinger Hütte ◆687; 47, A:204
Vulkane auf Hawaii, Nationalpark ●409; 174, A:210

»W«, Nationalpark ●749; 140, A:208
Wadi Hadramaut, s. Shibam
Waldelefant 149, 154
Warane 125
Warschau ◆30; 49, A:205
Wat Mahathat (Sukhothai) 119
Waterton Lakes 166f.
Waterton-Glacier, International Peace Park ●354; 166, A:210
Weimar (Bauhaus) ◆729; 46, A:204
Welser, Handelshaus 187
Westland, Nationalpark 133

Westminster ◆426; 23, A:204
Wet Tropics ●486; 128, A:209
Wieliczka, Salzbergwerk ◆32, 50, A:204
Wieskirche ◆271; 48, A:204
Wikinger 166
Willandra-Seen ◆●167; 132, A:209
Wisent 65
Wittenberg ◆783; 46, A:204
Wladimir ◆633/644; 64, A:205
Wood Buffalo, Nationalpark ●256; 164, A:210
Wrangell-Saint Elias, Nationalpark ●72; 164, A:208
Wudangshan ◆705; 112, A:206
Wulingyuan, Nationalpark ●640; 116, A:206
Würzburg, Residenz ◆169; 47, 54, A:204

Xanthos ◆484; 83, A:205
Xi'an 112, 113
Xochimilco ◆412; 176, A:210

Yakushima ●662; 118, A:206
Yama, ind. Gott 102
Yasu, äthiop. Kaiser 150
Yellowstone, Nationalpark ●28; 167, A:210
Yoho, Nationalpark ●304; 164, A:210
Yosemite, Nationalpark ●308; 170, A:210

Zabid ◆611; 92, A:206
Zacatecas ◆676; 174, A:210
Zamość ◆564; 50, A:205
Zamoyski, Jan 50
Zapoteken 179
Žďár nad Sázavou ◆690; 50, A:204
Zebra 156
Zeus, griech. Gott 76
Zhangjiajie, s. Wulingyuan
Zhoukoudian ◆449; 111, A:206
Zhu Xi 116
Zikkurat (Tschoga Zanbil) 94
Zimmermann, Dominikus 48
Zipser Burg, s. Spišský hrad
Zisterzienser 36, 40, 48
Zwergschimpanse 154

BILDAGENTUREN:

TSW=Tony Stone Worldwide
BAV=Bavaria
Mau=Mauritius
PSP=Premium
Hub=Huber
Pic=Pictor
NORDIS=NORDIS picture pool
Int.Ba=Internationales
Bildarchiv
Anthony=Anthony Verlag
PUR=Bilder Pur

H=Hintergrundbild

Umschlag: 1: TSW/S.Westmorland, 2: PSP/R.Frerck, 3: TSW/D.Hiser, 4: Hub/R.Schmid

S.2/3 H: Mau/AGE
S.4/5 H: Pic
S.6/7 H: TSW/J.Hardtke
S.14/15 H: TSW/C.Waite, li.o.:PSP/J.L.Stanfield/NGS
S.16/17 li.o.: Pic, li.u.: TSW/P.Hermansen, 1: PSP/D.Conger/NGS, 2: NORDIS/U.Marschel, 3: Hub/Gierig, 4: Hub
S.18/19 li.o.: Int.BA/, li.u.: NORDIS/J.Trobitzsch, 1: Mau/Waldkirch, 2: Pic, 3: NORDIS/ J.Trobitzsch
S.20/21 li.o.: Hub/Giovanni, li.u.: Mau/Rossenbach, 1: BAV/Images, 2: Mau/Nägele, 3: Mau/Vidler, 4: Hub/Giovanni
S.22/23 li.o.li.: TSW/J.Cornish, li.o.re: Hub/R.Schmid, li.u.: TSW/J.Lamb, 1: Mau/Kord, 2: Hub/Giovanni, 3: Mau/Kord
S.24/25 li.o.: BAV/Keute, li.u.: TSW/N.Giambi, 1: Hub/R.Schmid, 2: PSP/M.Segal, 3: TSW/I.Cunningham
S.26/27 1: Prem/T.Winz, 2: Mau/H.Schmied, 3: TSW/R.Frerck, 4: Anthony/Martens
S.28/29 li.o.: TSW/S.Grandadam, li.u.: Hub, 1: BAV/Martzik, 2: TSW/E.Craddock, 3: Mau/Vidler, 4: TSW/R.Passmore
S.30/31 1: BAV/FF, 2: BAV/M.Pedone, 3: BAV/M.Pedone
S.32/33 li.o.: TSW/B.Rieger, li.u.: Hub/Radelt, 1: Mau/K.W. Gruber, 2: BAV/Messerschmidt, 3: Hub/Polypix, 4: TSW/A.Neal
S.34/35 li.o.: Hub/R.Schmid, li.o.m.: BAV/K.Thiele, li.o.re: BAV/K.Thiele, li.u.: TSW/J.Bradley, re.o.: BAV/K.Thiele, 1: Hub/Giovanni, 2: Hub/Giovanni, 3: Hub/Giovanni
S.36/37 li.o.: Mau/Keine, li.u.: BAV/TCL, 1:TSW/J.Cornish, 2: TSW/O.Benn, 3: Mau/Nacivet, 4: TSW/R.Everts
S.38/39 li.o.: PSP/R.Frerck, li.u.: Hub/R.Schmid, 1: Mau/ F.Raga, 2: Mau/F.Raga, 3: Mau/v.d.Rapp, 4: Hub
S.40/41 li.o.li.: Mau/Orbach, li.o.mi.: Mau/Pigneter, li o re.: Mau/Vidler, li.u.: BAV/Picture Finders, 1: TSW/S.Huber, 2: Pic, 3: Pic, 4: Hub/Simeone
S.42/43 1: Mau/Rossenbach, 2: Mau/Waldkirch, 3: TSW/K.Morris
S.44/45 li.o.li.: Mau/Otto,li.o.re.: TSW/M.Popow, li.u.: Hub/Giovanni, 1: Hub/R.Schmid, 2: Hub/R.Schmid, 3: Hub/Gräfenhain
S.46/47 li.o.li.: Mau/Otto, li.u.: Hub/F.Damm, 1: Hub/R. Schmid, 2: Mau/Poehlmann, 3: Hub/R.Schmid, 4: Hub/R.Schmid
S.48/49 li.o.: BAV/Keute, li.u.: Hub/R.Schmid, 1: Mau/S.Dietrich, 2: Mau/B.Gierth, 3: BAV/M.Schneiders, 4: TSW/G.Allison
S.50/51 li.o.li.: BAV/W.Rauch, li.o.re.: BAV/G.Barone, li.u.: Hub/Giovanni, 1: Mau/Pokorski, 2: BAV/Heimpel, 3: BAV/Matheisl, 4: Huber/R.Schmid
S.52/53 li.o.: Mau/Pigneter, li.u.: Hub/Giovanni, 1: BAV/M.u.H., 2: TSW/S.Grandadam, 3: BAV/ Messerschmidt
S.54/55 1: BAV/TCL, 2: Mau/AGE, 3: Hub/R.Schmid
S.56/57 li.o.: BAV/Dietl, li.u.: Mau/Pigneter, 1: Mau/Hubatka, 2: Mau/Hänel, 3: Mau/Hänel, 4: Mau/Rossenbach
S.58/59 li.o.:BAV/TCL, li.u.: BAV/Picture Finders, 1: Mau/fm, 2: Mau/Pigneter, 3: Mau/Chiemsee Creation, 4: TSW/R.Wells
S.60/61 1: BAV/K.Yamashita, 2: BAV/R.Frerck, 3: PSP/R.Frerck
S.62/63 li.o.: Pic, li.o.re.: TSW/Ch.Haigh, li.u.: Hub/Giovanni, 1: BAV/Scholz, 2: BAV/Picture Finders, 3: BAV/Picture Finders, 4: BAV/Picture Finders
S.64/65 li.o.: Hub/Rudolph, li.u.: TSW/J.Lamb, 1: Mau/O´Brien, 2: BAV/Janicek, 3: BAV/Scholz, 4: BAV/Wisniewski
S.66/67 li.o.: TSW/G.Jecan, li.u.: TSW/G.Hellier, 1: Hub/Giovanni, 2: BAV/Tschanz-Hofmann, 3: Mau/Backhaus, 4: Pic
S.68/69 li.o.: Mau/Nebe, Mau/Thonig, 1: Pic, 2: Mau/T.Müller, 3: Hub/K.Puntschuh
S.70/71 li.o.: Hub/Koch, li.u.: Pic, 1: TSW/R.Evans, 2: Mau/W.Rauch, 3: Hub/R.Schmid,
S.72/73 li.o.: Hub/Ripani, li.u.: Mau/Hubatka, 1: Hub/Ripani, 2: Mau/T.Wright, 3: BAV/Picture Finders, 4: Hub/Ripani
S.74/75 1: PSP/M.Snortum, 2: BAV/D.Ball, 3: TSW/G.Grigoriou
S.76/77 li.o.: BAV/Breig, li.u.: Hub/Dolder, 1: TSW/G.Grigoriou, 2: Hub, 3: Hub, 4: F.Gierth
S.78/79 li.o.: Mau/Leblond, li.u.: Hub/Simeone, 1: Mau/F.Gierth, 2: Mau/Pigneter, 3: Mau/Krautwurst, 4: Mau/v.d.Ropp
S.80/81 1: BAV/Janicek, 2: BAV/Nägele FRPS, 3 :BAV/Janicek, 4: BAV/Hädeler, 5: Pic
S.82/83 li.o.: Hub/Giovanni, li.u.: Pic, 1: BAV/K.Thiele, 2: BAV/K.Thiele, 3: Pic, 4: Mau/Hänel
S.84/85 H: PSP/W.E.Garrett/NGS, re.o.: PSP/G.M.Grosvenor/NGS
S.86/87 li.o.li: BAV/Mollenhauer, li.o.re.: BAV/Becker, li.u.: Mau/Dumrath, 1: TSW/R.Evans, 2: TSW/R.Evans, 3: TSW/R.Evans, 4: BAV/WPS
S.88/89 Hub/Orient, 2: Hub/Orient, 3: Hub/Orient
S.90/91 li.o.li: BAV/J.Ullrich, li.o.re: BAV/K.Thiele, li.u.: TSW/S.Stone, 1: Mau/Dumrath, 2: Hub, 3: Hub/Orient, 4: Mau/Simeone
S.92/93 li.o.li.: Mau/v.Knobloch, li.u.: Mau/Dr.Reisel, 1: Mau/Pigneter, 2: Mau/Damm, 3: Pic, 4: Hub/Orient
S.94/95 li.o.: Mau/O`Brien, li.u.: Mau/O´Brien, 1: BAV/H.Wedewardt, 2: Mau/O´Brien, 3: Mau/O´Brien, 4: Mau/Cassio
S.96/97 1: Hub/R.Schmid, 2: Mau/Dehio, 3: Pic
S.98/99 li.o.li.: BAV/Nautsch, li.u.: TSW/D.Sutherland, 1: Pic, 2: TSW/Ch.Heigh, 3: Pic, 4: Pic,
S.100/101 li.o.: BAV/Janicek, li.u.li.: Mau/Simmons, li.u.re: Mau/Diapo, 1: Pic, 2: Mau/Torino, 3: Mau/Cassio, 4: Mau/Cassio,
S.102/103 1: TSW/M.Harris, 2: BAV/Fiore, 3: TSW/Allison, 4: Mau/Höbel,
S.104/105 li.o.: Mau/J.Beck, li.u.: BAV/Fiore, 1: Pic, 2: Mau/J.Beck, 3: Pic, 4: Hub/R.Schmid
S.106/107 li.o.: BAV/TCL, li.u.: Hub, 1: Hub/R.Schmid, 2: Mau/J.Beck, 3: BAV/IPCE, 4: Hub/R.Schmid
S.108/109 1: Mau/J.Beck, 2: Hub/R.Schmid, 3: Hub/R.Schmid,
S.110/111 li.o.: Pic, li.u.: Mau/AGE Kat., 1: TSW, 2: Pic, 3: TSW/C.Arnesen
S.112/113 li.o.: TSW/C.Arnesen, li.u.: Hub, 1: Pic, 2: BAV/Scholz, 3: Mau/A.Burger, 4: Mau/Torino
S.114/115 1: Hub, 2: Pic, 3: Hub
S.116/117 li.o.: Mau/Lovell, li.u.: TSW/K.Su, 1: Mau/Vidler, 2: BAV/Higuchi, 3: BAV/TCL
S.118/119 li.o.: Mau/F.Gierth, li.u.: TSW, 1: Mau/Vidler, 2: Mau/Ehrhardt, 3: Pic, 4: Hub/R.Schmid
S.120/121 1: PSP/F.Lanting, 2: TSW/A. Wolfe, 3: TSW/D.J.Cox, 4: TSW/D.J.Cox, 3: TSW/P.Harris, 4: TSW/P.Harris,
S.122/123 li.o.: Mau/J.Beck, li.u.: C.Weinmann, 1: Mau/Schadt, 2: Hub/Damm, 3: Mau/Beck, 4: TSW/G.Allison
S.124/125 li.o.li.: BAV/Füllenbach, li.u.: TSW/Bushnell/Soifer, 1: Pic, 2: TSW/P.Chesley, 3: Mau/Höbel, 4: BAV/T.Bognar
S.126/127 H: Pic, re.o.:Pic
S.128/129 li.o.li.: TSW/P.Chesley, li.o.re.: TSW/P.Tweedie, li.u.: Pic, 1: Hub/Simeone, 2: PSP/R.Eastwood, 3: Pic, 4: Pic
S.130/131 1: PSP/F.Nicklin, 2: TSW/P.Chesley, 3: TSW/Ch.Seabourne, 4: TSW/J. Rotman, 5: TSW/N.Wu, 6: TSW/ST.Frink, 7: TSW/M.Chamberlain,
S.132/133 li.o.: TSW/L.Ulrich, li.u.: Pic, 1: Pic, 2: TSW/L.Ulrich, 3: Mau/Thonig
S.134/135 H: PSP/F.Lanting, re.o.: TSW/Art Wolfe,
S.136/137 li.o.: TSW/P.Kenward, li.u.: TSW/R.Everts, 1: Mau/Torino, 2: Pic, 3: Hub, 4: Mau/Vidler
S.138/139 li.o.: BAV/Kanus, li.u.: Mau/Superstock, 1: BAV/WPS, 2: Mau/Torino, 3: TSW/W. Jacobs, 4: Mau/De Foy
S.140/141 li.o.: Hub/R.Schmid, li.u.: Hub/R.Schmid, 1: Mau/Vidler, 2: Mau, 3: Mau
S.142/143 li.o.: BAV/WPS, li.u.: Mau/Martens, 1: Hub/R.Schmid, 2: Mau/Fiore, 3: Mau/R.Mayer, 4: Mau/Martens
S.144/145 1: TSW/St.Studd, 2: Hub, 3: PSP/D.S.Boyer/NGS
S.146/147 li.o.: Hub/Dolder, li.u.: Mau/F.Gierth, 1: TSW/D.Armand, 2: TSW/G.Hellier, 3: TSW/H.Sitton, 4: TSW/R.Passmore
S.148/149 li.o.li.: Mau/Friedmann, li.o.re.: Mau/Friedmann, li.u.: PSP/F.Lanting, 1: BAV/Scholz, 2: Mau/Weimann, 3: Mau/H.Winter
S.150/151 li.o.: Mau/Dr.Reisel, li.u.: Mau/Torino, 1: BAV/Luchs, 2: Mau/Backhaus, 3: Mau/H.Winter, 4: Hub/B.Siering
S.152/153 1: Anthony/H.Winter, 2: PUR/J.-L.Blanchet, 3: Anthony/Kolban, 4: Anthony/Hoffmann-Burchardi, 5: Mau/ Torino
S.154/155 li.o.: Mau/W.Thamm, li.u.: BAV/Lange, 1: PSPM. Nichols/NGS, 2: Hub/Adam, 3: Hub/Adam, 4: TSW/T.Davis
S.156/157 li.o.: Mau/Poehlmann, li.u.: Mau/Ausloos, 1: TSW/N.Parfitt, 2: TSW/A.Wolfe, 3: TSW/N.Parfitt, 4: Mau/H.Schwarz
S.158/159 1: PSP/M.Iwago, 2: BAV/B.Leidmann, 3: TSW/R.Lynn, 4: TSW/M.Shah, 5: TSW/T.Davis, 6: PSP/F.Lanting
S.160/161 li.o.: Mau/Lacz, li.u.: TSW/J.Beatty, 1: Mau/W.Thamm, 2: Mau/Siewert, 3: Mau/Eichhorn/Zingel
S.162/163 H: TSW/T.Craddock, re.o.: Pic
S.164/165 li.o.li.: BAV/FPG, li.o.re.: Mau/Ritschel, li.u.: TSW/J.Balog, 1:Pic, 2: TSW/T.Craddock, 3: TSW/Heryet
S.166/167 li.o.: TSW/E.Simpson, li.u.: TSW/P.Chesley, 1: TSW/A.Wolfe, 2: PSP/R.Sisk, 3: Pic
S.168/169 1: TSW/H.Kennan, 2: BAV/TCL, 3: PSP/C.Clifton, 4: PSP/L.L.Larson, 5: TSW/T.Walker, 6: PSP/M.Hoshino
S.170/171 li.o.: BAV/PP, li.u.: TSW/L.Ulrich, 1: Pic, 2: TSW/J.Warden, 3: TSW/C.Coleman, 4: TSW/D.Hiser
S.172/173 li.o.: TSW/D.Austen, li.u.: PSP/T.Jelen, 1: Pic, 2: Mau/GFP, 3: BAV/Scholz, 4: TSW/R.Wells
S.174/175 li.o.li.: PSP/L.L.Larson, li.o.re.: TSW/R.A.Crooke, li.u.: Pic, 1:Pic, 2: PSP/R.Frerck, 3: TSW
S.176/177 li.o.: Hub/R.Schmid, li.o.mi.:Pic, li.o.re.: Pic, li.u.: TSW/R.Frerck, 1: Hub/Gräfenhain, 2: TSW/R.Frerck, 3: Hub/Gräfenhain
S.178/179 1: BAV/Picture Finders, 2: BAV/Picture Finders, 3: TSW/C.Condina
S.180/181 li.o.: Hub/B.Radelt, li.u.: Hub/B.Radelt, 1: BAV/Images, 2: TSW/R.A.Cooke III, 3: TSW/ D.Hiser
S.182/183 1: Hub, 2: BAV/Picture Finders, 3: BAV/Otto, 4: Hub/Gräfenhain, 5: Mau/J.Gorter, 6: Hub/R.Schmid
S.184/185 li.o.: BAV/Hörold, li.u.: Mau/S.Huber, 1: Hub/Giovanni, 2: Hub/R.Schmid, 3: Pic, 4: TSW/W.&D.McIntyre
S.186/187 li.o.: BAV/Eckebrecht, li.u.: Mau/Torino, 1: Hub/Giovanni, 2: BAV/Eckebrecht, 3: Hub/R.Schmid
S.188/189 li.o.:Mau/Raga, li.u.: BAV/TCL, 1: Mau/W.Fischer, 2: PSP/M.Hoshino, 3: Hub/Newman, 4: Mau/Raga
S.190/191 1: PSP/M.Segal, 2: BAV/Saebens-Wiesner, 3: BAV/Teuffen, 4: TSW/J.Horner, 5: TSW/J.Horner
S.192/193 li.o.: Hub/Orient, li.u.: Mau/Saas, 1: TSW/F.Lanting, 2: Hub/Gräfenhain, 3: Mau/F.Raga, 4: Mau/Vidler
S.194/195 li.o.li.: Mau/Wittgen, li.o.mi.: Mau/Wendler, li.o.re.: Mau/Lüttge, 1: Pic, 2: TSW/S. Tansey, 3: Mau/Schmidt-Luchs
S.196/197 1: BAV/K.-P.Wolf, 2: TSW/Derke/O´Baro, 3: BAV/Images
S.198/199 li.o.: Mau/W.Weigl, li.u.: BAV/Eckebrecht, 1: Mau/ W.Fischer, 2: TSW/R.Klevansky, 3: Hub
S.200 Mau/J.Beck
S.201 1: PSP/R.Eastwood, 2: BAV/Images

IMPRESSUM

Genehmigte Lizenzausgabe für Bechtermünz Verlag
im Weltbild Verlag GmbH, Augsburg 1997

© Verlag Wolfgang Kunth, München

Idee & Konzeption: Verlag Wolfgang Kunth, München

Projektleitung & Koordination: GeoGraphics, München
Redaktion: Büro Norbert Pautner, München
Text: Natascha Albus, Heike Barnitzke, Catrin Barnsteiner, Gesa Bock, Klaus Dammann, Klaus A. Dietsch, Michael Elser, Werner Fiederer, Winfried Gerhards, Martina Gschließer, Angela Meißner, Norbert Pautner
Grafik: Alexandra Matheis, Rosenheim
Umschlag: In Graphic, München
Kartographie: Legenda, Novara/I
Litho: Junkmann, München; Fotolito Varesco, Auer/I
Druck: Fortuna Print, Bratislava

Printed in Slovakia

ISBN 3-86047-784-6

Alle Fakten wurden nach bestem Wissen und Gewissen recherchiert; Redaktion und Verlag können jedoch für die absolute Richtigkeit der Angaben keine Gewähr leisten. Der Verlag ist für Hinweise und Verbesserungsvorschläge jederzeit dankbar.